飞虎队

陈纳德和他的美国志愿者，1941—1942

［美］丹尼尔·福特—著
叶蔚然—译

献给

凯瑟琳·福特·莱尔德和她的女儿们

我的三道生命之光

目 录

新版前言　1

1	"陈纳德上校"	1
2	特别空军部队	27
3	好事难成真	43
4	凶残至极	61
5	燃烧殆尽	83
6	耀眼的红色	101
7	旋转坠落的敌人	119
8	"向前倾"	133
9	直线坠落	155
10	霍夫曼阵亡	171
11	"离开这个鬼地方"	189
12	"你们有没有收到预警？"	213

13	不是电影，胜似电影	231
14	飞行员的"叛乱"	247
15	垒允的拍卖会	263
16	"去他的比塞尔！"	281
17	比已知的情况更加不妙	297
18	载入史册	317

附录1　日军飞机辨识　337

附录2　中缅战场上的参战飞机　339

附录3　美国志愿航空队飞行员战绩　344

参考文献　348

出版后记　363

新版前言

作为一本从学术角度探讨历史事件的著作,《飞虎队——陈纳德和他的美国志愿者》在1991年由史密森学会出版社出版。此书甫一面世就承受了不计其数的抨击,作家、出版商甚至很多老资格的机构都在指责我们把良知卖给了日本人。

毫无疑问,我们的"罪孽"就是把飞虎队宣称的战果与日本空军在东南亚和中国西南战场上的实际损失之间的不同揭示了出来。在最简要和保守的飞虎队传说中,67位志愿者驾驶着带有中国标志的老旧战机,摧毁了空中和地面上的近300架日本飞机,同时仅在空战中损失了4人。

但是,在最常见的出版物中,这个传说继续演变。它声称,官方统计仅限于地面上可见的残骸或其他可以得到证明的战果,如果考虑到那些在敌占区、茂密雨林和缅甸马达班湾被击落而无法得到统计的日本飞机,飞虎队的击落数必定要翻一番。假如你有幸能在飞虎队队员兴致盎然的时候碰到他们,就像1989年我在加利福利亚州奥哈伊的飞虎队聚会上那样,他们会说服你相信克莱尔·陈纳德在"二战"结束时曾到东京查阅过档案。他们称,日本方面的记录显示,从1941年12月到1942年6月,陈纳德指挥的飞虎队在中国和缅甸战场上击毁了1,000架日军飞机。事实上,当年的那场聚会上还有一个更令人欢欣鼓舞的传说版本:根据官方统计,飞虎队击落了299架日军战机,如果加上已知的另外240架和超过1,000架未被官方确认的飞机,击毁总数达到了1,500架!

但这个故事有三方面的硬伤:第一,陈纳德在战争结束后并没有到过日本;第二,他不可能研究过日方的档案,因为这些档案保存得不好,而且他也不懂日语；第三，日本空军在东南亚战场上参战的飞机少于750架，这些飞机除了要对付中缅上空的飞虎队和英国皇家空军，还要和海军航空部队一起对抗马来半岛的英联邦空军中队、爪哇岛和婆罗洲岛①上的荷兰空军中队，以及吕宋岛上的美国和菲律宾空军中队。所以，飞虎队不可能击毁1,000架或1,500架日军飞机，因为日方本来就没有那么多飞机参战。

实际上，飞虎队造成的日军损失为大约115架飞机，这本应是个意料之中的发现。"二战"中每一个战区的每一方参战空军，都相信自己给敌方造成了远高于实际数字的损失。一个显而易见的事实是，东南亚战场上的日本飞行员宣称的战果就比飞虎队的还要令人瞠目得多——战损比基本达到了5∶1。另一个例子是不列颠空战，英国皇家空军的飞行员们操纵着装备了机枪瞄准器的战机，在开阔的田野和草原上空飞翔作战，但他们的击毁率也不过"膨胀"到56%。

但除此之外，还有什么更好的统计方法呢？"二战"时期的空战已经发展为立体空间里的殊死搏斗，在云雾中闪转腾挪的飞行员承受着巨大的身体和精神压力，还常常要同时面对多个敌人的攻击。对手之间以高达700英里的时速相互追逐战斗，无论输赢，都足以把常人吓得魂飞魄散。在这种情况下，飞行员在空中判断错误甚至误击友军都不足为奇，神奇的反倒是误击友军的事没有发生得更多一些。对于中缅战场上的同盟国空军而言，由于经常在敌占区、雨林或开阔水域上空作战，击落的敌机残骸根本无从寻获，战果统计无疑难上加难。

至于使用日方资料的问题，这在战争结束超过半个世纪后的今天本就是一件无可指摘的事，例如人们在引用纳粹德国关于不列颠空战损失的报告时，就没有那么重的疑心。虽然我是第一个将飞虎队的战斗记录和日方记录进行比照研究的人，但我并不是最早使用日方记录的人。美国学者约翰·伦德斯特伦（John Lundstrom）早就对美国海军飞行员在太平洋战争最初几个月里的作战进行了类似的分析，英国著名航空史专家克里斯托弗·肖尔斯（Christopher Shores）和他的同事们对皇家空军及其在欧洲、北非和太平洋战场上的对手也做了同样的研究。（取得这些研究成果后，

---

① 又称加里曼丹岛。——译者注（本书脚注除特别说明外均为译者所加，下文不再标示）

肖尔斯受邀为《航空经典》(Air Classics)杂志撰写了一份"根本性的重估报告",这份报告促使他的同行们不再把宣称的飞机击落数作为实际击落数来使用。讽刺的是,这本杂志却是批评本书的急先锋,他们将本书称为"日元资助下的修正主义著作"。)但这些著作并没有承受如此多的抨击火力,很可能是因为这些作者是在一个广阔的历史场景中研究成百上千的战机中队和飞行员的。而对于飞虎队来说,我对具体每架日本飞机去向的成功追查(这种追查会一直深入它们在泰国或越南的基地),都可能意味着对某个人战果的削减。

此外,当飞虎队在1942年夏天加入美国军队的序列时,军方拒绝承认他们的战果,也拒绝把他们在中国空军中服役的时间当作升迁、退役或发放老兵津贴的参考条件。这种冷漠态度在长达半个世纪的时间里始终是飞虎队老兵们的心结,他们直到20世纪90年代才得到了一部分补偿。

除了个别好心肠的人士,现今仍健在的飞虎队参与者——包括20名飞行员和80名地勤工作人员——都全面地谴责本书,认为本书是对1941年秋天辛苦组建飞虎队的陈纳德将军和他的部下的诽谤和中伤。

但我不作如是观。在我看来,本书呈现的飞虎队是一群更为真实的英雄,比他们在那些早期的冒险故事和广告宣传里的形象更加有血有肉。要是他们真的像宣传中那样有着匪夷所思的超人水平,能轻而易举地打败敌人,为什么美国还需要四年的艰苦作战、投掷两颗原子弹和苏联出兵中国东北才能打败日本帝国呢?指出日本拥有强大的空军、操纵灵便的飞机和技术优秀的飞行员,并不是对飞虎队的贬损,窃以为这恰恰彰显了他们的英雄形象。

日本方面的记录是可靠而有说服力的,拥有清晰的、无法造假的细节。实际上,通过查阅和对比数以千计的日美英三国的战斗报告,我甚至可以大胆地说,很少有幸存者会对战场上的事说谎。飞行员们或许会经常误判,但他们极少说谎。

1942年4月10日,飞虎队飞行员查克·奥尔德(Chuck Older)和杜克·赫德曼(Duke Hedman)与日军飞行员安田义人的战斗就是一个典型的例子,展示了如何从对双方战斗记录的比照中发现真相。这两位飞虎队的飞行员击落了安田义人的座机,分享了500美元的战绩奖金。他们以为自己击毙了日方飞行员，但安田出人意料地活了下来，精疲力竭却毫发无损地回到了泰国的基地。当我在20世纪80年代开始这项研究时，这三位都还健在，分别居住于洛杉矶、里诺①和东京。

如果仅仅将视野狭隘地局限在战斗胜利的次数问题上，那将是非常遗憾的，因为这掩盖了飞虎队战斗的真正意义：在1941年至1942年间的中缅战场上，他们在空战史上创造了属于自己的记录；在战争处于绝对劣势的情况下，他们取得了辉煌的战果；在我们整个历史上最需要英雄的时代，他们挺身而出，成为英雄。

飞虎队解散至今已经过去64年了，但每隔一段时间，都会有关于他们的或由他们讲述的新故事出现。当我引用克里斯托弗·肖尔斯在1993年出版的研究成果时，我都不禁担心很难再结交飞虎队老兵。因为肖尔斯在这套名为《血腥屠场》(Bloody Shambles)的丛书中深入而仔细地研究了东南亚战场的空战，指出飞虎队为分得中国国民政府的奖金而从英国皇家空军的友军那里"抢夺"战果。本书第11章就以1942年2月盟军对缅甸港口毛淡棉市的突袭为例，参考各方相互矛盾的说法，对这个棘手而敏感的问题进行了探讨。尽管肖尔斯对飞虎队的"指控"并不仅限于这次突袭，但对它的研究能够说明一些问题。

在本书的新版中，我得以利用艾伦·阿姆斯特朗（Alan Armstrong）、特里尔·克莱门茨（Terrill Clements）、尼尔·弗朗西斯（Neil Frances）、梅本弘、雷·瓦格纳（Ray Wagner）以及丹尼尔·惠特尼（Daniel Whitney）的最新研究成果。此外，我还利用了查克·贝斯登（Chuck Baisden）、特克斯·希尔（Tex Hill）、弗兰克·洛松斯基（Frank Losonsky）以及缪里尔·休·厄普菲尔（Muriel Sue Upfill）的回忆录。

同时，我还得到了以下几位人士的帮助，修正了书中的一些错误，并补充了新的资料，他们包括：陈纳德权威传记的作者玛莎·伯德（Martha Byrd）、飞虎队命名式的出席者琼·科克伦（Joan Corcoran）、高深莫测的奥尔加·格林劳（Olga Greenlaw）的妹妹艾丽西亚·施魏策尔

---

① 美国内华达州城市。

（Alicia Schweizer）、飞虎队初战的对手之一日本飞行员铃木五一、陈纳德多年的朋友和秘书汤姆·特朗布尔（Tom Trumble）以及 P-40 战斗机的项目工程师沃尔特·蒂登（Walter Tydon）。历史爱好者戴夫·邓拉普（Dave Dunlap）、里克·邓恩（Rick Dunn）、科里·乔丹（Corey Jordan）、柯克·塞策（Kirk Setzer）、布拉德·史密斯（Brad Smith）和飞虎队飞行员查理·邦德（Charlie Bond）、乔·罗斯伯特（Joe Rosbert）、埃里克·希林（Erik Shilling）为本书提供了第一手的信息和评论，他们的批评有时是严苛而炽热的。我尤其要感谢埃里克，他在帮助我写作本书之外，还鼓励我在 66 岁的年纪参加飞行训练，并成为一名合格的飞行员。

除了补充新材料和改正旧版的错漏，我还对书稿进行了删节和简化处理。在这方面，我得到了萨莉·福特（Sally Ford）的帮助，她本来是这本书的编辑，现在更像是我的合著者。由于本书篇幅所限，我把部分引用资料、参考书目和背景材料上传到了网络，网址是 www.flyingtigersbook.com。

本书使用 1941 年至 1942 年间通用的标准度量单位，距离单位为法定英里[①]，速度单位为英里每小时，高度单位为英尺[②]。

在翻译中国地名时，我使用战后的拼音系统，所以"北京"写作"Beijing"而非"Peking"，"桂林"写作"Guilin"而非"Kweilin"。使用拼音是因为它能更好地体现这些词的发音，但我保留了历史人物姓名的旧式拼写法，如"蒋介石"写作"Chiang Kai-shek"。对于日语词汇，我使用简化的赫伯恩式日语罗马字拼写法。值得注意的是，就像多数亚洲人那样，日本人把姓氏放在名字之前，我在新版中遵循了这一做法，改变了旧版中的日语词汇拼写法。

缅甸现在对外自称"Myanmar"，而不是"Burma"。[③] 我为在缅甸旅行期间享受到的自由便利表示感激，但我无须为独裁政权的喜好所束缚，所以我仍将缅甸写作"Burma"，将其首都仰光写作"Rangoon"。

[①] 1 英里约合 1.6 千米。
[②] 1 英尺约合 0.3 米。
[③] "Burma"为缅甸英文旧称，1988 年缅甸发生军事政变，成立军人政府，并于次年将缅甸的英文写法改为"Myanmar"。

最后，现今大为贬值的美元不过是20世纪三四十年代币值的一个影子，根据平均工资基准来推算，把本书中的美元数目乘以20，就能比较准确地得出其在今天的真实价值。1991年，一位为本书制作封面副本的年轻人煞费苦心地记录道：飞虎队队员们为了一个月"区区"600美元的报酬就奔赴中国战场。我费了相当大的力气才说服这位年轻人，600美元在当时已属高薪，他们的薪酬相当于现在年收入144,000美元的水平。

丹尼尔·福特
于新罕布什尔州达勒姆
2007年1月

1
"陈纳德上校"

克莱尔·李·陈纳德（Claire Lee Chennault），这个站在飞虎队幕后的人，在1893年9月6日出生于美国得克萨斯州的康麦斯城。事实果真如此吗？没有档案记录可以确证陈纳德的出生地，但康麦斯应该是一个可以接受的答案。他的父亲老陈纳德原本居住在路易斯安那州，据说一名马贩子曾试图以次充好，把一匹未驯服的野马当作优质的农场资产卖给他父亲，怒不可遏的老陈纳德一枪在马贩子的帽子上开了个洞。这件事给老陈纳德带来了不少麻烦，为了躲避风头，他只能离开路易斯安那，旅居得克萨斯。

在一生中的大部分时间里，克莱尔·陈纳德都自称生于1890年，这件事直到他死后才由其遗孀陈香梅澄清。之所以谎报年龄，是因为年轻的陈纳德需要比他的真实年纪显得更加老成持重。在当时那种缺乏重要的统计和记录资料的时代环境里，陈纳德成功地"篡改"了自己的年龄，并一直坚持这种说法。有趣的是，陈纳德确实要比他的真实年龄显老，因此被同事们称为"皮革老脸"。

表面上看，陈纳德的出生年份可能只是一个无关痛痒的小问题，然而这却暗示了某种作为其军人生涯标志的模糊性。陈纳德无疑是一位杰出人物，但他身上也有着瑕疵，他可以让人"诟病"的地方包括：美国志愿航空队（即飞虎队）不是他的原创性想法；他也没有创造出飞虎队的战术

（至少不是独立创造的）；其他人对于飞虎队的创建有着不亚于他的重要贡献；在战斗最艰难而绝望时，他基本上都身处他方。但姑且不论以上种种，假如没有陈纳德的热情和激发青年人奉献精神的非凡能力，飞虎队绝无可能取得成功。

根据陈纳德家族的传说，第一代陈纳德于1778年从法国跨海而来，在拉斐特侯爵（Marquis de Lafayette）的麾下为支持美国独立而战。独立战争结束后，陈纳德留在弗吉尼亚州种植烟草，其后代随着美国的西进运动向西迁徙。到了家族的第四代，约翰·陈纳德（John Chennault）在路易斯安那州长大成人，并与杰西·李（Jessie Lee）女士结为伉俪，夫妇二人在杰西的家乡吉尔伯特安顿了下来。那是一个位于河口的乡村小镇，密西西比河的支流与沼泽交织分布，仿佛要把小镇带回蛮荒自然之中。约翰·陈纳德在那里种植棉花，兼任警长，并养育了两个儿子。1901年，杰西不幸死于肺结核，从那以后，克莱尔两兄弟就由杰西的妹妹路易丝·蔡斯（Louise Chase）抚养。克莱尔和姨妈之间立即形成了很强的亲情纽带，他和她的儿子们变得像亲兄弟一般亲密。

在某种程度上，克莱尔·陈纳德就像马克·吐温笔下的汤姆·索亚一样，有着田园诗一般的少年时代。但在他自己看来，他是一个孤独者，喜欢独处，或是跟年幼而又愿意追随他的少年们待在一起。陈纳德在吉尔伯特镇上那所只有一间教室的小学校里迅速修完了学业，并在1909年1月被路易斯安那州立大学录取。在这所位于巴吞鲁日的大学里，他将同146名男生和8名女生成为同班同学，一起度过高校时光。然而事情并非总是一帆风顺的，这所大学要求新生必须年满16周岁方能入学，因此陈纳德把他的出生月份改为6月，而路易斯安那州立大学的文件上至今仍是如此记载的。

与此同时，他又申请进入西点军校和位于马里兰州安纳波利斯的海军学院就读。在1909年的春假期间，陈纳德坐上火车向东进发，去参加海军学院的入学考试。安纳波利斯方面没有相关的申请记录，但陈纳德可能就在那时篡改了自己的出生年份。然而，据他本人的说法，考虑到海军学院的灰暗高墙包围下的人生会变得十分无趣，他最后交了白卷。蹊跷的是，陈纳德没有理由会因为这种刻板的生活而感到沮丧和害怕。事实上，他对纪律并不陌生：在大学期间，他参加了后备军官训练团，过着一种军营式的生活。每次到班上，他都会头戴训练团的帽子，身穿扣得严严实实的束腰外衣以及条纹制服裤子。

陈纳德决定参加格拉厄姆文学社，他在这方面展现出一定的才能。他的英语老师梅塞德斯·加里格（Mercedes Garig）回忆说："我非常清楚地记得他的书写方式，字迹向右倾斜，很有自己的特点。它给人的印象十分深刻，好像透过笔迹你就可以知道他很清楚地了解自己该说什么和怎样去说。"这并不意味着陈纳德很健谈，加里格认为："陈纳德只会坐在那里和看着别人，我不知道这是出于矜持还是出于腼腆。也可能是因为他的自信，他不需要刻意向外界表达和展示自己。"加里格说："陈纳德身形瘦削，有着深色的头发和橄榄般的肤色。但最引人注目的还是他的沉默寡言。我从未真正接近他，主要是因为他的功课通常都很好，我不需要对他进行太多的当面指导。"

陈纳德是一名农科生，每周要上 18 个课时的课程，学习内容包括英语、代数、植物学、比较生理学、农场会计学和基础农业。学校鼓励学生多参加体育运动，陈纳德后来还回忆了自己当年参加径赛、篮球和棒球比赛的情景。

1909 年夏天，为挣得大学二年级的学费，陈纳德种植了一小块棉花田。但他没有把大学的学业坚持下去，而是在纳契托什的州立师范学院参加了一项教师培训课程。1910 年 9 月，17 岁的陈纳德开始工作，他到了离什里夫波特不远的雅典①，在一所学校里兼任教师和校长。学年结束后，他参加了温斯伯勒高中的毕业典礼。在典礼上，作为该校唯一的毕业生，内莉·汤普森（Nellie Thompson）发表了毕业演说。陈纳德对这位丰满漂亮的女孩一见钟情，他们很快就在 1911 年的圣诞节结为了夫妻。婚后，陈纳德需要一份收入更高的工作养家糊口，而不是在简陋的乡村学校里消磨下去。1917 年 4 月，美国向德国宣战，正式参加第一次世界大战，此时的陈纳德已经在固特异轮胎公司的一家工厂里工作了。

---

① 村镇名，位于美国路易斯安那州克莱本堂区。

"一战"的爆发坚定了陈纳德从戎的决心，他把家人安顿在吉尔伯特的老家附近，然后报名参军。他很快就晋升为中尉，并被分配到得克萨斯州特拉维斯要塞的第90步兵师中任职。距他任职的地方不远处，就是位于圣安东尼奥的凯利基地。这是一座由棉花种植园改建而成的机场，被通信兵部队用作军校学员的飞行训练基地。当时，机场方面向特拉维斯的驻军借调一名步兵军官，陈纳德认为这是一个在航空部队里谋得职位的好机会，便欣然接受了调动。然而事与愿违，当他到达机场后，对方告诉他这只是一个领导军校学员进行地面操演的职位，与飞行没有多大关系。可陈纳德不为所动，他觉得这虽然和飞行关系不大，但至少离空军近了一步，而且还能偷偷地参加飞行课程。陈纳德十分投入地扮演着这个新角色，一张拍摄于1917年的照片就很好地诠释了这一点。照片里的陈纳德头戴皮制头盔，身穿衬衣和马裤，打着领带和绑腿。他像欧洲西线战场上的军人一样，还戴着一副圆形护目镜。他狭长的眼睛和嘴唇无不透着一股决不妥协的强硬气质，但这并未影响他那与众不同的勃勃英姿。与之相比，他的同伴则在镜头里笑容可掬，显得别是一副和蔼亲善的样子。

＊　　＊　　＊

　　陈纳德还没有参加战斗，第一次世界大战就结束了。和平带来了他渴求的社会秩序，为他创造了在凯利基地安心学习飞行技术的环境。但是，偷偷参加的飞行课程给陈纳德留下了一些不良的技术习惯，再加上天生叛逆的脾气，他最终还是被飞行教官从班上赶了出来。听取一位中尉飞行员的建议后，陈纳德进入了一个飞行员淘汰率奇高的部门。这位名叫欧内斯特·艾利森（Ernest Allison）的中尉认为陈纳德并非朽木不可雕，于是给了他第二次机会。

　　1919年4月9日，陈纳德终于冲上云霄。这是一份到美国和墨西哥边境进行巡航飞行的短工，而他在这次飞行任务之后就被辞退了。铩羽而归的陈纳德回到吉尔伯特，继续栽种棉花，但他的内心仍然渴望着重回蓝天。他在给父亲的信里写道："我已经尝过天空的滋味，令我终生难忘。"幸运的是，1920年，美国通过了《国防法案》的修正案，陆军航空兵正式成为与步兵、炮兵等并列的独立兵种，不少新增的空缺岗位开始招募人员。没等棉花成熟，急于重返部队的陈纳德就申请了一个军官的职位。9月14日，他终于摆脱了预备役人员的身份，回到现役常备军中，成为一名中尉飞行员。不过，他仍然只能在地面上度过大部分的服役时光，直到1922年加入得克萨斯州埃灵顿基地的第1驱逐机①大队时，他仍只有63个小时的飞行时间。

陈纳德被分配到第94中队，这是一支有着光辉传统的队伍，中队的飞机上钉有竞赛徽章。在"一战"中，美军"王牌中的王牌"飞行员埃迪·里肯巴克②（Eddie Rickenbacker）的战机就曾带着这枚徽章对抗德军，使之成为一个名动天下的标志性符号。这种合适的环境使陈纳德可以毫无阻碍地追随自己的内心，成长为一名顶尖飞行员。过了不久，他就被派往夏威夷，担任第19中队的指挥官。对于刚过而立之年，膝下有六儿一女的陈纳德来说，这是一份美差。他蓄了一把浓密的唇髭，像打了蜡一般黝黑发亮。他驻防在珍珠港中央的福特岛上，那里有美国最强大的海军基地。在1925年的战争危机时，陈纳德下令在夏威夷沿岸进行空中巡逻，他还让装备望远镜的士兵爬上水塔顶部进行瞭望，以此建立了一个临时预警系统。由于长期在开放式的座舱内驾驶飞机，忍受着高速气流的呼啸和螺旋桨发动机的怒吼，陈纳德患上了当时飞行员的职业病——耳聋。但他不顾病患，继续履行职责，直到离开夏威夷，此时他的飞行时间已达到1,353个小时。

1929年，陈纳德被擢升为上尉，一年后又被送到空军战术学院深造。在这个培养将军的摇篮里，有一位名叫克莱顿·比塞尔（Clayton Bissell）的上尉教官，他虽然比陈纳德年轻三岁，但已经在西线战场击落过5架德军飞机。据陈纳德说，比塞尔认为，如果要摧毁20世纪30年代那种武装到牙齿的快速轰炸机，就必须让拦截的战机飞到轰炸机的头顶，用悬挂的铁链绞缠它们的引擎，除此之外别无他法。

---

① 战斗机过去被称为"驱逐机"（pursuit plane），此处根据原文直译。
② 埃迪·里肯巴克（1890—1973），美国空战英雄，在第一次世界大战中击落26架敌机，战后担任美国东方航空公司主席。

当空军战术学院在阿拉巴马州的马克斯维尔机场获得一座永久性的校园后,陈纳德加入了学院教员的队伍。这所学院不仅是一个为军队服务的普通学术机构,由16人组成的教员队伍同时也在酝酿制定空中作战守则。陈纳德尝试设计一个对付敌方轰炸机的更有效的方法,而不是用锁链破坏敌机的引擎,他在路易斯安那州的沃特普鲁夫镇的上空做着试验。之所以选择那里,是因为他的表弟本·蔡斯(Ben Chase)就住在沃特普鲁夫,陈纳德经常在周末飞去那里钓鱼、打猎和练习特技飞行。蔡斯过去也曾在海军航空部队中服役,他的朋友偶尔也会从彭萨科拉[①]飞过来相聚,而彭萨科拉正好驻扎着一支海军的特技飞行队,名叫"地狱俯冲者"。

1929年,美国采购了第一架"驱逐机"(即战斗机),以取代老旧的战机。这架双翼驱逐机由波音公司制造,军方编号为P-12。这架飞机外形奇特,引擎罩凸起的形状就像衣服夹子一样,上翼和起落架又非常靠前,几乎触及引擎。它搭载了一台525马力[②]的"黄蜂"引擎,时速可达190英里。可以说,P-12是当时世界上速度最快、操控性最佳的战斗机。

空军战术学院的负责人在1932年观看了"地狱俯冲者"的表演,他要求陈纳德在陆航部队中建立一支类似的特技飞行队。陈纳德挑选了海伍德·汉塞尔(Haywood Hansell)中尉和约翰·威廉姆森(John Williamson)中士作为自己的僚机搭档。第一次表演过后,他们如释重负,忍不住在密西西比河畔的一家酒馆里唱诵起欢乐的诗篇:"那豪勇的青年,乘着飞行的秋千。他御风而行,举重若轻。"于是,陈纳德的小队伍立刻被命名为"飞行秋千三人组"。他们的绝技包括:两架飞机擦肩而过,相距不到8英尺的"空中撞车";两架飞机之间系着长20英尺的缆绳,一同起飞、表演特技和降落,而绳子完好无损。表演引起了轰动,一名来自《陆军航空兵通讯》的记者在新闻稿中写道:"'飞行秋千三人组'的空中表演可谓是前无古人的壮举。半翻滚、急减速、螺旋翻滚、殷麦曼回旋[③],最后以一个转向和

---

① 美国佛罗里达州西北部港口城市。
② 1马力(英制)等于550英尺·磅/秒,等于745.7瓦特。
③ 由德国飞行员马克斯·殷麦曼(Max Immelmann)发明的空战机动动作,即把飞机急剧拉起,在爬升时改变航向,并做半翻滚的战术动作。其发明和应用在空战史上有重要意义。

半旋压轴收尾。他们的动作如此精准和完美,三架飞机仿佛由同一个头脑驱动。"

这三个人确实由同一个头脑驱动,那就是陈纳德。威廉姆森和汉塞尔不过是将他的动作模仿到极致完美。汉塞尔中尉退出表演队后,比利·麦克唐纳(Billy McDonald)中士顶替了他的位置。从一幅三人斜靠在P-12战机的照片中不难看出,这是三位英俊的飞行员:同样的身高,同样的年纪,清一色地戴着皮制飞行帽,穿着飞行夹克和吊带羊皮连衣裤。他们一脸兴奋的样子,连陈纳德也在微笑。不过他充满了戒备感,仿佛提防着摄影师会图谋不轨。

然而,战斗机的好日子似乎走到了尽头。在意大利,朱利奥·杜黑①(Giulio Douhet)将军提出,在空中轰炸下,没有任何一座城市是安全的,因为拦截轰炸机的方法尚不存在。他进一步指出,即使截住了轰炸机也是无济于事的,因为在当时,一架重型武装轰炸机可以轻松压制小小的战斗机。在陈纳德供职的空军战术学院,杜黑的著作被翻译、印刷并用作教材。在1931年的军事演习中,第1驱逐机大队连一架轰炸机都拦截不了,于是沃尔特·弗兰克(Walter Frank)将军宣称:"战斗机成功拦截轰炸机是天方夜谭。"

当时,波音公司已经设计出了一架怪物般的原型机,也就是后来的B-17"飞行堡垒"轰炸机。这种轰炸机重达22吨,它的四台引擎能产生3,720马力,时速可达256英里。在其机首、背部、腹部和侧部均装备了机枪进行防御。与之相比,作为同时代最好的美国战斗机,同为波音公司制造的P-26单翼战机的最高时速也不过230英里,而且只装备了两挺机枪。随着B-17轰炸机和优良精准的投弹瞄准器的问世,白昼精确轰炸被奉为空军作战的信条。当时军中流行的说法声称:"美军陆航部队和海航部队的轰炸机可以在18,000英尺的高空将炸弹扔进一只酸洗桶里。"轰炸机的飞行高度可以使其免遭地面防空炮的攻击,而它们的速度、紧凑的飞行阵形和相互支撑的火力网,则可以将任何在空中发现它们的敌机

---

① 朱利奥·杜黑(1869—1930),意大利军事理论家,倡导制空权理论,对20世纪各国的空军建设尤其是轰炸机的发展有重要影响。

拒之千里。

陈纳德没有被这种论调说服。他以"飞行秋千"特技飞行队的实践经验为依据，指出战斗机的缺陷可以通过团队合作、聪明才智、集中火力以及俯冲获得的速度优势来克服。陈纳德提出，如果战斗机飞行员夺取了制高点，就可以快速俯冲穿插敌机阵形，然后拉起爬升，重复进行穿插进攻。他认为，战斗机飞行员并不需要同时和一架以上的友机保持配合，而一位明智的指挥官应该保有预备队，以便在战斗需要时派遣上阵。最重要的是，战斗机的防御战术需要持续不断的情报供应，因此应该在敌机活动范围内部署观察点，通过电话与目标地区的指挥部联系，协助指挥官判断在何时何地对敌机实施拦截。陈纳德还利用在夏威夷期间的服役经验，提出了岛屿防御的办法：在哨艇或潜艇上设置观察点以进行预警。

之后，陈纳德到驱逐机开发委员会任职，为美国第一代时速达到300英里的战斗机起草技术指标。参照当时的竞赛用飞机，新一代战斗机会被设计成低单翼飞机，搭载气冷式星型引擎[①]，装有可收起式起落架以及强度足够大的冲压铝制外壳。1935年8月，陈纳德试飞了所有竞标的样机，他赞同委员会其他成员的意见，支持采用塞维尔斯基公司的P-35型飞机作为陆航部队的下一代战斗机。

但他们错了，事实证明，柯蒂斯－莱特公司设计的飞机是更快、更可靠、更易操控和保养的机型。柯蒂斯－莱特公司有把飞机命名为"老鹰"的传统，这架飞机被命名为"老鹰-75"，美国陆航部队将其编号定为P-36。为了收回在P-36项目上的投入，柯蒂斯公司制造了廉价版的"老鹰-75"以供出口，上面搭载了较小的引擎和固定式起落架。

1935年12月，陈纳德的特技飞行小组在迈阿密举办的全美飞行大赛上迎来了最后一次表演。其中一位观众来自中华民国空军，名叫毛邦初[②]。毛邦初是位时髦人士，他的脸丰满圆润而又不失英俊，梳着卷曲的

[①] 星型引擎是一种活塞式引擎，气缸围绕曲轴呈星形排列，特点为可靠性高、功率提升空间大。
[②] 毛邦初（1904—1987），浙江奉化人，1933年任中央航空学校副校长，在对日作战中因功被擢升为空军中将。他也是蒋介石原配夫人毛福梅的侄子。

波浪状头发，身穿剪裁得体、配有缎带装饰的制服。观众中还有一位柯蒂斯-莱特公司在中国的销售人员，名叫威廉·波利（William Pawley）。波利当时正在迈阿密为中国空军招募飞行教官，他还负责察看柯蒂斯公司的新型出口飞机。他在迈阿密港的游艇上举办了一场派对，邀请毛邦初上校和陈纳德的表演队参加。毛邦初在派对上向陈纳德三人提供了一个待遇优厚的工作机会——到杭州的飞行学校中担任教职。麦克唐纳和威廉姆森立刻答应，他们买断了自己在美军中的剩余服役期限，于1936年7月乘船前往中国。

当"俄罗斯皇后号"轮船载着朋友们前往亚洲时，陈纳德明白自己在空军论战中已经失败，在航空部队中的升迁之路差不多到此为止了。不过，他的肩上还是戴上了代表少校军衔的金橡树叶，并被分配到路易斯安那州的巴克斯代尔基地，担任第20驱逐机大队的副队长。陈纳德时年42岁，长了一脸麻子，鱼尾纹从他闪亮的黑眼睛的边角蔓延开去；他的鹰钩鼻突出而显眼，嘴角上带着剃须刀刮伤的痕迹。总之，陈纳德看上去就像一只疲惫的老鹰。要求严格和充满激情的特点使他令人生厌——对上司刻薄而不耐烦，对下属却很和善。

"想升迁的话，最好避开古怪的名声，"亨利·阿诺德[①]（Henry Arnold）在一本手册中如此写道，这本手册旨在指引那些年轻的航空兵学会如何从中尉晋升至将军。阿诺德写这句话的时候也许想到了陈纳德，因为他曾经读过陈纳德关于西海岸军演的一篇评论文章，之后不禁拍案大怒："这个叫陈纳德的该死家伙到底是谁？"阿诺德将军信奉轰炸机制胜论，他把轰炸机称作"插翅的远距离大炮"，他宣称："轰炸机一旦升空，就如同出膛的炮弹一般不可阻挡。"陈纳德少校与这位陆航部队的主管将军意见相左，自然没有什么前程可言。

除此之外，陈纳德的身体状况也在变坏。他极度好动和热切好胜，时刻准备着同别人争吵，经常与下属或儿子们来一场即兴的棒球赛。但他也时常因为支气管炎而不得不躺下休息，这是对他酷爱骆驼牌香烟的惩

[①] 亨利·阿诺德（1886—1950），美国空军最早的飞行员之一，是美国空军的主要缔造者。

罚（他每天要抽多达三包烟，白天不停地抽，晚上也偶尔抽）。陈纳德长年忍受着耳聋飞行，到了巴克斯代尔基地，外科医生表示他不适合再当飞行员，然后把看上去已经形神俱疲的他送去陆海军总医院接受治疗。1937年2月，军方建议他以上尉军衔退役。

陈纳德一家在沃特普鲁夫附近购置了一座农场。农场中的房子是一座松树掩映下的平房，带有乡村免费邮递信箱、白色的栅栏、一直延伸进圣约翰湖的码头和一名黑人厨师。内莉开始习惯乡村生活，她已变成一个留着一头电卷发的肥胖女人，戴着金属边框眼镜，穿着黑色连衣裙和得体的女鞋，浑身散发出一种主日学校①教师特有的温和亲善而又令人敬畏的气质。她同时兼任沃特普鲁夫卫理公会②下属的妇女协会的理事长，这进一步强化了她的气质。

但陈纳德无意在乡村长期定居，自从在游艇上和毛邦初上校见了面，他就一直和中国人磋商合同的事。最后确定下来的任务是对中国空军为期三个月的调研考察，每个月可获得1,000美元的优厚薪水，这是一名现役少校工资的三倍。1937年4月30日，陈纳德正式从美军陆航部队退役，第二天，他就登上了前往旧金山的火车，在旧金山搭乘"加菲尔德总统号"，开始了横渡太平洋的旅程。在这次他所谓的"伟大冒险"之初，他开始记日记。但除了那句吐露心迹的"伟大冒险"，他的日记不过是日常事务的流水账，几乎没有记录他的思考和对国际时事的评论。因此，当他得知德国和意大利的轰炸机将西班牙小城格尔尼卡夷为平地后会作何感想，我们根本无从知道。在这场史无前例的大轰炸中，共有超过1,000名平民遇难，杜黑的大轰炸理论正在变成可怕的现实。

陈纳德在亚洲的第一站是在日本本州岛的神户停靠，比利·麦克唐纳在那里同他会合，两人在一天一夜的时间里做了些初步的间谍工作（陈纳德记下了燃烧弹可以对日本的房屋造成多大的破坏，在他看来，这些房子都是由火柴棍和纸张搭成的）。此后，他们继续搭乘"加菲尔德总统号"前往上海——一个由英、美、日、法、意等国管理和守卫的条约口岸。这

---

① 主日学校是教堂等宗教机构在星期日教授儿童基督教教义的课堂。
② 基督教卫斯理宗门下的教会，主张社会改良和圣洁生活。

些国家在上海拥有自己的警察、法庭和监狱，它们的军舰可以触及附近的任何城市——包括位于内陆200英里的南京，那里是蒋介石的统治中心。事实上，蒋的统治范围基本仅限于长江中下游流域：日本控制了东北；苏联控制了蒙古和新疆；中国共产党在陕西建立了政权；外国列强掌控着各个条约口岸。其余地区则由各个军阀占领，他们拥兵自重，自行收税。在这个支离破碎的偌大国家里，蒋介石不过被称为"委员长"——而他本身就是最大的军阀。

* * *

1937年6月3日，星期四，可能是陈纳德人生中最重要的一天。在这一天，他开始了和中国第一家庭长达一生的联系。在1949年出版的自传中，陈纳德写道："在一个闷热的下午，罗伊·霍尔布鲁克（Roy Holbrook）驱车带我来到上海法租界的一处高墙大院里，我在那里面见了新雇主——蒋介石的夫人。一开始，我们被告知蒋夫人外出了，然后我们被带到一间阴凉的房间里等待。突然，一名欢快活泼的年轻女子走进房间，她身穿一套时髦的巴黎式连衣裙，焕发着抑制不住的能量和热情。我以为她是罗伊的某位年轻朋友，就继续端坐着……罗伊戳了我一下，对她说：'蒋夫人，请容我介绍，这位就是陈纳德上校。'"

蒋夫人的魅力让不同背景的美国人都深感折服。他们惊叹于她的权力，赞叹她的美丽，佩服她毕业于韦尔斯利学院[①]的学历，着迷于她婉转而缓慢的南方口音（陈纳德和其他人都特意提到这一点，但宋美龄的录音却是吐字清晰、不带口音且充满权威感的）。她非常善于应变，甚至能迷倒一名有幸来到她面前的士兵。在20世纪30年代受雇于中国军阀的美籍飞行员中有一位名叫罗亚尔·伦纳德（Royal Leonard），他曾在西安事变后驾驶飞机将蒋介石带回安全地带（蒋介石在事变中承诺，由中国共产党、地方军阀和他手下的国军组成抗日民族统一战线，共同

[①] 美国著名女子私立高校，建于1870年，位于美国马萨诸塞州。

抗击日本）。伦纳德认为蒋夫人是他见过的"最美丽的中国女性"，他为夫人的魅力所倾倒，竭尽全力为蒋家服务。蒋委员长是个作风老派的人，他从来都不喜欢乘飞机。但蒋夫人却是个现代主义者，她要了一架飞机作为自己的座机，并担任中华民国航空委员会的秘书长一职，因此她有资格对陈纳德进行面试。

陈纳德关于这次会面的说法中还有一点值得注意。他是以上尉军衔退役的，此前也没有获得过比少校更高的军衔。如果霍尔布鲁克真的称他为"上校"，那么这个头衔如果不是来自中国政府的颁授，就是这些美国人伪造出来的。考虑到在20世纪30年代和陈纳德共事的中国军官都一致认定中国政府没有向他授衔，"美国人伪造军衔"一说似乎更加可信。

陈纳德的第二次面试是在南京，他在那里见到了周至柔①将军，一位一脸忧郁的前陆军指挥官。他由于对共产党作战不力而被蒋介石解职，后来调任空军的指挥官。周将军的意大利顾问西尔维奥·斯卡罗尼（Silvio Scaroni）将军向初来乍到的陈纳德简要介绍了情况。陈纳德接下来去了杭州，位于那里的中央航空学校雇用了不少美国职员，其中包括他的老朋友威廉姆森和麦克唐纳。在他们的驻地搭起一趟小轮渡后，他出发前往南昌、广州、汉口和洛阳的机场进行视察。洛阳的机场是斯卡罗尼的地盘，他在那里建立了一所中级飞行学校，装配军用飞机，并防范共产党从陕西的根据地进攻洛阳。

陈纳德在洛阳得知了中日军队在北京②附近的卢沟桥交战的消息，但开战的原因却十分暧昧不清：日本军队在北京近郊进行演习，有一些炮弹突然在他们的驻地爆炸，二等兵志村菊次郎就这样消失在弹幕中。这位被认定阵亡的士兵第二天出人意料地回到了部队，但日本指挥官还是决定以此为借口，把中国军队从这一地区驱逐出去。远在东京的日本政府对这场进攻也始料未及，但早在关东军占领中国东北之后，日本的政客们就屈服于军方了。他们照会蒋介石政府：要么撤出北京，要么开战。

---

① 周至柔（1899—1986），浙江台州人，中华民国空军一级上将，曾任中央航空学校校长、中华民国航空委员会主任、空军总司令等职。

② 1928年国民政府改"北京"为"北平"，抗战期间依然沿用，本书中皆称"Beijing"。

陈纳德向航空委员会发送了一份电报，声明愿意为中国的抗战出力。他立即被调到南昌，主持中国空军参战前的最后训练。南昌的空军训练学校由毛邦初主持，在迈阿密招揽陈纳德三人之后，他已经荣升准将了。当陈纳德到达中国时，形势已非常紧张，毛邦初上下活动，使自己得以离开前线，回到首都。他把前线空军的实际指挥权交给了陈纳德这个刚到中国六周而且不懂中文的外国人。

在南昌这个尘土飞扬的中国内陆城市里，中国飞行员的训练表现非常拙劣，他们连一架双翼教练机都无法熟练驾驶，更不用说波音P-26战斗机了。（据说，他们是蒋介石手下那些银行家、将军和委员的子弟，意大利教官斯卡罗尼认为，把他们拒于空军门外是不懂政治的表现。）陈纳德写信给比利·麦克唐纳，发泄自己的沮丧之情："麦克，我真不知道该怎么办。让他们驾驶波音战斗机单独升空，然后看着他们弄断自己的颈椎？还是让他们待在地面上，好让这些人觉得我不信任他们？如果航空委员会继续选送这种新手来当飞行员，所有飞机都变成废铁也毫不奇怪。"

1937年7月23日，陈纳德到南京向蒋介石汇报空军的备战工作。他的汇报让人难以安心：新式战机方面，中国只有由10架波音P-26战斗机和21架德国亨克尔公司、意大利萨伏亚-马切蒂公司和美国马丁公司生产的轰炸机组成的机队；空军的主要战斗力量仍是同样服役于美国海军的柯蒂斯公司的"鹰"式双翼战斗机[1]。比尔·波利[2]将这种飞机的设计图出售给中国，然后由杭州的工厂组装生产。这家工厂被冠冕堂皇地称作"中央飞机制造厂"，从1933年就开始生产这种圆桶状的双翼飞机。到战争爆发时，已经有100架双翼战机在空军中服役，同时担负轰炸机和战斗机的任务。

7月31日，蒋介石终于下定决心进行抵抗，但他不会在北京同日军战斗，因为日本人可以轻易地从东北增援。他将接受过德式训练的第87师和第88师投入上海的战斗，那里的日本海军陆战队依赖海军补充兵力、

---

[1] 即柯蒂斯公司1933年制造的"霍克-3"型双翼战斗机，1933年至1936年间，中国政府共订购了102架此种飞机，是抗战爆发时中国空军的主力机型。
[2] 即威廉·波利。

重武器和提供空中支援。这本是一着妙棋，却使羽翼未丰的中国空军不得不直接面对日本海军航空兵。值得一提的是，日本陆军将苏联人当作最大的假想敌，所以东北的日军陆航部队的飞机需要适应严寒荒芜的环境以配合地面部队；海军却正好相反，它考虑的是在太平洋上对阵美军，这就需要飞机适应热带气候并能够飞越广阔的海面，而这正好是在上海作战所必需的条件。

陈纳德的第一个任务是阻止日军的大炮继续轰击蒋介石的部队。据他说，在 8 月 13 日的"黑色星期五"①收到命令后，他就和麦克唐纳一起策划对日军的空袭，直到凌晨 4 点。他们计划派出中国空军的轰炸机，对停靠在日本使馆区外的旗舰"出云号"实施轰炸。

8 月 14 号的上海上空布满了细碎低垂的云团，这是台风到来的先兆。被台风吹得七零八落的中国轰炸机三三两两地到达了上海。（凑巧的是，日本战机原本准备在当天早上空袭中国机场，但由于台风袭来，当时只能停在航空母舰的甲板上。）上午 10 点，"出云号"的防空炮开火了，这提醒了国泰酒店和皇宫酒店里的外国记者，他们留意到城市上空出现的三架飞机。一名记者写道："这些飞机俯冲下来，每架都投下了一枚炸弹。爆炸声响彻全城，（'出云号'）被浓烟吞没了。"

但他们的轰炸并未命中目标。据陈纳德解释，这场灾难是由于飞行员受云团影响而不得不低飞，而他们又没有根据高度调整瞄准方式造成的。结果，他们的炸弹直接落在了上海城中，造成超过 3,000 名平民伤亡。"噢，这真是一场最为血腥的大灾难，"美国军舰"奥古斯塔号"上年轻的水手汤姆·特朗布尔回忆道，"四处都是被炸飞的手臂、腿和躯干，街上流淌着鲜血。"

日本空军在那天也遭遇了失败。当天下午，日本海军的 18 架三菱 G3M 型"九六"式陆上攻击机从台湾起飞，企图轰炸中国机场。（关于日本飞机的命名方式，可参看附录 1。）这趟任务来回 1,250 英里，大部分航程都在开阔的海面上，这是当时世界上其他任何国家的空军都不会尝试的

---

① 流行于欧美的迷信说法，如果一个月的 13 号正好是星期五，那么这一天就被认为是不吉利的，被称作"黑色星期五"。

高难度任务。但在杭州上空，受过陈纳德训练的中队伏击了这些轰炸机。飞行员们驾驶着中央飞机制造厂生产的"鹰"式双翼战机，以零伤亡的代价击落了两架G3M型轰炸机，同时重创了三分之一的日本飞机，导致它们在返程途中坠毁了。

8月15日，16架G3M轰炸机出现在南京上空。陈纳德欣喜若狂地发现，它们没有任何战斗机护航，这对防卫部队来说无疑是块唾手可得的肥肉。他毫不理会克莱顿·比塞尔、朱利奥·杜黑和亨利·阿诺德等人鼓吹的轰炸机制胜论，命令中国空军的波音和柯蒂斯战斗机冲入敌阵。他们取得了击落4架、击伤6架的战绩。一名日本飞行员事后回忆这场战斗时在日记中坦言："我们损失了30人……如果可以的话，我想跳出飞机和战友们一同赴死。但我不能那么做，因为我的生命并不属于我。可我又能做什么呢？我只能紧紧握住操纵杆，然后默默地祈求上苍保佑。"在持续三天的跨海作战中，日军的9架现代化双引擎轰炸机被击落，11架遭到重创，只剩下18架可以继续作战。他们的航母舰载机部队遭受了更惨重的损失，12架三菱B2M"八九"式舰上攻击机也在同一天起飞攻击杭州，最后只剩下一架回到"加贺号"航母上。

但在8月末，第一批日本护航战斗机出现在南京战区。"日军追求对中国空军'鹰'式战斗机公开的、压倒性的胜利，"陈纳德写道，"中国飞行员最畏惧这些日本战斗机。"与当时大多数西方人一样，陈纳德不相信日本人能制造如此强大的战机，他认定，出现在南京上空的是法国生产的德瓦蒂纳战斗机。（与之相似，《纽约时报》也将G3M"九六"式陆攻飞机误认为德国生产的亨克尔轰炸机。）事实上，陈纳德目睹的是三菱A5M"九六"式舰载战斗机的首次战斗。这是一种使用固定起落架和开放式座舱的飞机，装备两挺小口径机枪，从螺旋桨后方发射子弹①——与波音P-26战斗机相似，但比它更快、更灵活。

9月1日，蒋介石命令陈纳德接管南京的防空事务。陈纳德在一座田径场上设立了指挥部，有五位中国军官参加了指挥部的工作，其中包括李

---

① 当时的一种机载武器方式，即把机枪安装在螺旋桨后，使用射击协调器协调螺旋桨转动和子弹发射的时机，优点是比机翼武器更精准，缺点是限制了飞机速度的提升。

成元（音）中尉。李中尉帮助陈纳德设立了一套空战控制系统，他们在战斗机分队长的飞机上安装了一部无线电台，然后用军用野战电台和手摇电话把指挥部所在的田径场与各个观察点连接起来，组成了一个观察网络。李中尉把陈纳德设置的布局形容为"蜘蛛网"，每一名掌握军用电台的人员都会成为8~10名电话观察员的情报中心，观察员用电话向这些情报中心汇报情况，情报中心将信息汇总后，通过电台上报南京的指挥部。南京的指挥部根据收到的情报，用小旗在地图上标出敌机的种类、数量和航向。一开始，这类报告通常都是简单而直观的，比如飞机的噪音是大还是小，是单引擎还是双引擎等。随着形势的发展，观察员变得更专业、更成熟，这个网络也扩及上海和杭州。

由于日本飞机完全取得了白天的制空权，陈纳德开始转变策略，改为在拂晓和黄昏出击。他用灯笼在南京机场的跑道上摆出了"出云号"的轮廓，然后让飞行员盯着这个目标在3,500英尺的高度演练夜袭。在实战中，日本军舰上的探照灯和炮火果然暴露了它们的位置轮廓，中国轰炸机成功地击伤了一些舰船，但最大的目标"出云号"并未受到损伤。突然提升的轰炸精度引起了美国领事的怀疑。"有报告称，目前中方军队在上海开展的夜间空袭明显是由水平高于中国人的飞行员执行的，"美国领事在向华盛顿汇报的电报中写道，"其中一架空袭的飞机为躲避日军的防空炮，从外国租界上空低飞而过。当它飞越美国乡村俱乐部时，向下点了一下机首，又闪动了飞机上的灯光。我们强烈怀疑这架飞机是由一名美国飞行员驾驶的。"

在美国军舰"奥古斯塔号"上，汤姆·特朗布尔也看到了陈纳德派出去的作战飞机，他回忆道："陈纳德这个名字令人印象深刻。在相当长的时间里，我都将他想象为每晚飞越'奥古斯塔号'去轰炸'出云号'的神秘飞行员'吴先生'。"特朗布尔之后曾向比利·麦克唐纳求证，得到的答复是绝无此事。麦克唐纳称陈纳德从未在中国驾驶过轰炸机，他只是担任观察员。为了执行观察任务，他曾驾驶P-36战斗机，这架飞机是由比尔·波利带到中国的。波利希望将它卖给蒋介石政府，使之成为中国空军的新一代战斗机。

陈纳德在日记中从未提及这些飞行任务，但他在9月14日写给老搭档汉塞尔的信中做过某种暗示："现在进行的根本不能称之为战争，日军有2,000架飞机，他们在中国各地实施轰炸，轻松得就像演习一样……而中国军队的办法也不过是用防空火力消极应对。"关于南京上空的第一次拦截作战，陈纳德提到"（他们）在两分钟内击落了六架日本飞机，这六架被击落的飞机都可以从空中的同一个观察点观测到"。陈纳德的意思是他本人就是那个位于空中的观察员吗？甚至是说他就是其中一名击落日本飞机的飞行员？陈纳德在后来经常被描述为中国政府雇用的飞行员，并因为击落过多达50架日本飞机而扬名。当时在美国大使馆供职的詹姆斯·麦克休（James McHugh）曾近距离接触过陈纳德和麦克唐纳，他回忆说："他们有自己专用的飞机，可以用来观察在上海附近作战的日本空军。我总怀疑他们击落过一两架日本飞机。"但中国空军的老兵们否认了此事，他们称陈纳德从未执行过侦察敌机之外的其他危险任务，他的年龄和健康状况也不太可能允许他亲自参加空战。

陈纳德给汉塞尔的信以一种近乎痴迷的夸张口吻收尾："兄弟，如果中国有100架优良的战斗机和100名足够优秀的飞行员，他们可以全歼日本空军！"在这句话里，他已勾勒出组建于1941年的飞虎队的蓝图。

* * *

中国军队以近乎自杀式的大无畏勇气在上海阻击日军，在损失了27万人后，他们不得不沿铁路后撤至南京。而日军为占领南京也付出了不小的代价。按照一位美国外交人员的说法，日军占领南京后，立即开始了一场"抢掠、奸淫、酗酒和杀戮的狂欢"。在南京，至少有10万人被杀害，而实际遇难人数可能是这个数字的2~3倍。这就是第二次世界大战中最血腥的事件之一——南京大屠杀。但日本人的做法对战局毫无意义，因为蒋介石早已把他的政府迁往长江上游。政府官员和士兵、银行家和实业家、教师和学生、农民和工人组成浩浩荡荡的队伍，沿着宽阔的长江向上游进发，还沿路凿沉了一些船只来延缓日军的行进。中央飞机制造厂也在大逃难的队伍中,并在汉口的日租界重建。中央飞机制造厂正是在这里为中国空军维修战斗机的。战机在早上被送去机场起飞作战,晚上则被拉回来进行维修。

比尔·波利很快就收到了厚厚的订购单:60架"鹰"式双翼战斗机、30架P-36单翼战斗机(与陈纳德的座机型号相同)和30架伏尔提公司生产的单翼轻型轰炸机。随着上海的沦陷,这些飞机先通过香港进入中国,然后经铁路被运到烟尘滚滚的衡阳。波利在那里建立了一家组装飞机的分工厂。1937年至1938年间的冬天曾在杭州担任飞行教官的哈维·格林劳(Harvey Greenlaw)也来到衡阳城外,帮助A. L. 帕特森(A. L. Patterson)组装教练机。这些工厂成了日军空袭的目标,奥尔加·格林劳回忆道,她的丈夫和陈纳德在日军空袭时坐在花园的墙头,"丝毫不顾在他们身边横飞的弹片,一边还讨论着日本人的轰炸手段"。

此时,雇佣兵飞行员逐渐蜂拥来到中国,他们声称自己有在欧洲战场战斗的经验。根据宋美龄的要求,陈纳德把他们编入中国空军第14中队,驾驶比尔·波利在衡阳组装的伏尔提轰炸机。整个冬天,陈纳德都忙碌地往返于南昌的战斗机中队和汉口的伏尔提轰炸机中队之间。(为了使第14中队尽早形成战斗力,他得到了欧内斯特·艾利森的帮助,正是这位中尉在1919年给了陈纳德第二次机会,让他得以成为一名军人飞行员。)他碰到了一大堆问题:比起战斗,这些雇佣兵对喝酒更感兴趣;中国飞行员拒绝同雇佣兵们合作;中国的投弹手被指"连一座城市都炸不中";飞机总是出现故障,无法出动。1938年1月23日,第14中队终于执行了第一次任务。四架伏尔提轰炸机从基地起飞,但结果是一架坠毁,两架返航,剩下的一架也找不到目标。不久之后,日军进攻汉口。正当这些轰炸机加足燃料、挂载弹药,准备对日军进行空袭时,一枚炸弹在其中一架飞机下面爆炸了,并引起了其他飞机的连锁反应,整排飞机都被炸飞了。这个中队后来被送到成都,在这座位于中国西部的偏远城市里,外国教官们指导中国飞行员进行训练,以期他们有朝一日能顶上一线战场。

不久之后,蒋介石就解雇了他的意大利和德国顾问,转而向苏联寻求帮助。苏联的波利卡尔波夫伊–15型双翼战斗机、伊–16型单翼战斗机以及图波列夫SB型快速双引擎轰炸机,都是经过西班牙内战考验的机型。它们经西伯利亚铁路被运至新疆,然后在卡车上沿着古代的丝绸之路旅行1,700英里,最后到达中国内陆铁路的起点——兰州。运输卡车返程时则载着皮草、锑矿石、桐油、丝绸和茶叶,用以偿付苏联的援助。通过这种方式,300架飞机在1937年至1938年冬天运抵中国。其中一半直接交付中国空军,另外一半则配有苏方的飞行员和机械师,成建制地抵达。

对于中国上空出现的外国飞行员,日本恶人先告状地提出了抗议——抗议本应由中方提出。苏联人对此置若罔闻,但美国国务院被轻易地唬住了。领事馆官员们开始阻止美籍飞行员进入中国,并催促那些已经在中国的飞行员回国。陈纳德的老搭档威廉姆森就是其中一名回国的飞行员。中国的防空事务越来越依赖苏联"志愿者"。这一时期的日记表明,陈纳德对拒绝执行任务或"寻求安全任务"的苏联人十分恼火,但他在公开场合仍然给予了他们正面评价:"这是一支尽职尽责的战斗部队,他们破晓前就会待命,一整天都会坚守岗位……没有午饭,除了坐在飞机舱里也没有任何休息。机械师们……与战斗机一起待命,他们站在机翼前,随时准备发动引擎。"

根据陈纳德的说法,苏联的阿萨诺夫(Asanov)、中国的周至柔和毛邦初、美国的陈纳德,这四位高级军官在汉口保卫战中通力合作,但他的联络官李成元却有不同的说法。"苏联人不喜欢陈纳德,"李成元这样告诉笔者,他补充说,当陈纳德在场时,苏联人不会跟周至柔说话,大概是怕陈纳德得知他们的秘密。他们更喜欢和苏联飞行技术的学生毛邦初打交道。

阿萨诺夫确实有怀疑的理由:陈纳德会定期向华盛顿的美国陆军副官长提交报告。1938年5月,他递交了三菱"九六"式舰载战斗机的绘图和详细说明。当日本陆军在中国战场上引进使用中岛公司的"九七"式战斗机时,陈纳德也做了汇报。而阿萨诺夫担忧的是,陈纳德会把苏联人的装备和战术也写进报告里。陈纳德的报告指出,在空中近战格斗时,日本飞行员会牢牢占据苏联飞机的后方,没有什么办法可以甩开灵敏的日本飞机。但苏联人很快就学会了先俯冲摆脱日本飞行员,爬升后再居高临下地攻击敌机的方法——这与陈纳德提出的对付快速轰炸机的战术十分相似。

1938 年，陈纳德在汉口认识了一位名叫保罗·弗里尔曼（Paul Frillmann）的美国传教士，弗里尔曼后来不无偏见地描述了当时的陈纳德。他们是在 7 月 4 日英国人和美国人之间进行的一场棒球赛上结识的，弗里尔曼回忆道："陈纳德是个身材矮小的人……他戴着一条丝质的飞行员颈巾和一些别的饰物。他和一大堆身份不明的人站在一起，这些人既有冒险者的气质，又带有商人的感觉，我后来才发现，他们都是陈纳德的老朋友。"陈纳德将弗里尔曼安排在左外野，自己则占据了投手丘的位置。弗里尔曼回忆道，陈纳德煞有介事地在手套上吐着唾沫，然后投出旋转球，但英国球员将他的投球一一击飞。球多次落到左外野，弗里尔曼拼命接住，但还是漏掉了一球。"陈纳德怒视着我，很多年后我仍然清晰地记得那张黝黑的鹰脸投来的目光，"弗里尔曼写道。

* * *

在地面作战中输给共产党后，周至柔被调任为空军指挥官，但蒋介石随后又将他解职了，原因是他在汉口保卫战中防空不力。他被调到偏远的云南省，在这个毗邻英国殖民地缅甸的省份，他负责筹建一所新的飞行学校。陈纳德陪同周至柔一起到了云南，随行的还有比利·麦克唐纳和博特纳·卡尼（Boatner Carney）——弗里尔曼所说的其中一个"身份不明的人"。卡尼有着"V"字形的发际线，蓄着漂亮讲究的胡须，还有一张不羁的长脸。他来自路易斯安那州，他的陪同让陈纳德很高兴。

云南是一片布满了褐色的山岭、绿色的田野和蓝色的湖水的乡村地区，海拔高而人烟稀少。它的省会昆明有 10 万居民。群山拱卫在昆明城的南面、北面和西面，空气是如此清新而干净，在城中就能看到山麓侧面的褶皱。通往机场的公路两旁种着白杨树，在早晨的薄雾中，路上穿梭着嘎吱作响的木轮车，让人想起远在欧洲的法国。这也并不稀奇，因为昆明长期以来就被印度支那半岛①（主要是越南，也包括今天的柬埔寨和老挝）

---

① 即中南半岛。

上的法国殖民者当作避暑胜地。法国人在那里铺设了一条窄轨铁路,它穿越群山,通往昆明。高达 6,200 英尺的海拔,使昆明成为一个逃避河内高温潮湿天气的好去处。这条铁路上运行着米其林公司的橡胶轮胎小火车。

中国政府在昆明的欧洲人居住区为陈纳德安排了住处,半英里之外就是昆明翠湖和湖景大酒店。不久之后,他在中国空军的飞行学校附近找到了住处。这是一座漂亮的两层小楼,有着红砖围墙和伸展的屋檐。它的屋脊几乎有屋檐的两倍高,入口处有一扇龙尾式的天窗。中国空军从西南联合大学的一个社团手中征用了这座房子。

陈纳德的新职务是"首席飞行教官",受周至柔将军指挥。他在滇缅公路以西 100 英里处的云南驿(南华县①)建立了一所初级飞行学校,在中越边界的蒙自县建立了一所中级学校,在昆明城外的巫家坝机场建立了一所高级学校。接下来的两年里,有 18 名美国人在他的手下工作。新人中有一位名叫 C. B. 阿代尔(C. B. Adair),他和妻子一起到南华县主持那所初级学校;还有一位名叫约翰·威廉姆斯(John Williams),是个无线电技术员,陈纳德在马克斯维尔基地时与他结识。

对于陈纳德而言,在昆明生活的这段时期是艰苦的,苏联人到来之前,他一直为蒋介石处理整个空军的事务。他的健康受到寒冷的冬天和潮湿的夏天的不良影响。由于支气管炎、感冒和胸膜炎发作,他不得不经常卧床休息。中国空军的外科医生约瑟夫·李(Joseph Lee)给他开了一些磺胺类药物进行治疗。不管有没有生病,陈纳德都会玩桥牌、多米诺骨牌、麻将、克里比奇纸牌和扑克牌。他喜欢喝波本威士忌,一直喝到凌晨时分,最后酩酊大醉地和别人扭打在一起。季节适宜时,他就去打野鸭和野鸽。他对于网球的热爱近乎痴迷,即使在教授学员飞行的日子里,他也要打上七局。陈纳德还和不同的女人调情,赢得了一个"羡煞旁人的花花公子"的诨号,"战绩"包括莫罗斯(Rose Mok,卡尼的妻子或女友)以及另一名飞行教官哈利·萨特(Harry Sutter)的妻子。

飞行对陈纳德而言是一种不变的安慰。无论是驾驶一架双引擎的道

---

① 原文如此。云南驿今属云南省祥云县。

格拉斯运输机前往重庆，还是操纵一架 P-36 在巫家坝上空表演飞行技术，陈纳德都完成得非常漂亮。尤其是后者，真可谓令人赏心悦目。"没有人能像陈纳德那样驾驶战斗机飞行，"卡尼回忆道。在约翰·威廉姆斯看来，飞机的驱动力并非来自机上的莱特引擎，而是源于陈纳德。威廉姆斯告诉笔者："当他坐进飞机时，好像轻易就能把飞机带上天空。"

1938 年秋天，日军占领了广州和汉口，抗战进入相持阶段。中日军队隔着一片长 1,000 英里、宽 100 英里的无人区进行对峙。蒋介石的部队破坏铁路、炸毁桥梁、凿穿公路，这是中国人应对侵略的传统办法，完全不同于在上海、南京和汉口进行的阵地战。公路被破坏的沿海地区，是被 75 万日军侵占的沦陷区；处于内陆的则是国民党的部队，虽然规模庞大，但非常可悲地缺乏训练、领导和武器，士气也十分低落。

蒋介石的战时首都是四川省的重庆市①，一座位于昆明东北方的城市。蒋介石把全国的资源都带到了重庆：成群的银行家和官员、400 家工厂、40,000 名大学生、数百万士兵以及不计其数的难民。在迁都前，整个四川省有 5,000 万人口，与英国或法国的人口相当，其中有 20 万人居住在省会城市。对于蒋介石政权和抗日战争，这些当地居民了解多少呢？可以肯定的是，重庆的人口因为迁都而激增至 100 万，日军的轰炸机也接踵而至，重庆人很快就感受到了这是一场怎样的战争。西奥多·怀特（Theodore White），一位在蒋介石政府的情报部门工作的年轻哈佛毕业生，目睹了这座城市怎样被炸醒，怎样被迫面对战争的现实。他形容重庆人是"生于中世纪，死于 20 世纪的农民"。这座城市有着长达六个月的冬季，整个冬天都会被薄雾笼罩。薄雾在春天消散后，日本飞机就像饿了一个冬季的秃鹰那样涌来。1939 年 5 月 3 日，怀特记下了这样的情景："黄昏时分，轰炸机从北面袭来，它们以并列平行的阵形安静地飞行，机翼挨着机翼。它们在老城中心上空盘旋着，投下死亡的阴影。"共有 5,000 人被空袭所引起的大火吞噬，这是当时最血腥恐怖的屠杀。

空袭进行了 20 波，"九六"式陆攻飞机在没有空中掩护的情况下来

---

① 中华民国政府于 1937 年 11 月迁都重庆，当时重庆仍属四川省。1939 年 5 月，重庆正式升格为中央院辖市（直辖市）。

去自如。这是因为"九六"式舰载战斗机的航程太短，不足以在汉口和重庆之间实施护航。

怀特有时会和陈纳德在重庆的卫理公会共进晚餐，与奥尔加·格林劳一样，他发现陈纳德是个"沉默寡言而举止气派"的人。当空袭来临时，陈纳德不会躲进防空洞，他会站在开阔的地方研究日本飞机的阵形，"就像橄榄球队教练研究未来对手的录像那样"。陈纳德在笔记本上记下相关的技术细节，然后提交给詹姆斯·麦克休。麦克休当时是海军陆战队的少校，在重庆担任美国海军的联络专员。他把陈纳德的报告交给海军部，但这些报告和之前提交给陆军副官长的报告一样，最终都是石沉大海。

蒋介石的西迁大军中也包括中央飞机制造厂。比尔·波利把机器设备装到平板车上，将它们运到香港，接着换乘轮船到达越南河内。他本打算经米其林公司的铁路进入昆明，但法国政府迫于日本的压力封闭了铁路。波利只好把所有东西都运到缅甸，然后用驳船、火车、飞机、卡车和大象，把设备从仰光运到中国云南的垒允。

波利走的这条路线此时成了中国的生命线。这条生命线以缅甸北部的铁路终点站腊戍为起点，沿着12世纪马可·波罗走过的路线迤逦向前。为了给这条路进行修整、拓宽和铺设砖石，几十万名劳工被强制征役。记者们把它称作"滇缅公路"：从腊戍到昆明有长700英里的绵延山路，要翻越高9,000英尺的山岭，穿过湄公河和怒江上深达1英里的峡谷。充满原始风情的铁索吊桥高悬在河面上，两岸是像圣诞蜡烛一样蜿蜒盘旋的公路，每一个弯曲处的外侧都是令人胆战心惊的路肩和道岔。

在垒允，6,000名工人重建了飞机制造厂。这家工厂由中国政府出资建造，但比尔·波利拥有部分股权。航空委员会与他签订了新的飞机订单，包括55架柯蒂斯"鹰"式战斗机、75架伏尔提攻击机和33架柯蒂斯CW-21拦截机。CW-21拦截机是由柯蒂斯公司的竞赛型飞机改造而成的一种战机，是波利的外贸订单上最新的明星产品。

蒋介石还通过A. L. 帕特森引进飞机，他把中国空军的赌注押在建立美式战机队伍上，先后花费了400万美元建造工厂，另外还用了525万美元购买和组装飞机。陈纳德经常飞赴重庆协助商定合同，合同包括120架训练机、25架俯冲轰炸机和54架塞维尔斯基公司的P-35战斗机，总价达880万美元。但是波利妨害了这项协议的签订（帕特森是如此告诉笔者的），而在此过程中，塞维尔斯基公司破产了，最后只有那些教练机顺利抵达仰光。但当哈维·格林劳把他的组装基地转移到缅甸时，他发现一切都为时已晚。英国人和法国人一样神经紧张，他们不愿意让缅甸作为中国补给线的一部分，因为这样会得罪日本。那些教练机原封不动地装在箱子里，滞留在仰光的码头上。遭受同样命运的还有堆积如山的战争物资，它们原本是要被运往腊戌和昆明的。

*　　*　　*

蒋介石继续在美国人身上押宝，他向波利征询雇用美国飞行员代替苏联"志愿者"的可能性。于是，波利派遣布鲁斯·雷顿（Bruce Leighton）为此事进行游说。雷顿退役前是一名海军军官，退役后接受波利的聘请，到波利个人控股的洲际公司担任副总裁。雷顿设法获得了同时任美国海军作战部部长哈罗德·斯塔克（Harold Stark）见面的机会。他指出，挫败日本占领全中国的图谋才是符合美国利益的，应支援蒋介石100架战斗机、100架轰炸机和50名飞行员，并以陈纳德在昆明训练出来的学员作为补充，用于抵抗日军。波利可以通过自己家的贸易公司处理这些事务，"不需要美国政府直接参与其中"。

陈纳德当时刚好在美国，他的合同为他提供了一个月的年假。1939年年底，他搭乘泛美航空公司的飞机前往旧金山，进行一段为期五天的太平洋跳岛之旅。他探望了家人，捕猎水鸟，还和儿子约翰（已成为一名陆军飞行员）一起参观了柯蒂斯-莱特公司在纽约州布法罗市的工厂。陈纳德之前也到过华盛顿，但可以肯定的是，他这次在华盛顿的活动不过是向一名陆军情报官员简要介绍了中国空军的情况，以及询问有没有回归现役的机会。接下来，他加入比尔·波利和布鲁斯·雷顿一行，参观了南加州的一家飞机制造厂，最后飞回昆明。

1940年春天，纳粹德国的军队蹂躏了丹麦和挪威，接着是荷兰、比利时和卢森堡。法国陆军和英国远征军匆忙抵达这三个低地国家以阻挡德军，但德国装甲部队从阿登森林地带迂回而出，那里历来都被认为是不可逾越的天堑。德军的奇兵使 30 万英国远征军被分割包围，他们只好从敦刻尔克乘船仓皇撤退，留下法国人面对耻辱的失败。无论从哪个角度来看，欧洲大陆上的战争在 19 天内就输掉了，现在只剩下英国独力抵抗希特勒的霸权。富兰克林·罗斯福（Franklin Roosevelt）总统凭借自己的耐心和手腕，开始促使美国变成英国的拯救者。

蒋介石利用了罗斯福总统的这种新想法，他派宋子文前往美国，试图游说美国加强对中国的援助力度。宋子文是宋家这个庞大、聪明而不择手段的家族中最讨人喜欢的一位成员，与宋美龄一样，他和美国人相处得很好。毕业于哈佛大学的宋子文，英语说得比汉语还流畅，他的穿戴像洋娃娃一样漂亮而整洁，头发剪得很短并向后梳着，耳朵紧贴着头部，鼻梁上架着一副闪烁着光芒的窄框眼镜。7 月 9 日，他与罗斯福的财政部长、肥胖谢顶的亨利·摩根索（Henry Morgenthau）会面。在午餐会上，宋子文提出由美国向中国提供 1.4 亿美元的贷款，用于稳定货币、修缮滇缅公路和购买包括 300 架战斗机和 100 架轻型轰炸机在内的军需品。宋子文的提案把波利和雷顿的建议翻了番。

宋子文还结识了托马斯·科克伦（Thomas Corcoran）、劳克林·柯里（Lauchlin Currie）和约瑟夫·奥尔索普（Joseph Alsop）。科克伦是一名律师、议院游说者和总统非正式的"私人内阁"中的顾问；柯里是一名生于加拿大的经济学家，也是白宫的一名助理；奥尔索普是一位前途光明的年轻作家，他的专栏遍布 74 家新闻报纸。另外，奥尔索普还与总统夫人埃莉诺·罗斯福（Eleanor Roosevelt）沾亲带故，这对于总统来说也很重要，因为在战前的华盛顿，很多工作都需要通过朋友、亲族关系网和天才手段方能完成。摩根索经常越过战争部①和国务院做决定，而在衡量预算规模时，科克伦偶尔也会越过摩根索做决定。

---

① 美国战争部存在于 1789 年至 1947 年间，部长是内阁成员，总体负责陆军和空军事务（海军事务由海军部负责）。1947 年后被分割为陆军部和空军部，与海军部一起并入国防部。

中国此时已向美国借贷 7,000 万美元，并通过出口锡、钨矿石和桐油来偿还。交易的事务由中方设立的世界贸易公司来处理，其职员队伍主要由政府派遣的官员构成。尽管无法直接交易战争物资，但世界贸易公司显然是一家交战国的采购代理：1,000 台便携式的 10 瓦特功率电台、48,000 把外科手术刀、72,000 把医用镊子、400 万张毛毯、600 万码①卡其布……除了这些将被运往仰光、腊戍和滇缅公路的物资，宋子文决心在清单上加上军用飞机和驾驶它们的飞行员。

---

① 1 码约合 0.91 米。

2

特别空军部队

日本海军的轰炸机每天都沿着长江一路呼啸着飞去轰炸重庆。这些灰色的三菱 G3M "九六"式陆攻飞机每架可载弹 1,100 磅①，陆航部队的三菱 Ki-21 型"九七"式重型轰炸机有时候会和它们结伴同行，"九七"式轰炸机的载弹量是"九六"式的两倍。美国大使在报告中描述道："这种行径的残暴性简直难以言表，每天都有超过 100 架轰炸机来袭，它们在城市上空来回穿梭，迫使无助的人们躲在防空洞中瑟瑟发抖。洞中污浊的空气已经足以摧垮很多人了，不少人被迫向山上逃去，无论老少，或是抱着婴儿的妇女，都在烈日下往山上爬……"但中国空军还是成功击落了 9 架"九六"式飞机，还击伤了 300 架敌机，占来袭飞机总架次的将近 10%，这对日军而言是过高的代价。

但日军的损失很快就因为一种新型远程护航战斗机的服役而止住了，那就是三菱的 A6M 战斗机。这是一种修长的雪茄状的单翼飞机，有着封闭的驾驶舱和可收起式起落架。它像 A5M "九六"式舰载战斗机一样灵活，但速度更快，航程更远，除了标配的小口径航空机枪，还装备两挺 20 毫米口径的机炮。在 1940 年 9 月 13 日重庆上空的战斗中，13 架 A6M 飞机声称击落了 27 架中国战斗机。战绩来得如此轻松，以至于一名日本海军飞行员夸口道："我们追击敌人时需要非常小心，因为一不留神就会

---

① 1 磅约合 0.45 千克。

飞到他们前面去！"（中方的实际损失是13架战斗机。）A6M战斗机取得了巨大的成功，因为1940年正好是日本神武纪年的2600年，所以它被命名为"零"式战斗机。

日本人利用欧洲激战正酣的时机进入越南，控制了米其林铁路、面积巨大的橡胶种植园、大量库存稻米以及河内的嘉林机场。9月30日，日本海军的轰炸机从该机场起飞，对昆明进行了首次空袭。第二天，日军就摧毁了蒙自县的中级飞行学校。六天后，它们在多云的情况下继续轰炸昆明，包括27架"九六"式轰炸机和7架新型的远程护航战斗机。这是陈纳德第一次看见"零"式战斗机，他称这种飞机"远远优于"之前在华东地区出现过的日本战斗机。

陈纳德在这一周里收到了前往重庆的命令。他到达昆明巫家坝机场时，刚好接到了预警网络的报告：27架"九六"式双引擎轰炸机、9架单引擎轰炸机和6架"零"式战斗机来袭。陈纳德乘坐一辆破旧的普利茅斯汽车逃离了机场，这是飞行学校新任校长王叔铭[①]上校的座驾。这次空袭持续了三个小时，把陈纳德的房子夷为平地。中国空军的飞机没有升空拦截。

不久后，周至柔将军再次执掌航空委员会，毛邦初被蒋介石调往华盛顿担任宋子文的空军事务顾问。而毛邦初自己的顾问又能是谁——除了陈纳德别无他人。这其实是宋子文的主意，他在9月27日的电报中指出："这个项目……若能获得陈纳德上校的支持，对于说服（美国）当局会有所帮助。"

蒋介石明显是为了申请飞机和飞行员一事而调动陈纳德的。10月18日，蒋介石曾向美国驻华大使指出："日军飞机毫无阻碍地来袭，市民们不得安生。"他提议美国向中国派遣一支特别空军部队，包括500架飞机和相应数量的飞行员，这样才能减轻重庆的压力，并使中国有机会将战争打到日本本土。他认为，这才是对付日本侵略的"根本解决办法"。

在华盛顿，布鲁斯·雷顿也在朝同一个方向努力，这一点可以从当

[①] 王叔铭（1905—1998），山东诸城人，国民党空军一级上将。1927年至1931年间在苏联空军学习，1941年晋升少将，曾多次亲自驾机参加对日空战，抗战后历任国民党空军副总司令、总司令。

时的海军部长弗兰克·诺克斯（Frank Knox）写给国务卿科德尔·赫尔（Cordell Hull）的信中看出。"我被告知，"诺克斯写道，"相当多的美国飞行员愿意到中国参战……前提是他们不会因此而受到惩罚。这是不是我们解决当前问题的一种可行办法呢……就像我们允许年轻人志愿参加不列颠空战一样？"换句话说，就是让他们从美军退役，然后以平民身份到达他国，参加他国空军而不必宣誓效忠。

10月19日，就在诺克斯将信件交给赫尔的同一天，陈纳德被再次召到重庆，两天后，他和蒋介石、毛邦初一起用餐。他在日记中写道："（我）奉命回美国，帮助宋子文博士履行职责。"第二天下午，他搭乘一架中国航空公司的道格拉斯运输机前往香港，然后转乘泛美航空公司的飞机回美国。

在河内的嘉林机场，日军陆航部队接替了海航部队，它的任务是轰炸从缅甸边境到昆明的"援中线路"。10月26日，59架三菱"九七"式重型轰炸机将垒允的中央飞机制造厂炸成废墟，厂内的几十架半成品飞机无一幸免。但是比尔·波利有化困境为机会的天才，他抢救了一些机器和飞机零部件，把它们装船运到印度的班加罗尔，他之前在那里建造了一座名为"印度斯坦飞机有限公司"的生产基地，负责为印度空军生产哈洛教练机。垒允的厂房则被重建为中国空军的维护和修理点。

波利与陈纳德年纪相仿，但看上去要比陈纳德年轻十岁。在一张照片里，他身穿细纹西服，戴着襟花和叠好的方巾，别着一枚似乎镶有钻石的别针，总体而言让人印象深刻，尽管略显花哨。（"像魔鬼一样机智"，麦克休少校曾这样形容波利。）无论如何，英国人挺喜欢波利，他们不但允许他在印度建造工厂，还给了他一项哈维·格林劳也得不到的许可：建造工厂来组装中国政府购买的66架北美和瑞安教练机。这些飞机目前正原封不动地待在仰光码头上的箱子里。

* * *

陈纳德和毛邦初在10月底加入了中国的游说团，他们在宋子文位于马里兰州切维蔡斯近郊的住宅中共进晚餐。接下来，他们前往华盛顿，在蒋介石的财政顾问亚瑟·扬（Arthur Young）的住处开展工作。他们拟定了一个方案，组建一支阵容如下的空中部队：250架搭载气冷引擎的战斗机，陈纳德根据个人经验，比较信任气冷引擎的性能；100架搭载液冷引擎的战斗机，这在当时的欧洲属于比较流行的机型；150架轰炸机、10架运输机、190架教练机以及350名飞行教官和地勤人员……方案中没有提及飞行员，可能是由那些飞行教官充当这一角色。（这一方案最奇怪的特点在于，身为飞行员的陈纳德注重获取飞机等硬件，而商人波利则着力于招募飞行员。）11月25日，宋子文把修订过的采购单提交给了总统联络委员会。

1940年底，美国的工厂以涌泉般的惊人速度制造着飞机——以柯蒂斯-莱特公司在布法罗城的工厂为例，其生产速度达到了每天10架。（相比之下，三菱公司的工厂每天只能生产1架"零"式战斗机。）罗斯福的"民主兵工厂"在1940年发动起来，生产了6,000架军用飞机，1941年的产量攀升到18,000架，1942年达到了50,000架——比世界上其他国家的产量总和还要多。这些飞机首先被用于支援英国，其生产能力被德军的轰炸、工人运动和老旧的工厂拖累；然后是来自美军的订购，根据英国人的使用经验进行改进并通过大规模的订单拉低造价后，美军令人艳羡地轻易得到了大量飞机；其余的飞机被分配给太平洋上的殖民地空军，或是给了瑞典、希腊和巴西。在这些订单中，中国没有任何位置。与欧洲白人国家间史诗般的激烈较量相比，中国的抗日战争对美国人来说不过是一场余兴节目——《时代周刊》将其形容为"黄种人杀戮黄种人"。

正当宋子文在华盛顿展现和蔼亲善的形象时，蒋介石在重庆则大唱黑脸，他向罗斯福发出警报：日本人在南京扶植了一个傀儡政权。早年的一位左翼领袖汪精卫向日本投降，并成为伪国民政府的首脑。蒋介石警告，如果汪精卫在国内取得广泛支持，他将解放日本的兵力，使其得以南进夺取荷属东印度群岛的石油资源，甚至可以打到印度次大陆，与德、意两国军队会合。得到警报后，罗斯福让他的顾问们为中国制定一个租借方案。他还派劳克林·柯里去见足智多谋的科克伦，科克伦的办公室位于K

大街 1511 号，距离白宫不过四个街区。

科克伦当时拥有一份体面的职业，尽管之后变得不那么光彩了——他成了一名调停人。没有人比他拥有更多、更好用的政治关系，或者比他更会维系这些关系。他很乐意去做一件柯里请求他办的事："探探国会议员们的口风，如果总统向中国提供适度援助以阻止蒋介石投降，他们会有何反应。之后我向柯里回复：从目前和未来短期的情况来看，这件事没有什么问题。"

科克伦和陈纳德也进行了会面。"如果他在见面的最初十分钟就离开，"科克伦沉思道，"我会把他当成一名狂徒而不再理会。"但一个小时过后，陈纳德成功地说服了科克伦，后者向罗斯福汇报称，他们找到了一件对付日本的有效武器，但他同时指出，陈纳德需要获得自主掌控事务的权力。科克伦不无吹捧地把罗斯福和陈纳德比喻为伊丽莎白一世和弗朗西斯·德雷克爵士①。总统被说服了，科克伦后来回忆说："罗斯福交代下来，让我带陈纳德在华盛顿转转，介绍他认识……一些能够保守秘密而且有影响力的人士。"

这些人士中最关键的是乔治·马歇尔（George Marshall）将军。12 月 12 日，陈纳德向这位陆军总参谋长汇报了"零"式战斗机的情况，他的汇报给马歇尔留下了深刻印象。马歇尔立即向国务院和自己的下属发出警告，称"这种新型的快速战斗机完全压制了中国空军"。但警告并没有刺穿和平时期那种不思进取的氛围和美国人的骄傲情绪。如果陈纳德所言非虚，那么"零"式战机就比任何现役的美军飞机都要优秀，这在美国人看来简直是无稽之谈。所有人都知道，日本人没有别的本事，只懂得仿照西方机器制造劣质产品。

此时的中国无法出口足够的桐油和锡、钨矿石，来支付采购清单所需的费用。这就需要一笔现金贷款，于是亨利·摩根索在 11 月 29 日召集手下开会，他说："总统刚刚告诉我，他对中国的情况十分担忧，而他明显是为蒋介石和汪精卫之间发生的某种事情而担心。他想让我……在 24

---

① 弗朗西斯·德雷克（Francis Drake，1540—1596），英国著名探险家、海盗，16 世纪 60 年代开始在英国女王伊丽莎白一世的赞助下开展探险和私掠活动。1588 年协助英国海军击溃西班牙"无敌舰队"，在战役中发挥了重要作用，战后被伊丽莎白一世封为勋爵。

个小时内筹措 5,000 万美元贷款给中国。"

这时,作为中国唱红脸的一方,宋子文在第二天两眼放光地出现了。摩根索想尽办法,试图讨价还价,他说:"现在我问你,你们到底想要多少钱?"

"蒋委员长请求获得 2 亿至 3 亿美元的援助,"宋子文答道。

"你们最低能接受多少?"

"部长先生,我们也是听命于人而已。"

"但为了立即应对当前状况,我们可以在六个月内……"

宋子文打断他:"我的设想是 1 亿美元。"

经过一番较量,摩根索再次尝试压价:"你们认为有助于缓解困境的最低数额是多少?"

宋子文重复一遍:"1 亿美元。"

摩根索说:"那好吧。"

贷款的事就这样解决了,但飞机的事尚未落实。这也在摩根索的管辖范围之内,周日的会议上形成了一个解决方案。柯蒂斯-莱特公司为英国皇家空军生产了 630 架使用液冷引擎的"战斧"战斗机,但它还有相当多的零部件在手。这家公司希望用库存的部件来制造飞机,以保持生产线的持续运转。只要延长飞机制造厂的生产时间,中方的需求就可以得到满足。

但在 12 月 8 日的会面中,摩根索没有向宋子文提及这种可能性,他们反而谈到了轰炸机的问题。"在白宫共进午餐后,"摩根索在日记中写道,"宋子文与我同乘一辆车回去,我提到我看过蒋介石的备忘录了……我说,'他要求获得 500 架飞机,这跟摘 500 颗星星下来没有区别。'然后我说:他也许可以在 1942 年获得飞机,但他那个得到远程轰炸机的想法是从哪里冒出来的?他明知道这些飞机是用来轰炸东京或其他日本城市的,怎么还能提出这个想法?说他头脑发热已经是比较委婉的了。"

蒋介石确实有点头脑发热。宋子文向重庆方面确认此事,一周后却得到了更高的购买要求。中国政府想获得美国航空工业最伟大的杰作——波音公司的 B-17"飞行堡垒"轰炸机。美国人把这种飞机紧紧地攥在手里,即使是英军也得不到它。蒋介石承诺,如果得到了这种飞机,他不但会轰炸日本本土,而且可以南进收复汉口和广州,并阻止日军攻打英国在新加坡的基地。

B-17轰炸机是12月19日会议上讨论的一项议题,出席这次会议的有罗斯福和几位与此事密切相关的部长——财政部长摩根索、国务卿赫尔、海军部长诺克斯和战争部长亨利·史汀生(Henry Stimson)。(史汀生夫人把这四位部长称作"附加的四人"。)他们研究了一幅标有中国东部136座机场位置的地图,其中一座机场距离日本城市长崎只有600英里。第二天,摩根索告诉宋子文:"总统很高兴,而我希望你能在下面这件事上支持我。我提出,如果可以让驾驶这些轰炸机的美国飞行员为中国效力,中国政府会给他们每月1,000美元的报酬。这个报价会不会太高。"

"不会,"宋子文答道,"不在话下。"他表示,如果能获得美国的飞机和飞行员,钱不是问题。

周六晚上,中国游说团齐聚在摩根索的住处。摩根索直接向宋子文提问,宋子文咨询毛邦初,毛邦初转向陈纳德。通过这种方式,他们达成了协议,美国飞行员将驾驶B-17轰炸机前往菲律宾。到达那里后,他们将从美军退役,然后驾机飞赴中国,并获得每月1,000美元的报酬……他们的最终目标无疑就是轰炸日本。每架B-17飞机附带五名美方机械师,中国空军则提供机枪手和无线电通信员。摩根索的夹鼻眼镜闪动着光芒,他灵机一动,提出了一个建议:"鉴于日本城市满是用木头和纸张修建而成的建筑,或许可以用燃烧弹进行攻击?"陈纳德说这是个绝妙的主意,他指出搭载燃烧弹还有另外一个好处,就是有利于轰炸机装载更多燃料(燃烧弹比高爆弹轻),从而能够更深入地飞进日本领空。

这个计划由于马歇尔将军的干预而未能实现。这位有贵族派头的、被认为是整个华盛顿最可敬之人的高个男人没有被这个方案束缚。相反,他想让这些B-17轰炸机前往英国。

史汀生也有别的想法。他认定这个方案并不成熟,于是在周日把马歇尔、诺克斯和摩根索召到了家中。那是一个美好的下午,是冬季少有的小阳春。史汀生希望用"成熟的头脑考虑一下这件事"。"成熟的头脑"就是指马歇尔的头脑，他冷静而严密的逻辑推演使摩根索最终屈服。到周一上午，只留下战斗机可供讨论了。

赫尔在国务院召集了下一场会议，除了"附加的四人"，还有一些民间人士和军方顾问参加，其中包括马歇尔将军和斯塔克上将。摩根索首先发言，他说柯蒂斯－莱特公司可以在1941年的春季多制造300架"战斧"战斗机。问题在于如何分配这些飞机？这些大人物相互争论，好比男孩们在棒球赛中选择队伍，负责记录他们言谈的秘书几乎跟不上他们说话的速度。最终决定的计划是，英国在订购份额中匀出100架"战斧"给中国，作为回报，英方此后可以获得300架新型战机。

12月23日下午，罗斯福总统签字批准了这个交易方案。当天下午5点30分，摩根索同英方代表会面，进一步敲定交易的细节，例如"政府特供设备"从哪里采购的问题。一般来说，当时订购的战机默认都是没有引擎、武器及航电设备的。因此，英国人需要从通用汽车集团旗下的艾利森公司订购引擎，从美国陆军的军火供应商那里购买机首的大口径机枪，但仍然缺少机翼武器、无线电台和现代化瞄准标尺。当这些飞机被运抵北非后，它们可以立刻通过英军的武器仓库补充或者拆卸不再适合作战的战机来获得上述部件。

自始至终，摩根索和英国人都没想起过中国战机上的"政府特供设备"如何解决的问题。

* * *

圣诞节过后，陈纳德到达布法罗，"同柯蒂斯－莱特公司的人员会面，磋商购机事宜并观看飞机的演示"。（他曾经和柯蒂斯公司的董事长一起在陆航部队中服役。）这可能是陈纳德第一次看见"战斧"战斗机，但他对它的机身早就了如指掌：只不过是在旧款的柯蒂斯H-75型战机（美军编号P-36）上安装了新的引擎、口径更大的机枪、油箱及驾驶员防护设备而已。从服役的那天起，P-36型战斗机在性能上就已经被欧洲新型的液冷引擎战斗机远远甩在后面。为此，柯蒂斯公司的首席设计师多诺万·柏林（Donovan Berlin）用通用汽车集团的艾利森 V-1710 型液冷引擎替换了原装的普惠公司的气冷引擎。两款引擎拥有相同的输出功率，但艾利森公司的引擎将 12 个气缸安排成每层 6 个的双层设计，使柏林得以将机首设计成流线型，从而提高了飞行速度。

与此同时，这款战斗机的外观也有重大变化。修改前的飞机采用典型的气冷布局，有着硬派风格的粗短外形；修改后的飞机则像鱼一般修长而光滑，机身线条只在螺旋桨毂盖下方和后面的进气口处被切断。（航空工业发展到后来，飞机引擎全部都是气冷型的。艾利森公司这种液冷发动机的设计则是先用外贸名称为"普列斯通"的乙二醇溶液吸收热量，然后通过散热器冷却。）柏林的第一份设计稿将进气口设置在机腹，但他后来将其前移了，因为风洞测试显示，前置的进气口可以减少阻力。结果催生了一款外观与众不同的飞机：圆锥形的螺旋桨毂盖像一个尖挺的鼻子，底下的进气口像一张嘴巴。柯蒂斯公司将其标记为 H-81 型战斗机，美军编号为 P-40，在英国皇家空军中则被称为"战斧"式。[1]

陈纳德不喜欢液冷引擎，因为一颗子弹就足以造成冷却液泄漏，从而导致飞机报废。但他比较欣赏这种飞机经过改善的迎风面积和速度，也接纳修改后的其他特点。最初的 P-40 的机首装有两挺点 50 口径（半英寸）的机枪，机翼装有两挺点 30 口径的机枪。[2] 英国人在购买了几百架后，要求在机翼加装两挺机枪，还要求安装防弹挡风玻璃、驾驶员身后的装甲板和防止油箱因被子弹击穿而渗漏的橡胶保护层。这些改装构成了"战斧 II"型战斗机，美军编号为 P-40B。当陈纳德抵达布法罗时，又加上了另外一项改进——油箱内部保护层，可以更好地防止渗漏。这就成了"战斧 IIB"型。

尽管已经购入了数百架，但英方并不喜欢"战斧"战斗机。它只有一台机械增压器，导致艾利森引擎不足以应对 20,000 英尺以上的高空作战，但高空作战在欧洲是家常便饭。于是这些飞机被运往北非，那里的战斗通常都在低空展开。

---

[1] 这是一种单发螺旋桨式下单翼战斗机，1938 年 10 月首飞，"二战"期间共生产 13,738 架，出口英国、中国、苏联等多个国家，飞虎队装备的型号为 P-40C。
[2] 点 50 口径即 12.7 毫米口径，点 30 口径即 7.62 毫米口径。1 英寸等于 2.54 厘米。

作为交易的一部分，中国政府同意飞机一制造出来就立即接收。因此，这些飞机的机背仍涂装着英国空军标准的伪装色——交替变化的褐色和绿色带状条纹，被称作"沙子和菠菜"，机腹则是浅灰色涂装。在机翼和机身上甚至还涂有"洞眼"，那是英军标志性的圆盘标识。

由于中国人毫不知情，柯蒂斯公司利用他们100架飞机的订单，把库存的老旧零件全都用上了。重要的是，这使中国订购的飞机安装了早期"战斧"战斗机那种缺乏有效外部保护的油箱，另外还有其他异常的地方。柯蒂斯公司可能意识到这些差异实在太过明显，便专门为中国订购的飞机拟定了一个新型号——H-81-A3型。

飞机订购额已经达到450万美元。为避免违反《对华贸易法案》，这些钱通过纽约的世界贸易公司支付。

*　　*　　*

此时，毛邦初飞返中国，同行的还有劳克林·柯里。这位罗斯福的助理作为总统的代表前往国统区，他身穿衣领浆得发硬的衬衫，戴着无框眼镜，稀疏的头发让他看上去就像狄更斯小说里描写的小职员。陈纳德留在美国，负责处理购买飞机的细节问题，包括装备武器以及寻找飞行员和维修人员。他的第一步工作是起草一个组织框架，招募100名飞行员和150名地勤人员。他指出："如果没有美国技术员和办事员的支持，美国飞行员不可能在中国卓有成效地开展行动。"

比尔·波利对这些"战斧"战斗机很了解，作为柯蒂斯－莱特公司在中国的销售代表，他要求在这次交易中获得10%的佣金。他还希望把飞机的组装工作交给位于缅甸的中央飞机制造厂（或称"洲际公司"，他对外交替使用这两个名称）。他的弟弟埃德在仰光以北12英里处的敏加拉洞机场附近租了一块地皮，带领90名中国工人和他们的美国领班从垒允前来，他们把哈维·格林劳遗落在仰光的教练机组装了起来。敏加拉洞机场是缅甸最大的机场，由英国空军守卫，那里是组装"战斧"战斗机的不二之选。

波利手下的中央飞机制造厂（洲际公司）也顺理成章地成为招募军方

人员的机构。1941年2月18日，比尔·波利给身在仰光的弟弟埃德发了一封电报："要磋商大规模的训练计划，中央飞机制造厂需要雇用大约……100名飞行员和150名技术人员，包括机械师、文职人员、无线电操作员、医生和护士……（毛邦初将军）可能会比较了解这一训练计划的情况。毛将军已经在外交上取得了进展，我们可以获得包括驻地在内的设施供应，但不要泄露了这一情况。目前已经订购100架P-40战斗机，其中35架将立即装船结算。洲际公司已签订了在仰光组装飞机和进行飞行测试的合同，纽约方面也筹措了特别周转资金来支付项目费用。"奇怪的是，这份合同即使存在也无迹可寻，而波利谈到的人员关系也和陈纳德的一模一样。这不禁让人怀疑，波利是真的参与了谈判磋商，还是只是在顺应时机地谋利？

中国订购的每架"战斧"战斗机都被装进两个箱子，一个箱子装机身和引擎，另一个装机翼、机尾和螺旋桨。它们由平板货运列车运送到新泽西州的维霍肯镇，在那里被搬上一艘挪威货轮。2月19日，货轮在航标灯船的引导下通过安布罗斯水道进入大海，经南非的好望角和印度洋航路前往仰光。

财政部长亨利·摩根索的任务并没有随着货物的装船出发而结束。2月21日，华盛顿的一个沉闷的周四，上午9点过后，摩根索的电话就铃声大作。电话中传来科克伦的声音，带着急迫、隐秘和使人宽心的语调。一番谈笑过后，他开始说正事："宋子文要求……我在某些事务上作为他的代表……他说这和飞机贸易本身无关，但和得到飞机之后的事情有关。"科克伦说，由于世界贸易公司受到严格限制，无法在有关军事援助的事上发挥作用，最好还是绕开它进行操作。他们需要另外一家由科克伦控制的公司，这样某些肆意妄为的人就没办法"横生枝节或拒不合作"。

摩根索回答："你说的都很在理，但你知道他谈的究竟是什么事吗？"

"这条电话线路安全吗？"

"你可以直说。"

"宋子文想让我做的，"科克伦说，"就是帮他招募飞行员……帮他向陆军和海军争取，让军队给一些人放行，之后再吸收这些人加入中国空军。"

他们提到的新公司名叫"中国国防供应公司"，位于中国驻美大使馆内。宋子文担任董事长，罗斯福总统的一位舅舅弗雷德里克·德拉诺（Frederic Delano）受聘担任"名誉顾问"。相关工作由一群常春藤盟校毕业的年轻人负责。"我弟弟大卫从斯特林药业公司请假，前来担任董事，"科克伦回忆道（斯特林药业公司是其中一家雇用科克伦做调停者的企业），"一位友善且有影响力的国会议员让威廉·布伦南（William Brennan）作为我们长驻国会的联系人……海军陆战队提供了一位情报官和哈佛法学院毕业的奎恩·肖内西（Quinn Shaughnessy）少校，作为我们在战争部探听消息的眼线……最后还有怀迪·威劳尔（Whitey Willauer），我弟弟豪伊在埃克塞特大学、普林斯顿大学和哈佛法学院的室友。"科克伦自己没有领工资。"我特意不担任职务，"他回忆说，"只收取了区区5,000美元，就把公司成立起来。"

3月底从中国返美后，劳克林·柯里把有关"特别空军计划"的一些细节透露给了专栏作家约瑟夫·奥尔索普。奥尔索普记录道，中国需要几十架轰炸机和200架战斗机。"有这么多支援和补充，中国人认为他们可以彻底击败日本侵略者。"此外，这些飞机可以"向日本人口密集的地区投掷燃烧弹，那里的工业区都是些毫无防护的**纸皮和火柴杆**①房子"。但他没有提及飞行员的情况。

柯里带陈纳德去了战争部，陈纳德在那里见到了他的老对手阿诺德。但即使有总统助理在场，阿诺德还是拒绝放飞行员去中国。这不仅是因为他想留下这些飞行员为美军效力，也是因为1941年的美军正积极准备即将到来的战争，他比任何时候都需要他们来训练30,000名新兵。陈纳德和柯里在海军的约翰·托尔斯（John Towers）那里也碰了壁。

科克伦的幕后工作则取得了进展。他通过哈佛校友的关系，给总统抄送了诗人阿尔弗雷德·豪斯曼（Alfred Housman）的一首《雇佣兵的墓志铭》，诗中赞颂雇佣兵"虽为报酬，拯救所有"。据科克伦回忆："即使罗斯福因为陈纳德的非正规部队的不良风评而烦恼，他也会被诗人的智慧打动。这支持他下定决心，在他的职权范围内采取有力的行动。"在总统

---

① 黑体为作者所加，下同。

的庇佑下，科克伦与陆军部长和海军部长见了面，他承诺陈纳德不会只从其中一方收人，而是会平衡两边的人数。这已经是当时最正式的协议了。海军部长诺克斯写了一封介绍信，允许中方的招募人员进入海军驻地，战争部长史汀生也准许他们造访陆军的机场。

在康涅狄格州哈特福特市的柯尔特工厂里，摩根索的手下查验了一批装有7.92毫米口径弹药筒的机枪，这种弹药筒通常在亚洲使用。世界贸易公司购买了这批枪支，英国人也同意让出一些勃朗宁7.62毫米口径机枪——数量上足够作为机翼武器装备50架"战斧"。世界贸易公司还从美国无线电公司订购了100台双向无线电台，这些电台原本是为民用竞赛飞机设计的。还有从通用集团购买的150台艾利森引擎，其中100台和"战斧"战斗机一起被运往中国，另外50台则明显是由英美军队拒收的引擎零件组装起来的。它还需要为之前购买的大口径机枪向美国陆军支付相关款项，此外还有高级瞄准标尺的费用。加上弹药在内，中方购买的"政府特供设备"让飞机的购买成本翻了一番：世界贸易公司在1941年上半年共花费930万美元购买飞机，而"战斧"是他们唯一买到手的。

机翼武器被及时送到维霍肯镇，准备和余下的"战斧"战斗机一起被运往中国。此时，比尔·波利威胁要停运这批货物，除非柯蒂斯公司付给他45万美元的佣金。4月1日，摩根索把包括波利在内的相关负责人叫到办公室开会，迫使他们妥协。波利最后接受了25万美元的佣金，这笔钱由中国政府支付。除此之外，他还得到了在缅甸组装飞机的合同。在扫除所有障碍后，这批飞机终于踏上了经南非前往中国的漫漫旅途。

4月15日，中央飞机制造厂成为后来的"第一美国志愿航空队"的招募及财务代理人，尽管当时并不存在这样一个以"美国志愿航空队"为名的实体组织。比尔·波利和宋子文看上去是在联手推动航空教育事业："（中国）政府计划建立三支高级的指导和训练队伍……装备大致如下：18架投入使用的美制教练机，另有半数的飞机作为储备，加上必要的地面运输工具、地面维修装备、夜间着陆照明灯、便携式无线电通信装备及办公文具等。上述队伍必须在美方主管的直接指挥下在中国开展行动。"

波利家最年轻的弟弟吉恩·波利（Gene Pawley）在《洛杉矶时报》

上打出广告，招募"去海外工作的航空人"。应聘者中有壮硕的试飞员拜伦·格洛弗（Byron Glover）和谢顶的艾利森引擎技术专家沃尔特·彭特科斯特（Walter Pentecost）。他们通过两名中央飞机制造厂主管的面试后，在韦尔机场签订了合同。（彭特科斯特的合同实际上是与洲际公司签订的，这表明了波利个人的公司和他与中国政府合办的飞机制造厂之间的界限有多么模糊不清。）随后，他们见到了吉恩和比尔，这两兄弟给他们放映了缅甸乡村景色的幻灯片。"我一点儿都不关心他们给我看的东西，"彭特科斯特说，"我只知道这和我经历过的不一样，而我已经做好准备了。"4月24日，他从洛杉矶登船出发。

拜伦·格洛弗搭乘泛美航空公司的飞机到达香港，然后转乘中国航空公司的飞机经重庆前往仰光，他在彭特科斯特之前到达目的地。他发现制造厂与敏加拉洞机场并不相通，运来的飞机需要绕路才能进厂。格洛弗发现一家建筑承包商正在用砖头、竹子和茅草建造一座装配飞机的工棚。他要求他们搭起钢铁支架，并在附近设置一台U型起重机，以便立即开展装配工作。

仰光有几家为滇缅公路装配卡车的公司。（卡车以零件的方式运抵仰光，然后在码头附近的通用汽车工厂进行组装。）格洛弗找到其中一名企业主，向他订购了一辆大拖车，足够装下长35英尺、高10英尺、宽6英尺的箱子。随着更多中国工人的到来，制造厂的队伍增加到130人。尽管他们以平民身份入境，但其实是从昆明过来的空军机械师（身在昆明的王叔铭上校认为，这些战斗机是由他指挥的）。这些中国技师由美国领班指挥，他们曾一起在杭州、汉口、垒允和敏加拉洞为中国空军组装"鹰"式战斗机、轰炸机、伏尔提攻击机、柯蒂斯H-75型战斗机、北美和瑞安教练机。

为了入乡随俗，制造厂雇用当地的印度人来承担重体力活，他们用人力把码头上重4吨的箱子装上拖车，到达敏加拉洞后再把箱子卸下来。在装配区，40或50名印度人把箱子的顶盖和侧面撬开，在地上铺上直径4英寸的铁管，让飞机和箱子底板从上面滚动到U型起重机处，之后就可以把机身吊起来了。接下来是处理重1.5吨的机翼箱子，机翼的装配工作就是"用尽可能多的苦力来抓住机翼，而又让他们不要互相妨碍"。他们把机翼抬到机身处,在一座装有护垫的木架的支撑下装上机身,再用44颗大型螺钉将其固定。中国机械师们钩住飞机的轮子,用液压系统把它们放下来,移走飞机,为下一架腾出空间。

美国志愿航空队还未参战就已经蒙受了损失。第一架开箱的"战斧"战斗机因为缺失太多零部件,不适合升空作战,因此被放到一旁,准备为缺失其他零件或损毁的飞机提供零件。另一架飞机的机翼则掉到了仰光港的海水里,虽然它被打捞起来,并和其他箱子一起运抵,但开箱时人们发现海水已经严重腐蚀了机翼上的铝制蒙皮。那架飞机的机身也只能被放在一边,准备拆解为储备零件。

安装好机身和机翼后,一辆卡车拖着战斗机经公路前往机场,英军允许制造厂在那里对飞机进行最后的装配。从空中来看,敏加拉洞机场的砂石跑道呈大写的"A"字形,就像写在绿色草地上的白色粉笔字,"A"字中间的一横从一条斜边穿出。制造厂位于跑道南边,靠近"A"字的顶端。

5月的西南季风十分强劲,甚至可以刮掉机翼尖端的油漆。印度人修了一条碎石滑行道,以连接制造厂的总装区域和机场的跑道,这样可以避免飞机陷入泥沼。气温下降到稍微可以忍受的95华氏度①,但代价是湿度奇高,所有鞋子、皮带和轮胎都被沤烂了。"当停雨和阳光普照时,空气变得既闷热又潮湿,"格洛弗回忆道,"在每次飞行前,都必须立即排光油箱和燃油过滤器里的水。阳光照在无遮挡的飞机上,把金属部件加热到很高的温度,工人们都无法触碰它。这就需要建造八座遮阳的草棚……需要在飞机上面工作时,可以把它停在草棚下面。"6月12日,他第一次试飞了这些"战斧"战斗机,试飞的战斗机编号为P-8113,其含义为"驱逐机"(pursuit plane),柯蒂斯公司81型,由在敏加拉洞打开的第13个箱子组装而成。

* * *

与此同时,陈纳德和柯里在争取获得更多飞机。他们首先瞄准了144

---

① 即35摄氏度。

架气冷型、金属和木制混合结构的伏尔提"先锋"战斗机。这些飞机原本是为瑞典空军生产的，但为避免落入德军手中，美国政府取消了合同，英国政府则同意接收它们。如果现在把它们移交给中国，可以为英国节省数百万美元的开销，而中国方面也不用为此花费什么，因为美国国会新近通过了《租借法案》，这笔交易可以在法案授权的范围内处理。为满足法律条文的规定，"先锋"战斗机应先由美国陆军接收，编号为 P-66。

"一直卓有成效地诱使中国远离理想装备"的美国陆军向中国游说团透露，共和公司有一些可供使用的战斗机。共和公司的前身就是塞维尔斯基公司，它因为中国没有成功买到 P-35 战斗机而破产。新公司修改了塞维尔斯基公司的设计，生产出 P-43 "枪骑兵"战斗机，但美国陆军并未采用，因为他们要求战斗机配备飞行员防护装甲和自封闭式油箱。共和公司为了满足最新要求，设计了著名的 P-47 "雷电"战斗机。但谁来消化这 125 架无处可去的"枪骑兵"战斗机呢？除中国外，再无别国。

于是，陈纳德和柯里草拟了一份《中国短期飞机计划》，包括 144 架"先锋"、125 架"枪骑兵"和 100 架从英国订单上转让过来的双引擎轰炸机。加上运来的 100 架"战斧"，蒋介石将得到 469 架飞机，基本上达到了他用 500 架飞机来组建"特别空军部队"的要求。陈纳德和柯里认为："如果这个计划能够实现，中国将得到……一支可观的空中力量，根据远东战场的标准来看，足可以实现以下目标：（1）保卫战略要地；（2）允许中国军队发起攻势；（3）允许对中国和印度支那（越南）境内的日军基地和物资储备实施轰炸……（4）允许**偶尔对日本本土实施燃烧弹轰炸**……计划中提及的飞机将由美国预备役军官执飞，由美国技术人员和机械师维护。这些人员由美国预备役军官陈纳德上尉指挥，直接受蒋介石节制。为增强纪律和效率，还急需四五名陆航部队的文职军官。**这是一个能让我们获得实战经验的机会，理应加以重视。**"

引文中的黑体是笔者所加。我们要正确认识到，这是一个让美国飞行员驾驶美制战机去对抗日本帝国的方案，其中甚至还有对日本本土实施火攻的建议。

3

好事难成真

为了给美国志愿航空队招募飞行员,比尔·波利聘请了理查德·奥德沃思(Richard Aldworth),很多人错误地认为此人在美国参加第一次世界大战前就投身法国空军了。而在 1941 年春天,奥德沃思在沃尔特里德陆军医院卧病在床,需要另觅一位可以跑腿的人。身处云南驿飞行学校的斯基普·阿代尔(Skip Adair)此时正好顶上:1940 年年底,一队"零"式战斗机空袭了云南驿机场,摧毁了 20 架教练机,这促使阿代尔下定决心回到美国。陈纳德让他在陆航部队中招募人员。另外还有一位退役的美国海军中校劳特利奇·欧文(Rutledge Irvine),他在中央飞机制造厂得到招募合同之前就已经在为中国政府招募人员了。参与这项工作的可能还有其他人,陈纳德就声称自己在汉密尔顿基地招募飞行员时遭遇了被逮捕的威胁。但根据志愿航空队老兵的回忆,招募他们的人只有欧文、阿代尔和夏季末尾才加入的奥德沃思,奥德沃思头上还顶着参加拉斐特飞行队①的光环。

在大多数情况下,招募人向招募对象开出的是每月 600 美元的报酬并担任军官职位的条件。招募人宣称,参加者可以得到相当于美国陆军中尉的军衔。特别优秀者还有机会晋升为分队长,可获得每月 675 美元的薪

---

① 第一次世界大战期间援助法国的美国志愿空军小队,原名"N·124 美国人小队",1916 年年底更名为"拉斐特飞行队",因战绩卓著而闻名于世。

金并被授予相当于上尉的军衔。

这些条件相当有吸引力。大多数受招募的飞行员在美军中不过是层级最低的少尉,至少有一名还是普通士兵。同中央飞机制造厂签约则意味着可以立刻得到晋升,并获得原来的两倍或三倍薪酬。招募者还承诺,每击落一架日本飞机都可以获得奖金,但条款太过含糊,没有多少人相信他们。

欧文的第一批招募对象是两名俯冲轰炸机飞行员,他们曾在"游骑兵号"航空母舰上服役,这是美国海军部署在大西洋海岸的两艘航母之一。其中一名飞行员是22岁的埃迪·雷克托(Eddie Rector),他前一年夏天刚从飞行学校毕业,在"游骑兵号"上驾驶沃特公司的SB2U型"维护者"式飞机,这是一种兼顾侦察和俯冲轰炸的机型。雷克托是北卡罗来纳州人,中等身材,像电影明星一般英俊。他在舰上的第一次任务是支援海军陆战队对古巴的两栖作战,任务结束后随"游骑兵号"返回弗吉尼亚州的诺福克海军基地。1941年元旦,他在诺福克结识了一位新人飞行员。这位飞行员又高又瘦,有着一对招风耳和一脸忧心忡忡的表情,他的人生道路也十分曲折:出生在日本占领下的朝鲜,是一名传教士的儿子,他父亲后来成了得克萨斯州骑警队的专职牧师。这位飞行员就是大卫·希尔(David Hill),外号"特克斯"。

"游骑兵号"把他们带到加勒比海地区进行登陆作战演练,之后又回到了诺福克。1986年,雷克托告诉笔者:"当时有流言说有人在为中国寻找飞行员。"他和希尔决定仔细了解一下这件事。接下来发生的事将在之后四个月里在各个基地不断上演,他们到诺福克的一个酒店房间里会见劳特利奇·欧文。欧文向他们承诺,这份工作既让人兴奋,又有高收入,而且是为一项高尚的事业而奋斗。欧文说,我们需要飞行员来阻止日本人轰炸滇缅公路,确保中国能够继续接收西方的援助物资。据雷克托回忆,欧文向他们展示了一幅包括仰光、昆明和重庆在内的地图。欧文告诉他们:"中国人继续支撑下去的唯一办法,就是维持滇缅公路上的补给线,你们将受陈纳德上校指挥,保卫这条直通云南昆明的公路。"

"管他呢，"雷克托回忆说，"我们有兴趣干这活儿。"但他心存疑虑，不是关于这份工作，而是因为他们不太可能获得放行批准。回到驻地后，他发牢骚说："特克斯，这种好事很难成真。什么都不会发生，上头不会放我们走的。"

他们的下一项任务比古巴的登陆战还要刺激。"游骑兵号"保护着一支英国舰队，从冰岛驶向亚速尔群岛——基本上横跨了整个北大西洋。罗斯福总统曾派头十足地把这片海域定为美国领海，现在则是美国飞行员在舰队前方搜索可能出现的德军潜艇。一旦发现有威胁的目标，他们就通过"游骑兵号"通报给英国皇家海军的驱逐舰，由英国人进行攻击。美国官方将这类事情称为"中立巡逻"，美军的海员们则称之为"秘密战争"。当"游骑兵号"返回诺福克后，欧文中校同雷克托等人见面，告诉他们中国之行已经万事俱备。

* * *

在美军陆航部队的各个基地中，斯基普·阿代尔也在执行相同的任务。32 岁的阿代尔身材高瘦，有一头深色的头发，是个沉着冷静的人。他在长岛的米切尔基地收获颇丰，从驻防的第 8 驱逐机大队那里签下了九名飞行员，全都有着驾驶柯蒂斯公司 P-40B 战斗机的经验，这个型号和运往中国的"战斧"战斗机基本相同。其中有一个人名叫帕克·迪普伊（Parker Dupouy），是布朗大学的工科毕业生，他说自己之所以想前往中国，是因为亚洲的任务似乎要比欧洲的更安全。他告诉笔者："我认为美国迟早都要参战，我宁愿选择和日本人对抗也不和德国人打仗。这种想法是错误的，但我当时认识不到这一点。"

阿尔伯特·普罗布斯特（Albert Probst）也有同样的想法。他是阿拉巴马州马克斯维尔基地的一名少尉，有着一头红发。有一天，斯基普·阿代尔出现在那里，想招募一位姓鲍姆勒（Baumler）的飞行员（他的名字也叫阿尔伯特，不过周围的人都叫他阿贾克斯），他曾志愿参加西班牙内战。"红头发"普罗布斯特说，那个幸运儿被临时调到了佛罗里达州的埃格林基地。"阿代尔开始跟我说话，"普罗布斯特在20世纪70年代对一位记者如是说，"我马上意识到，我愿意被招募进去。"他当时正债务缠身，击落日军轰炸机对他来说既安全又有利可图。他沉思道："仔细想想，我现在每个月只有210美元的薪水，这份工作的酬劳则是每月600美元，我还可以免费前往中国。即使美国参战，我也不用身处对抗德国的第一线。我不想和德国人纠缠，所以我还是去帮助中国人好了。"

阿贾克斯·鲍姆勒并没有消极坐等。据马修·凯肯德尔（Matthew Kuykendall）回忆，埃格林基地的鲍姆勒是个老兵油子，他因为西班牙内战时的大胆冒险而认识了"陆航部队的大部分要人"。听说中国空军在招收飞行员后，鲍姆勒驾驶一架塞维尔斯基公司的P-35飞机前往华盛顿打探。回来时，他带来了一份合同，并保证凯肯德尔也可以为中国效力。谨慎的凯肯德尔没有立刻答应，他回到马克斯维尔基地和朋友们商量了一番，然后和"红头发"普罗布斯特以及另外两名飞行员一起签订了招募合同。

如果有机会的话，埃迪·雷克托倒是愿意同德国人作战。但这种事情短期内似乎很难发生，所以到6月底，他准备好和欧文签订合同了。他告诉笔者："自从12岁以来，我就只为一件事活着，那就是驾驶飞机。我想要驾驶战斗机，我想闻到硝烟味，这份合同就是一个好机会。更重要的是，我读过吉卜林①的全部著作，我为书中描述的世界而着迷，缅甸、印度、中国，就像吉卜林诗中所写的，'毛淡棉的旧浮屠，向东遥望着大海'。我想这是亲眼看到这一切的时机，更何况还有报酬……我还想，天啊，我真是碰上了好时代。就因为这两点，我和他们签约了。"

特克斯·希尔也签了合同。"我一直想找机会回东方一趟，"他在1962年对记者说，"但驱使我前往中国的或多或少还是因为渴望冒险。我没有什么特别强的奉献精神。"从"游骑兵号"上加入他们的还有伯特·克里斯特曼（Bert Christman），他以前是美联社专题部的连载漫画家，曾描绘过斯科尔奇·史密斯（Scorchy Smith）的冒险史，在漫画中，史密斯是一名在拉丁美洲战斗的美籍雇佣兵飞行员。雷克托回忆说，当他

---

① 约瑟夫·吉卜林（Joseph Kipling，1865—1936），英国小说家、诗人，主要作品有《营房谣》《七海》《基姆》等，1907年获诺贝尔文学奖。

们三个年轻人声称要退伍时，基地司令员爬进他的私人水上飞机，到华盛顿向斯塔克上将投诉。司令带着一副被教训过的表情回到诺福克，他的抗议被一句话挡了回去："这是总统批准的，就这样。"

在北美大陆另一边的圣迭戈，"萨拉托加号"航空母舰的指挥官试图阻止四名俯冲轰炸机飞行员退伍，但他被同样的话回绝了。其中一位飞行员名叫鲍勃·尼尔（Bob Neale）。尼尔是个又高又粗犷的人，但又显得有些拘谨腼腆，他在舰上还有三年的服役时间，而他渴望能早点退役——对于一个为逃避经济大萧条而参军，而且没有预见到经济复苏和就业增加的小伙子而言，军旅生涯确实没有什么值得期待的。"对于即将参与的事，"尼尔说，"对于这个国家、这群人民、这种生活环境，我没有一丁点儿概念。这只是一场冒险，不是被爱国心或其他诸如此类的东西驱动的……回想一下，我其实不知道自己为什么要参加。"海军还欠他1,500美元的薪水和积存的假期，尼尔退役后用这笔钱在6月19日办了婚礼。

与尼尔的情况相似的还有"萨拉托加号"上的鲍勃·莱赫（Bob Layher），他为了逃避和平时期无聊的服役状态，曾试图志愿参加英国、荷兰和加拿大空军，但海军每次都拒绝放行。莱赫的同船船员亨利·格谢布拉赫（Henry Geselbracht）给他带来了好消息，格谢布拉赫在电话里兴奋地说："我这里有笔交易！"

"你说什么，一笔交易？"

"我们现在可以离开海军前往中国了。"

莱赫答道："算我一个。"

但欧文需要的是有经验的战斗机飞行员，莱赫回忆说："我们耗费了大约五分之三瓶苏格兰威士忌才说服这个好人。我们一直不放弃，直到他跟我们签约。大概是早上8点，在清醒过来之前，他终于和我们签订了合同。"

作为意外获得的"奖品"，欧文得到了"萨拉托加号"上的一名战斗机飞行员。他就是詹姆斯·霍华德（James Howard），一个长手长脚的年轻人（在战争时期的照片里，他酷似年轻的英国王储查尔斯），当时正在"萨拉托加号"上临时执勤。与特克斯·希尔一样，霍华德也是在亚洲出生的，他父亲曾在广州当过医护传教士，他想再去看看中国。霍华德的回忆与希尔的说法彼此呼应："最主要的原因还是渴望冒险和行动。"他有着驾驶格鲁曼F4F"野猫"战斗机的经验，这给欧文留下了深刻印象，欧文按照分队长的待遇规格把他签了下来。

在得克萨斯州的伦道夫基地，飞行教官R. T. 史密斯（R. T. Smith）和保罗·格林（Paul Greene）正在1941年的炎炎夏日下挥汗如雨。他们是罗斯福总统大扩军命令的"受害者"：由于航空部队的规模正以指数级别的速度增长，刚从飞行学校毕业的他们就被留在伦道夫基地指导新兵。史密斯尤其没有成为战斗机飞行员的希望，因为军队的最新规定要求高于5英尺10英寸的人不得驾驶战斗机，而史密斯的身高超过了6英尺。他在《时代周刊》上看到了招募启事，上面报道说100架柯蒂斯P-40战斗机已经被运往中国，飞行员也正准备上路。这本杂志上写道："在过去的几个月里，高个子、古铜色皮肤的美国飞行员正悄悄地从东海岸和西海岸的各个港口溜走出逃，前往亚洲。"事实上，此时还没有飞行员出发，但史密斯和格林为可能错失的大冒险而慌张起来。他们四处打听，得知了招募人的住址，随后发了一封电报："我们每人都有1,000小时的飞行时间，可以随时出发。"一周后，在圣安东尼奥的甘特酒店，斯基普·阿代尔和他们见了面，但拒绝了他们的申请。因为阿代尔知道，除了北美公司的BT-9型教练机，他们没有驾驶过任何新式战机。史密斯和格林第二天晚上带了一瓶哈珀威士忌上门。酒精使阿代尔变得更好说话，他们再次提起签约的事，这一次终于成功了。

另一个理想的招募对象是查理·邦德（Charlie Bond），陆航部队将他培养成一名战斗机飞行员，并把他分配到美国空运队。他像埃迪·雷克托、史密斯和格林那样，有着电影明星般的英俊面容。这名年轻人的任务是驾驶一架洛克希德公司的"赫德逊"式轰炸机从长滩起飞，到达蒙特利尔后，把飞机交给加拿大飞行员，然后登上一架民航班机返回加州。对于一个希望驾驶速度最快的飞机翱翔天空的人来说，这是一趟无聊的旅程。因此，当一天晚上有朋友打电话告诉邦德中国需要战斗机飞行员时，他立刻做好了决定。他向周围探听，得到了华盛顿的"格林上校"的电话号码——很可能就是身处中国国防供应公司中的陈纳德本人。

邦德在 1984 年的回忆录中写道:"第二天,我打电话到格林上校的办公室,报告了我的名字和工作地点。我还把两个好友的名字告诉了秘书,他们都是空运队的飞行员——乔治·布加德(George Burgard)和詹姆斯·D. 克罗斯(James D. Cross)。24 小时内就有电话打到我们营地总部,通知营地长官有三名飞行员退役,现役部队必须立即放人。"

在佛罗里达州的彭萨科拉海航部队基地,飞行教官们争先恐后地想要签约,基地司令员气得把名单撕成了两半。约翰·布莱特(John Bright)和约翰·多诺万(John Donovan)成功入围,还有刚从飞行学校毕业的新人汉克·吉尔伯特(Hank Gilbert)和 43 岁的士兵飞行员路易斯·霍夫曼(Louis Hoffman)。可能是因为姓氏在字母表中太靠后的缘故,迪克·罗西(Dick Rossi)一开始被留在了基地的训练部门。但他找到招募人,设法签了约。他解释说:"当你年轻时,你总想去冒险,那比什么都重要。更何况我在海军里只能当教官,而无法进入舰队。"罗西时年 26 岁,之前是一名商船船员。

一个重大的收获,或者说看上去像是重大收获的招募对象是格雷格·博因顿(Greg Boyington),他是海军陆战队的一名 28 岁的中尉,现在被招募为分队长。他有着宽阔的肩膀和结实的体格,一张苦瓜脸如同走上血泪之路的彻罗基人[①]一般。他嗜酒如命,每晚喝到最后都会挑衅别人:"我可以撂倒你们当中的任何一个!"从小到大,他都以为继父就是自己的生父,从毕业于华盛顿大学到结婚,再到成为波音飞机公司的绘图员,他一直用着"哈伦贝克"这个姓氏。在得知自己真正的姓氏后,他抓住这个机会重新开始,成为一个单身汉和航空部队的新兵。(海军和陆战队有规定,成为飞行员后两年内不得结婚。)他从此生活在谎言中,每个月都要绞尽脑汁捏造工资的使用分配情况,以隐藏自己的前妻和三个孩子以及其他相关人物。

博因顿说,他的招募人是一名拉斐特飞行队的老兵和退役上尉。他

[①] 彻罗基人是原居于美国南阿巴拉契亚山脉的土著部落,1838 年冬天在美国陆军的驱逐下被迫西迁到俄克拉荷马州。由于天气、疾病和营养不良等原因,迁徙过程中至少有 4,000 人死亡,这次迁徙因而被称作"血泪之路"。

说的就是理查德·奥德沃思。这场招募在市区内的一家普通酒店里进行。奥德沃思信誓旦旦地说："中国上空的日本飞机不过是些老旧的飞行渣滓，你将会击落很多没有武装的运输机。我想你也知道，日本人的飞行技术是公认的差劲，而且他们还都戴着近视眼镜。"

博因顿说："上尉，这相当不错，但你怎么知道他们戴着眼镜？"

"是我们的技术人员从击落的飞机残骸中分析出来的……最好的地方还是待遇优厚——每个月675美元。但天空才是极限，"奥德沃思接着说，"因为每击落一架日本飞机，你都可以获得500美元奖金。"

博因顿呆坐在那里，据他回忆，他当时是在计算这个计划可以让他挣到多少钱。（在1958年出版的自传里，博因顿笔调轻松地写下了这个故事，但当时他的账户已经告急。陈纳德之后也会不无悲哀地发现，一些飞行员在招募时确实被告知只需要对抗没有武装的运输机。）

最奇怪的招募对象是约翰·佩里（John Perry），他是一名海军飞行员。从圣迭戈州立大学退学后，他加入了陆军，成为航空兵学员，但因为骚扰女友的住处而被除名。佩里借用了朋友的姓名和学历从头再来，成了一名海军新兵。后来他当上了水上飞机的机长，驾驶联合飞机公司气派的PBY型"卡塔利娜"巡逻轰炸机在加州海岸巡逻。他用埃德温·科南特（Edwin Conant）这个假名申请去中国效力，尽管没有战斗机驾驶经验，他还是成功获批了。事实上，他已经超过一年没有在陆地跑道上降落了。

最后，招募人共计签下了100名战斗飞行员，但只有99人真正去了亚洲。（从名单上消失的是陈纳德最想要的一个——阿贾克斯·鲍姆勒，一位号称在西班牙击落了四架德国和意大利飞机的飞行员。鲍姆勒因为曾为外国政府效力这一无法抗辩的理由而被禁止出境，这多少显得有些可笑。）他们当中有59人来自海军，7人来自海军陆战队，这反映出欧文中校是最早开始招募行动的，还表明了海军部长诺克斯比较热心的支持。陆军提供了33人，但中央飞机制造厂之后还会为云南驿的飞行学校聘请10位来自陆航部队的教官。

这批飞行员签订的合同展现了惊人的修辞水平，其中没有提及战斗、奖金支付，甚至没有提到飞行：

鉴于雇主……在中国经营飞机制造、操作和维修业务并鉴于其希望雇员参与业务，而雇员也愿意得到此工作。据此提出……

条款 1. 雇主同意聘请雇员开展相关的业务，履行规定的职责，雇员同意提供指定的服务。在雇员忠实、勤奋地开展业务和履行职责后，雇主给予雇员美元现钞作为报酬……

条款 2. 上述雇佣关系自……雇员在美国离境港口向雇主代表人报到之日起生效……并自到达中国入境港口之日起持续一年……如出现下文提及的情况，可提前终止。

* * *

中央飞机制造厂向飞行员们提供了旅行必需的文件、到加州的火车票、到达目的地后的食宿、100美元零用钱、前往亚洲的交通方式和500美元的回程旅费。如果飞行员受伤致残或死亡，飞机制造厂会支付六个月的工资作为遗产。（飞行员还有10,000美元的人身保险，保费从其薪酬中扣除。）合同中没有关于飞行员主动辞职的条款，但他会因为不服从管理、装病逃逸、泄露机密、滥用酒精或药品，或者"并非因为其职责，而是因为自身不检点而导致的疾病或残疾"而被开除——这里提到的"疾病"指的就是性传染病。

为了补救上述可能出现的情况，飞机制造厂雇用了一名美国陆军的外科医生托马斯·金特里（Thomas Gentry），而他聘请了两名医生、一名牙医和一名男护士。金特里还想增加女护士，他向耶鲁大学公共卫生学院咨询，对方告诉他去找红发的艾玛·简·福斯特（Emma Jane Foster）。毕业前，福斯特在中国度过了整个大三，但她想回美国。毕业后，她在中国找不到工作机会，只好在芝加哥的贫民区打工。金特里医生致电她父亲时，老福斯特立马替她答应了，因为他认为不管什么样的工作都比现在这个强。福斯特签约了，一同签约的还有一位名叫乔·斯图尔特（Jo Stewart）的老护士。

接下来还有机场保养组组长、地勤修理员、机械师、军械师、无线电通信员、螺旋桨专家、降落伞装配工、摄影师、气象员、文员和勤务兵——所有人都服务于飞机和飞行员。在空军里，一支拥有如此规模的战斗机编队需要 1,000 名地勤人员；而飞机制造厂给出的名额只有 200 人，且实际上只有 186 人抵达亚洲，他们中的大多数都是军人。罗伯特·M. 史密斯（Robert M. Smith）中士签订了每月 300 美元报酬的合约，他是一名 26 岁的大学毕业生，在第 20 驱逐机大队中担任机械师。史密斯被普林斯顿校友理查德·哈利伯顿（Richard Halliburton）的著名影片《探求传奇故事的大道》深深吸引，那是一部关于环游世界的电影。对他而言，薪水并不是那么重要，他在日记中写道："我愿意以每月 100 美元的薪水得到这份工作。"

弗兰克·洛松斯基（Frank Losonsky）这一年刚满 20 岁，他的年龄太小，需要另外一名中士在合同上副署签字。但他也是一位艾利森引擎专家，因此他成了斯基普·阿代尔的一个重大收获。阿代尔以每月 350 美元的酬劳把洛松斯基签下来做地勤人员，这是当时现役士兵能够拿到的最高薪水。很久以后，洛松斯基解释道："我不是为了拯救世界或者逃避什么，去那里只是为了钱、有补贴的旅行和冒险的希望。"

在米切尔基地，阿代尔找到了一位名叫乔·乔丹（Joe Jordan）的技工，这名 39 岁的中士记得自己 20 世纪 20 年代时曾和陈纳德一起在第 1 驱逐机大队服役。在 20 世纪 30 年代，作为军队中的一名财务人员，他曾给几位后来去了杭州飞行学校任教的飞行员支付薪水。现在，他也志愿前往亚洲，主要目的是为了陪伴一位好友。

米切尔基地 P-40 战斗机的军械师查克·贝斯登是一个特别合适的招募人选。很久以后，他回忆道："我那年刚满 21 岁，是一名每月工资只有 72 美元的上士，给这帮人做同样的工作则有 350 美元的月薪。那可比大队司令员挣得还要多！……有人说我们是出于爱国主义而加入的，我敢肯定有这种因素，当时每个识文断字的人都看得出美日关系正急剧恶化。但真相是，我们中的大部分人都只是喜欢冒险的毛头小子，我们看到了一个挣大钱和旅游的好机会。"

在诺福克的海航部队基地，有三名海军气象员加入了队伍，他们是阿伦·弗里茨克（Allen Fritzke）、唐·惠尔普利（Don Whelpley）和兰德尔·理查德森（Randall Richardson）。1985年，弗里茨克告诉笔者，1941年7月一个周六的上午，他正无所事事地在办公室周围转悠。办公室里响起了电话铃声，他拿起话筒接听了。"我是欧文中校，"话筒里的声音说，"有谁想去中国吗？"

弗里茨克回答："有，我就想去。"

"还有没有别人？"

"噢，这里还有几位，"弗里茨克看向同在屋里的惠尔普利和理查德森，"你们两位有兴趣去中国吗？"

他们说："好啊。"对于年轻又无所事事的人们而言，为什么不去一下呢？根据欧文的指示，他们来到了市区的一家普通酒店，收到了每月300美元的工作邀约。回到基地后，他们对当值的士官说需要一份特别退伍令，士官带他们见了基地司令。司令怒骂："这都是什么乱七八糟的事？"他还亲自给欧文打了电话。让士兵们喜出望外的是，司令低声下气地说："是，中校，这些人会在15分钟内放行。"

在诺福克基地签约的还有汤姆·特朗布尔，就是那位在"奥古斯塔号"上目睹中国空军艰难出击的水手。他擅离职守去寻找欧文中校，走遍了市区的每一家酒店。在所有人中，特朗布尔的理由无疑最疯狂：他在中国生活时有一位俄国情人，现在他想回去找她。

但美国志愿航空队中仍然没有文职军官。比起飞行员，军队更加需要文职军官来落实大扩军的事务。陈纳德试图说服他同父异母的弟弟乔加入，但这名大学生拒绝了他。在游说斯基普·阿代尔时，他交了好运，阿代尔同意在招募结束后担任军需官。陈纳德接着去咨询国务院里的那些中国通，他们推荐了保罗·弗里尔曼——那位在1938年和陈纳德一起打棒球的传教士。弗里尔曼正失业在家，和家人一起住在芝加哥。

接到邀约的弗里尔曼飞赴华盛顿，前往中国大使馆报到。他被指派为随军牧师和负责文娱活动、体育锻炼以及联络事务的军官，每月有350美元的薪水。陈纳德让他马上投入工作，负责采购300名美国人在中国两年间所需要的一切——咖啡、番茄酱、花生酱、罐头肉、罐头黄油、芥末、蛋黄酱、面粉和运动装备——丝毫不管这些东西在当地都可以买得到。弗里尔曼花了一上午拟定清单，用了一下午打电话给华盛顿的批发商们订购物品。他当天晚上返回了芝加哥，心中带着对陈纳德差遣他、压榨他和让他打杂的迷惑和不满。事实上，他是体现陈纳德用人手段的一个好例子，陈纳德有那种穷尽一切手段和资源来实现目标的突出个性。奥尔索普告诉笔者："他可以一边轻松地嚼着口香糖一边操控事情，他是这方面的天才。"

*　　*　　*

1941年6月，第一批被招募的人员到达洛杉矶，向吉恩·波利报到。他们中的一些人完成了穿越北美大陆的漫长旅途才到达那里。乔·乔丹和他的朋友决定坐飞机前去，他们在内布拉斯加州的奥马哈市下了飞机，好让乔丹到爱荷华州的苏城探望前妻。由于没有别的交通工具，他们回到奥马哈订了机票。但由于错过了航班，他们改乘火车，中途在怀俄明州的夏延市下车走动并去购买一瓶威士忌。然而，他们没找到卖酒的地方，只好找一辆前往犹他州的出租车。（1962年乔丹向哥伦比亚大学的采访者谈起这件事时，他的记忆或者地理知识可能出了错。）乘坐出租车的计划失败后，他们上了一列带餐车的火车。他们终于在6月6日安全抵达洛杉矶的乔纳森俱乐部，之后就被巴士送到了北边的旧金山。

保罗·弗里尔曼跟随先行人员登上"皮尔斯总统号"邮轮，这艘船的船名被油漆涂掉，特等舱全部变为军队宿舍。船上挤满了前往菲律宾增援道格拉斯·麦克阿瑟（Douglas MacArthur）将军的部队。美国志愿航空队的先行人员有30人，除弗里尔曼外全都是地勤和文职人员，他们称弗里尔曼为"圣老乔"。这些退役人员在一等舱休息室里安营扎寨，惹得船上部队的长官十分不满：他要求他们跟正规部队一起操练，接受长官的检查以及向长官立正行礼。他们回应说："走开吧，大兵，我们现在是自由人。"在檀香山，他们试图把女人偷运上船；在马来半岛南端的新加坡，他们穿着热带花短裤向英国海关官员吹口哨；在莱佛士酒店住宿的16天里，他们在房间内打高尔夫球。摄影师吉姆·里吉斯（Jim Regis）还把英国俱乐部的秘书扔进了游泳池。这群人还举办了一场假的选美大赛，奖品都是无法兑现的空头承诺，里吉斯、乔丹甚至弗里尔曼都来担任裁判。保罗·佩里（Paul Perry）充满感情地回忆说："这帮疯狂的美国人快把英国佬逼疯了，他们把当地女孩都带进最高档的餐厅里，喝光英国人所有的金汤力鸡尾酒和其他一切可以喝的东西。"

这些人实在太过轻率，有人把此行的目的透露给了合众社的记者，后者在 7 月 9 日发文报道称："今天，30 名美国飞机机械师和维护人员从纽约抵达这里，他们将在下周取道仰光前往中国，援助中国空军。我们获悉，若干不同型号的美国飞机已被运抵仰光，还有数量更多的飞机正在运输途中。"任务的秘密性就这样一扫而光。加上之前在《时代周刊》上刊登的报道，日本人在美国志愿航空队到来前已获得了充足的预警。

在旧金山，由 37 名飞行员、84 名地勤及文职人员和 2 名护士组成的大部队聚集在酒店里。他们身穿平民的服装，护照上有五花八门的身份来掩饰自己的真实来历。前飞行教官吉尔·布莱特（Gil Bright）受父亲启发，化装成五金店职员（老布莱特是宾夕法尼亚州雷丁市的一名批发商）；喜欢记日记的机械师罗伯特·史密斯以无线电台播音员的身份前往中国，他曾在科罗拉多州大章克申市的 KFXJ 电台当过两年播音员；来自塞尔弗里奇基地第 1 驱逐机大队的 P-40 战斗机飞行员矮壮的罗伯特·莫斯（Robert Moss）装扮成特技演员；来自"萨拉托加号"的瘦削的鲍勃·尼尔则摇身变成农场工人。

作为他们的指挥官，陈纳德护照上的身份是"高级管理人员"——在当时的环境下也称得上贴切。7 月 7 日夜间，就在中国抗日战争打响四周年之际，陈纳德飞赴旧金山。他对中国领事馆进行了礼节性的拜访，然后带着奥德沃思和金特里会见了马克·霍普金斯（Mark Hopkins）。在所有话题中，他们集中讨论了送两名女护士到一群男人中是否妥当。最终结论是女护士可以一同出发，但必须住在甲板上层的客舱中，以避免可能出现的问题。他们将搭乘在荷兰注册的"亚格斯方丹号"邮轮，这是一艘属于爪哇太平洋航运公司的船。

陈纳德本人登上泛美航空公司的飞机，于深夜飞往檀香山。其他人则在第二天即 7 月 8 日的早上出发。在旧金山海湾，这历来都是个阴冷多雾的时节。"萨拉托加号"上的俯冲轰炸机驾驶员查理·莫特（Charlie Mott）是这群人的领队。莫特时年 26 岁，比大多数飞行员都要年长，而且还违反海军禁令结了婚。"早上 10 点离开妻子时，"他在轮船驶过金门大桥之后写道，"我试图装作若无其事的样子……但仅仅只能免于崩溃。言语无法表达分离带给我的空虚感。"在海上，莫特竭尽全力维持纪律，他着力整顿甲板下方的那些下流游戏，奖励表现好的人舰桥观光的机会，并在餐厅主持周日的礼拜。

离开檀香山后，"亚格斯方丹号"得到了"盐湖城号"和"北安普顿号"两艘巡洋舰的护航。这是劳克林·柯里特意安排的，他担心得知消息的日军会绑架这些空军人员。巡洋舰护送"亚格斯方丹号"向南穿越赤道，避开马绍尔群岛和加罗林群岛，这些原为德国殖民地的岛屿在第一次世界大战中被日本占领了。离开澳大利亚后，一艘荷兰巡洋舰接替了美国军舰，继续护送他们穿过印度尼西亚群岛，直抵新加坡。8 月 11 日，"亚格斯方丹号"靠岸停泊，船上的白兰地和 5,000 瓶可口可乐被尽数喝光。

* * *

陈纳德在香港花了三天时间应酬英国皇家空军的人员，顺便招募文职军官。他的最大目标是哈维·格林劳，这位前飞机经销商正准备返回美国。陈纳德到酒店时，哈维和妻子奥尔加正在收拾行李，陈纳德邀请哈维到美国志愿航空队中担任副司令——相当于二号人物。陈纳德还签下了威廉·戴维斯（William Davis），他是一名英裔爱尔兰人，人称"达菲"。戴维斯称，自己在"一战"时曾为英国皇家陆军航空队服役，现在希望避开兵役。他处于既是推销员又是半失业的状态，在香港和一个名叫多琳·伦堡（Doreen Lonborg）的有夫之妇同居。伦堡自称是英国人，但她出生在中国并有着丹麦护照，是从她疏远的丈夫那里得来的。

在这群外国流动人员中，只有伦堡活到了 20 世纪 80 年代。她充满敬畏地回忆奥尔加·格林劳说："她十分美丽动人，有着碧绿的眼睛和我见过的最长的睫毛——真是个充满异国情调的尤物！她的双眼是真正的碧绿色。"照片中的格林劳有着引人注目的身高，穿着高跟鞋的她和身边的一群男人一样高。她的父亲是一名采矿工程师，在墨西哥的杜兰戈州工作，那里也是奥尔加姐妹的出生地。20世纪20年代的墨西哥处于骚乱时期，奥尔加姐妹跟随母亲迁居加州好莱坞。大约在1929年，她从高等职业技术中学毕业。与陈纳德相似，奥尔加也在年龄上造假，她声称自己只有19岁，但实际上是21岁，减去两岁是为了方便转入美国的中学。她"友善、有吸引力而又博学，"她的妹妹在2001年对笔者说，"她很漂亮，只要她一进房间，所有人都会看着她。她确实需要人们的注视。"

哈维·格林劳是西点军校的毕业生，但他考了两次才考上，而且只参加了为期两年的为准备"一战"而加速培训军官的项目。他在班上名列倒数，更糟的是，他在丑闻中结束了自己的第一场婚姻，还因为此事被迫在1931年退役。在好莱坞，哈维认识了年轻的奥尔加·索尔斯①(Olga Sowers)，去中国担任飞行教官前，他向奥尔加求爱成功。哈维从未获得过中尉以上的军衔，但他自称"格林劳少校"。在美国志愿航空队时期的一幅肖像中，他头戴一顶制帽，身穿开领的卡其衬衣——是个英俊的男人，但嘴上带着游移不定的感觉，双眼则无精打采。照片中的他就没有那么好看了，他显得臃肿肥胖和疲倦无力。奥尔加看上去比丈夫年轻了一半，但实际上她只比哈维年轻十岁。

陈纳德让格林劳夫妇和达菲·戴维斯尽快收拾，然后和他一起出发。（伦堡和丹麦的丈夫离婚后也到了昆明。）7月18日，陈纳德乘坐中国航空公司的道格拉斯飞机抵达重庆，接踵而至的就是27架三菱G4M"一"式陆上攻击机。陈纳德是第一次看见这种新式的双引擎轰炸机，其载弹量接近"九六"式陆攻飞机的两倍。

美国志愿航空队就这样错失了第一个任务——在1941年夏天保卫重庆领空。在此期间，也没有苏联飞行员对抗日本：一个月前，希特勒用高

---

① 奥尔加·格林劳婚前的本名。

明的手段蒙骗了斯大林，发动了入侵苏联的战争，所有苏联空中力量都被召回并派遣到西部前线。除了需要稍微注意一下地面防空火力，日军的"一"式陆攻飞机和护航战斗机如入无人之境，在重庆上空肆虐。中国人只击落了个别飞机，但其中包括三菱的A6M型，也就是"零"式战斗机。通过查验"零"式战斗机的残骸和审讯俘虏，中国情报部门制作了一份极为精准的"零"式战斗机数据表和识别图。美国大使馆的麦克休少校把这份情报发回了美国，又复制了一份副本交给陈纳德。

不巧的是，这份情报里的侧视图有一个重要错误。真实的"零"式战斗机的尾翼被设计师拉得很长，使它呈修长的雪茄状；但中国人发现的飞机残骸的尾部破损得太过严重，难以复原，绘图师们只好参照日军陆航部队的中岛Ki-27型固定起落架飞机，给"零"式画上了一个浑圆的尾翼。这个混合物酷似中岛公司即将投产的另一款战斗机，几个月后，这一纰漏将导致中缅战场上的志愿航空队飞行员分辨不清对方的机型。

* * *

志愿航空队的姗姗来迟还导致了另外一个结果。作为原来设想的基地，昆明巫家坝机场因为西南季风带来的暴雨而无法使用。埃德·波利想出了一个办法——波利家的人真是足智多谋！他让英国人租借缅甸同古的凯多机场给他们，这可以说是一举多得的巧妙安排。既可以使航空队的基地靠近敏加拉洞的飞机组装点，又可以使陈纳德在没有空袭威胁的情况下训练队伍，还可以使蒋介石相信他们的补给运输无须占用滇缅公路上紧张的运力。

英国空军中将罗伯特·布鲁克-波帕姆（Robert Brooke-Popham）认为，提供基地给美国人是划算的。对于皇家空军来说，放弃凯多机场只是微不足道的损失。夏季的同古简直是疟疾、登革热和痢疾的培养皿，那里只部署了皇家空军第60中队的几架"布伦海姆"轰炸机，而把它们调回仰光附近的敏加拉洞机场无疑更加便捷而合适。此外还有别的好处，布鲁克-波帕姆考虑到，如果日本人发动进攻，"作为租借协议的共识，可以抽调美国志愿航空队的部分或全部力量去保卫缅甸"。而陈纳德却不知道这一项没有在机场租借协议上写明的条款。

同古坐落在锡唐河宽阔的河谷中，位于仰光以北 175 英里处。同古的主干道上日夜穿梭着前往腊戍的卡车，旁边的铁路上也有大量货运列车朝同样的方向轰鸣而去，展现着滇缅公路的拥挤和繁忙。这座城镇位于公路稍微偏西的地方，弯曲狭窄的街道在竹子搭建的商店和小屋之间延伸，街道上有酒铺和原本是酒店的妓院。最显眼的是一座红砖砌成的火车站，这栋建得毫无章法的建筑里有镇上唯一的一家餐厅。同古的主要物产是柚木，在年轻的英国"丛林业务员"的监管下，大象和大批苦力搬运工把这些木头从热带雨林中拖拽出来。镇上有 23,000 人，包括几千名印度人、一些半开化的克伦族人和几百名西方人。

同古的社会由十几个居住在郊区的英国家庭统治着。这些家庭中的男人都是军官（同古是最近成立的第 1 缅甸师的总部所在地）和麦格雷戈柚木公司的经理人。在业余时间，他们聚集在金卡纳俱乐部，打着高尔夫球、网球和台球，喝着加苏打水的威士忌，参加夫人们轮流举办的晚餐派对。男士们戴着黑领带，在女士们离场后抽起雪茄，谈论着世界大事，沉浸在不可遏止的乐观情绪中。周日，他们在圣路加教堂再次碰面，这是一座英国国教的教堂，它的墓园里的墓碑比座椅上的信众还要多。对欧洲外来者而言，东南亚确实是一个不太友善的地方。

在城镇以北 6 英里的地方，越过曼德勒公路上大量被抛弃的损毁卡车和守卫着佛塔的缅甸神话中的猛狮雕像，就是通往凯多机场的小路。机场只有一条南北走向的长 4,000 英尺的跑道，表面覆盖着沥青。它的东边是克伦山，锯齿状的山丘在阴霾下显现出淡淡的蓝色，是缅甸和泰国之间的边界线。不同于肮脏破败的同古，这里的乡下散发着美妙的热带风情，到处都是粗壮的树木和鲜花盛开的灌木丛。

皇家空军在凯多机场外建造了一座小型控制塔、一些机库和办公楼。在距机场 1 英里的地方，有一座按照东南亚建筑风格用柚木和竹子搭建而成的军营，其中没有内部隔间，外墙从腰部到屋檐位置都是开放式的，向阳的一边设有走廊。房屋内没有纱窗，住客要睡在蚊帐罩着的木板床上，床板上还贴着"为陛下服务"的标签。发电机能正常运转时,天花板上的吊扇可以给他们带来一点流动的空气。屋顶是用竹子和茅草搭成的,厕所则是开放式的蹲坑,一边的墙上还装有小便斗,由印度清洁工负责打扫。

7月26日,陈纳德在卡尼的陪同下视察了凯多机场,卡尼从昆明开始就一直在陈纳德左右。在场的还有驻防缅甸的皇家空军大队长澳大利亚人E. R. 曼宁(E. R. Manning),以及搭乘一架中央飞机制造厂的比奇双引擎飞机来到同古的埃德·波利。陈纳德对机场不是很满意,但他没有更好的选择,只好同意了这个安排。

由于阿代尔还在招募人员,格林劳夫妇和达菲·戴维斯仍在香港等待签证,陈纳德留下卡尼负责现场指挥,自己先行离开。卡尼正和莫罗斯同居,她是个精干的中国女人,在滇缅公路上做着自由贸易——在仰光收购一辆卡车,把它装满货物,开到昆明后连货带车一并卖掉。她跟随卡尼到了同古,照看着滇缅公路上的生意,同时也想看看这次旅程能为她带来什么新机会。

与此同时,远在华盛顿的罗斯福总统批准组建第二美国志愿航空队,主要装备洛克希德公司和道格拉斯公司的双引擎轰炸机。这些飞机是从英国人的订单中转交过来的,它们的任务包括"对日本实施燃烧弹轰炸"。这使乔治·马歇尔阻止轰炸机来华的努力付诸东流,他像是在对付一只跳上沙发的猫,无论把猫放到地上多少回,它都会再次跳上来。

4

凶残至极

美国志愿航空队的先行人员搭乘"槟城商人号"轮船,从新加坡来到了缅甸。7月28日,轮船沿着仰光河蜿蜒的河道溯流而上,平静而碧绿的河面被伯马石油公司的炼油厂、麦格雷戈柚木公司的磨坊和像丁香花一样垂下来的植物打破。到达仰光后,这艘蒸汽轮船在水泥码头停靠,岸上就是占地11英亩[①]的货仓、起重机和一箱箱准备运往中国的战争物资。临河而建的一排宏伟建筑是英国大使馆、职员宿舍和滨海酒店。从这排建筑开始,就是仰光的欧洲人居住区了,内有五条宽阔的大街,大街两旁有分布得横平竖直的小路。走过郊区那些名为"温莎"或者"阿斯隆"的道路,就是仰光本地迷宫一样的居住区,25万印度人、4万中国人和16万缅甸人居住在那里(缅甸人即使在本国首都也不占多数)。仰光大金塔的穹顶居高临下地俯瞰着全城,它是缅甸佛教的神圣象征。

陈纳德在滨海酒店住了一晚,听说先行人员到达码头后,他赶紧穿过街道去迎接他们。他装作之前已计划好如此重逢,开口说道:"你好,弗里尔曼。我就说我会比你们先到这里。"带着半是崇敬半是不满的复杂感情,弗里尔曼回忆道:"陈纳德转过身来,他像往常一样随意地穿着探险服——防蚊靴、带有中国徽章的军官衬衫、破旧的空军制帽,那顶帽子很能衬托出他的鹰脸……据我所知,这一船人之前都没有见过

---

① 1英亩约合4,000平方米。

他，但看到他们沿着铁轨排好队并静静地看着他时，我就知道他们已经服从调遣了。"

陈纳德把机械师派往敏加拉洞机场，协助中央飞机制造厂组装"战斧"飞机。他把其他人安顿在滨海酒店里，尽管比不上新加坡的莱佛士酒店，但它有高高的天花吊顶、镶木地板、镀铜的栏杆和柳条家具，也显得足够豪华了。陈纳德交给弗里尔曼一份新的采购单，包括飞机和机动车的零部件、电力和电话设备、乐器、屏风、打字机、步枪、棺材等。"从波利那里拿钱，"陈纳德说，"你到同古时把这些东西都带上。"

交办完这些事项，陈纳德动身前往1,200英里外的新加坡。在这座位于马来半岛南端的城市里，英军的罗伯特·布鲁克-波帕姆中将和他的部下对这位老中国通谈到的日军战术和装备一点也不在意。陈纳德在日记里抱怨："希望他们的自信是有根据的。"返回仰光后，他登上中国航空公司的一架道格拉斯飞机前往昆明，然后请约翰·威廉姆斯把飞行学校的建筑改建成志愿航空队的宿舍（威廉姆斯之前是陈纳德的无线电教员，眼下在滇缅公路上从事自由贸易）。在一个月圆的夜晚，陈纳德顶着昼夜不停的轰炸飞回了重庆。在轰炸的间隙中，他与航空委员会达成协议，由他负责指挥美国志愿航空队及所有与之合作的中国空军中队。1941年8月1日，蒋介石签署第5987号令，内容为："1. 第一美国志愿航空队于今天成立；2. 陈纳德上校负责组织来华的美国志愿飞行员投入战场。为完善志愿航空队，其他人员由航空委员会补充任命。"

陈纳德还发现了另一名文职军官——乔·奥尔索普[①]。他加入了美国海军并被派往印度。奥尔索普经重庆前往德里，他在宋美龄的茶会上遇见了陈纳德。他想知道志愿航空队里还有没有空缺的职位，陈纳德告诉他：当然有，马上申请一份特别退伍令，然后去同古报到。

此时，乘"皮尔斯总统号"抵达仰光的人员登上了邮递火车，这是一列烧木炭的锅炉火车，汽笛声尖锐刺耳，车厢之间也没有通道相连，但每节车厢都有一扇朝外打开的门。（乘客来回走动时需要爬出火车窗口，

---

① 即约瑟夫·奥尔索普。

在车顶上跑去别的车厢。）到同古的175英里路程花了他们一整天的时间，火车越过一条又一条泥泞不堪的公路，每过一个小时就要停下来加一次水，途中还因为要接收萨伏伊公司的盒饭而停车，这家公司是缅甸铁路线上的餐饮供应商。军械师保罗·佩里回忆说，天气实在太热了，到达同古时，他身上只穿了一条短裤。一辆平板卡车把他们载到凯多机场，佩里说："我们就这样到达那里。29个毫无顾忌的鲁莽军佬来到了一个山高水远的偏僻地方。"

* * *

"皮尔斯总统号"的乘客们之前在新加坡逗留了整整两周，英国官员们被折磨得苦不堪言，为避免悲剧重演，他们让"亚格斯方丹号"的船长载着乘客们径直驶往缅甸。这艘荷兰船照做了，在没有护航的情况下，他们在8月15日夜里到达仰光。第二天早上，博特纳·卡尼在入境处共清点了123人，并带他们到仰光的"银烤架"吃早餐——这是一家集餐馆、夜总会和妓院于一身的多功能餐厅。（早餐有火腿、鸡蛋和"硬得像纸板一样的玉米片"。）卡尼把他们送上火车，自己则留下来和查理·莫特、杰克·纽柯克（Jack Newkirk）、艾玛·福斯特和乔·斯图尔特一起狂欢。

鲍勃·尼尔回忆了到达凯多机场时的情况："先行人员分配我们到一座大约长30英尺、宽20英尺的建筑里，里面有床位和蚊帐，厕所在建筑物的后面。从蚊子到掉在蚊帐顶上的昆虫，那地方有数不清的虫子。"那里真是相当无聊，地勤人员从驻地驱车来到同古镇上，却发现只有火车站的那家小卖部有酒可买（同样也是萨伏伊公司经营的产业，正如缅甸其他地方的情况那样）。一家电影院正在放映加里·库珀（Gary Cooper）主演的《火爆三兄弟》，那里是当地唯一的娱乐场所。队员们放松自在地和本地人坐在一起，而不是像英国绅士那样身穿晚礼服，高高在上地待在包厢里。接下来，他们造访了那家"酒店式"妓院，每个"本地黑姑娘"的嫖资都因为他们的到来而翻了一番，涨到了5卢比（合1.5美元）。回到机场后，他们咒骂虫子、高温天气、暴雨、硬邦邦的床板、英军食堂里的

"炖肉"（炖牛肉）和索然无味的英国香烟。弗里尔曼十分害怕，他相信这样下去必然会发生兵变，陈纳德会因此追究他的责任。

卡尼和他的四人小团伙在第二天出现了，全都一副宿醉未醒的模样。周一，他任命了三名中队长，但他显然没有研究过他们的履历。中队长可获得相当于美国陆军少校的军衔（或者说他们是被如此告知的），每个月有750美元的薪水。第1中队由罗伯特·桑德尔（Robert Sandell）任队长，他又被叫作"桑迪"，原是马克斯维尔基地的飞行教官；第2中队由杰克·纽柯克任队长，他为人平易近人，原来在"约克城号"航空母舰上驾驶搭载星型引擎的战斗机；第3中队由阿维德·奥尔森（Arvid Olson）任队长，他是米切尔基地的P-40战斗机资深驾驶员。三位中队长各自挑选了一打飞行员，就像业余棒球队队长挑人一样。纽柯克挑选的几乎都是海军飞行员，奥尔森则只选陆军飞行员，其中包括他在米切尔基地的朋友们。

拜伦·格洛弗运送了三架"战斧"到凯多机场，另外还有三架在敏加拉洞机场准备就绪。奥尔森带着两名P-40飞行员乘火车到仰光去接收这些飞机。格洛弗告诉他们，找准铁路，沿铁路线一直飞到同古就行了。这种导航方式被称为"IFR"——不是指"仪表飞行守则"（Instrument Flight Rules），而是指"我沿着铁路飞"（I Follow Railroads）。

"飞机上没有装武器，"军械师唐·罗德瓦尔德（Don Rodewald）在日记中写道，"也没有装瞄准器……甚至连装瞄准器的支架都没有。"在签约时，他曾询问要不要带上工具前往缅甸，斯基普·阿代尔向他保证："噢，用不着，所有工具都一应俱全，而且都是最好的。"但现场却没有任何工具，罗德瓦尔德只好从开往中国的卡车上偷来一整套设备，开始着手安装武器。武器等配件随第二批"战斧"飞机一起被运到缅甸，令人费解的是，机首的大口径机枪尚有剩余，而小口径机枪却只够装配31架飞机。为方便维护和保养，军械师们用7.92毫米口径的柯尔特机枪装备了两个中队，用点30口径的勃朗宁机枪装备第三个中队。这些机枪的口径都大致相同，但弹药却无法通用。

然而，志愿航空队没有办法实测飞机的空战性能，因为缅甸在理论上是一个自治地区，为维护它徒有其表的独立，英国人禁止在缅甸进行实弹射击。（当英国空军的第 60 中队需要实弹演练时，他们便驾驶"布伦海姆"轰炸机到新加坡练习。当战争降临缅甸时，这种演习方式带来了可怕的后果。）幸好，伦敦方面发来一份豁免令，允许志愿航空队建造一座靶场。军械师们将战斗机拖到射击位置，用架子撑起尾翼，使机身保持水平，然后调整了机首的机枪，使弹着点落在 300 码外的靶子上，机翼武器的弹着点则被设定为 250 码外。每位飞行员都有几次实弹射击的机会，但他们只能在地面而不是在空中演练，因为那样会伤害缅甸人民的感情。所以，志愿航空队肯定没有进行过拖靶射击训练[1]。

美军陆航部队当时列装的反射瞄准镜是现代战机投映式瞄准屏[2]的原型。这个设备安装在仪表盘下方靠近底板的位置，从那里将圆环和靶心投映到飞行员和挡风玻璃之间一块半镀银的镜面上。这种设计的目的是提供一个透明发亮的瞄准标尺，飞行员无须变换视角，只需要盯着前方的半透明镜面就可以瞄准。但英国人订制的"防弹玻璃"舱盖并没有预留安装瞄准镜的孔洞，军械师们在上面钻孔的努力也以失败告终。飞行员只能先使用老旧的"支柱加圆环"式瞄准器，而那甚至比步枪上的瞄准标尺还要原始和落后，直到后来，才由查理·莫特找到了解决办法。

无线电通信器的情况也好不到哪里去。无线电技师鲍勃·史密斯[3]的第一项任务就是把英国人的无线电设备从战斗机里拆除出来，他通过飞机尾部的小舱门，用一柄锤子和一把螺丝刀完成了这项工作。然后是安装变压器，使 12 伏特电压的民用电台可以接上"战斧"飞机 24 伏特电压的航电系统。这是一项极为艰巨的工作，每天早上 10 点左右，气温开始飙升，史密斯不得不停歇很长时间，顺带把早饭吐个干净。

此时，陈纳德正在昆明检查威廉姆斯改建志愿航空队宿舍的进度。

---

[1] 拖靶是由飞机拖带在空中，供防空火炮或战机进行实弹射击演练的设备。拖靶射击能有效提高技战术水平，是十分重要的训练方式。
[2] 现代战斗机装备的瞄准器具，通常会将瞄准标尺、高度、方向等信息显示在飞行员面前的透明显示屏上。
[3] 即罗伯特·M.史密斯。

其后，他搭乘比尔·波利的比奇双引擎飞机回到缅甸。吉姆·霍华德[1]回忆说："陈纳德走下飞机，环视着机场上站着的各色人等，我本能地觉得他就是带领我们取得成功的引路人。他的军人风度和辐射四周的自信似乎在告诉人们，他到这里了，在他的掌控下，所有事情都会好起来……他是个直言不讳的人，也不会道歉或找借口。他的真诚和一心一意打动了所有人，他值得我们追随。"

正如弗里尔曼担心的那样，陈纳德对凯多机场上的状况非常不满，他在日记里写道："煽动者们引发了不满的情绪，严重威胁着队伍的纪律和志愿作战行动。"他同这些人谈话，好言宽慰有不满情绪的人，厉声训斥煽动反抗的人。8月26日，他在仰光与比尔·波利会面，讨论如何处理那些想回家的人。返回同古时，他带上了格林劳夫妇。

卡尼很快就被调回云南驿的飞行学校。哈维·格林劳明显要比他更胜任这份工作，但这位初来乍到的副司令和部下不太合得来。吉姆·霍华德这样描述他："他（格林劳）的工作性质模糊不清，我们中的很多人都不知道他是来干什么的。他经常穿一件漂亮的衬衫式卡其夹克，整天叼着烟斗，看着别人工作。"奥尔加则是同古所缺乏的那一抹风景，霍华德回忆说："她有着惊人的吸引力，紧身裤和迷人的妆容让她看上去就是个名利场上的老手。"

奥尔加·格林劳成了——而且永远是——热带雨林中一个性感的符号。肯恩·耶恩斯泰特（Ken Jernstedt）在1941年秋天来到凯多机场，抵达后的第一个问题就是关于那里的女人。诺埃尔·培根（Noel Bacon）抽着烟斗对他说："副司令有个老婆，连条狗都知道她有多么迷人。"

在格林劳夫妇到达后不久，斯基普·阿代尔来到缅甸，乔·奥尔索普从印度过来，他们当然都是以平民身份入境的。有了这些工作人员，陈纳德便开始着手整顿部队。他规定，部队的汽车只可用于公务，队员们到同古去看电影、喝酒或者逛妓院都必须骑自己的自行车。但即使骑一辆大型的兰令牌自行车去镇上，单程也要半个小时，所以他们只能断了在周日

---

[1] 即詹姆斯·霍华德。

以外去镇上玩的念头。而在周日，陈纳德又会尽力逼迫他们去教堂做礼拜和参加棒球比赛。

凯多机场有两个食堂，一个服务飞行员和文职人员，另一个服务地勤人员。这两个食堂在下班后又充当酒吧，服务不同的职员群体。（陈纳德喜欢强调志愿航空队内部的民主作风，但他在日记里却坚持"军官"和"普通士兵"的说法。）皇家空军为他们提供食物、厨师和服务员，每月向每人收取120卢比（合36美元）的费用，这笔钱直接从月薪里扣除。但他们实在太讨厌食堂里的饭菜，陈纳德只好给他们打了优惠折扣。陈纳德让当过炊事班长的比尔·托尔利（Bill Towery）监管印度厨师，之后又让奥尔索普领导托尔利。直到最后，陈纳德和萨伏伊公司签订了新合同，才真正改善了膳食水平。但队员们早就被"亚格斯方丹号"上的丰盛大餐和彬彬有礼的服务生惯坏了，因此一直在抱怨。

起床号在早上5点30分吹响。地勤人员天亮前就开始工作，干五六个小时的活，下午休息一下，晚上开始第二班——这种安排治好了鲍勃·史密斯早上的不适症状。对于飞行员而言，每天都是从机场控制楼里的一间柚木小课室开始的，陈纳德或别的客座嘉宾会给他们上课。即使是"皮尔斯总统号"上那帮无法无天的人，也很快服膺于陈纳德。查理·莫特在日记中赞叹："那个老头我见得越多，就越喜欢和佩服他的才华……能由他来担任这个计划的主管，我们确实很幸运。"

当陈纳德谈到日军战斗机时，飞行员们个个倍加留神。他用粉笔在黑板上勾勒出"零"式战斗机的轮廓，标注了它的弱点并提出可行的攻击角度。"他向我们展示这些，"特克斯·希尔回忆道，"让我有一种很明显的感觉，那就是他曾经亲自和'零'式飞机战斗过。他在战术课上教给我们的东西都分毫不差地重现了。他真的很了解情况。当我们第一次和'零'式相遇时，敌机的所有动作都和他说的完全一样。"事实上，陈纳德只在地面上观看过"零"式战斗机，他的信息也主要来自麦克休少校交给他的图纸和数据表。

利用中国人获得的日军训练手册，陈纳德讲解了日本飞行员采取的战术：从上往下俯冲攻击，制造混乱，打散敌机阵形，然后逐一击破。陈纳德让学员们忘掉在美军中学到的一切，转而采用皇家空军的作战方式，这是在不列颠空战中验证过的。他提到了自己的理论和苏联援华飞行员的作战方式：为了配合得更加机动灵活，以两架飞机为一组对抗敌方战斗机；为了取得火力优势，以三架飞机为一组攻击敌方轰炸机。该战术的核心在于取得制高点：俯冲压向日本飞机，先用机首的大口径机枪攻击，一旦距离靠近了就用上机翼的机枪火力，然后俯冲飞走并重复这一过程。当日机因弹药和燃油不足而准备返航时，便对其实施追击袭扰。陈纳德认为，只要摧毁日本来袭轰炸机的10%，他们就会返回再想办法；摧毁25%，他们就不敢再次来犯了——这是在南京、衡阳、汉口、重庆和昆明的空战中总结出来的经验之谈。

　　可惜的是，陈纳德没有把他的讲课内容写下来，当时也没有人想到要记录下他的讲义。60多年后，特克斯·希尔复述了陈纳德关于敌军的介绍：“日本飞行员严守战斗纪律，他们训练有素……而且非常善于保持阵形。他们的轰炸精确，射击精准，深谙操控飞机的方法。”但"打了就跑"的战术能够击败他们：“攻击日机阵形的办法就是飞得比他们更高，向他们高速俯冲而下，瞄准目标，向其开火，然后继续俯冲，直到脱离敌阵。离开他们足够远后，爬升回到高点，继续俯冲攻击。最重要的是……**绝不能**和他们的战斗机较量变向能力，P-40战斗机做不来这个。一两次变向后，他们就能跑到你的身后。想也不要想！如果你那样做了，我们就只能在丛林中给你收尸。他们一**定**会击落你的，先生们，千万不要犯错。”

　　上完课，飞行员们便到跑道上参加实践训练。他们在驾驶舱中熟悉飞机操作，演练特技飞行和模拟空中格斗。在对抗轰炸机阵形的演练中，英国空军的大队长曼宁从敏加拉洞机场派来几架"布伦海姆"轰炸机帮助进行模拟；在战斗机对抗训练中，队员们通过相互对抗进行演练。当两名飞行员在空中相遇时，他们就会对冲而过——这被称为"头撞头"。美军禁止这种训练方式，因为太过危险，但陈纳德认为训练必须要过硬。他说，与其让飞行员们变得胆小软弱，还不如损失掉几个。

　　吉尔·布莱特，这个乔装成"五金店员"的宾夕法尼亚小伙子，有着透亮的黑眼睛和一张若有所思的脸孔。高中时，他在菲利普·埃克塞特学院的预备中学就读，并且被普林斯顿大学录取了。但课外的飞行训练比学业更有吸引力，他在两年后离开了普林斯顿，以新兵身份加入了彭萨科拉的海航部队。与纽柯克指挥的第2中队里的很多飞行员一样，布莱特在海军中为成为航母舰载俯冲轰炸机飞行员而接受训练。9月8日，布莱特在同古上空驾机巡逻，他看到远处有一架"战斧"战斗机。按照规矩，他晃动了一下机翼，邀请对方参加一场"狗斗"①。布莱特的对手是约翰·阿姆斯特朗（John Armstrong），阿姆斯特朗身材不高，外表有点孩子气，但他有1,000小时的飞行时间。一周之前，阿姆斯特朗就差点在"狗斗"中正面撞上查理·莫特的飞机。现在他故技重施，迎头冲向布莱特，迫使布莱特将飞机下压。阿姆斯特朗也将机头下压，两架飞机如此接近，阿姆斯特朗座机的螺旋桨眼看就要刮上布莱特的座舱盖了。布莱特赶紧向右翻滚，他预料阿姆斯特朗会向另一侧翻滚，这样他们就可以擦着机腹互相避开了，但阿姆斯特朗没有这样做。"飞机相撞时，"布莱特在给父母的信中写道，"发出了巨大的劈砍金属的声音。"布莱特失去了一侧的机翼，飞机开始旋转下坠。他赶紧推开舱盖，解开降落伞的扣子，像一块被弹弓抛出的石头一样跳出飞机。

阿姆斯特朗就没那么走运了。"坠机善后组"的人找到了他，他的遗体仍然被绑在座椅上，外科医生萨姆·普雷沃（Sam Prevo）为他做了入殓准备："我……在此证明，1941年9月9日，在用10%的福尔马林溶液处理过后，约翰·D.阿姆斯特朗的遗骸被一张浸泡过福尔马林的床单包裹，安放在一个密封的金属容器中。这个金属容器被装在一口柚木棺材里。我还证明，在遗骸入殓准备和金属容器密封的过程中，我一直在场，棺材中除了死者的遗体别无他物。"

保罗·弗里尔曼在飞行员食堂里主持了葬礼，随后冒雨将阿姆斯特朗的遗体埋葬在圣路加教堂的墓园里。当地大部分英国殖民者都出席了葬礼，他们陪着志愿航空队的人们走到村镇南面的墓地。布莱特记录道：

---

① 原文为"Dogfight"，指战斗机在空中进行近距离的格斗。战斗双方都试图进入对方的后方区域，就像互相撕咬尾巴的狗，故名。

"一名缅甸边防战士吹奏了熄灯号，我们就回去了。"

陈纳德没有参加葬礼，他在卡尼和金特里医生的陪同下飞到昆明，为50名中国军校飞行员核发证书，批准他们赴美参加高级训练课程。

* * *

17名飞行员搭乘"亚格斯方丹号"的姊妹船"布隆方丹号"到达新加坡，其中包括埃迪·雷克托和特克斯·希尔，此外还有来自伦道夫基地的R. T. 史密斯和保罗·格林。与"皮尔斯总统号"上的乘客一样，他们在新加坡肆虐了两周，之后才搭乘"槟城商人号"轮船前往仰光。9月15日，他们抵达仰光，当天就到了同古。在火车站，一支三人乐队演奏着《星条旗永不落》①欢迎他们。在乘车前往凯多机场的路上，道路拐弯处的一块牌子映入他们的眼帘，上面写着"洛杉矶城"，这是一个跟着美国人走到世界各地的鼓舞士气的标志。

第二天早上，"布隆黑帮"②被分派到各中队。杰克·纽柯克挑选的基本都是海军飞行员，奥尔森则要走了陆军飞行员。他们当中几乎没有人驾驶过这种液冷引擎驱动的战斗机。雷克托告诉笔者："那种该死的引擎实在太长了，如果突然急刹，飞机肯定得往前翻！"而且，由于机首过长，他很不高兴地发现在座舱里无法看到机首的位置。因此在滑行时，他不得不像左右摇摆的鸽子脑袋那样摆动着飞机迂回向前，以看清跑道前面的情况。但起降一两次后，他发现机首的长度并没有影响到飞机的飞行性能。

R. T. 史密斯在熟悉飞机时也遇到了问题，他曾因为身材过高而被美军拒用为战斗机飞行员。9月17日早上，机械师尼尔·马丁（Neil Martin）让史密斯试驾飞机，但即使把座位调到最低，方向舵踏板调到最前，他仍然十分勉强才能坐进去。而当他加大油门前进时，他开始感觉到这架"战斧"战斗机就是自己的一部分："我关上舱盖，滑行到跑道

---

① 美国国歌。
② 指搭乘"布隆方丹号"而来的航空队成员，他们因行为不羁而获此绰号。

上，对准起飞路线，然后坚定地加油。1,100 马力的引擎以雷霆般的力量驱动着巨大的螺旋桨破风前行，我从未听过这种轰鸣声。飞机开始急剧加速，复合式压力计的汞柱达到 48 英寸，引擎转速达到每分钟 3,000 转，我用力踩着右边的踏板以抵抗巨大的扭力……现在，我看清机首的位置了……几秒钟后，空气流速计显示时速达到 100 英里，飞机从跑道上滑跃而起……"

"当时我就像拿到漂亮新玩具的小孩一样，情不自禁地笑了出来，"史密斯最后总结道。随着敏加拉洞机场那边不断送来战斗机，志愿航空队开始给飞机编号，他们在座舱后面的机身上涂上高 2 英尺的数字。1 号到 33 号分配给第 1 中队，34 号到 66 号分配给第 2 中队，67 号到 99 号分配给第 3 中队。史密斯挑选了 77 号战斗机，因为他相信数字 7 能带来好运。

不是所有的"布隆黑帮"成员都做得这么好。到达缅甸仅八天后，马克斯·哈默（Maax Hammer）就在雨林中坠机身亡。尽管哈默是一名富有经验的飞行员，但他显然"被卷进了反螺旋①而无法脱身，这可能是由错误的技术动作导致的"，查理·莫特在日记中如此记录。莫特还写道："他撞向地面的力量十分巨大，自然摔成了肉泥。我们决定把他的遗物就地卖掉，那些东西在这里比在美国更值钱。当然，卖的时候我们都牢记着不要讨价还价。"

陈纳德感到气馁，不仅仅是因为事故和死亡。他在日记里抱怨道："六名飞行员想打退堂鼓，大雨又下个没完没了。"大多数情绪低落的飞行员都隶属于奥尔森的第 3 中队。奥尔森说，他们加入志愿航空队是为了"脱离陆军现役部队，以谋取更赚钱、更安全的民航职位"——这是队员们的普遍想法，但无法解释他那支主要由米切尔基地飞行员组成的中队里为什么会有如此多不满的人。

9 月末，共有七名飞行员和一名地勤修理员离开了队伍。（"布隆黑帮"中的两名地勤人员在新加坡弃船而去，还没到缅甸就被除名了。）10 月 10

---

① 指飞机的迎角超过临界点后，进入自动旋转的状态，此时飞机因失速而急剧下降，操控性也变差，极易导致事故。

日,六名飞行员补充进来,多少弥补了一些损失,三名来自弗吉尼亚州匡提科的飞行员被奥尔森选入第3中队。但在10月25日,他又损失了一名老手。当天早上,唐·罗德瓦尔德刚刚完成了一架"战斧"战斗机的武器安装,皮特·阿特金森(Pete Atkinson)自告奋勇要测试飞机。他说只在机场附近转转,这样罗德瓦尔德(一个观察敏锐但拼写能力不强的人)就能加以观察了:"他(阿特金森)用极快的速度向南俯冲飞行了1英里,突然之间,飞机解体并从1,500英尺的高度急速下坠。飞机的引擎从空中旋转着自由下落,直至撞向地面。作为军械师,我乘车前往事故现场,方圆1英里内都是飞机残骸……皮特仍然坐在椅子上,他被飞机抛了出来,头部摔得惨不忍睹,但还算留有全尸。机身残片沿着铁路分布,两只机翼落在了300码外的稻田里。我回收了一些弹药和两挺小口径机枪。那真是一个悲伤的时刻,因为皮特深受大家喜爱。"

至此,志愿航空队形成了一套标准的葬礼仪式。文职军官担任"官方哀悼人",死者中队里的飞行员担任抬棺人。他们身穿卡其裤和衬衣,打黑领带,戴遮阳帽。念祈祷词时,他们脱帽哀悼;棺材经过面前和号手吹响熄灯号时,他们则举手敬礼。弗兰克·洛松斯基回忆说:"皮特下葬后,我们回到了营房,用看电影的方式结束了一天(看的是伯特·拉尔1931年主演的喜剧《冲上云霄》)。"

如此多的死亡事故使戴夫·哈里斯(Dave Harris)动摇了——他和阿特金森一样,也是来自米切尔基地的P-40战斗机飞行员,他说自己已经受够了这里的状况。据另一位飞行员说,哈里斯声称:"如果这些人都驾驶不好飞机,那我肯定也不行。"尽管陈纳德表面上很凶狠,但他的心肠很软,至少是对忠于他的人们心软。他把哈里斯调到总部从事文职工作,但没有削减他的薪酬。

*　　*　　*

昆明已经有一个月没有遭受空袭了,不祥的宁静困扰着陈纳德,他在10月13日写道:"基本可以肯定的是,日本人会一遍又一遍地重复同样的策略,直到付出惨重代价。"他推测日军正在调整部署,准备攻击别的地方——除了凯多机场还能有其他目标吗?同古距离泰国只有60英里,泰国虽然宣称中立,但它毫无疑问已经被日本人渗透了。10月24日,陈纳德派三名中队长去实施侦察。虽然英军禁止这样的越境行为,但不过是表面文章,他们的指挥官全都知道这次侦察飞行,甚至还向美国人提示日军可能的活动地点。

桑德尔、纽柯克和奥尔森从20,000英尺的高空越过锯齿状的克伦山,向东远眺清迈,那是泰国的第二大城市、铁路线的终点和进攻同古的必然基地。陈纳德嘱咐他们保持高度,看到什么可疑的动静再下降观察。在这个时节,稻田都排干了水分,雨季又已经结束,没有哪支部队能在不扬尘的情况下行动。此次侦察以一无所获告终。

两天后,"一个怪异的银色飞行物"从6,000英尺的高度侦察了凯多机场。五架"战斧"战斗机紧急升空拦截,但没有追上那个飞行物。第二天发生了同样的事,但一名飞行员清楚地看到了共有五名入侵者。缅甸和马来半岛上的友机都涂有伪装迷彩,因此陈纳德认定这些飞机是从泰国飞来的日本侦察机。他只猜对了一半:这次绝密的侦察行动连日军大本营也不知情,执行任务的飞机是从越南河内起飞的。为拍摄和侦察英军基地,这些三菱Ki-15型"九七"式司令部侦察机(后来被盟军飞行员称作"Babs")来回飞行了1,200英里。

据陈纳德称,驻缅甸的皇家空军大队队长曼宁送给他们一台船钟,用于充当凯多机场的防空警报器。曼宁还派来了一队廓尔喀雇佣兵,这些闻名遐迩的尼泊尔士兵为英军立下过赫赫战功。但他并未加强对边境的瞭望侦察,也没有让缅甸人带上望远镜和野外电话到边境巡哨,他们本可以轻易地使用这些设备监视和报告日军的行动。

10月29日,另外十名飞行员抵达缅甸。为补充第3中队的人员,奥尔森选中了三名海军飞行员:外号"鲶鱼"的罗伯特·雷恩(Robert Raine),他有90小时的战斗机飞行时间;来自彭萨科拉基地的汉克·吉尔伯特;以"埃德温·科南特"这个假名行动的水上飞机驾驶员约翰·佩里。雷恩和吉尔伯特很快就适应了P-40战斗机,但科南特过于习惯在

PBY"卡塔利娜"轰炸机高高的座椅上驾机进行水上起降了,他没能转变过来。R. T. 史密斯记录了科南特的这场灾难:"(他)离地大约25英尺,停了一下,然后掉在地面上。飞机弹了一下,起落架损坏了,机腹和一侧的机翼撞到跑道,使整架飞机旋转了180度。"

然后是11月3日,这一天被称为"马戏日"。科南特不慎将起落架的轮胎扎穿了,飞机冲出了跑道;雷恩驾机撞到了灌木丛中,弄坏了起落架、螺旋桨和一侧的机翼。弗兰克·洛松斯基在日记里感叹:"真是累坏了。"中队长桑德尔执行完一次穿越缅甸的飞行任务后,在降落时失去控制,飞机就地旋转了很多圈才停下来;约翰·奥弗利(John Overly)在滑行时撞上了另一架飞机,撞坏了那架飞机的副翼,地勤维修人员在晚上花了很大力气才把纠缠在一起的两架飞机分开;然后是比尔·布莱克本(Bill Blackburn),他驾机与另一架飞机相撞,撞坏了两机的螺旋桨;盖尔·麦卡利斯特(Gale McAllister)刹停滑行时力度过猛,把飞机摔了个倒栽葱,机翼上还挂着两名没来得及闪开的技工。洛松斯基总结道:"真是史上最糟糕的一天。"

两天后,科南特又撞机了,飞行员们打趣说,如果他再弄坏两架"战斧"飞机,他就成为日军的头号王牌了。陈纳德可高兴不起来。他写信给中央飞机制造厂驻纽约办事处,抱怨招募来的人员不符合要求:"最典型的例子就是埃德温·S. 科南特,他在10月29日与其他九名飞行员一起到达基地。他可是一名四引擎水上飞机的机长,却在第一周里就弄坏了三架飞机……还有两名飞行员在到达后的24小时内就决定回家,理由是招募时没有把现在的情况给他们说清楚。"

陈纳德要求招募时必须更加开诚布公:"向招募对象介绍美国志愿航空队的情况时,不能有所隐瞒。志愿航空队的任务绝不仅仅是保卫滇缅公路和对抗没有护航的日本轰炸机,我们还需要对抗日本战斗机、进行夜间飞行以及在合适的飞机送到后执行进攻任务(指第二美国志愿航空队的洛克希德和道格拉斯轰炸机),这些情况都要介绍清楚。"

他在信中指示:"把那些胆小鬼送回家后,我们也要淘汰一些不合格的人。与其接收那些结伴凑热闹而来的飞行员,我宁愿让部分名额空缺。"

这封信是乔·奥尔索普打出来的,他现在兼任"人事秘书"和后勤军官。陈纳德在日记里称:"他真是工作上的重要帮手。"我们几乎能听到陈纳德边写边长出了一口气。但在飞行员和地勤人员看来,奥尔索普是个滑稽的角色,他的眼镜、拘谨不安的举止以及在格罗顿中学、哈佛大学和华盛顿宴会社交圈中磨炼出来的演讲口才,无一不显得逗乐有趣。那个在中国东北离开了情人的水兵汤姆·特朗布尔,现在是总部的一名文职人员,他记得奥尔索普总是抱着一摞文件跟在陈纳德后面:"乔总是忙乱而烦躁地准备着需要签字的文件。"

大多数文件都是关于补给和零件的。拆解飞机已经成为志愿航空队机械师们的日常工作,他们将损毁的飞机拆解,把能用的部件安装到尚能升空的飞机上。但零部件的循环利用无法解决爆胎的问题,飞机起落架的轮胎以每小时 100 英里的速度在滚烫的砂石跑道上起降,磨损得极快。急刹后倒立触地、原地打转或机腹着地导致的螺旋桨损坏,以及驱动机首机枪的 E-1B 型螺线管的失灵问题,也无法自行解决。这种螺线管在工作五个小时后,基本都会失效。

奥尔索普的申请文件先被送到仰光费尔大街 42 号的中央飞机制造厂及洲际公司的办公室,就在离滨海酒店不远的街角处。文件上写着:"我们需要 6 盎司用于机枪瞄准器的透明涂料,你们应该可以在当地买到。我们还需要 100 副博士伦公司的雷朋太阳眼镜。虽然已指示过飞行员自带眼镜,但有些人没带,另外一些人则弄坏了自备的眼镜。我们发现,优质遮阳镜的缺乏导致飞行员的效率严重下降,请立即用电报将订单发往美国,然后把眼镜空运过来。"

中国国防供应公司在仰光也设有办事处,奥尔索普带着一份采购清单上门拜访。清单里有上千种采购物品,报务员足足花了一天一夜才将其译成电码。他没料到会有雷朋眼镜、银焊料、螺线管这些东西,还有另一张清单上的 432 包安全套、19 箱黑麦威士忌、21 箱波本威士忌、10 箱骆驼牌香烟和 5 箱好彩牌香烟。这些物品都无法用简称,必须用全称译出。

还有弹药!在新泽西州的力登军火公司,劳克林·柯里发现了 90 万发加拿大订购的点 30 口径子弹。他说服加拿大人放弃这批子弹,并设法从驻菲律宾的美军部队手里拿到60万发点50口径子弹。在等待这些补给的同时，奥尔索普还向眉谬①的英国布什战争学院、中国空军和仰光的中国商人讨要弹药。但中国制造的子弹十分老旧，有时会延误开火时机，导致螺旋桨叶上留下弹孔。

陈纳德邀请驻重庆的麦克休少校到同古视察，看看志愿航空队的窘迫境地。在奥尔索普的帮助下，麦克休起草了一份向美国海军部抗议的长信："从本质上看，中国现在进行的战争对美国而言是一个独一无二的机会，比起世界上其他任何地方，这里更能事半功倍地开展国防自卫行动……但在缺乏称职的执行官员、只有不足三分之一的所需物资到位、飞行员和地勤人员不足一半的情况下，美国志愿航空队断不可能实现原计划中的远大目标。"麦克休还在信中列出了从电子管到远程轰炸机等必需的物资和装备。

美国战争部也收到了类似的消息，发信人是驻华军事代表团的领队约翰·马格鲁德（John Magruder）。谨小慎微的马格鲁德被马歇尔将军派往重庆监控租借物资的流入情况，顺带照看一下志愿航空队。到访凯多机场时，他听到重复了无数遍的怨言：航空队现在只有42架能用的"战斧"飞机，如果投入作战的话，只能以失败告终，这会"威胁美国在远东地区的威望，并在国内引起消极反响"。为了防止事态恶化，战争部应该从北非的英军和菲律宾的美军陆航部队处调用6吨零部件到这边来。

宋子文也加入了争取支持的活动，他用相同的理由提示白宫："这支队伍如果参战，很可能被击溃，这会引起灾难性的后果。"但宋子文的胃口不仅限于一些备用零件，他想让美国用船运送80架道格拉斯公司SBD型俯冲轰炸机到菲律宾，然后飞往中国，交给志愿航空队。他询问："能不能直接从陆军和海军那里要来**现成的**飞机和军械？"

比尔·波利则另有打算。中央飞机制造厂拥有三架出口的柯蒂斯公司CW-21"恶魔"战斗机，原本是作为样机提供给垒允的工厂的。波利现在把它们交给志愿航空队，希望"某些政府高官能发现并以1939年

---

① 缅甸中部城市。

时的价格购买它们"。这笔交易很划算,各方都同意了。美国政府在同中方代表协商后,允许中国使用《租借法案》里的款项购买这种脆弱但爬升速度快的战斗机。陈纳德不喜欢"恶魔"飞机,他在两年前就把它比作"沙丁鱼罐头",但他认为,这种飞机可能追得上侦察凯多机场的神秘来客。

* * *

11月12日,"博斯方丹号"轮船将26名飞行员送到仰光。他们由柯特·史密斯(Curt Smith)带领,这位33岁的领队在航程中维持军纪的努力失败了。史密斯于1928年参军,十年间都在陆军和海军陆战队中调来调去。中央飞机制造厂同他签约时,他正作为一名预备役飞行员在彭萨科拉参加恢复训练。2,000小时的飞行记录让他看上去很有签约价值,但以当时参加空战的标准来看,他的年龄有些偏大了。"博斯方丹号"上还有查理·邦德、吉姆·克罗斯①和来自空运队的乔治·布加德。格雷格·博因顿也在船上,他刚到基地就获得了奥尔加·格林劳的青睐。

"他身高5尺8寸,"奥尔加不久后写道,"肩宽胯窄,有着粗壮的脖子。他的容貌粗犷不羁,眼睛很大,鼻子宽扁,还有双下巴。"她认为人们有点惧怕博因顿,如果这是真的,那也不无道理:一天晚上,喝得烂醉的博因顿摇醒了兼任运输官的诺埃尔·培根,他要求使用队里的货车。培根把车钥匙交给了博因顿,因为一把点45口径自动手枪就架在他面前。

新来的成员很快就进行了座舱测试。不久之后,老队员带领他们驱车到镇上,参加切斯特·克莱因(Chester Klein)家里周六的烤黄豆晚餐。克莱因是一位浸信会的传教士,他经常邀请志愿航空队的队员们到家中做客,当天晚上还有两名英国人在场。(克莱因的儿子告诉笔者,他们似乎是军队的秘密特工,负责招募游击队员,以应付日本人可能的入侵。)用完甜点后,他们移步起居室,谈论欧洲战场的情况并猜想战火什么时候

---

① 即詹姆斯·D.克罗斯。

会燃烧到太平洋。对谈话不感兴趣的查理·邦德随手翻阅起一本《印度插图周刊》，他发现了一张"战斧"战斗机在北非战场上的照片，飞机的进气口被油漆涂抹了一番，看上去就像鲨鱼的血盆大口。

在第一次世界大战中，鲨鱼的图案就被交战双方飞行员使用，但通常是以漫画风格出现的。第一个写实版本是由纳粹空军的第76大队画出来的，1941年春天，他们在梅塞施米特Bf-110型战斗机上涂绘了凶狠的鲨鱼图案。在希腊和克里特地区，他们把英国皇家空军第112中队装备的格罗斯特公司"角斗士"双翼战斗机撕成碎片，迫使英联邦的空军撤退到埃及，重新装备与中国同型号的"战斧"战斗机。英国人在自己的"战斧"飞机上也采用了鲨鱼脸图案，这让看到照片的志愿航空队队员非常羡慕。第二天，他们请求把鲨鱼脸用作中队的标志。"陈纳德说不行，"埃里克·希林回忆说，"他希望用鲨鱼作为整个大队的标志。"

飞行员和地勤人员花了整整一周时间，用粉笔和油漆在飞机上绘图，把一架架"战斧"变成一条条嗜血的鲨鱼。他们对效果相当满意，R. T. 史密斯欣喜若狂地看着自己的77号战机说："看上去凶残至极！"他们在机翼上画上了中国空军的白日徽章，最后还加上了不同的中队标识。在第1中队，桑德尔手下的飞行员选择了一个象征人类"第一追求"的图案：手拿青苹果的夏娃追逐着身穿制服的亚当；在第2中队，杰克·纽柯克的手下选择了黑白相间的熊猫来象征中国；奥尔森的第3中队选择了一位带光环和翅膀的裸体天使，从而成为"地狱天使"中队，灵感来自霍华德·休斯①的一部为第一次世界大战西线的空战胜利祝捷的电影。

陈纳德邀请皇家空军派出一名最好的飞行员，与埃里克·希林比试一番。希林之前是一名陆军试飞员，陈纳德明确地认为他是队里最好的飞行员。皇家空军最近从新加坡调来了第67中队增援敏加拉洞基地，他们装备了由《租借法案》提供的布鲁斯特航空工业公司生产的"水牛"战斗机。这个中队里的大部分人都是来自新西兰的中士飞行员，但其中也有少量皇家空军的军官，例如在11月19日飞抵凯多机场的杰克·勃兰特

---

① 霍华德·休斯（Howard Hughes，1905—1976），美国航空工程师、企业家、电影导演。

（Jack Brandt）中尉。（勃兰特出生在上海，父亲是中德合资的长江航运公司的一名船长。因为一张略带墨西哥风情的脸，他获得了一个"潘乔"的拉丁外号。）第67中队的维克·巴奇（Vic Bargh）认为他是一名资深飞行员，但算不上技艺高超。比尔·沙佩尔（Bill Schaper）在日记中写道："希林和一个驾驶'水牛'战斗机的英国佬来了一场'狗斗'，英国佬在他面前输得裤子都没了，这应该能大大提升队里飞行员的自信。"

这当然也符合陈纳德的设想。正如周日下午的棒球比赛、飞机上的鲨鱼图案和不同的中队拥有的不同标识一样，飞行对抗也是陈纳德塑造队伍的一种手段。通过这些方式，他把一支非正规部队锻造为一支善战的队伍。渐渐地，美国志愿航空队拥有了自己的英雄和独特的队徽。

* * *

最后一批成员于11月25日到达缅甸，他们当中有四名飞行员，包括那个名叫路易斯·霍夫曼的中年人。他于1915年加入海军，到1929年才成为飞行员，因为酷爱喝可乐，他被人戏称为"可乐瘾君子"。另外还有九名陆航部队飞行教官，他们与中国的飞行学校签订了合同，将会前往中国的云南驿，在卡尼手下任教。

陈纳德让志愿航空队做好准备，先派遣非必要的人员和补给，跟随飞行教官们沿曼德勒、腊戍一线开往昆明。第一梯队中包括中国空军的外科医生约瑟夫·李指挥的救护车队。他会评估滇缅公路上各种可能出现的危险和障碍，包括盗贼、海关官员及汽油、食物和住宿的供应。到昆明后，他将在志愿航空队1号宿舍楼的地面上设立一所医院，那里原来是中国空军的飞行学校。

约翰·威廉姆斯在昆明难以有效地维持军纪。志愿航空队的一位中国籍联络官写信向陈纳德反映："在过去的几周里，我发现有一部分人……整天在住处喝得烂醉如泥，而这还不是最糟糕的。他们多次在城里酗酒闹事，有一次甚至抢了一名厨师的菜刀，威胁要杀死一个女人，幸好在没有伤亡的情况下被制止了……一个军事组织允许成员带女人进入驻地也是很不正常的。这可能会在公众当中引起误解，同时会败坏我们的名声……这里有些中国人希望和个别队员合作，用队里的卡车从缅甸走私货物进入中国，然后以市价出售。这不但是非法的，而且是为一己私利而损害国家利益。因此，我们需要加倍重视这些情况，做到防微杜渐。"

对于带女人回驻地的人员，威廉姆斯罚了他们每人25美元的"金币"。（美国人把美元比作贵金属，嘲讽中国货币为"墨西哥纸"。）第二梯队从凯多机场到达昆明时，随行带有大量咖啡、肥皂和香烟，载货单上没有标明这些货物。威廉姆斯把他们锁在志愿航空队的驻地，直到他搞清楚这些东西的来龙去脉为止——货物、卡车、司机和中方官员统统被扣。中国官员投诉"在拘禁期间受到了粗暴的对待，食宿条件都非常差"。威廉姆斯只好向他们道歉，在这个好面子的国度里，确实一点都大意不得。

驻昆明的分遣队在稍微得闲的时候做了不少其他工作，他们把子弹套上子弹链，建造了棒球场和影剧院，还喂养了两条狗。一条是腊肠狗，名叫"乔"，是送给陈纳德的圣诞礼物；另一条名叫"凯莫克"（CAMCO）[①]，毫无疑问是内部人员之间的一个玩笑。11月底，威廉姆斯记下两条小狗友好相处的情况，除此之外，他还提到巫家坝机场跑道的加固工程进展顺利，中国人修建了一条通往机场的铁路，加快了碎石的运输速度。另一方面，一个窃贼从一架"战斧"飞机上偷走了一台时钟，日军也继续从越南飞来侦察昆明，预示着他们可能会在不久之后轰炸这里。

在华盛顿，马歇尔将军在一次内部简报会上对记者们说："我们正准备对日本开展进攻。"武器是驻菲律宾的B-17"飞行堡垒"轰炸机。马歇尔说，如果战争爆发了，这些轰炸机中队会"被立即派遣出去，把日本纸糊的城市变成火海"。换言之，马歇尔在这里重提了摩根索、宋子文和陈纳德一年前就已提出的计划，甚至还使用了他们的表达方式。但二者在本质上并不一致，马歇尔谈到的轰炸由美军在编的B-17飞机和现役飞行员执行，只有美国向日本正式宣战后，他们才会实施行动。

由于美军正打算自主轰炸日本，因此不愿意放人给筹建中的第二美

[①] 中央飞机制造厂的全称为Central Aircraft Manufacturing Company，"CAMCO"是其缩写的谐音。

国志愿航空队。最后，劳克林·柯里起草了一份总统签署的命令，要求战争部长亨利·史汀生为轰炸机组放行。罗斯福的命令写道："在接下来的几个月里，我们将向中国移交269架战斗机和66架轰炸机……因此我建议……你应该批准额外的飞行员和地勤人员的退役申请，只要他们能被中方雇用和接收。上限是100名飞行员和适当数量的地勤人员。"包括陈纳德在内的很多人都提到，罗斯福在1941年4月15日签署了一份"秘密总统令"，创建了美国志愿航空队。但没有任何档案文件能证明这一点，实际上也不需要一份成文的"命令"——罗斯福更喜欢用口头和暗示的方式决定一件事的总体框架，然后让下属们补充细节。这份给史汀生的命令是笔者能找到的唯一一份关于志愿航空队的总统令。

在总统的支持下，中央飞机制造厂为第二美国志愿航空队聘请了82名轰炸机飞行员和359名地勤人员，飞机也从英国人的订单中征用过来了。33架道格拉斯公司的"波士顿"轰炸机（美军编号A-20）经海路被运往非洲，再飞越剩下的路途。同样数量的洛克希德"赫德逊"轰炸机在安装副油箱后从相反的方向出发，机组人员驾驶它们横跨太平洋。这些副油箱使他们能够从中国东部的机场起飞轰炸日本本土。地勤人员则在11月21日登上"诺丹号"和"布隆方丹号"轮船，从加州出发。

第三支组建的志愿航空队与已部署在缅甸的队伍一样，是一支战斗机大队。为了装备这支队伍，一批伏尔提公司的"先锋"战斗机已经装船运往仰光。在科克伦提出的"分担损失"的原则下，飞行员由海军提供，但海军坚持到1月才放人。

英国人也加入了援华的行动。在华盛顿方面的敦促下，英国首相温斯顿·丘吉尔（Winston Churchill）吩咐布鲁克－波帕姆将军为陈纳德提供尽可能多的帮助。这位空军中将答应从新加坡调遣一个"水牛"战斗机中队支援陈纳德，其飞行员和地勤人员都是志愿人士，此后还可能增派一个轰炸机中队。陈纳德非常高兴，他发电报给在新加坡四处求援的奥尔索普："尽快组织和装备起一个'水牛'中队，提前寻找'布伦海姆'轰炸机的志愿飞行员。"

但奥尔索普没能在新加坡接收电文。英国人允许他搜寻可用的零部件和补给品，但他在新加坡收获甚微。比尔·波利不久后到达那里，他看到了奥尔索普的授权书，认为在菲律宾可以更有作为。他带上奥尔索普和那份授权书飞往马尼拉，利用它得到了一些P-40战斗机的轮胎和零部件，这些货物由美国海军的三架水上飞机送到仰光。

志愿航空队面临的僵局正逐步得到化解。华盛顿的所有大人物都明白，太平洋战争即将爆发，问题在于"怎样让日本先开第一枪而美国又不用蒙受太大损失"（史汀生的说法）。因此，劳克林·柯里为陈纳德顺利争取到了4,000磅轮胎、副翼和备用零件。飞机副翼和一半数量的轮胎被装上"银星号"货轮，于11月25日起航。剩下的轮胎和应急零部件被装上泛美航空公司的一架飞机，于12月3日飞赴夏威夷。为了给货物和一名看管人腾出空间，六名陆军军官被赶下飞机，而这名货物看管人正是阿尔伯特·鲍姆勒中尉，他之前因为护照的问题而无法出国。另外还有1,000磅的物资在12月7日随另一架飞机离开旧金山。

在敏加拉洞机场，波利兄弟关停了飞机组装线。最后一架组装完成的"战斧"飞机是P-8101号，它是第一架拆箱的，但由于缺少零件，只能放在一旁当摆设。由于有不少"战斧"飞机在训练中坠毁，它又获得了必需的零件，从而得以成为一架完整的战斗机。拜伦·格洛弗将它送到凯多机场，使志愿航空队的战机数量增加到62架，但其中有两架没有武器和无线电设备。机翼被海水腐蚀了的那一架"战斧"则仍然在敏加拉洞，制造厂的工人们把它放到平板卡车上，沿尘土飞扬的滇缅公路送到垒允。不久后，美国领班和大部分中国工人也动身出发。比尔·波利留在仰光办公，并在敏加拉洞保留了一个精干的工作小组，这是因为他有望得到一份合同，内容是维持中国"国际空军"的人员和队伍。如果他的如意算盘完全实现，这支"国际空军"将包括14个中队——9个美国人中队、3个中国人中队和2个英联邦飞行员中队。

在凯多机场最后的平静日子里，又有三名飞行员回家，陈纳德手上剩下82名飞行员，而且并不是所有人都在"战斧"飞机里练习过。据估计，截至1941年12月的第一周，志愿航空队最多只有60人可以投入作战，与能用的战机数量恰好一致。

5

燃烧殆尽

1941年12月7日，周日，整个东南亚地区都笼罩在狂风暴雨中。在越南的富国岛上，一辆卡车正吊起一架战斗机，陈纳德的飞行员们在以后会把它误认作三菱公司的"零"式战斗机。实际上，它是中岛公司的Ki-43型"隼"式战斗机，这款新型飞机当时只有50架在编。富国岛上这架"隼"式战斗机的机背和机腹分别采用橄榄绿色和浅灰色涂装。机翼和机身上都画着巨大的红色圆盘——这是象征日本帝国旭日东升的"日之丸"图案。飞机尾翼上涂有白色箭头，这是第64战队（大队）的标志。驾驶舱后的机身上有一圈白色的带子，表明这是队长的座机。

如果说日本也有一位"陈纳德"，那他必定就是加藤建夫。陈纳德与加藤的交集发生在1938年，当时加藤驾驶一架中岛Ki-27型"九七"式战斗机，在汉口上空击落了三架中国空军的双翼飞机。一年后，第64战队被调往中国东北，在西伯利亚的边境线上同苏联军队作战。加藤击落了七架苏联飞机，因战功被晋升为少校，还获得了日军陆航部队"最佳猎鹰"的称号。加藤建夫作为一名战斗英雄，尚未阵亡就得到传颂，这在日本国内是相当罕见的，日本陆军很可能想借此为这场血腥而无意义的战争大唱赞歌。在当时的一幅照片里，加藤显得面容饱满、相貌英俊，有着宽大的鼻子和浓密的胡须。他身上有很多和陈纳德相似的地方：他的胡须、身上的羊皮飞行服、斗鸡一样的神态和杰出的领导才能（这是他的歌颂者们深信不疑的），他还喜欢用粗野的方式和部下一起打棒球。

吊起飞机的卡车上有一台辅助引擎和一只钩爪，长长的钩爪越过驾驶舱，可以帮助飞机转动螺旋桨和发动引擎。所有"隼"式战斗机都发动引擎后，它们从铺有草皮的跑道上滑行起飞，一排排技工和职员在跑道两旁挥舞着帽子欢送它们。

午后，加藤少校在飞机上看见了冒雨航行的灰色舰队，旗舰上坐镇指挥的是日本陆军第25军司令官山下奉文[①]。山下是一名满身横肉、肥头大耳的军官，他有着即兴发挥的才能。整个上午，舰队都紧贴着越南海岸航行，以掩饰其真正目的，正午过后，它开始加速直扑马来半岛。加藤和部下驾驶着战斗机，在白天为舰队提供空中掩护。但他们无法与舰队进行沟通，这一方面是因为"隼"式战斗机上的无线电通信器在空中的性能非常不可靠，另一方面是因为日本海军和陆军有着不同的无线电通信频率，在弹药型号和飞机控制系统方面也并不一致。（同样是加大马力，陆军飞行员加藤需要向后拉动操纵杆，这是从法国空军传来的传统；海军飞行员则沿用英美的习惯，向前推动操纵杆。）

加藤在大腿上绑了一本记事本，他在上面记录道："我手下的所有飞机都依计划而行。"作战开始时，他向队伍大喊："把活儿干漂亮了！"在他死后出版的日记上就是如此记载的。

1941年秋天，日军就像运转着的两个巨轮，带动它的空军部队经历了一场巨大的变革。海航部队的部分中队登上即将横跨太平洋的航空母舰，做好了袭击夏威夷群岛的准备；其余部队则在台湾和越南集结，支援陆军攻掠"南方聚宝盆"的行动——目标包括马来半岛、菲律宾和印度尼西亚。日本海军共有1,300架飞机，它们全数上阵，投入1941年12月7日至8日的突袭行动中。陆军航空兵拥有数量相当的飞机，但他们还要防守日本本土、警卫中国东北边界和进行侵华战争，只能投入682架飞机支援马来半岛和菲律宾地区的登陆行动。

[①] 原文为"Yamashita Tomioka"，应为"Yamashita Tomoyuki"（山下奉文）之误。

这场战争是一次疯狂的冒险，日本军队跨越 4,000 英里的海洋，挑战英联邦、荷兰和美国军队，一切在战争开始的头几个小时内就能尘埃落定。守军拥有和入侵者数量相当的飞机，日军飞行员的士气也不高，正如加藤在 12 月 6 日的日记中所写的那样："这次行动可能是我经历过的责任最重大的一次，但除了竭尽全力、不计代价地完成任务，我也没有什么可以做的……我在西贡见到了大西浩史中校，他负责指导舰队的具体行动，而且还要指挥重型轰炸机编队。我和大西讨论了行动的细节，如果有必要，我决心和轰炸机编队一起牺牲。"

这种决心是没有必要的，唯一的挑战来自一架在 12 月 7 日下午冒冒失失地飞越舰队上空的 PBY "卡塔利娜"巡逻轰炸机。第 1 战队的一架"九七"式战斗机将其击落——这是太平洋战争中的第一滴血。

夜幕的降临使战斗机的掩护变得毫无必要。东京时间晚上 7 点 30 分，加藤和他的队员们经泰国湾返航，他们的机翼末端亮起了红色的夜航灯。他们越接近富国岛，风雨就越大。与海军的飞机不同，陆航部队的飞机上没有无线电导航仪，三架"隼"式战斗机坠毁在海中——这是第 64 战队参战四年来最严重的损失。

夜半时分，炮弹在马来半岛的东北海岸炸开了花。进攻时间选得十分精妙，登陆马来半岛的部队借助大潮和满月的时机轻松上岸。在夏威夷，当时正好是周日，美军飞行员和水手们都很晚才起床，在来袭的日军面前毫无防备。

* * *

日军进攻珍珠港和马来半岛时，没有任何人向凯多机场发出警报。那里的人们照常休息、起床、吃早饭和执勤。直到早上 7 点，他们才得知战争爆发的消息。R. T. 史密斯在日记中写道："有人跑进休息室，说日本和美国开战了。虽然广播新闻也证实了这件事，但我们还是感到难以置信。每个人都站着，拿这条消息开玩笑，但紧张焦虑的情绪已经在空气中弥漫。"

哈维·格林劳给身在同古的妻子打了电话。奥尔加抽泣起来，吩咐女佣煮咖啡并打开收音机，收听旧金山 KGEI 电台的广播。她总结了这些新闻报道，称日本人正在"全球范围内横冲直撞，像疯狗一样口吐白沫、见人就咬"。当时的形势确实如此：日本人在马来半岛登陆，在夏威夷击溃美军，在香港和威克岛狂轰滥炸。

陈纳德养成了黎明时分在控制塔站岗的习惯，塔台上的一顶竹棚提供了凯多机场最佳的向东瞭望点。12 月 8 日，太阳照常升起：先是暗下来一阵，然后就像打开开关一样，阳光一瞬间就照亮了湛蓝的天空和细碎的云朵。陈纳德从塔楼上爬下来，走过跑道，一名挥舞着电文的电报员拦住了他。他拿起电文浏览了一下，便急匆匆地跑向总部，在那里下达了备战命令。

"地狱天使"中队（即奥尔森的第 3 中队）奉命担任突击梯队，他们的战斗机马上加满油，装上弹药，停在跑道南端。担任支援梯队的是杰克·纽柯克的"熊猫"中队，桑迪·桑德尔的"亚当和夏娃"中队则担任预备队。如果他们需要在晚上升空，跑道两旁就点上灯笼作为标记；在其余情况下，凯多机场将保持漆黑，并在北边的荒地里亮灯以充当诱饵。

陈纳德取消了所有人的休假，命令医院转移到昆明，并派奥尔森到仰光向英军借用钢盔。他向重庆发送电报："建议马上将航空队转移到云南，因为我们还没做好在这里战斗的准备。"

当奥尔加·格林劳到达机场时，她看见一架中国航空公司的道格拉斯飞机正在起飞，飞机上搭载了伤病员和部分医护人员。她回忆说："每个人都配备了随身武器，廓尔喀卫兵手持寒光闪闪的军刀在巡逻。飞行员和飞机都准备就绪，警报响起一分钟后就能升空。我们的汽车已经被匆忙涂上黄绿相间的迷彩。"她很想要一把防身手枪，但没能如愿。她在指挥部的棚屋附近走动，陈纳德看见了她，并动员她为志愿航空队的战时生活做记录。奥尔加就这样加入了职员的队伍，她收拾了同古的住处，搬进凯多机场的医院，以志愿航空队战争日志管理员的身份领取每月 150 美元的工资。

战争的爆发使乔·奥尔索普滞留在了香港。他搭上了最后一架飞离马尼拉的中国航空公司的飞机，但中途被迫停在香港。重庆大轰炸时，国民政府的官员们为避开轰炸和物资匮乏的境况，纷纷将家人送到香港，现在他们又不得不抓住每一个机会将他们接回去。但中国航空公司的飞机只能在晚上起飞，因为白天是属于日本人的，日军的飞机从香港上空呼啸而过，不断地轰炸和扫射，陆上部队则从边界发起进攻。面对咄咄逼人的日军，香港守军毫无还手之力，因为英国皇家海军部署在香港的大炮全都是指向大海的。

阿贾克斯·鲍姆勒到达了威克岛，他在那里被日军的炮弹、炸弹和子弹惊醒。泛美航空公司的水上飞机正好停在岛上的潟湖里，这架飞机带着27个弹孔，最终成功逃了出来。机上的货物被全部抛掉，机舱内挤满了逃难者，包括鲍姆勒中尉、泛美航空公司的职员和十余名平民工人。这架超载的水上飞机在中午时分从潟湖起飞，返回满目疮痍的夏威夷。它把2,300磅飞机轮胎和零部件丢弃在码头上，留给日本人作为战利品。

"银星号"轮船当时也正在太平洋上，它载着运往仰光的轮胎和飞机副翼，准备经澳大利亚前往缅甸。这条航线上还有"诺丹号"和"布隆方丹号"，陈纳德的轰炸机编队的部分人员就在船上——根据流行的说法，有99名地勤人员和1名飞行员，但也有说法认为总共只有49人。在澳大利亚，这些人被全数征召进了美国陆军，那些暂时停在加州伯班克市的洛克希德"赫德逊"轰炸机也被召回军队。在华盛顿，劳克林·柯里希望将志愿航空队转入美军编制。现在美日两国既已开战，便没有必要将陈纳德的队伍伪装成志愿者了，柯里于是写了一份备忘录交给总统。他声称，如果志愿航空队被收编，他们可以以"特遣部队"的形式在中国作战。

周三凌晨3点30分，警报声响彻凯多机场。第2中队负责进行警戒，四架"战斧"飞机紧急升空，围绕基地巡视了一个多小时后，陈纳德才把他们召回来。煤油灯笼的昏暗灯光使特克斯·希尔越过了跑道，撞到路尽头的一堆杂物上。"他被撞蒙了，"一名职员回忆当时的情景说，"我们跑到那里，发现他正四处乱走，衣服浸透了汽油。他一只手拿着烟，另一只手拿着火柴，幸好有人在他点烟前拿走了火柴。"

地勤人员急忙把汽车和卡车排成一列，打开车头灯照亮跑道，好让其余几架飞机安全降落。奥尔加在日志里记录道："这是一次真正的警报，但日军显然搞错了凯多机场的位置，所以炸弹没有落在这里。"但实际情况应该是边境上的瞭望哨把雷暴的声音误认为飞机的轰鸣，因为日方记录显示，他们当晚并未突袭缅甸。

到了早上，陈纳德派莱西·曼戈伯格（Lacy Mangleburg）前往清迈机场进行侦察。地勤人员在一架"战斧"飞机的行李舱位置安装了一台仙童牌照相机，这是从皇家空军那里借来的。飞机的机翼武器被卸掉，留下的空洞用胶带封上，机身及其他部位都被收拾得干净平滑，以确保这架"侦察机"比拦截的敌机飞得更快。六架"战斧"战斗机护送它越过同古以东绵延175英里的群山，一直到达清迈。

侦察行动仍然没有收获，于是陈纳德计划在周四实行一次更大胆的越境行动。埃迪·雷克托和伯特·克里斯特曼负责护航，埃里克·希林驾驶"侦察机"，他们一路飞到缅甸丹那沙林省的土瓦港，那里是缅泰边界上的一片狭长地带。在土瓦港的英军基地加油后，他们越过边境线，径直飞向曼谷。

航拍照片显示，有大量飞机停在曼谷廊曼机场的跑道上。日军第77战队的11架中岛"九七"式飞机于12月8日入侵泰国，击落了泰国空军3架升空拦截的双翼战斗机。第31战队的9架三菱Ki-30型"九七"式轻型轰炸机紧随其后，进入泰国。这支队伍的指挥官在曼谷廊曼机场设立总部，接下来的几天里，几个中队的飞机接踵而至——共计约有60架日本飞机和若干泰国飞机停在机场上。在关于美国志愿航空队的传说故事中，曼谷的机场上有500架飞机，但陈纳德给重庆国民政府的报告中只提到有"80~100架"飞机，这个数字让他甚为担忧，他想将队伍撤回昆明。他在报告中指出："这里没有任何防空警报网，地理位置也非常不利，不可能防住突袭。"作为应急措施，肯恩·梅里特（Ken Merritt）坐火车到仰光，带回了第一架比尔·波利推荐的能快速爬升的CW-21战斗机。

在新加坡，英国空军中将布鲁克-波帕姆也在游说重庆政府。他敦促蒋介石兑现租借凯多机场时"在协议中默认的承诺"，即志愿航空队帮助防卫仰光的机场，英国人需要以那里为基地支援新加坡。蒋介石和布鲁克-波帕姆的看法一致，但他关心的是能不能守住仰光港，中国依赖那里以获得租借的物资。因此，他同意调派一个中队到敏加拉洞机场驻防。

陈纳德在12月12日周四这天接到命令，并派奥尔森的第3中队执行这项任务。包括修理员、军械师、无线电通信员和厨师在内的20人乘夜班火车赶赴仰光。三名飞行员和另外四名地勤人员在第二天早上出发，他们驾驶卡车和轿车上路，这些交通工具可以在仰光派上用场，18架"战斧"战斗机也在当天飞往仰光。

前往敏加拉洞机场的飞行员中有三人来自其他两个中队，而第3中队的九名飞行员则留守凯多机场。陈纳德在太平洋战争中以"豪赌"而闻名，因为他总是冒险进攻，但他只会在手中有好牌的情况下才放手一搏。他不会让部下身犯险境，除非他们已经做好充分的战斗准备，即便这意味着像埃德温·科南特那样处于长期的预备役状态。

与其他人一样，来自伦道夫基地的R.T.史密斯和保罗·格林都认为去敏加拉洞的任务是一项美差——他们可以在机场南端的营房里享受双人房的待遇。史密斯在日记中写道："着陆和解散后，我们到了为军官而设的营房中，住宿和食堂都很不错。比起同古，这里好多了。"

大队长曼宁把机场东西向的跑道分配给"战斧"战斗机中队，即字母"A"中间的那一横。英军的"水牛"战斗机则使用南北向跑道。每个中队都划分了飞行班次，每一班次都有分配好的跑道。当警报响起时，机场可以在极短的时间内让多达30架飞机从四个不同的方向起飞，它们扬起的沙尘都足以称得上沙尘暴了。所有飞行员都遵守右行的起飞线路，在跑道交会的地方，英军飞行员会压低飞机，让美国人的飞机从他们上方通过。

12月14日，周六，当缅甸侦察团报告有日本轰炸机来袭时，这个起飞模式得到了实践的测试。14架"水牛"战斗机和16架"战斧"战斗机从跑道上紧急升空，他们以毫厘之差的距离交错通过，就像当年"飞行秋千"小队表演的特技飞行一样惊险，柯特·史密斯回忆说："这真是我见过的最该死而刺激的亡命飞行。"一架"地狱天使"中队的飞机还不得不紧急刹停，以避开一架"水牛"战斗机，但30架飞机最终全都毫发无损地升空，而且比当时能采用的任何起飞方式都要迅速。他们爬升到距离地面3英里的高度，然后结队集中。

负责空袭马来半岛和缅甸的是日军陆航部队第3飞行师团，由菅原道夫将军指挥。菅原的外貌好似一名小职员，头上戴着一顶四四方方的军便帽，两道浓眉底下是一双充满忧郁神情的眼睛，胡须修剪得刚好与嘴巴一样宽。菅原企图使丹那沙林这片狭长地区陷入瘫痪，这样它就无法支援马来半岛上的英军。日军先占领了丹那沙林省最南端的维多利亚角，其后又派出空军摧毁了北边毗邻的丹老港。菅原命令第12和第16这两支重型轰炸机战队执行此任务，它们共有51架三菱Ki-21型"九七"式重型轰炸机，盟军代号"莎莉"。

但盟军的拦截部队并没有遇到它们，英军飞行员得知空袭的目标不是仰光后就返航了。"地狱天使"中队联系不上英军第67中队和机场，只好在空中一直漫无目的地盘旋，直到耗尽燃油，然后返航。

周日，英军为"地狱天使"中队的队员们发放了通行证，允许他们进入12英里外的仰光城区。那是一个毫无生气的城市，但从嘈杂的"银烤架"到瑞士人管理的富丽堂皇的滨海酒店，各种档次的酒吧倒是有不少。丹尼尔·霍伊尔（Daniel Hoyle）在中队的日志中写道："对全部地勤人员和很多飞行员来说，这都是糟糕的一天。他们去仰光寻欢作乐，尽情发泄。直到凌晨时分，他们才回到机场值勤。"就在美国人放假时，英军飞行员对泰国境内和维多利亚角的日军目标进行了空中打击。

* * *

劳克林·柯里将陈纳德的队伍收编为正规军的想法得到了战争部的认可，他们向重庆的驻华军事代表团通报了这一计划。12月12日，马格鲁德将军给陈纳德发电报，邀请他和飞行员们回到部队。在电文的草稿中，马格鲁德让陈纳德以"准将或上校"的军衔回到现役，但在拍发之前，他划去了这两个军衔，代之以"若如此当用何种军衔"一行字。没过多久，他又用空白代替了这行字："如果陈纳德立即以（某军衔）回到现役……"对于志愿航空队而言，这是一件好事，因为他们以后就能够通过正常渠道使实力得到加强了。

陈纳德对于能够回到现役一事感到高兴，但他不愿意做一名上校。他已经以上校军衔为国民政府效力了四年，如今他想在肩章上增添一枚将星。他给宋美龄写了一封信，探询蒋委员长对于志愿航空队回到美军现役一事有何看法。美军能给他们的报酬远远少于合同中规定的数额，但中方可以出资弥补差额，就像南美洲国家雇用美国军事人员的模式那样。陈纳德在信中严谨地列出了这样做的好处：中方可以节省金钱，可以比较方便地加强队伍，现役在编的队伍也有利于严格执行纪律。对于不利之处，他只提到了一点：美国陆军可能会给志愿航空队指派一名不熟悉中国情况的指挥官——也就是陈纳德之外的其他人。

陈纳德就像一只神经紧张的猫，在凯多机场下令对泰国进行了又一次侦察。在清迈和附近的城镇上空巡航一番后，飞行员报告说，泰国北部没有发现敌机的踪影。陈纳德还是不放心，他发了一封电报到重庆，请求将部队移至仰光，那里虽然不是最佳部署地点，但总比将所有人员、飞机和补给疯狂地暴露在泰国边境要好。重庆方面没有回复，于是他再次请求将志愿航空队全员撤出缅甸。这一次他得到了回复，这份命令由蒋介石口授和宋美龄签名，经周至柔将军发来。与以往一样，这是一个折中的方案："地狱天使"中队留在敏加拉洞，其余的队伍撤回中国。

昆明与同古之间的直线距离有700英里，这是世界上最蛮荒的边境线之一。一组精干的工作人员在12月17日搭乘一架中国航空公司的飞机翻越群山，先期抵达昆明，这是撤离的第一步。第二天，另外三架飞机载着总部的职员和足够使用两周的弹药、氧气瓶和补给品出发。保罗·弗里尔曼坐进了"战斗人员"才能乘坐的舱位，有此特权的还有奥尔加·格林劳、她的小狗露西和第2中队地勤人员喂养的一只猴子。

当"战斧"战斗机最后一次从凯多机场的柏油跑道上起飞时，弗里曼·里基茨（Freeman Ricketts）把飞机撞到了一辆斯蒂旁克公司的汽车上，乔治·布加德则冲出了跑道末端，事故导致飞抵中国的战斗机只剩34架。"熊猫"中队分两步完成这次飞行，他们中途在腊戍机场加了一次油；"亚当和夏娃"中队沿着铁路线飞到腊戍，随后向东北飞去，为了避开高耸的群峰，他们一直保持在 21,000 英尺的高度。

在空中发现昆明并不难，滚滚的浓烟正从城中升起。几个小时前，日军的 8~10 架中型轰炸机袭击了这里。它们是川崎公司的 Ki-48 型"九九"式双引擎轰炸机，盟军代号"莉莉"，隶属于驻越南的第 21 飞行团（日军的一个飞行团通常由两个装备不同型号飞机的中队组成）。这些轰炸机由一定数量的中岛"九七"式战斗机护航，这种战斗机装备了副油箱，航程达到 750 英里。弗里茨·沃尔夫（Fritz Wolf）描述当时的情景说："街道上全是尸体，中国人……在街上走着，收拾着尸骸，把它们安顿好。"

志愿航空队总部的职员和"熊猫"中队一起住在城区北边的 1 号宿舍楼中。每两人共用一间房，房里有床位、桌椅、衣柜、书桌和木炭火盆，他们还得到了"1 号小子"的绰号。（烤炭取暖是一把双刃剑，不用的话就会寒冷刺骨，但使用时可能会造成一氧化碳中毒。）"亚当和夏娃"中队被分配到机场路的 2 号宿舍楼，那里的住房条件更加简陋，只有一些用土砖建成的建筑，第 1 中队的人戏称这些楼是"土砖之城"。

地勤人员的旅途更加艰难。12 月 20 日，八辆卡车和两辆轿车离开凯多机场，开赴曼德勒，第二天又有一队人出发。其中包括大部分地勤人员、全部重型补给品和数量可观的走私货物。弯弯曲曲的山路耗费了他们两周的时间，一路上还要应付多管闲事的英国人、谄媚的英籍缅甸人、腐败的中国人和形形色色的山区部落，土著女人的脖颈都拉伸得像长颈鹿一样长。这趟旅程使无线电通信员史密斯（那位《探求传奇故事的大道》的影迷）大为兴奋："我们在红土路上驱车行驶，途经连绵起伏的树林。大丛的野生一品红生长在道路两侧……红土飞扬在绿色的灌木丛上，透出淡淡的紫色，我们就这样翻过紫色的山丘。现在看不见棕榈树了，人们看上去更像中国人而非缅甸人。他们的肤色稍浅一点，身上穿着裤子而不是裙子……

"昨天，我们从山上下来，到了一处深谷中。为了爬出来，我们拐过 15 个像回形针一样的狭窄而陡峭的弯道。我在半路停了车，向下张望那七辆卡车。其中几辆在拐弯处转不过来，只得向后倒车再转。如果它们向后倒车时再多走 1 英寸，就会滚下万丈深渊。"

同古（被志愿航空队称作 A 点）的留守小组由 27 人组成，指挥官是埃德·戈耶特（Ed Goyette），他原是一名飞行员，现在担任参谋。他们负责凯多机场的日常维护，将它作为备用机场、维修点、补给站和昆明至仰光的无线电中继站。他们的第一项任务就是对无法飞往中国的 12 架"战斧"战斗机进行拆解和大修。

在昆明（X 点），陈纳德招募了一些志愿者。似乎是作为对奥尔索普离职的补偿，美国海军借调了罗伯特·德沃夫（Robert DeWolfe）少校给陈纳德，担任军需官。此外还有格哈德·诺依曼（Gerhard Neumann），他是陈纳德在 1939 年结交的一名德国犹太难民，现在以机械师的身份加入志愿航空队。诺依曼描述他身边的地勤人员说："总是在大量喝酒和打牌，粗野而强硬，但他们用行动告诉了我什么是美国式生活……我之前从未听说过木屋糖浆、薄煎饼或是华夫饼……我从未看过或听说过棒球比赛……有一次，我们走在一个穿丝质裙子的漂亮的中国姑娘身后，我的得州朋友轻叹道：'如果能咬她的屁股一口，让她带我去死我也愿意！'我不明白这个得州人在想什么，我既不懂'屁股'这个英语单词，也不懂他为什么想去死。"美国人称呼他为"德国佬赫尔曼"。诺依曼用音乐回报他们的友谊，他用德国和莱公司的一架手风琴演奏乐曲，如 1941 年的热门流行歌《当灯光再次亮起（遍及全球）》。

四名飞行员负责在抵达中国的第一晚进行警戒：陈纳德说，如果日军在前一天袭击了昆明，那么他们很可能在第二天再来一遍。但直到 12 月 20 日周六早上的 9 点 30 分，防空警报系统才报告说有 10 架轰炸机从越南边境进入云南。巫家坝机场上竖起了黄色警备旗，陈纳德迅速冲向设在墓地里的指挥掩体，从那里可以俯瞰整座机场。无线电通信员唐·惠尔普利回忆当时的情景说："在潮湿阴暗的掩体里……陈纳德、中文翻译、电报操作员和其他中方人员聚在一起……追踪敌机的报告不断地从防空警报网送来，我一直观察着陈纳德的脸。'开远市发现巨大的飞机引擎声。'听到消息的陈纳德紧紧地抿着嘴巴，从卡其夹克的口袋里掏出了烟斗。我知道他很紧张，这从他装烟丝的动作中就能看出来。又有报告传了进来：'不明数量的飞机越过华宁，朝西北飞去。'"

机场上发射了红色信号弹，16架"战斧"战斗机立刻从跑道上起飞升空。这是"亚当和夏娃"中队，他们爬升到15,000英尺的高度，然后向东南飞去。作为攻击的执行者，桑德尔指挥的这个中队沿着昆明到宜良的铁路潜行50英里，准备给沿铁路进犯的日机以迎头痛击。"一旦升空，你就会发现天空实在是宽广得离谱，"吉姆·克罗斯这样描述他的第一次战斗飞行，"对方不用耍什么花招，你都可能错过整个轰炸机编队，即便它们只偏离了航线几英里……天空中十分寒冷，我的挡风玻璃上已经结霜了。"

纽柯克的第2中队负责提供掩护。四架"熊猫"中队的战斗机在机场上空盘旋，另外四架爬升至15,000英尺的高度，接着向西北飞去。纽柯克亲自指挥出击的四架飞机。在起飞10分钟后，他就惊奇地发现，在前方8英里、海拔13,000英尺的空中有一队双引擎轰炸机朝自己飞来。入侵的飞机排成复合的"V"形阵，四架飞机在前方呈钻石菱形，三架飞机呈"V"字形分布在左后方，另外三架在右后方。这是从河内袭来的第21飞行团，它们是第一拨攻击者，也没有战斗机护航。后来有幸存的日本飞行员回忆称，这支队伍是一枚"弃子"，是用来牺牲的，它的任务就是引诱并歼灭敌军战斗机，指挥官是藤井达治郎上尉。

在指挥部里，惠尔普利听到"熊猫"中队的飞行员在无线电里争论着对方究竟是不是敌机：

"现在他们来了。"

"那不可能是日本人。"

"怎么不可能？你看看飞机上的红色圆球！"

事实上，藤井上尉遵循着日军经常使用的战术，即盘旋在目标上空，然后从远端冲向目标。四架"熊猫"中队的战斗机背对太阳，对日机展开攻势，他们在很远的距离外开火，甚至超出了机首大口径机枪的射程范围。日机收窄阵形，转向东方，抛下炸弹后就逃跑了。由于机身变轻的缘故，这些轰炸机飞得几乎和"战斧"一样快。纽柯克并未追击，而是带领队伍返回巫家坝机场，他说他的航电系统出了问题，机枪也开不了火。"但在地面上，飞机没有显示出有任何故障，"唐·罗德瓦尔德记录道，"所以我们都各有想法。"

与此同时，藤井上尉的机队在昆明以南盘旋。桑德尔在16,000英尺的空中发现了这些正向他飞来的轰炸机，他在战斗报告中记录道："（这些飞机都是）单尾翼、铝制结构，机翼末端和机身上有红太阳图案，整体采用暗灰色涂装。"他命令两架战斗机爬升至高点进行警戒，以提防对方战斗机，其余飞机以四架为一组，两组利用阳光的掩护俯冲攻击日本轰炸机，剩下的一组随时待命。

桑德尔并不受人拥护，查理·邦德这样形容他："身材矮小，蓄着胡须，待人接物非常冷硬。"在初战的兴奋中，队员们把他的指示都抛到了九霄云外，陈纳德在凯多机场的授课内容也被忽略了。鲍勃·利特尔（Bob Little）从云中俯冲到日机下方，然后从下往上攻击，因为它们的机腹看上去像是防守最薄弱的地方；和利特尔同一组的查理·邦德则决定从上往下俯冲攻击。日本轰炸机仍然采用纽柯克攻击它们时的密集阵形。当"战斧"战斗机袭来时，每架日机都降下一只"垃圾箱"——一个用铰链连接的平台，一名射手俯卧在上面操纵机枪。日本轰炸机通过这种方式保护它们的正后方，但这样会使飞行速度大打折扣。

邦德把子弹上了膛。他猛拉了一下座位两旁的"T"字形手柄，将子弹装进两翼的机枪中，然后推动操控面板上的手柄，为飞机前端的大口径机枪装弹。他打开反射式瞄准器，那是一个带瞄准点的圆圈，从飞行员的视角来看，仿佛悬在他和敌机之间的半空中。（这个映像来自查理·莫特安装在驾驶舱左侧支架上的一面半银镜。这个应急的装置比固定式的"圆环加支柱"型瞄准器要精准得多，但飞行员很容易把镜面弄歪。军械师查克·贝斯登在1999年回忆说："只需要一个喷嚏就能弄歪镜子。"）邦德掀起控制杆上的翻盖，全部机枪都已准备就绪。

开火的按钮就在控制杆上，邦德用戴着手套的双手紧紧抓住杆子。"我翻滚了一下，然后向下俯冲，"邦德在日记中写道，"距离最近的一架轰炸机进入了我的瞄准器视野范围，我按下控制杆上的按钮。该死，什么也没有发生！我赶紧检查了一下开关，原来我过于兴奋地检查了一遍又一遍，不知不觉中竟把它关掉了……我把飞机急剧下压，随后又爬回高点准备再次进攻……这回所有机枪都开火了，我可以看到曳光弹打进了轰炸机的机身。在最后时刻，我又下压脱离敌阵……我重复着这种进攻方式，两架轰炸机开始掉队，冒出黑烟。"

弗里茨·沃尔夫也在攻击梯队中，他不久之后就在一本面向男性读者的航空杂志中谈到了这场战斗："我瞄准的是右边小'V'字形外侧的那架轰炸机。我俯冲到它下方，接着从下往上冲……距离500码时，我用飞机上所有的机枪打出一组连射。对于在轰炸机尾部操纵机枪的日本人来说，这是一场灾难。我看到子弹打进他的身体，把他撕成了碎片……在距离100码时，我打出一串长连射，子弹钻进了日机的引擎和油箱，它的一只机翼弯折起来，引擎被扯到空中，整架飞机突然凌空爆炸。我赶紧向后拉杆，避开爆炸……

"我俯冲着开始另一次攻击，这次我瞄准外侧小'V'字形靠里面的那架飞机。我向下急速俯冲，在同一水平高度和那架轰炸机形成直线……我可以看到它尾部的机枪手在向我射击，但那些子弹一颗都没有命中。在距离50码时，我打出一串长连射……轰炸机爆炸了，这次我离它实在太近，仅仅以几英寸的距离躲过了这口向下急坠的火焰棺材。"

与沃尔夫一道发起攻击的还有吉姆·克罗斯，他后来也向一本战时的杂志描述过这场战斗："那架日本飞机刚好就在我的正前方，我甚至可以看到阳光在尾翼机枪手的护目镜上闪耀……我下意识地按下按钮，打出一串子弹。头顶上方的天空中交织着一道道火力，就像发光的缎带一样。我等了一下，直到敌机的引擎进入瞄准镜范围才再次开火……每小时500英里的速度真是快得惊人，我刹那间就飞越了那架轰炸机，但我看见曳光弹打进了敌机……当时情况颇为混乱，艾利森引擎的轰鸣声把枪声掩盖得无影无踪。"

预备队由前陆军战斗机飞行员埃德·莱博尔特（Ed Leibolt）指挥。乔·罗斯伯特驾驶僚机，他是一名来自费城的意大利裔美国人，这名矮壮的飞行员称双方就像"一群拥挤飞舞的蜜蜂，奇怪的是，在距离如此接近的情况下，这些飞机并没有撞到一起"。莱博尔特发出了进攻的信号，罗斯伯特回忆说："我全身绷紧，跟着他俯冲下去，我感觉脸上的皱纹受到了奇怪的扭力。随着殿后的轰炸机离我们越来越近，我和埃德几乎同时按下了开火按钮。我们向下俯冲飞走,只看见碎片飞过身旁。当我们再次爬升进攻时,天空中只剩下六架轰炸机。埃德被其他飞机围住了,我没等他出来就开始了第二轮攻击。我用一串短连射击中了一架轰炸机,然后俯冲脱离敌阵。"

"熊猫"中队的埃迪·雷克托也加入了这场"免费的盛宴"。当天他正好休假,在两个中队起飞后不久,杰克·纽柯克的飞机就返航了,机枪的枪膛中发出"呜呜"的鸣叫声——这是开过枪的证据。(枪口在平时都被封上,防止灰尘和水进入枪膛。)哈利·福克斯(Harry Fox)手下的一组地勤人员正在检修雷克托的飞机,但雷克托冲上去大喊:"赶紧把飞机整流罩给我盖上!"他们开始收拾飞机,雷克托则绑上降落伞,爬进座舱。他从跑道上滑行起飞,并为前方翻涌的云彩所震撼。"我发动了那架P-40战斗机,升空追赶他们,"雷克托在多年之后一边向笔者回忆,一边用手比画着,展示他的飞机、日本飞机和正实施攻击的"战斧"战斗机的状态,"我看见了正在进攻的八架战斗机。它们就像这样爬升,然后射击,当时的情景看上去真是十分诡异。"

雷克托记起了他在海军接受的射击训练和陈纳德在凯多机场的授课内容。他爬升到高点,然后在一架敌机后面进行了一次长距离的俯冲:"我冲下来,就在这架日本飞机的射手后面……我追着他跑。瞄准目标后,我看着一梭子弹打到他身上,然后我大叫,为什么他没有被打爆?后来我才搞清楚状况,我仔细观察了一下,那名射手的整个下颚都被子弹打掉了。我紧紧盯着他,并打掉了他的下颚。这时我靠近了那架轰炸机,我可以看见飞机上的铆钉和迷彩涂装,我知道刚才的射击偏离了几英寸……我拉起飞机,向后望去,那架轰炸机起火了,我都可以看见火焰了。但它仍然保持在队列中,我准备发动第二次进攻,忽然就看见整个敌阵在爬升,而它渐渐下降……就让它像这样燃烧殆尽吧,最好全都烧成灰烬!

"接下来,我又发起了一轮进攻。我冲进敌阵,但发现飞机上只有一挺点30口径的机枪在开火。我一直紧咬在敌机的身后,一次又一次地拉动手柄,让机枪射击了三四秒。在此之后,我只能脱离战斗,等待枪管冷却,它们都因过热而无法射击。"

一般认为，志愿航空队在它的第一场战斗中击落了九架日本轰炸机，但实际上只有四架：弗里茨·沃尔夫击落了两架，埃迪·雷克托击落了一架，艾纳·迈克森（Einar Mikelson）击落了一架。弄清楚这一点非常重要，因为12月20日的这场宜良空战是少数可以由地面观察站确认战果的战斗，日军记录也证实他们损失了四架轰炸机。

当时的实际情况是这样的：右侧的三架轰炸机由船本茂中尉指挥，志愿航空队几乎用上了全部火力，一次又一次地攻击它们，三架轰炸机全部被击落。每架中弹起火的轰炸机都承受了两三架美国飞机发射的机枪子弹，巨大的火焰和滚滚的浓烟使这些美国飞行员肾上腺素飙升、肌肉收缩、视野变窄。每个人在脱离战场时都相信自己单独击落了敌机，这是可以理解的错误。

鲍勃·尼尔是一个例外，他是一个谦虚的人，这在战斗机飞行员中是十分罕见的。1962年，当被问到在首战中有没有击落日本飞机时，他回答说："我甚至都不知道有没有击中它们。我看清了敌机，这没有问题，但看得到却打不到……对我而言，这是十分新鲜的经历，我从未想过当一名英雄，也没有想过开始这一切。"

12月20日中午11点25分，"战斧"飞机脱离战场后，中方的一座地面监听站报告称空中只剩下七架轰炸机，这证实了日军方面的记录。剩下的几架飞机也全部遭受重创，幸存者铃木五一在1992年回忆说："战斗持续了约30分钟，在战斗结束前，坐在我后面的射手就被打死了。然后是坐在我左侧的射手，他也被打死了……幸亏我们的飞机油箱有橡胶保护层，没有着火引燃飞机上的炸弹。我们共有七架飞机成功回到了基地，但很多飞机都被打得稀烂，连起落架都无法降下。有的飞机只能用一个起落架降落，有的则只能用机腹迫降。七架飞机全都成功降落，但每一架都被子弹打得千疮百孔。我的飞机上也有大约30个弹孔。"

几天后，中方报告称第四架轰炸机在降落河内前就凌空爆炸了。经飞行员们投票决定，所有参加战斗的人共同分享战果，包括第1中队的14位飞行员和第2中队的埃迪·雷克托。因此，每个人最终获得了4/14的击落数。

日本历史学家认为，有三架轰炸机是在空战中被击落的，第四架是在河内的嘉林机场迫降时坠毁的。（一名中国间谍可能刚好目睹了飞机坠毁，这解释了确认第四架飞机坠毁时的延迟。）三架轰炸机被击落，七架受损，14人被击毙——这是日本空军在侵华战争开始后从未有过的惨重损失。在凯多机场的柚木教室里，陈纳德曾向飞行员们保证，如果日本人遭受25%的损失，他们就不敢再来。事实证明他是对的，第21飞行团此后再也没有进犯昆明。

志愿航空队付出的代价是损失了一架战斗机。返回巫家坝机场时，埃迪·雷克托的飞机耗尽了燃油，他只好在一片菜地里用机腹迫降。降落后的雷克托花了一整个下午的时间，把飞机上的机枪和弹药拆卸下来，他在附近找到了一座监听站，罗杰·施雷弗勒（Roger Shreffler）正在那里操作。第二天，雷克托带上他的机枪，搭乘一辆中国军队的卡车返回昆明。

* * *

昆明人民在忍受了日军轰炸超过一年后，终于挺直了腰身，他们奔向机场，向志愿航空队表示感谢。乔·罗斯伯特回忆当时的祝捷情况说："我们很快就听到人们涌向机场的喧嚣声，一大群人出现在入口处。市长带领着成百上千的群众走来，队伍里的每个人都带着一些礼物。我们排成队列，聆听市长的演讲……有着可爱脸蛋和漂亮刘海的小姑娘们走上前来，在我们的脖子上围上紫色丝巾，还为我们献上鲜花。"

陈纳德就没有那么高兴了，他批评杰克·纽柯克"头脑发热"。桑德尔和陈纳德一样不高兴，他手下的队员们不听指挥，四散乱跑，预备队也陷入混战当中。唐·惠尔普利回忆道："老头子显得垂头丧气，但……他并没有说什么。相反，他让队员们坐下来，就像慈祥的家长一样，分析他们战斗中的错误。他在会议结束时说：'伙计们，下一次把他们全都打下来。'"

由于时差的原因，美国报纸在12月21日也就是第二天早上才报道了这场战斗。在满世界都是大规模作战的当时，云南上空的战斗不过是一件不值一提的小事，《纽约时报》把它放到了第27版。但《时代周刊》的亨利·卢斯（Henry Luce）从中看到了更多东西。作为一位大众新闻业的天才，卢斯出生在中国，他认定美国在中国有着使命和任务，这种想法在他1941年的访华旅程中得到了强化。他的向导正是陈纳德在重庆卫理公会食堂认识的朋友西奥多·怀特。卢斯返回纽约时带上了怀特，让他担任《时代周刊》东亚版的编辑。这是一次天才、动力与事件的完美结合，怀特对志愿航空队的背景了如指掌，卢斯则掌握着足够用来报道事件的版面，而且他们还为志愿航空队起了一个朗朗上口的名字。

他们选定的标题是《嗜血群虎》(Blood for the Tigers)，这篇文章介绍了日军对倒霉的中国进行了三年狂轰滥炸，直到"身材瘦削、性格顽强而又沉默寡言的克莱尔·L. 陈纳德上校"招募了一批美国飞行员，并把他们带到亚洲。"上周，十架日本轰炸机大摇大摆地窜进云南，直扑滇缅公路的终点站昆明。在昆明以南30英里处，飞虎队对他们实施了突袭，让日本人大吃苦头。十架轰炸机当中……有四架燃烧着在地面上坠毁，其余几架夹着尾巴逃跑了。飞虎队伤亡：零。"

"飞虎队"！这是一个恰到好处的想象，但灵感究竟从何而来？这要归功于志愿航空队的"华盛顿中队"，这个名号是大卫·科克伦、奎恩·肖内西、怀迪·威劳尔和比尔·扬曼（Bill Youngman）自封的。几个月前，这群在中国国防供应公司工作的人请求华特·迪士尼（Walt Disney）的工作室设计一枚徽章。"龙"本应是最合适的选择——飞龙既象征着中国，也表明了空军的身份。但大卫·科克伦建议用老虎代替龙，这个建议获得了大家的认可。（另一种说法是宋子文提出了这一建议。）设计要求被发送至好莱坞，迪士尼的两位员工罗伊·威廉姆斯（Roy Williams）和亨利·波特（Henry Porter）在10月设计出了草图：一只卡通化的孟加拉虎背插双翅，亮出爪子，从代表胜利的"V"字形图案上起跳。

因此，当志愿航空队首战告捷的消息传到美国时，他们的外号已经被确定下来，怀特将这个名字大加宣传了一番。多年来，记者和历史学家都试图探寻"飞虎队"这一名称在中国的来源，但其来历并没有多少异国情调——它实际上是由华盛顿一位西装革履的高收入人士命名的。

6

耀眼的红色

　　登陆马来半岛的日军轻骑快马,靠着"丘吉尔商店"的物资(他们以此称呼从英军手里夺来的战利品),他们对英联邦的军队一路穷追猛打。在菲律宾,日军也轻松击败了美军和菲律宾军队。与此同时,日本轰炸机正对印度尼西亚实施轰炸,为入侵做准备,但他们放过了油田。现在,日本积攒了足够应付六个月战事的燃油,在此之后,它就像马来半岛上的山下奉文那样,必须靠战利品来支撑战争。

　　随着殖民地屏障的崩溃,澳大利亚几乎已经无险可守,而它的部队正跟随英军在其他地区的前线作战。西边的印度是大英帝国皇冠上的明珠,为英国提供源源不断的炮灰,现在也是英国在亚洲的支点。失去印度将使纳粹德国和日本在中东地区成功会师,把外交上的轴心国变成地理上的现实。

　　为了实现这一目标,日本人必须通过缅甸向西转进,英国人相信这是不可能做到的。皇家海军可以阻止日军在海岸登陆,恶劣的自然条件也使泰国方向的入侵极为困难。东南亚的地势基本呈南北走向,山岳和河流使东西向的移动十分困难,因此,这里的铁路、公路和国界都是南北走向的。在20世纪40年代,伊洛瓦底江和锡唐河为缅甸提供了便捷而廉价的南北向运输服务,但它们也阻碍了缅甸国内东西向的运输,使之仅限于牲口能够通行的小道。这也是英国人的防御策略,不仅是缅甸,还包括印度:这两块殖民地之间有长达900英里的边境线,但彼此没有道路相通。英国人想把缅甸变成一个死胡同,但从没想过有朝一日自己也会深陷其中。

英国参谋人员深信,"跨过地形障碍"入侵缅甸是不可能的,他们让唐纳德·麦克劳德(Donald McLeod)率领一支临时拼凑起来的部队守卫缅甸,指挥部就设在同古。奥尔加·格林劳记得,麦克劳德是"一位友善的老绅士,他身材高大,略显肥胖,头发全白而面色红润"。驻防缅甸的师团定额18,000人,但大多是从当地征召的动员兵、边防警察和民兵。真正的战斗力是1,000名英军士兵和3,000名印度士兵,但他们接受的训练是为了适应沙漠地带作战,而不是在东南亚的雨林中作战。

麦克劳德需要向身处东南方1,200英里外的新加坡的布鲁克-波帕姆中将汇报。这是一个荒唐的安排,他们之间被两支日军部队隔断,无线电连接十分脆弱,需要通过印度的中继站转接。到12月底,英国人才把缅甸划给新任印度总督管辖,他就是阿奇博尔德·韦维尔(Archibald Wavell)子爵。这位独眼老兵曾参加过布尔战争、第一次世界大战和英国-阿富汗战争。韦维尔于12月21日飞抵阿富汗,同陆军指挥官麦克劳德和空军大队长曼宁会面后,韦维尔决心替换掉他们两人。他命令第17印度师开赴缅甸,并向伦敦报告需要两个战斗机中队、两个轰炸机中队和一定数量防空炮的增援。办妥之后,他飞往重庆,想从蒋介石那里获得一些援助。他的副手、来自美军陆航部队的乔治·布雷特(George Brett)陪同着他。(在前一年的春天,正是布雷特签署命令,授权志愿航空队的招募人员进入陆航基地开展活动。)

蒋介石提出可以派六个师进入缅甸,但韦维尔对士兵不感兴趣。他写道:"显而易见,大英帝国的属国应该由帝国军队保护,而不是借助外国军队。"相反,他希望蒋介石能将"陈纳德计划移回中国的志愿航空队的一个中队留在缅甸,帮助保卫仰光"。他还希望得到中国通过《租借法案》获得的一些物资,但最后,他只能郁闷地写道:"这些请求没有一个得到明确的答复。"

* * *

在仰光城外的敏加拉洞机场,"地狱天使"中队的队员们自称是"遗落的中队"。除了留守同古的埃德·戈耶特分队,最近的支援部队也在900英里外的昆明。皇家空军第67中队在编制上有32架"水牛"战斗机,但其中一半都因为机械故障而无法起飞,而第60中队更是只有4架"布伦海姆"轰炸机。其余轰炸机都在日军发起进攻前被送到新加坡进行投弹演练,现在也投入了马来半岛的防御作战。

除了换洗衣物,"地狱天使"中队几乎什么都没带到敏加拉洞机场,他们指望英军能向他们提供补给,但最后只得到了汽油和寡淡无味的一日三餐。他们去灌装氧气瓶时,还发现"战斧"飞机的氧气瓶接口与"水牛"飞机不同。子弹也无法通用,英军的子弹无法装进7.92毫米口径的机枪。尽管英军飞行员同意在联合巡逻时使用志愿航空队的无线电频率,但这一安排也没有经过实践的检验。

日军侦察机发现在敏加拉洞机场、凯多机场和丹那沙林的英军基地停有44架飞机。日本人认为,这些飞机是英军准备向马来半岛提供空中增援的证据。为阻止这一行动,菅原道夫命令第77战队占领泰国北部的彭世洛,那里距仰光以东300英里,位于泰国的铁路线上。第77战队是一支令人生畏的队伍,号称在中国战场上击落了18架中国和苏联飞机,但当时只装备了中岛"九七"式战斗机。他们的战斗机涂装是灰色的,机上只有两挺小口径机枪,没有自封闭油箱,大多也没有保护飞行员的装甲层。实战证明,这些飞机虽然更加灵活,但它们在速度上远逊于盟军的战斗机。战队指挥官是吉冈弘史少校,他是一个外表冷酷的人,有着刀削似的脸型和窄窄的胡须。他在彭世洛得到了第31战队的增援,第31战队装备了三菱"九七"式轻型轰炸机(盟军代号"安"),这种飞机的载弹量为600磅,装备固定起落架和一挺固定的7.7毫米口径机枪,尾部的射击舱装有一挺可转动机枪。吉冈少校还在泰国的内杏建立了前进基地,距离仰光只有200英里。

英国空军的大队长曼宁请求"地狱天使"中队护送一艘增援缅甸丹

老港的运兵船。奥尔森计算了一下航程，发现飞越丹那沙林后，"战斧"飞机剩余的油量不足以支持45分钟的飞行，因此拒绝了这一任务。但英军第67中队的"水牛"飞机续航里程较长，不存在这种问题，它们可以在中途飞到毛淡棉加油，然后继续护送运兵船直到天黑。与此同时，丹老港的两架"水牛"战斗机越过缅泰边境，对一列"开往马来半岛南部增援日军"的火车进行扫射，这种袭扰正是菅原道夫想要阻止的。

12月23日，周四，60架三菱重型轰炸机从曼谷和金边的机场起飞。这种Ki-21型"九七"式重型轰炸机有着庞大的尾翼，搭载两台巨大的星型引擎，装备多达六挺机枪。多达1吨的载弹量使它得以轻松摧毁了重庆、昆明、香港、马尼拉和新加坡，现在轮到仰光了。

菅原是"进攻型飞机"概念的忠实信奉者，他让轰炸机在没有战斗机护航的情况下空袭缅甸。更糟的是，他派往敏加拉洞机场的是最弱的第62战队，他们只装备了15架早期型号的"九七"式重型轰炸机，由大西浩史上校指挥。这位大西上校正是加藤建夫在12月6日联系过的那位军官，他外表粗野，双耳像水壶一样大，鼻子宽扁，下巴凸出。从彭世洛起飞的第31战队将支援空袭敏加拉洞的行动，吉冈少校手下的"九七"式战斗机负责保护队里的轻型轰炸机。这三支队伍原计划在内杏上空会合，然后以一个庞大的阵形飞往敏加拉洞。但重型轰炸机队没有等待那些单引擎的飞机，它们率先越过缅甸边境线，离开其余飞机2英里远，距目标125英里。当天万里无云，南风轻微吹拂着，是一个美好的白天。

另外两个重型轰炸机队预计在曼谷上空会合，向北飞至毛淡棉，然后越过马达班湾到达仰光。但在曼谷起飞的轰炸机在金边的飞机到来之前就飞走了，因此它们也是分别到达缅甸南部的。

休·厄普菲尔是一个嫁给了新西兰保险业务员的美国女人，他们的住处就在通往敏加拉洞机场的路上。从那里前往机场的空军作战室十分方便，机场的指挥官因此和他们合住一楼。厄普菲尔在多年后写道："12月23日的早上凉爽晴好，机场忙碌喧嚣，路上排满了卡车。"接近上午9点时，空军中校诺曼·拉特（Norman Rutter）动身前往机场，厄普菲尔夫妇则去往医院。休是圣约翰救护队里的一名志愿者。

英军作战室在上午 9 点 30 分获得消息:"两大拨敌机正在接近仰光,一拨从东面靠近,另一拨从东南方向接近。"等到"地狱天使"中队得知消息时,时间又过去了 30 分钟。

中队长奥尔森此前以四人为一组划分队员,每天从早到晚,一组人负责警戒,两组人处于可在 30 分钟之内出动的待命状态,一组人休假。因此在 12 月 23 日这天,14 架"战斧"飞机中只有 12 架分配了飞行员。他们分成两队行动,每队 6 架飞机,分别由乔治·麦克米兰(George McMillan)和帕克·迪普伊指挥。

清空机场的命令传来时,麦克米兰和 R. T. 史密斯正在竹子和油布搭成的帐篷里待命。他们立刻跑到起飞区,启动引擎,向那些正在待命的飞行员发出信号。头两个到达的是汤姆·海伍德(Tom Haywood)和杜克·赫德曼,他们马上爬进驾驶舱,戴上耳机。几天后,赫德曼在报告中写道:"我听到麦克米兰在无线电里说立即起飞,我还以为这是个玩笑。"

在机场上空盘旋时,麦克米兰通过无线电得到了更详细的信息:"敌军轰炸机从东面接近。"此时仍有两名飞行员不知所踪,但他决定不等了,他命令全部四架战斗机向东飞去,并尽可能地向上爬升。在 10,000 英尺的高度,汤姆·海伍德在无线电对讲机里大喊:"喂,麦克[①]!我看见那些混蛋了!"没错,在他们的东边和海拔更高的地方有 15 架巨大的双引擎轰炸机。它们的机腹被涂成浅灰色,机背是淡淡的褐色,上面有绿色的迷彩斑点,机身和机翼上闪耀着红色的圆盘图案。

越过缅甸边境线后不久,大西上校的机组人员就看见了敏加拉洞机场的"A"字形跑道,他们又看见了第 67 中队的"水牛"战斗机升空迎击时扬起的滚滚沙尘。(维克·巴奇和戈登·威廉姆斯正在机场上空巡逻,他们是最早发现敌机的人。维克·巴奇叫道:"见鬼!威利[②],快看!他们有一大群!一大群!")目标近在眼前,日本轰炸机飞行员打开进气口,与保护他们的战斗机进一步拉开了距离。

多年以后,杜克·赫德曼向笔者描述了当时日本轰炸机怎样以"V"

[①] 麦克米兰的昵称。
[②] 威廉姆斯的昵称。

字阵形冲向敏加拉洞机场，它们身后是一大群茫然不知所措的战斗机："日本人有一大群战斗机，他们像蜜蜂一样盘旋，一架跟着另一架绕圈，这个圈子飞得时高时低，似乎是要以此来互相保护。这真是一种非常奇怪的阵形。"这一大群战机实际上由两个部分组成，一部分是飞得较慢的单引擎轻型轰炸机，另一部分是盘旋在它们周围实施保护的"九七"式战斗机。赫德曼说："重型轰炸机群则采用一种紧密有致的阵形，呈 3—3—3 的'V'字形分布……它们一丁点儿都不会偏离队形。让我吃惊的是它们的数量、保持得近乎完美的紧密阵形和机上涂绘的红太阳。那红色真是耀眼极了！"

第 62 战队进入轰炸位置，轰炸机队转向 240 度，压向敏加拉洞机场。"水牛"战斗机率先接敌，他们击伤了新冈明中尉的轰炸机，飞机的左侧引擎冒出浓烟，开始掉队。然后是"战斧"战斗机的突袭。如果说赫德曼惊讶于敌机的数量并困惑于它们的种类，那么日本人也有同样的感受。一位幸存者报告称，他的飞机被"30 架'水牛'战斗机和'飓风'战斗机"围攻，其他人则把"战斧"认作了"喷火"式战斗机。

麦克米兰带领着他的三架僚机鱼贯而行。挤在 77 号战斗机驾驶舱中的 R. T. 史密斯第一次感到口干舌燥、心跳加速和尿意汹涌："现在轮到我了，我向下俯冲，调整瞄准……压住操纵杆上的开关，我听见机翼上四挺点 30 口径机枪清脆的枪声和机首的两挺点 50 口径机枪沉缓有力的吼声……火药的刺鼻气味充满座舱，但我觉得这味道很好……敌方轰炸机和我们驳火，曳光弹在空中四处横飞，交织着一道道火网。前方一架轰炸机的左侧引擎冒出浓烟和火焰，我瞬间感到不寒而栗，因为我知道他们的战斗机现在肯定要向我们扑过来。"

史密斯很快就明白了驾驶战斗机作战是怎么一回事。第一，这是一场"孤独"的战斗——当史密斯俯冲完毕，再次爬升到攻击高度时，他发现同伴们都不见了踪影；第二，在空中开火会出现偏差，极难命中。这绝不像猎人瞄准野鸭然后射击那么简单，因为在空中时，发射者本身也在运动。史密斯的飞行速度达到每小时 250 英里，他需要命中以 180 英里的时速朝不同方向运动的轰炸机，这是一个三维空间里的难题。为方便瞄准，外表含磷的曳光弹会混在子弹链中。(一般的组合方式是以一颗曳光弹、一颗燃烧弹和三颗穿甲弹为一组,但各个中队有所不同。)曳光弹拖着暗红色的光芒从飞行员面前飞过,它们可以显示杀伤性的子弹是否处于击中敌机的正确路线上。如果无法命中,飞行员可以上下左右调整飞机。飞行员的左脚控制着方向舵踏板,左手控制进气阀门和纵倾调整片,右手控制升降舵、副翼和开火按钮。如果一挺机枪卡壳了,他需要拉动仪器面板上的握把或座位两旁的"T"字形握把。史密斯写道:"一直以来,如果一名飞行员想要在战场上生存,他的头部就必须经常性地全方位转动。"这样才能发现敌方战斗机。

史密斯决定从敌机的后侧下方发起进攻,以克服射击偏差的问题并尽可能避开敌机的火力。因此,他"径直飞到轰炸机后面,恰好躲在它的螺旋桨尾流下方,然后从200码的距离外开火。曳光弹汇聚在机身和机翼根部……敌机很快就在面前爆炸了"。史密斯回忆称,爆炸产生的冲击波把他的战斗机向上抬起,然后他就被三架日本战斗机围攻了,它们离开了轻型轰炸机的阵列,前来支援那些"九七"式重型轰炸机。史密斯转向它们,对着领头的飞机打了一梭子,接着向下俯冲逃走。

汤姆·海伍德也经历了类似的状况,他在500码外向一架轰炸机射击,直到它"从阵形的一侧掉队坠落"。海伍德之后就被一架日军"九七"式战斗机盯上了,他转向敌机并开火,但发现日本飞行员可以很轻易地用变向摆脱他,因此他干脆溜之大吉了。降落后,海伍德发现飞机上有10个弹孔,一根副翼控制缆被打断。

日本的重型轰炸机扔下炸弹后就向南飞去,直接越过仰光以及新安装的防空炮上空,这可能是因为日军的飞行指挥员因惊慌过度而头脑不清醒。在第3中队驾驶轰炸机的林岩生中尉称,这场轰炸是一次"恐怖得难以名状"的事件,他的朋友们一个又一个地被击中,新冈、岛田、佐部、伊仓等人的飞机在被炮火击伤后纷纷掉队,然后被盟军的战机撕碎。

R. T. 史密斯此时就在盟军的战斗机队里。他发现,一架落单的"九七"式重型轰炸机正被乔治·麦克米兰的"战斧"战斗机和一架英军的"水牛"战斗机攻击。这可能是新冈中尉的飞机,其左侧引擎被"水牛"战斗机击伤。麦克米兰报告说，他把这架掉队飞机的引擎打掉了，史密斯最终结果了它，这架飞机拖着黑烟，以30度角俯冲向下，在仰光的海边坠毁了。史密斯攻击的另一架飞机却最终存活下来，日本历史学家认为，这是由于77号飞机的飞行员"过于迫切"地想攻击另一架重型轰炸机。一名机组人员回忆说，"战斧"战斗机上六挺机枪的枪声"响彻天际"。

奥尔森中队里两名休假的飞行员看见激战正酣，于是也加入了战斗。查克·奥尔德和埃德·奥弗伦（Ed Overend）当时正骑车前往仰光城，听到防空警报响起后，他们赶紧向后转，返回敏加拉洞。此时还有两架"战斧"战斗机停在机场上，奥尔德说："我们为什么不跳进去起飞？"奥尔德是加州人，他的长相看上去就像一名东海岸的大学预科生。他当初参加海军陆战队是为了在加州大学洛杉矶分校和法学院就读期间冒一下险。

两人迅速驾机起飞，向东移动，爬升到8,000英尺的高度后，他们发现了麦克米兰的机队。不久，奥尔德看见"一大团飞机，比过去见过的所有飞机加起来还要多"。当他开火时，飞机还在向上爬升。"我瞄准了一架处于阵形左侧的飞机，"奥尔德在1986年向笔者介绍当时的情形时说，"黑烟从它的左侧引擎中冒出。"（这听上去也像是新冈的飞机。）奥尔德翻滚飞机避开黑烟，然后继续接近敌机，这一次距离只有75码，他回忆说："我对那架轰炸机进行了连射，它突然机头下沉，脱离了阵形，后面还拖着长长的黑烟。我看见它翻滚起来，几乎是垂直下坠，之后就消失了。我继续从敌阵下方攻击，这次瞄准了领头位置的飞机……我看见一架轰炸机爆炸了……火焰和黑烟似乎是从机身底部冒出的。爆炸后，飞机的碎片四散飞去，它头部朝下，带着火焰和浓烟笔直地坠落。"

正在此时，埃德·奥弗伦正在敌阵前方展开攻击。他的曳光弹与目标相差甚远，因此他通过变向来到敌阵的一侧。他的三次攻击都徒劳无功，但他目睹了两架轰炸机的坠落，其中一架的左侧引擎冒着火，另一架的角度失去控制，笔直地向下俯冲，这两架应该就是新冈和岛田驾驶的飞机。第四次进攻时，奥弗伦集中火力对付一架落单的轰炸机，另一架"战斧"也飞来帮忙。最后，这架"九七"式重型轰炸机的左侧引擎起火，飞机以70度角栽向地面——很有可能是佐部启次中尉的飞机。奥弗伦向下追击到 4,000 英尺的高度，之后被三架日军战斗机赶走了。

麦克米兰的预备力量——保罗·格林和年轻的汉克·吉尔伯特——这时也投入了战斗。残存的日本轰炸机把投弹舱的门关上，结成像豪猪背刺一样紧密的阵形，如此一来，机上的机枪手（尤其是机背上的机枪手）就能相互支援。吉尔伯特被这种交叉火力击中了，他的战斗机炸成一个红色和橘黄色的火球，在空中停顿了一下，然后拖着长长的火焰和黑烟撞向地面。"我看着他坠毁，"保罗·格林多年以后告诉笔者，"他（的飞机）爆炸起火，就在我的面前。"两个月前，吉尔伯特刚刚度过了他的 22 岁生日。

格林对轰炸机来回袭扰了四五趟，最后只能脱离敌阵，对付那些"九七"式战斗机。在一次爬升进攻中，他在 300 码的距离外击中了一架日军战斗机，并看到对方开始失速下降，但他很快又陷入了另一场近距离缠斗。格林在报告中写道："尽管我多次击中对方，但我没有看到对方坠毁，因为当时还有别的敌机在向我开火。控制系统被打坏，整架飞机完全失去了控制。"

格林滑开座舱盖，纵身一跃，从机翼根部跳下，避开了飞机的尾翼。他身高 6 英尺，却穿着比他矮得多的鲍勃·布洛克（Bob Brouk）的靴子、短裤和降落伞爬进驾驶舱中。因此当降落伞打开时，套索紧紧地勒住他的胯部和肩部，撕开了他颈部的皮肉。他向上望去，只看见蓝色的天空，降落伞上一些白色丝绸制成的部分早就不翼而飞了。（降落伞由中方提供，上面印有中文，凯多机场的美国人开玩笑说，降落伞包上的文字意思是"保险伞"或者打开失败即可退货的提示。）

格林的飞机是被下方飞来的子弹击中的，当时他正悬吊在一顶只能展开三分之二的降落伞上，一架"九七"式战斗机转过来向他扫射，飞机的气冷引擎在转动的螺旋桨后显得非常巨大。曳光弹拖着黄白色的光芒朝格林飞来，然后是怒吼而过的飞机，气流猛烈地冲击着他。这架日本飞机却没有回头，地面观察员说一架"水牛"战斗机赶走了它，但其他日本飞行员继续向他攻击。格林不停换着手，爬上降落伞吊索，缩小降落伞的面积，以期加快下降速度来躲避日机。在最好的情况下，伞降着陆也像是从二楼窗户跳下来，格林落地的速度太快，一下子就被撞晕了。等他清醒过来后，发现一杆枪正架在自己面前。格林说服了持枪的英军少校他们是盟友，英国军官把他捆起来，塞进了开往医院的车。

格林因为击落一架日军战斗机而被记功，但这应该是一个错误，因为所有日军战斗机都安全回到了内杏。至于轰炸机，查克·奥尔德击落了两架、埃德·奥弗伦和汤姆·海伍德每人击落一架，R. T. 史密斯击落了一架半，另外半架敌机的功劳属于乔治·麦克米兰，英军的"水牛"战斗机队宣称击落了三架，盟军宣称的总击落数为九架。日军第62战队在当天的实际损失是五架重型轰炸机和30名机组人员，占其兵力的三分之一。日方的记录显示，志愿航空队击落了三架重型轰炸机（分别是佐部、新冈和岛田中尉的飞机），英国皇家空军击落了第四架（真岩正中尉的飞机），第五架是伊仓的飞机，被盟军战斗机击伤而掉队后，最终被地面防空炮击落。东京的报纸如此报道："飞机的一侧机翼被打断，伊仓中尉高举双手，大声呐喊。"所有日本读者都会认为他在高呼"天皇万岁"。这篇报道还提到："在后面，樋渡中士……在飞机燃起熊熊大火之后仍然继续开火。他击落了最后一架（盟军战斗机），自己则含笑迎来爆炸。"所有幸存的轰炸机都被击伤，其中一架飞机上留下了多达47个弹孔。

如果说盟军飞行员高估了他们的战果，那日军就更加乐观而大胆了。他们声称在敏加拉洞上空的战斗中击落了两架"水牛"和七架"战斧"（他们将其误认作"喷火"战斗机），总共是九架飞机，但事实上，只有吉尔伯特和格林的飞机被击落了。

* * *

"地狱天使"中队其余的飞机则较有秩序地升空，六架"战斧"战斗机以单列的阵形爬升。帕克·迪普伊是一个深思熟虑、冷静缜密的人，他拥有布朗大学的工程学学位，两道醒目的眉毛乌黑浓密，就像军衔肩章一样神气。战斗控制人员通过无线电通信，让他在沙廉上空盘旋，那里位于仰光东南方，是一家炼油厂的所在地。起飞半小时后，迪普伊发现了一队阵形"非常紧密"的双引擎轰炸机以 17,000 英尺的高度接近仰光，飞机上涂有暗绿色的迷彩。这是装备了18架新型的"九七"式重型轰炸机的日军第98战队,他们的飞机比袭击敏加拉洞的那些更强大、武装更好。臼井茂树上校负责指挥,飞机的副驾驶员是渥美光少校,这位少校在作战时会移动到投弹手的位置,让一名更年轻的军官驾驶飞机。后面有四名机枪手,他们还兼任无线电通信员、导航员、维修员和机械师。

迪普伊把他手下的飞机分成两组,每组三架,就像陈纳德教他们如何对付轰炸机时所说的那样。迪普伊带领比尔·里德(Bill Reed)和拉尔夫·贡沃达尔(Ralph Gunvordahl)先打头阵,他们虽然没有命中目标,但也没被敌机击中;其余三人以尼尔·马丁为首,两翼分别是鲍勃·布洛克和肯恩·耶恩斯泰特,他们也没有任何收获。一名美国飞行员回忆说:"马丁脱离了队伍,加速前插。"马丁从侧翼插入第98战队的机群,迎接他的是由18挺机枪组成的强大火力网。他向上拉起飞机,却使脆弱的机腹直接面对暴风雨似的子弹。耶恩斯泰特多年后回忆马丁的举动说:"我不知道他是已经中弹,还是在驾驶时犯下了大错。"日军人员也回忆说,有一名盟军飞行员"转向后将机腹直接朝向机枪手们"。马丁的飞机燃烧着下坠,他是奥尔森手下一名来自米切尔基地的P-40战斗机飞行员、一位有天赋的运动员和阿肯色大学的毕业生,和汉克·吉尔伯特一样年轻。

耶恩斯泰特降到轰炸机机枪手的下方,他在报告中说:"我从下方接近轰炸机队的后方,我看见一架轰炸机……已经摇摇欲坠,因此我转向攻击另一架处于侧翼的飞机。我打出一串短连射,击中了它的引擎或是舱里的燃烧弹,整架飞机立刻爆炸成一团火球,它脱离了队伍,燃烧着向下坠落。"这是三井射屋上尉驾驶的飞机,它在油箱爆炸后坠毁于附近的海滩。鲍勃·布洛克声称自己也击落了一架敌机,但很可能是重复计算了三井的飞机。

帕克·迪普伊实施了多次正面进攻,但这位谨慎的工程师并没有自称击落敌机。比尔·里德从下方和背对阳光的方向攻击日军机队。后来他报告说击伤了一架"九七"式重型轰炸机的左侧引擎,并且看见对方掉队。贡沃达尔采用了同样的战术,他声称击落了一架轰炸机。里德和贡沃达尔也很可能重复计算了击落数,两人击中的是野上良平中尉的飞机。

与一般的日本飞行员不同，野上和另外两名机组成员选择了跳伞。他们当中至少有一人成为了俘虏，休·厄普菲尔记录了其中一人降落到当地医院时的奇怪一幕："在降落伞下面，是死一般的寂静，一名日本空军驾驶员的手中紧紧攥着一枚解除了保险的手雷。"

日军指挥官的飞机被多次击中。机枪子弹从飞机的顶部和后部打进来，穿过副驾驶员的座位并打中了臼井上校的背部和左肩。渥美少校听见子弹穿行呼啸的声音，试图爬出投弹舱去帮助他的指挥官。但根据日方的说法，"英勇的"臼井挥手把渥美少校赶回去，他在炸弹投向仰光城区的那一刻停止了呼吸。尽管战斗继续进行了半个小时，但第98战队返回泰国时并未蒙受更多的损失。

由于合力击落了两架轰炸机，四名飞行员的击落数都增加了，他们是肯恩·耶恩斯泰特、比尔·里德、鲍勃·布洛克和拉尔夫·贡沃达尔。日军第98战队的机枪手声称击落了至少12架盟军战斗机，但实际上他们只击落了一架。

日军第60战队的轰炸机比预定时间晚到了10分钟，它们从23,000英尺的高空接近仰光。27架"九七"式重型轰炸机把炸弹倾泻到仰光城中，随后调头返回泰国，沿途只有一些盟军战斗机偶尔进行干扰。一名机组成员被击中前额身亡，一架飞机在返航途中坠毁，很可能是由战斗导致的，其机组成员下落不明。其余轰炸机上的机枪手宣称击落了10架敌机，使日军当天的"击落数"达到了41架——这一数字超过了12月23日缅甸境内志愿航空队和皇家空军的飞机总数。

* * *

空袭开始时，仰光城里的大部分军官正在参加麦克劳德将军的会议。尖利的防空警报声打断了会议，满头白发、面容和蔼的麦克劳德瞥了一眼手表，然后说："先生们，我们还有的是时间，来进行下一项议题吧。"与会人员并没有被麦克劳德的自信完全说服，他们躁动不安，不停地看着时钟。麦克劳德最终还是站起来走向门口，他和一些文职官员边走边聊，离开了房间。开会的英国军官们成功逃脱了轰炸,同时发现仰光正处于一场纷乱的狂欢中。在城市上空,战斗机正对臼井上校的第98战队穷追不舍。只不过很少有人知道志愿航空队在敏加拉洞的存在,大多数人都认为空袭者正被皇家空军的飞机追赶。

一位英国军官在1956年回忆说:"借着阳光的掩护,敌军轰炸机以箭头状阵形袭来。人们从战壕里爬出来观看,街上也全是一张张向上张望的脸孔……没过多久,人们开始鼓掌欢呼。一架英军战斗机紧咬着一架日军轰炸机的尾巴,用机枪把它打了个稀烂,敌机开始冒出黑烟。那架轰炸机炸成了一团火球,缩成一块向下坠落。另一架日机就像已经用完了的火箭一般闪着火光下坠,飞行员的降落伞在空中张开。我们看见了这一切,疯狂欢呼起来。但我们也看到,那个由轰炸机组成的死亡箭头差不多抵达市中心了,我方的战斗机未能迫使它转向。"

在仰光城的50多万居民中,没有多少人对英国人心存好感。据一位印度店主回忆,人们一边指着"战斧"战斗机,一边大喊:"敌人来了!"但炸弹是不分政治取向的,它们才不理会你到底是支持英国人还是支持日本人。爆炸和扫射、横飞的玻璃碎片、纷纷掉落的碎石和惊慌中的互相踩踏,使仰光城里的上千人命丧街头。这位印度店主写道:"这真是可怜的一幕,女人们蓬头垢面,怀里抱着哭喊的婴儿,慌不择路地乱跑乱窜。孩童和少年疯狂地寻找自己的父母……更凄惨的是,孩子们紧紧抓住逃跑中的男女,错把他们当成自己的父母;逃跑的人则把孩子像包袱似的推开抛下,更加拼命地向前奔逃,试图在轰炸之下保住性命。"

休·厄普菲尔在救护车里看到了这场混乱,她后来写道:"街上挤满了人,他们被恐惧逼得疯狂而又茫然。人们带着自己的一点破烂家当,紧紧抓住哭泣的孩童,寻找着庇护场所。建筑物在熊熊燃烧,道路上全是尸体和垂死的人。救护车鸣起尖锐的汽笛加速前进,人们让出一条路放我们过去,而我们的头顶上就是一架架闪耀着阳光的飞机。"

在这种情况下,仍然有人为日军欢呼。一名锡兰店员一边来回奔跑,一边大叫:"噢,炸死这帮恶棍,伙计们!干得漂亮,狠狠地打!"但他很快就惊慌起来,沿着菲氏大街逃跑,最后在中央飞机制造厂办事处门外被爆破的弹片杀死。

在敏加拉洞,人们对于轰炸的最初反应也是一阵兴奋。查克·贝斯登回忆说:"一开始的混乱过后,我们聚集在营房周围,就像一群观光客,一边站着一边抬头看着天空……我们听到了引擎声,一些银色的颗粒状物体在高空中排成'V'形阵飞行。有人开始计数,当他数到第27架时,他喊道:'他们不是自己人,我们没那么多飞机。'我马上跳进距离最近的一条散兵壕,同时听到了炸弹急速下坠的呼啸声……我感受到一种前所未有的强烈恐惧。"

地面上的弗兰克·洛松斯基写道:"突然之间,子弹和炸弹四处开花,指挥楼、机库、跑道,到处都是。日军扫射了地面上的几架飞机。我和斯坦·里吉斯(Stan Regis)从待机小屋里跑出来,跳进战壕。"所谓的"待机小屋",其实就是一顶开放式帐篷。"在轰炸的间隙,我们试图离开空旷的地面。此时,队长奥尔森开着一辆吉普车经过,他看见了我们,但仍然继续向前开。奥尔森从未提起过这件事,我也没有提起,但我不会忘记的。炸弹不停地落下,经过一段感觉无限漫长的轰炸和扫射后,一个开着卡车的英国小伙子路过,把我们接上了车。"

共有17人在机场的空袭中丧生,其中包括三名缅甸志愿空军的飞行员、一门防空炮的印度人操作小组、皇家空军的医疗官和三名士兵,一颗炸弹贯穿了他们所在的指挥楼的楼顶。这颗炸弹还摧毁了防空警报器,炸伤了中队长罗伯特·米尔沃德(Robert Milward)。其余的炸弹落在了主机库,炸毁了两架"水牛"战斗机,炸伤了三名机械师。轰炸导致储油罐燃起了大火,跑道被炸得坑坑洼洼,营房的窗户全部震碎,食堂也严重受损。两架"战斧"战斗机在掩体里被击中,另一架则在降落时坠毁:比尔·里德与日军第98战队战斗后返航,他驾驶飞机以80英里的时速降落,飞机因恰好碰上了一个弹坑而损毁。

圣诞前夕的一个周三,尼尔·马丁和汉克·吉尔伯特的遗体在永盛[①]兵营的殉道者爱德华教堂墓地下葬,这块墓地位于敏加拉洞机场以南2英

---

① 缅甸地名,位于仰光北部。

里处。"地狱天使"中队里没有人记得葬礼的情形，也许他们忙得没有时间参加：机械师们正在调试运行不畅的飞机引擎、修复控制电缆和填补机身上的弹孔；军械师们忙着装填子弹和调整战斗机的机首炮，正是这些大口径的武器让"战斧"战斗机在面对轻型的日本战斗机时占据上风；其他人则在灌装燃料、机油和冷却液。全部"战斧"战斗机都恢复战斗状态后，队员们开始进行飞行巡逻：每时每刻都会有一架战斗机在机场上空盘旋，这架飞机降落维护时，另一架战斗机就会升空，接力巡逻。

12月24日傍晚，地勤人员经过不懈努力，使中队里可用于作战的"战斧"战斗机的数量回升到12架，但他们缺乏小口径机枪子弹，剩余的子弹仅够装填一次。皇家空军则剩下14架可用的"水牛"战斗机。他们临时搭建了一个指挥中心，地面人员则移驻仰光的乡村俱乐部。而食堂的优先级别比较低，于是人们当晚只能就着热啤酒啃冻面包。（军衔较高的人员自然会有特权，一些英国军官就能在指挥楼对面的厄普菲尔家中吃饭。）

奥尔森给陈纳德发去一封电报，描述了当前的窘境，电文的结尾处写着："等待进一步的指示。"如果奥尔森在等一份撤退至昆明的命令，那他就要失望了：陈纳德告诉他联系凯多机场，准备更换驻地。在圣诞节早上，食堂管理员克莱顿·哈珀尔德（Clayton Harpold）驾驶一辆卡车从同古拉回了70,000发子弹，用于装填"战斧"战斗机机翼上的小口径机枪。作为马丁和吉尔伯特的替代者，弗兰克·阿德金斯（Frank Adkins）和昌西·劳克林（Chauncy Laughlin）搭乘那辆运输子弹的卡车，一起来到了敏加拉洞。陈纳德力劝奥尔森说："多坚持一阵子，我会争取早日把你们调走。向中队所有人致以最亲切的圣诞问候。"

照片上的奥尔森长相英俊，有着黑头发、窄下巴和烦躁的表情——那时候的他也不可能不烦躁。每一位空军中队的队长都渴望升空作战，而奥尔森却没能参加12月23日的战斗。（与他地位相当的皇家空军第67中队队长米尔沃德也是如此。）"地狱天使"中队的成员却没有因此对奥尔森有什么负面印象。R. T. 史密斯告诉笔者："他（奥尔森）整天和英国人待在一起，确保他们知道自己在干什么——而这正是他们所不懂的。"

* * *

比尔·波利购入的三架CW-21"恶魔"飞机正停在凯多机场上,指挥官是试飞员埃里克·希林,他有着一头金白相间的浓密头发。希林对机器十分痴迷,无论是把一架"战斧"飞机改装成摄影侦察机,还是驾驶一架马力过大且没有武器的CW-21飞机爬升到20,000英尺的高空,他都干劲十足。肯恩·梅里特和莱西·曼戈伯格是他的好兄弟,他把他们挑选进来,一同驾驶那三架CW-21。陈纳德下令把这些飞机调往昆明,充当高空侦察机。三人在平安夜当天离开同古,沿着铁路向北飞往腊戌。希林的飞机引擎不停地熄火,他在腊戌同一名路过的志愿航空队维修员讨论了这个问题。这位名叫格伦·布雷洛克(Glen Blaylock)的地勤人员认为问题是由燃油引起的,凯多机场供应的汽油辛烷值高达100,导致飞机上的莱特公司星型引擎过热。他建议换用辛烷值为87的汽油。

曼戈伯格的飞机率先就位,他起飞升空,并在机场上空炫耀着各种飞行特技。但由于他的动作非常像敌机在进行空袭扫射,英军拉响了防空警报。没有料到这种情况的希林和梅里特以为真有敌机来袭,匆忙起飞,顾不上向驻防部队了解飞行路线和天气状况。下午5点30分,他们进入中国境内,此时,希林的飞机引擎再度出现问题。在距离昆明60英里的地方,飞机引擎全部熄火,希林只能滑翔而下,以机腹接地的方式在一处岩石斜坡上迫降。

由于CW-21"恶魔"飞机上没有无线电通信器,而梅里特和曼戈伯格手上也没有地图,于是他们只能在附近乱转。一名志愿航空队的无线电操作员报告称,这两架飞机来来回回地在他上空飞了20次。梅里特最后选择在一片硬地上紧急降落,他在迫降过程中受了伤,但仍能行走。曼戈伯格试图用起落架降落,却始终鼓不起勇气,在临降落时又拉升飞走。最后一次尝试是在一条河里,起落架碰到水面时,曼戈伯格又想拉起机身,但这回他迎面撞上了一片梯田坡地,飞机油箱破裂,瞬间燃起了熊熊大火。

希林对这些灾难一无所知。中国的山民们误认为他是日本人,当晚就把他拘禁起来。第二天,他成功说服山民们把他带到一座兵站。希林在兵站里向陈纳德写了一张令人高兴的便条:"我一切都好,曼戈伯格和梅里特也会一同到达。"

曼戈伯格的尸体被一支中国巡逻队发现,人们只能靠护照的残页来辨认这具尸体的身份。陈纳德勃然大怒,他成立了一个调查委员会,追究希林在那一大堆错误中应负的责任,包括不给他的同伴分发地图,出发前往昆明的时间太晚,以及在飞机引擎出现故障后没有立即寻找备用机场。根据志愿航空队关于军官飞行员的新规定,希林被罚款并降职为一般飞行员。

7
旋转坠落的敌人

菅原道夫在周二下午抵达曼谷,与此同时,他的轰炸机队伍回到了廊曼机场。他发现第62战队损失惨重:15架"九七"式轰炸机上阵,如今只剩下10架;剩下的飞机也在追逐战中被打得千疮百孔,机组成员伤亡巨大。据日本军方确认,第98战队的人员损失更为惨重,指挥官臼井上校在空战中被击毙。总的来说,菅原在对仰光的轰炸中损失了八架重型轰炸机和50名航空兵,而这支部队在过去两周的马来半岛作战中未曾损失过哪怕一架飞机。

按照计划,接下来的空袭将在未来两天内进行。部分军官想取消轰炸计划,改派一些战斗机去敏加拉洞机场引诱并歼灭敌方飞机。另一些人提出,"水牛"和"喷火"战斗机都不是中岛"九七"式战斗机的对手,第77战队就曾在没有损失任何战斗机的情况下,声称击落了九架盟军战斗机。这些人放言称:"下一次我们会有更佳的战绩,即便是面对'喷火'战斗机。尽管它们比日本战斗机速度更快、火力更强大,但它们的操控性较差,飞行员水平不高。在空中进行近身格斗时,我们的战斗机是十分优秀的,有很大的机会取胜。"他们认为,只需要派战斗机对轰炸机进行护航,就能实现诱歼敌人的目标。

菅原分开了激烈争吵的双方,一边修复在周三的空袭中受损的飞机,一边呼叫增援。第12战队的重型轰炸机从柬埔寨的金边赶到,第47独立飞行中队从越南的西贡前来，该中队装备中岛公司 Ki-44 型"钟馗"战斗机，这是一种把"隼"式战斗机的机身和一台 1,500 马力的轰炸机引擎拼装在一起的实验产品。中队里只有九架"钟馗"战斗机在编，其中三架还在前往曼谷的路上坠毁了。剩下的六架飞机到达廊曼机场时，中队指挥官无奈地表示，它们的航程不足以从曼谷起飞提供护航，而且由于机身过重，无法从靠近仰光的条件较差的沙土机场起飞。

稍微让日本人高兴一点的是，加藤建夫少校的第 64 战队从马来半岛被调过来，他们在太平洋战争初期曾大显身手，用敏捷和灵活的技巧把盟军飞行员打得晕头转向。平安夜中午，第 64 战队的 25 架"隼"式战斗机从马来半岛起飞，历经 450 英里的航程到达曼谷。他们已经准备就绪，第二天就能前往攻击仰光。

第 62 战队的地勤人员已经修理好在缅甸上空受损的轰炸机，其中有八架"九七"式轰炸机仍能执行往返战斗任务。他们接到的命令和上次一样：向北飞至内杏，与第 77 和第 31 战队会合，一同前往敏加拉洞。在他们的轰炸机弹药舱中，除了炸弹还有一束准备投放到敏加拉洞的鲜花，用来纪念在周二的作战中阵亡的人员。

第 60 战队拥有 36 架可用的轰炸机，比它在上一次作战时派出的轰炸机还要多。新到达的第 12 战队有 27 架轰炸机，全部是经过改装的火力强大的"九七"式重型轰炸机。山本健二将军宣称，他本人将亲自带队上阵。山本是一名长期身处办公室的体态肥胖的军官，他曾指挥第 12 战队参加侵华战争，在这次作战中，他选择了排头领航的轰炸机作为自己的座机。现任的战队指挥官北岛熊夫上校也与山本一同登机。第 98 战队正在悼念阵亡的指挥官，没有参加周四的空袭。

"隼"式战斗机群和轰炸机群在曼谷以西的湄南河上空会合。加藤少校、指挥班子以及另外一个中队一起领飞，第二个中队负责掩护上方，第三个中队掩护后方。以日本空军的标准来看，这是一种饱和式的护航——25 架战斗机保护 63 架轰炸机。天气状况近乎完美，机队在 19,000 英尺的高空进入缅甸后，机组成员就能远眺到仰光城和周边闪闪发亮的湖泊及河流了。

此时，日军机队的阵形分开了。山本和北岛所在的那架领头的轰炸机由于一台引擎出现故障而渐渐掉队，第 12 战队其余的轰炸机和加藤少校的 10 架战斗机也跟着它下降至 18,000 英尺的高度。由于日本空军的无线电通信器在起飞后基本就像废铁一样，因此他们花费了很多时间重整阵形。最终，六架轰炸机和加藤的战斗机留下保护山本和北岛，其余飞机回到指定高度，由小浦喜熊少校负责指挥。第 12 战队这时远远落在第 60 战队的后面，小浦决定直飞仰光，而不是按原计划经毛淡棉飞往仰光。这段插曲使袭击仰光的队伍分成三部分，造成小川小次郎指挥的第 60 战队的 36 架"九七"式轰炸机完全没有得到战斗机的保护。

与此同时，第 62 战队八架破破烂烂的"九七"式重型轰炸机向北飞至内杏，与 27 架"九七"式轻型轰炸机和 32 架"九七"式战斗机会合。轰炸机的机组成员在出发前收到了便当，但他们因紧张害怕而毫无食欲。在周二的那场屠杀之后，他们对活着返航并不抱太大的希望。

* * *

圣诞节早上，中队长奥尔森收到日军机队进入缅甸的消息，他在上午 11 点 30 分派遣"战斧"飞机升空。与周二那天相比，他们的配置刚好相反，乔治·麦克米兰在沙廉的炼油厂附近警戒，帕克·迪普伊则在机场上空巡逻。几分钟前还因闷热的热带气候而满身大汗的飞行员，现在却因为高海拔的严寒而瑟瑟发抖。他们向下鸟瞰，能清晰地看到敏加拉洞机场的白色三角形跑道，以及绿褐相间的稻田和仰光周边波光粼粼的湖泊与河流。当天中午在缅甸上空还有一架道格拉斯 DC-2 型飞机，机上载着阿奇博尔德·韦维尔爵士和乔治·布雷特将军，他们刚好从重庆返回。轰炸开始前几分钟，道格拉斯飞机降落在敏加拉洞机场，奥尔森马上催促他们躲进防空壕。

小浦少校的机队率先抵达仰光。他们投下炸弹后就向东南方飞去，15 架"隼"式战斗机竭尽全力追上他们，试图让轰炸机群保持在视野之内。片刻之后，山本的机队到达，在 14,000 英尺的空中投弹后，同样转向东南方的马达班湾。

乔治·麦克米兰在沙廉上空发现了从仰光返航的日军机队，他回想起陈纳德在凯多机场描摹的飞机结构图，把装备了可收起式起落架的"隼"式战斗机误认作"零"式战斗机。七架"战斧"战斗机扑向日军，对抗敌方的35架飞机。这场战斗中的明星无疑是杜克·赫德曼，一个不讨人喜欢的年轻人，在圣诞节那天之前，他还只是因为一手钢琴弹奏技艺而被别人佩服。尽管他在钢琴方面并没有很高的天赋，但他充满热情，喜欢一边叼着烟一边弹琴来消磨闲暇时光。

在12月25日的战斗中，赫德曼一直等到距离敌机150英尺时才开火，在敌机即将在面前爆炸的瞬间俯冲飞走。他在战斗报告中写道："我从敌机左翼的下后方接近，我在它的正后方向它持续开火……直到阵形最后面的那架轰炸机被击中，它前段的机身下部冒出火焰，以45度角撞向地面。我继续保持在相同的位置，迅速装填子弹并向上飞去，朝另外两架敌机一通连射……然后用一个半翻滚动作脱离。在下一次进攻中，我注意到有三架敌机离开了主阵，我从下方靠近并在距离右翼轰炸机100码的地方给了它一串短连射，它的右侧引擎冒出黑色的浓烟，机身慢慢地向右倾斜。我拉起飞机，直接飞到领头的飞机后面，在离它100码开外的地方来了一串时间稍长的连射。领头的飞机拖着黑烟笔直地向下坠去。一发子弹从剩下的那架轰炸机上打来……射穿了我的座舱盖，从左侧打进了我座椅上的头枕。我赶紧大幅度地半翻滚，并看见一架日军的'零'式战斗机正在距我右侧大约500码的地方做规避动作。我立刻转向它，在距离300码时向它开火。那架飞机变成一团火球，笔直地向下栽去。"

日军战斗机此时正在追逐柯特·史密斯，就是那位试图在"博斯方丹号"轮船上执行军事纪律的33岁的飞行员，他在战斗结束的几天后吹嘘说："当时一度有多达13架敌机在追我。"但史密斯的战斗总结大概只需要一个词，那就是"一无所获"，这恰到好处地评价了他在仰光空战中的表现。他带着满满的子弹箱回到敏加拉洞机场，从那以后，大家都无视他，装作麦克米兰的小队里只有六架战斗机。

赫德曼逐走了史密斯身后的日军战斗机，但自己也遭到了攻击。他半翻滚着向下俯冲，从20,000英尺的高度一直降到5,000英尺，就像坐着电梯一样向下急坠。（日本人注意到"敌方飞行员运用了一种技术，就是打一下然后迅速地俯冲逃跑"。）赫德曼利用云层的掩护甩开了日本飞机，根据仪器的指引飞到皇家空军位于茂比①的疏散点——皇后高地。当他降落时，飞机的油箱里几乎一滴油都没有了。他被认定击落了四架"九七"式重型轰炸机和一架"隼"式战斗机，仅仅经过一场战斗就成了王牌！但并不是所有的胜利成果都会转化为他个人的奖金，因为在当天早上，赫德曼本人就在营帐里提出由小队成员平均分配击落数，这使他与美国志愿航空队的第一个王牌称号失之交臂。

查克·奥尔德的情况也与之相似，他在12月23日击落了两架轰炸机和一架被误认作"零"式的战斗机；R.T.史密斯击落了两架轰炸机和一架战斗机；乔治·麦克米兰击落了三架轰炸机；汤姆·海伍德和埃德·奥弗伦分别击落了两架轰炸机。但在记录上，每个人的战绩都是平均数，即"三点几"架飞机。

志愿航空队的损失是两架"战斧"战斗机。在攻击完第二架轰炸机后，奥弗伦报告称："我试图飞离，但发现控制杆被卡住了。飞机向右倾斜，引擎在徒劳无功地转动……我全力向左摆正飞机，好不容易才使右翼平衡上来。"最后，他用机腹着地的方式在一片已经排干水的稻田里迫降，地点位于仰光以东30英里处。另一个不幸的人是麦克米兰，他的胳膊受了伤，飞机的右翼和冷却液箱被日军轰炸机的机枪手打穿，最终在栋瓜②附近的田野迫降。

*　　*　　*

帕克·迪普伊的小队紧跟在小川上校的第60战队后面，它们正从西北方向盘旋着接近仰光。同时，在内杏上空集合的混成机队正从东面接近敏加拉洞，前来增援第60战队的吉冈少校的战斗机已经到达，加藤队伍里的部分"隼"式战斗机也加入了他们。随后的战斗基本上变成了一架

---

① 缅甸地名。
② 缅甸地名。

"战斧"战斗机对阵若干架日军战斗机。比尔·里德报告称:"一架敌机试图吸引你去进攻,其他两架敌机则趁机占据高处有利位置。"鲍勃·布洛克击落了一架"九七"式战斗机,但马上就遭到另外四架敌机的攻击,他俯冲进云层,摆脱了敌机。肯恩·耶恩斯泰特声称击落了一架"零"式,随后在两架敌机的追击下被迫撤离。弗雷德·霍奇斯(Fred Hodges)在进攻中曾三次陷入敌方的陷阱,最后也只能撤退。(队友们把霍奇斯称作"无畏者",以嘲笑他在凯多机场上表现出的对昆虫的恐惧。)迪普伊的遭遇也大致相同,他向一架"有着方正翼尖和直列式引擎"的日军战斗机发起了正面进攻。(迪普伊认为那是一架德国制造的梅塞施米特109式战斗机,皇家空军飞行员彼得·宾汉沃利斯也确认了这一说法,但日军序列中并没有这种飞机。)迪普伊看着对手坠毁在泥滩上,紧接着又发现一架"隼"式战斗机喷着火舌从上方扑来,于是急忙向下俯冲躲开。此后,他三次回到原先高度,同一架明显落单的日军战斗机缠斗在一起,但每次都被它的同伴逐走。

迪普伊碰到的那个坚持不懈的对手很可能就是加藤少校。加藤在飞往仰光的路上一直担心着没有任何护航的第60战队,他后来在日记中写道:"忧虑渐渐充满了我的内心……(在第12战队投弹后)我立刻以最快的速度赶到小川指挥的轰炸机队那边。一路上,我击落了两三架敌机。"根据第64战队中一位名叫桧与平的飞行员的说法,加藤的其中一名手下败将是埃德·奥弗伦,另一名可能是迪普伊,他那不断俯冲逃避的战术可能使加藤误以为他已被击落,但这名眉毛浓密的工程师仍然坚持在战斗第一线,而且飞到了马达班湾。迪普伊在那里发现了加藤抛下的七架轰炸机,他立刻对领头的一架发起了迎头痛击。如果他把那架飞机打下来,无疑将是奇功一件!但他被留在轰炸机旁进行护航的"隼"式战斗机逐走了,山本和北岛因此得以活着回到曼谷。

比尔·里德此时正在同一航线上寻找机会,他击落了一架战斗机(他误认为是一架"零"式),同其他的战斗机进行了交火并俯冲逃走,然后沿着海岸线追击轰炸机队。他在那里碰到了正与日军战斗机近身格斗的迪普伊。这两架"战斧"坚持了五分钟,仍然没有机会,只能返航。当他们在 20,000 英尺的高度返回时，他们看见两架日军战斗机在下方朝相反的方向飞去。凭借高度优势，迪普伊和里德立刻 180 度转向，猛扑向下攻击敌机。里德在报告里说："我对其中一架敌机进行了近距离的射击，它立刻爆炸并栽进海里。"里德杀死的是若山重胜中士，他是日本空军第 64 战队在太平洋战争中的第一名阵亡者。

迪普伊一开始瞄准的也是若山，当他看到敌机迅速爆炸后，便向左拉动控制杆，转而攻击另一架"隼"式。但他发现自己的飞机速度太快，马上就要赶超对手。迪普伊赶紧做了一个半翻滚动作，试图从敌机的左下方飞过去，他差点就能成功，但"战斧"的右翼尖端划进了对方机翼和机身连接处最脆弱的部位。用一位日本作家的话来说，日本飞机的左翼"像一只蝴蝶般"折叠起来。

驾驶这架飞机的是 23 岁的奥山浩①中尉，他来自日本的九州岛。（大部分说法认为，迪普伊和里德在这次遭遇战中共击落了三架"隼"式战斗机，里德打下了其中两架。但只有奥山和若山在此次战斗中失踪，而且志愿航空队的记录也表明，里德在机场上空击落了第二架敌机。）

多年以后，迪普伊告诉笔者："对方旋转坠落，我十分震惊，心里想着要马上远离它。"迪普伊看着奥山以近乎疯狂的速度和极小的半径旋转着掉入海里，而他自己的"战斧"则一直保持着相撞前的姿态，左翼向下指着海面，右翼向上指着天空。

迪普伊向上张望，发现飞机的右翼尖端被削掉了 4 英尺，部分副翼也不见了。他测试了一下控制系统，发现副翼的内侧和机翼的铰链仍然连接在一起，于是他小心翼翼地把飞机调回水平状态。他回忆说："当我发现飞机还能飞行后，便向最近的海岸飞去。"那里是丹那沙林，在并无异常地飞了几分钟后，他决定直接返回机场。"我改变了方向，经过 45 分钟的飞行，我到达了仰光……并以 142 英里的时速降落。据我所知，从没有人试过以比这更快的速度驾驶'战斧'飞机着陆。但我不关心这个，而是全神贯注地躲开跑道上的弹坑，这是日军对机场狂轰滥炸后留下的痕迹。我

---

① 原文为"Okuyuma Hiroshi"，应为"Okuyama Hiroshi"（奥山浩）之误。

成功避开了那些弹坑,当我停下飞机,爬出机舱并望向跑道时,我回想起刚才遇到的种种状况,感到一阵后怕而开始发抖。"迪普伊用非常规的方式击落了敌机,使"地狱天使"中队在圣诞节当天宣称的击落数达到了至少 24 架。

而英国皇家空军就明显没有那么成功了。14 架"水牛"战斗机在"战斧"战斗机之后起飞,直趋由西北面逼近仰光的小川上校的轰炸机队。当他们仍在爬升时,日军第 77 战队的"九七"式战斗机已经迎面赶到。五架"水牛"战斗机被击落,四名飞行员阵亡。剩下的人击落了日军的三架战斗机和一架轰炸机,使盟军当天宣称的击落总数达到 28 架。

日军的实际损失数是 10 架,包括在马达班湾上空被里德和迪普伊击落的两架战斗机。第 77 战队损失了四架"九七"式战斗机:染谷正志中尉和青木准尉的飞机,他们都被击落并阵亡;一位名叫李坤泰(音)的中尉跳伞降落并成为俘虏(日本历史学家指出,这名李姓中尉是韩国人后裔,因此他不愿像其他日本士兵一样选择"玉碎");第四架飞机在泰国境内降落时坠毁。至于轰炸机编队,北岛上校的第 12 战队有三架飞机被直接击落,可能全部是麦克米兰小队的"杰作";第四架飞机因为受损严重,在返航过程中在一片竹林中坠毁,但机组成员生还。有一架轰炸机带着 80 个弹孔回到了曼谷,一名飞行员和两名机枪手被打死,机舱内部"血流成河"。

其他轰炸机编队的遭遇要稍好一些。第 60 战队有几架"九七"式重型轰炸机受损,运气较好的第 62 中队则没有遇到任何阻击,机组成员全都对这种好运气感到难以置信。向敏加拉洞机场投下炸弹和花束后,他们返回泰国境内,在群山上空享用午餐,幸存者们说,便当盒里的巧克力"无比香甜"。

如果说盟军对 12 月 25 日的战果夸大其词,那么日军宣称的战绩就更是异想天开了。他们的战斗机中队声称击落了 17 架盟军飞机,轰炸机机枪手则声称击落了 19 架。(盟军的实际损失是五架"水牛"战斗机和两架"战斧"战斗机,再加上迪普伊那架受损的飞机。)如此"显著"的胜利却并未使加藤少校感到宽慰,他在日记中写道:"我感到非常懊恼,又感到要为部下没有接受彻底的训练负责。我向北岛上校道歉……整天因为这种责任感而备受煎熬。"之前在对阵中国和苏联空军时，加藤允许手下的飞行员以环形飞行庆祝胜利和展现自己最拿手的飞行技术，就像其他地方的战斗机飞行员一样。但这种情况不会再有了！加藤告诉他们，从今以后要像一个团队一样作战，不允许脱离阵形与敌人单挑。但加藤本人以前也常常这样做，至于他的队员们有没有为此发笑，由于战后的回忆录均未提及此事，我们也就不得而知了。

敏加拉洞机场再次遭到损毁。里奥·克洛西尔（Leo Clouthier）和保罗·佩里被弹片割伤，一枚炸弹在距离韦维尔和布雷特将军的战壕40英尺处爆炸，这枚近失弹就像日军的山本将军在马达班湾上空体验到的致命危险一样，都可以说是仅差毫厘。地面上有八架"水牛"飞机被炸毁，几门防空炮连同印度炮手一起被炸上了天，每条跑道上都留下了大大小小的弹坑。仰光的损失更为惨重，死亡的平民估计多达5,000人。

有传言称，比尔·波利当晚为机场带来了一顿圣诞节大餐，他装了整整一卡车的食物运到机场，并即兴举办了宴会。如果传言属实，那么皇家空军的战斗机飞行员们就没有受到邀请。维克·巴奇在给家人的信中写道："圣诞节晚上，我们来到围墙全部被炸飞的食堂，吃了一点罐头牛肉，喝了一点难喝无比的茶，权当圣诞晚餐。"平时在厄普菲尔家中吃饭的英国军官这次也不走运，一枚炸弹摧毁了厄普菲尔的房子，他们只能举家搬到城市的其他地方。

这顿圣诞晚餐是比尔·波利最后一次为仰光的志愿航空队服务。他封闭了菲氏大街上的办事处，只留下一组精干的人员为奥尔森的中队服务，随后就加入了逃难的人潮。这股难民潮囊括了整个缅甸的大半人口，难民们或坐车或步行，组成一支望不到尽头的队伍，缓缓经过机场，机场上的人把他们称作"鳄鱼"。有权有势的人则乘船离开，前往印度。

12月25日黄昏时分，奥尔森仍然没有收到奥弗伦和麦克米兰的消息，他认为他们已经阵亡，再加上之前的伤亡人数，两周前从凯多机场飞来的队伍如今只剩下四分之三。一些地勤人员后来曾声称自己鼓励过这些飞行员，他们劝奥尔森、柯特·史密斯和其他飞行员打起精神，重新上阵。如果此事属实，那么他们的建议并没有得到采纳。在圣诞节结束之前，奥尔森来到皇家空军的联络处，向陈纳德发去了电报："机场严重受损。两架飞机和两名飞行员失踪，三架飞机受损。目前可供撤离的船只甚少，也缺乏补给，建议撤离或增援。友军帮助甚少。我们在努力奋战，两名地勤人员受了轻伤……等待进一步指示。"

第二天，奥弗伦和麦克米兰出现在机场，这使奥尔森深感振奋，他又发出了一封扬扬自得的电报，形容圣诞节的作战就像"打野鸭"一样。这句吹嘘的话后来经常被研究志愿航空队的学者引用，但他们却常常忽视了之前那封请求撤离的电报。奥尔森仍旧请求增援，他说"地狱天使"中队如能"得到整个大队的增援，就可以将整支日本空军打到瘫痪"——也就是要求陈纳德将"熊猫"和"亚当和夏娃"两个中队都调至仰光。

高高地飞在天上的日军飞机把缅甸南部炸了个底朝天，表明一场空降入侵已经迫在眉睫，这使得盟军飞行员们夜不能寐。在12月8日之后，日本陆军似乎能随时发动一场入侵，即便是夜间的伞降作战，也完全不在话下，尤其是在满月的晚上。没到过热带地区的人们大概也能想象得到热带地区的满月是何等耀眼，足可以把半夜辉映成洒满银光的白昼。在敏加拉洞机场，丹尼尔·霍伊尔在中队日志里记录道："中队已经差不多筋疲力尽了，大家都惶惶不安，状态不佳。"皇家空军的第67中队也好不到哪里去，一位英国记者在报道这些飞行员的情况时说："我很少见到这么多小伙子都如此神经紧张。"

* * *

随着驻防香港的英联邦军队的投降，志愿航空队在圣诞节那天失去了一位人事秘书。身在香港的乔·奥尔索普烧毁了与志愿航空队有关的证件，用现金兑换了宝石，然后和其他英美籍人士一起被日军拘留在赤柱要塞里。他一点点地用宝石换取食物和一名老师的指导，有赖于此，他不仅活了下来，还阅读了孔子和孟子的大部分原著，他将其形容为"一项没什么用但也相当了不起的成就，使我浑身充满了自豪感"。

在香港被逮捕的还有多琳·伦堡，但她的丹麦护照和当地人的口供使日军相信她是中立国人士。日本人允许她和其他难民一起乘轮船前往华南沿海的湛江,她从那里出发前往昆明,寻找在志愿航空队中供职的威廉·戴维斯。

蒋介石拒绝和英国人分享《租借法案》提供的物资,但具体负责法案实施的美国陆军中校约瑟夫·特威蒂(Joseph Twitty)无法拒绝大英帝国一位三星将军兼骑士的请求。于是,韦维尔将军成功获得了40门防空炮和100挺机枪,他用这些装备加强了仰光的防御。布雷特将军也染指了《租借法案》的物资,这一点从他发给陈纳德的电文中即可看出:"仰光方面得到的装备能发挥巨大作用……我已向美国方面建议,请求他们每星期给予你6架飞机,并用来加强仰光的防御。我还请求了特威蒂,让他把飞机的备用零件运到码头,向奥尔森提供帮助。在此之前,请问你可以派遣6~10架飞机和相应的飞行员到此处帮忙吗?我深感这里迫切需要美国志愿航空队,直到英国空军可以派遣一个中队前来。"

每周6架飞机可是一个不小的数目。陈纳德满怀希望地向罗斯福总统写了一封信,这是一个历史性的瞬间,作为一位军衔不实的上校,陈纳德正在给经历着历史上最危险时期的美国总统写信:"由您亲自授权成立的美国志愿航空队在此欢欣鼓舞地向最高统帅汇报:在过去的三场战斗里,我方以仅损失两名飞行员的代价击落了29架日本飞机。如能立即给予数量不大的、种类和型号恰当的飞机,再加上若干人手,我们便能同中国人紧密合作,重创日本空军并狠狠打击其士气,使其在中国-缅甸-马来半岛战区变得无足轻重。我们相信,这些行动都应得到立即执行,且应得到盟军方面的全力支持。请您放心,志愿航空队的目标就是在这场残酷冷血、不宣而战的战争中贡献自己的最大力量。"

陈纳德在写给美国驻华军事代表团的马格鲁德将军的信中也提到:"这些数据表明我们的飞行员和飞机远胜于日本,若能给予更多军力,我们可以在大量杀伤日军飞机和人员的同时迅速摧毁其士气。"为了取得这种效果,他需要立即得到50架战斗机以及备用的螺旋桨、无线电仪器、导航仪器、氧气瓶及面罩、起落架、挡风玻璃、座舱盖、发电机、火花塞和冷却液箱。之后还需要每月得到25架战斗机、15名飞行员以及稳定的弹药供应。最后，他还要求得到36架双引擎轰炸机（其实就是之前被放弃的第二美国志愿航空队计划），再加上双倍的美国飞行员、机枪手和无线电操作员。

随后，陈纳德开始着手解决当前最迫切的问题——在敏加拉洞机场陷入窘境的"地狱天使"中队。12月27日周六早上，陈纳德命令杰克·纽柯克做好准备，前去接替奥尔森。第二天，一架中国航空公司的飞机把第2中队的地勤人员和部分飞行员运到仰光。霍伊尔写道："我们很高兴能看见他们，每个人都希望甚至是渴望着离开仰光回到昆明……今天是周日，没有什么异常情况真是不错，我猜日本人是受够了。"

霍伊尔的猜测八九不离十。在菅原设在曼谷的总部里，争论从圣诞节开始就一直没有停过。盟军的战斗机飞行员一直被描述为非常平庸，日本空军的长官们现在却发现他们的速度"十分惊人"，这都是因为原来那种同日本战斗机缠斗和较量变向的战术被"打了就跑"的策略取代了。讨论到最后，菅原决定取消对仰光的轰炸计划。从此以后，菅原只专注于马来半岛和新加坡，他的轰炸机能在这些地区来去自如。

12月25日的战斗还有另外一个版本。在东京，它是这样被报道的："在圣诞节当天，大日本帝国陆军的空中斗士以庞大的阵形压向仰光，对英国的这个前哨基地发动了第三次毁灭性的空中打击，摧毁了一座发电站和一座机场，在空战中击落了40架敌机，还有8架敌机在地面上被炸成碎片。"

陈纳德向罗斯福发出的请求达到了目的，劳克林·柯里代表总统向他致以"强烈的钦佩和感激之情"。在陈纳德的要求之外，柯里还让他在加尔各答和卡拉奇① 分别获取了7,000磅和500磅零件。最好的消息莫过于补充的战斗机——50架P-40E"小鹰"战斗机——已经运送上路。这是由柯蒂斯公司开发的新型战斗机，机首下部更为肥大，用于取代在1940年至1941年冬季出售给中国的"战斧"飞机。它们将在2月底之前由"弗恩·格伦号"轮船运到非洲，由美国陆军的人员进行组装，其后直接飞赴

---

① 巴基斯坦西南部港口城市。

昆明。有 15 名飞行员会留在中国，这实际上达到了陈纳德请求的一个月的配额。

在这一过程中发生了一段比较讽刺的小插曲。12 月 28 日，一艘装载着 30 架伏尔提 P-66"先锋"战斗机的货轮在仰光河道下锚，上面那些木铁结构的飞机原本是要出口到瑞典的，但被美国政府征用后，它们被分配给了志愿航空队，用于组建第三支飞行大队。然而，由于波利关闭了仰光的工厂，陈纳德无法组装这些飞机，只好让货轮把它们运回印度。

与此同时，劳克林·柯里仍在努力把陈纳德的非正规部队纳入编制，他给身在重庆的马格鲁德将军发电："陆军愿意接收志愿航空队，使之成为正式的军队编制单位。为了使该大队获得稳定增长的飞机、补给和人员供应，我倾向于实现这一方案。如果他们仍在陆军编制之外，则几乎不可能达成这一目标。"为此，马格鲁德在 1941 年 12 月 31 日向战争部发去一份冗长的电文，提议将志愿航空队纳入陆军，成为第 23 战斗机大队。陈纳德的手下可以一次性获得合同与军队薪水之间的差额补偿。对于那些拒绝接受改编，或者在生理、精神和道德水平上不符合陆军标准的人员，将由中国的飞行员和地勤人员取而代之，"以此向全世界彰显民主国家之间精诚合作和紧密团结的精神"。解决编制问题后，马格鲁德却没有鼓起勇气解决陈纳德这一难题。他不加评论地提起蒋委员长的推荐："鉴于其过去的服务和功绩，克莱尔·L. 陈纳德应担任（所有美国在华空军单位的）指挥官。"其中并未特别提及其军衔问题。

发出这封乐观向上的电报后，马格鲁德紧接着就同一主题发出了另一封电报。这封电报对志愿航空队的评价可能是有史以来最为悲观的："尽管陈纳德个人取得了不俗的成绩，尽管这支队伍取得了初步的成功，但从其组成和供应情况来看，它无法坚持下去。其职员工作低效，指挥系统不正规，供应系统混乱。"他指出，奥尔森、纽柯克和桑德尔这三名中队长应由美国陆军派员取代，军队的文职人员也应从哈维·格林劳和斯基普·阿代尔这样的业余人士手中接管工作；陈纳德的总部和每支中队的指挥部还需要"一支完全由军队人员组成的工作人员队伍"。马格鲁德相信，如果志愿航空队不按这种方式进行改组，"其军事价值将会大打折扣"。

马格鲁德并不是唯一一位得出这种结论的美国军官，尽管志愿航空队在对阵日军时取得了三场大捷，但大多数人仍认为他们远不是日本空军的对手。向陈纳德发出贺电几天后，布雷特将军接受了英国战地记者奥多德·加拉格尔（O'Dowd Gallagher）的采访，这名记者和自己的两位美国同事一起匆匆赶到缅甸，报道正在发生的战事。他向布雷特询问仰光还能坚守多久，这位身处亚洲的美军高级官员和未来将直接监管陈纳德及改编后的志愿航空队的将军答道："我认为最多三周。"

8
"向前倾"

杰克·纽柯克是一位又瘦又高、面相粗犷、经常露齿微笑的28岁的年轻人，他想蓄起战斗机飞行员那种标志性的小胡子，但一直不怎么成功。女人们觉得他很有魅力，当然他也觉得女人很有吸引力。作为纽约州白原市一名律师的儿子，纽柯克曾当过鹰级童子军①、《时代周刊》的勤杂工、美国陆军的少尉和航空公司飞行员，后来他加入了海军，受训成为一名战斗机飞行员。吉姆·霍华德如此描述他："他是个高大、笔挺而英俊的男人，有着随和得近乎懒洋洋的外貌，但内在却充满了精力。"纽柯克对于日军暂停攻击仰光感到很泄气，整整三天一直在等待敌人来袭。防空警报偶尔会错误地响起，但天空中仍然没有一架日军飞机的影子。纽柯克把"熊猫"中队的人都集合起来，他对队员们说："现在把战火引向敌人！"

实际上，纽柯克也是在执行美国空军的唐纳德·史蒂文森（Donald Stevenson）少将的命令。史蒂文森在元旦那天取代了皇家空军的大队长曼宁，走马上任成为缅甸地区空军的最高长官。史蒂文森手里一共只有2架轰炸机和30架战斗机，但他在战后的备忘录里却不无自夸地说，这并不令人感到气馁。"因此，我开始'向前倾'，着手把部分战斗机派出去，让他们寻歼敌人……我希望日本人把飞机分散开来，去保护他们漫长战线上的各个薄弱地点，这样就能削弱他们在中部对仰光构成的压力。基于这

---

① 美国童子军中的最高级别。

一点，我在1月2日下达了相关指令。"

　　这种想法与不列颠军人的传统有关，在他们的传统思维里，士兵是大无畏的，战斗是光荣的，战争是莫名其妙地没有血腥的。史蒂文森所谓的"向前倾"，就是让英军和"熊猫"中队的飞行员深入泰国，冒着防空炮火，攻击停在地面上的日本空军目标。他很清楚地知道，如果稍微出错，这些飞行员就会被杀或者被俘，但他还是下达了这一命令。来自新西兰的飞行员们因此把他称作"杀手史蒂文森"。

　　第一个攻击目标是位于达府①附近的简易机场，距离泰缅边境约50英里，位于边境线的群山后面。日军把这座机场称作"内杏"，平时的防御部队是第77战队的三架飞机。然而，日军的江藤丰喜上尉当晚和另外九架"九七"式战斗机一起待在内杏机场，正准备在拂晓对毛淡棉的皇家空军基地发起进攻。在1月3日的日出之前，双方差不多同时起飞，纽柯克从敏加拉洞飞往泰国，江藤从达府飞往缅甸。

　　与奥尔森不同，纽柯克亲自领导第一次进攻任务。伯特·克里斯特曼被指派为纽柯克的僚机，但引擎故障让这位前漫画家不得不返航，这使得攻击分队里只剩下三架飞机。他们向东飞越绿褐相间的缅甸南部三角洲和泛着波光的马达班湾，从毛淡棉以北重新进入缅甸领空。当他们飞至毛淡棉时，当地的机场已经遭到了江藤机队的袭击，冒起了滚滚浓烟。四架印度空军的双翼飞机还没来得及执行它们的第一次任务，就被日本人击毁在地面上。

　　三架"战斧"战斗机以10,000英尺的高度飞越了泰国西部的多纳山脉，面向东升的太阳进入泰国腹地。在纽柯克的带领下，他们一直飞过达府，然后转身回来，这样就可以背对阳光发动攻击。他们以250英里的时速向机场俯冲，欣喜若狂地发现日军战斗机就像鸭子一样蹲在机场上，它们的螺旋桨还在转动。美国飞行员误以为日机正要起飞，但事实上这些飞机刚刚空袭完毛淡棉回来。机场周围甚至还有数量不少的围观人群，就像机场上空要上演一场飞行表演一样。按照日本人的说法，当"喷火"战斗

---

① 泰国西部城市，是泰国与缅甸之间的交通要道。

机背对太阳冲下来时,有三架"九七"式战斗机停在地面上,另外三架正准备降落。

特克斯·希尔回忆说:"我全神贯注地盯着地面上的敌机,完全没有想过要抬头看一眼。我们三个人全都向下压,直到接近机场时,我才向上看了一下,发现有另外三架飞机正在和我们相同的起落航线上。刹那间,一架日本飞机已向吉姆·霍华德发起进攻,紧咬在他的身后不放,把他吃得死死的。"这是江藤上尉的第三支小分队,当时正准备降落。

由于特克斯·希尔正在全力以赴地扫射地面,杰克·纽柯克只好独自对抗空中的敌机。他在报告中写道:"我看见两架敌机以2,000英尺的高度在机场上空盘旋,于是从身后向最近的一架发起攻击。经过两次扭动,它冒出黑烟,翻滚着向左侧飞去,最后坠毁在森林里。副队长吉姆·霍华德此时正在攻击地面目标,我看见地面上冒出了大团火焰。"

志愿航空队里曾有人把吉姆·霍华德称为"自动驾驶员",以此形容他每次执行任务都有板有眼、按部就班。在1991年出版的回忆录中,霍华德自称知晓空中有日军飞机,但决定不理他们,他写道:"我们的任务就是攻击机场地面上的飞机,于是我铆足劲向地面目标开火。"他向一架貌似正要滑翔起飞的战斗机打出了一串长达五秒的连射。这时,他向左一瞥,看见了一幅奇怪的景象:"周围看热闹的观众像波浪一样互相拉扯着散开,试图避开横飞的子弹。"与此同时,一架"九七"式战斗机紧咬在后面,两挺机枪朝他开火,用特克斯的话来说:"把他吃得死死的。"

特克斯中断了扫射,转而攻击有生目标:"我赶紧绕向一名敌军士兵,朝他开火。我甚至都没有看瞄准器,只是顺着曳光弹的轨迹望去,就像在花园里用水管浇水一样。随着飞机的俯冲速度加快,我追上了他,子弹把他撕碎了。我飞过他的尸体,拉起飞机,准备再来一趟,就在这时,我碰到了直直地向我扑来的敌机。"

自认为解决了第一架敌机后,杰克·纽柯克冲向另一架敌机,明显就是紧咬着特克斯的那架"九七"式战斗机。纽柯克飞到它身后,向它打出几次连射,不料它却以"最快和最意想不到"的方式向上抬头飞起。那架"九七"式战斗机向上拉起,翻转了两次,正对着纽柯克的飞机。这就是发明于"一战"期间大名鼎鼎的"殷麦曼回旋",到"二战"时仍然是日本飞行员的最爱。纽柯克在战斗报告中记录道:"我们各自迎面向对方开火,他向上拉升,飞过我头顶。从他的飞机上掉落了一些零件,他的飞机失去了速度,旋转着落入丛林。"

此时,吉姆·霍华德完成了一趟扫射,正转身回来开始第二趟:"我朝一排停在机场上的飞机冲过去,拇指一直紧紧地按在开火键上。机枪子弹所到之处,一排战斗机悉数被毁。我向后拉动控制杆,准备逃跑,但机器失灵了!机首刚刚抬起,我的飞机突然剧烈地震动了一下……整流罩向外冒出浓烟,轰鸣的发动机变得沉寂无声,螺旋桨就像风车一样空转。我应该是被地面炮火击中了。"霍华德只好盘旋回来,试图在刚才那些被他扫射过的飞机中间迫降。这时,奇迹发生了——飞机上的艾利森引擎响了几下,又重新启动了。霍华德拉起飞机,却发现自己正和两架"九七"式战斗机飞在一起,幸好那两名日本飞行员专注于地面上的火光和混乱状况,没有攻击他。

回到敏加拉洞机场后,"熊猫"中队重现战斗情景的方式与马克斯·殷麦曼那个时代如出一辙——说笑、吹嘘、像巴厘岛舞者一样手舞足蹈。特克斯·希尔大谈自己如何击落了一架紧咬着霍华德机尾不放的"九七"式战斗机,但他的搭档霍华德却拒不承认有任何飞机曾牢牢咬住自己。为了终结这场争论,他们走到机场跑道上,在霍华德座机的尾部和机身上数出了11个弹孔,接着轮到特克斯的座机,机翼上有31个弹孔。特克斯之后说:"在那场战斗之后,我开始变聪明了,我想我的脖子变长了1英寸——整天抬头四处张望,自然而然就会这样。"

吉姆·霍华德摧毁了地面上的四架日军战斗机,希尔击落了一架,纽柯克击落了两架。日军方面的记录则显示,机场上有两架战斗机被击毁,一架在空中被击落,飞行员横山准尉受伤,需要两个月的疗养。实际上,美国人只击落了一架"九七"式。纽柯克、希尔和日军都承认,当时机场上空只有三架"九七"式战斗机,而最后离开战场的吉姆·霍华德在逃离时看见其中两架仍在飞行。它们是别府中尉和松永中士的座机,后者还宣称击落了一架"喷火"战斗机,指的可能就是吉姆·霍华德的座机。

总而言之，日军宣称击落了三架"喷火"战斗机，而且击伤了其他几架飞机。这又是一个很好的例子，生动地说明了战斗如何使双方都夸大了参战者的数量。

* * *

在1942年1月的第一周里，日本空军抽调了75架飞机攻击缅甸，包括第77战队的"九七"式战斗机、第31战队的"九七"式轻型轰炸机和第62战队的"九七"式重型轰炸机。菅原手下的其他飞机转而攻击新加坡，只留下这三个大队为即将到来的缅甸入侵战做准备。从1月4日周日这天开始，日军在日出时对毛淡棉进行扫射，在黎明前对仰光的机场进行轰炸。

缅甸守军的防空警报在1月4日早上5点响起。按照史蒂文森的要求，志愿航空队和皇家空军在晚上会将飞机疏散。半数的战斗机留在敏加拉洞机场，利用芒果树或者土墙进行掩护。其余的飞机则飞到机场以北15英里外的皇后高地，皇家空军的工程师在那里修建了一座卫星机场。这类疏散点大多数以苏格兰威士忌的品牌来命名。

这一次来袭的是从曼谷起飞的三架旧型号的"九七"式重型轰炸机，隶属于大西上校指挥的部队。它们的机翼上闪着信号灯，一路窜进缅甸，领航的飞机打出几发机枪子弹后，便开始投弹轰炸——这是在缺乏空中无线电通信手段的情况下采取的发信方式。他们的目标正是皇后高地，但轰炸没有收到什么效果。此时，正在敏加拉洞机场值勤的飞行员驾机升空，其他待命的飞行员则乘坐轿车和卡车直奔皇后高地。当盟军的飞机赶到时，空袭者早已返航，于是只好返回敏加拉洞。加满油后，飞机又被撤回竹子和油布搭成的掩体中。

当天中午12点30分，防空警报再次响起。所有飞行员都跑向自己的飞机，爬上机翼，跳进座舱，并扣好安全带和降落伞背带。飞行员的指尖在各种开关和旋钮之间跳跃：点火开关通电，油箱准备就绪，启动发电机，打开螺旋桨熔断开关，选择器开关调为自动，打开进气阀，混合比控制设为慢车切断，化油器处于低温状态。打开冷却翻门，敲击起动泵，按下主开关，把气流送进惯性启动器。飞轮开始转动，并不断加速。点火器由电池供电变为发电机供电。插入起动器，飞轮慢了下来，随后就是巨大的艾利森引擎咳嗽一般的轰鸣声，废气从12根短短的排气管中喷射而出。

引擎启动后，嘈杂的声音变成了柔和而有规律的轰鸣。一架"战斧"战斗机开始危险的滑行，越过跑道上的"软点"——那是劳工们匆忙填补过的弹坑。其他飞机此时正在半空之中，像灰色的幽灵一样，在沙尘的风暴里争夺一点点狭小的空间。正在滑行的飞机时速达到了100英里，它脱离地面，收起起落架，同时关上座舱盖。对于旁观者来说，这些"战斧"飞机看上去既脆弱又勇敢，比一边跳动一边抖着身子、迫不及待地叫唤着冲上天空的小鸟强不了多少。

* * *

14架"熊猫"中队的战斗机顺利升空，它们穿过云层，爬升到20,000英尺的高度，却发现和敏加拉洞机场失去了无线电联系。八架飞机保持在这一高度，其余六架飞机下降，试图恢复通信。下降的六架飞机也分作两部分，弗兰克·斯沃茨（Frank Swartz）带领其中两架，分别由吉尔·布莱特和汉克·格谢布拉赫（Hank Geselbracht）驾驶；伯特·克里斯特曼则带领"老爹"帕克斯顿（Pappy Paxton）和肯恩·梅里特。

据帕克斯顿回忆，他们穿过云层，高度下降至11,000英尺，那里的能见度很好，看上去也没有什么危险。39岁的帕克斯顿是"熊猫"中队里的"老头"，长了一张像黏土板似的脸。作为耶鲁大学的毕业生，帕克斯顿在参军之前是一名银行从业者，加入海军后受训成为水上飞机机长。这些经历对于即将发生的事无疑帮助不大，31架"九七"式战斗机在第77战队副队长吉雄广濑少校的带领下正从东南方涌来。他们处在志愿航空队上层分队的下方，云层的掩护使他们没有被上方的美国人发现；这个高度又刚好使他们在对阵下层分队的"战斧"飞机时占据优势。

帕克斯顿在一份战时备忘录里说："空中一下子就充满了各种红色和银色的小飞机。"红色的印象来自日本飞机上象征太阳的红色圆形图案，银色则来自第77战队战斗机上浅绿色涂装的反光。帕克斯顿说："我想去抓住机枪开关，但机舱里的所有东西都在突然间失去了控制，子弹'砰砰'作响地打在每一件东西上，玻璃窗、防护椅和别的东西无一幸免。机舱里的响声震耳欲聋。我的飞机就像被吊在空中任人敲打。"帕克斯顿遭到左右夹击，左肩被子弹射穿。有一颗子弹打进了椅子防护装甲的结合处，弹头破损，铜片和弹头碎片布满了他的背部。帕克斯顿接着说："不知为什么，我熬过了攻击，俯冲向下。飞机开始旋转，机舱里充满浓烟，我觉得自己快要被烧死了。但感谢上帝，我停止了旋转，敌人子弹的打击也停了下来。"

肯恩·梅里特碰上了那架攻击帕克斯顿的日军战斗机，他像在花园里浇水一般，用机枪子弹泼向对手，"直到它燃起大火并撞向地面"。但这对帕克斯顿来说为时已晚，他的战斗机当时正失控旋转，挡风玻璃上全是机油。帕克斯顿担心飞机会散架，而且日军飞机还会对他穷追不舍，于是他在停止旋转之后降低高度，调头飞回敏加拉洞。他回忆说："在我返航时，飞机左侧的挡风玻璃掉落，我因此能看清地面了。我放下起落架准备着陆，但飞机突然转向右侧。我用力打左满舵，但角度过大，方向舵被锁死，机尾的起落架似乎就要因为撑不住而折叠起来了。"这时，飞机的主起落架溃缩，整架"战斧"机腹着地摩擦，声音尖锐刺耳，但终于停了下来。据说，人们发现机身上有多达61个弹孔。帕克斯顿赌咒起誓，决定不再参加下一次战斗任务。这也无可厚非，因为战斗机飞行员需要极快的反应速度和对自己注定不死不朽的坚定信心，而当一个人到了39岁这个年纪，这类品质无疑早就烟消云散了。

与此同时，伯特·克里斯特曼也遭到了攻击。他报告称："飞机的机翼、机身、油箱和座舱全都被打得千疮百孔。坚持飞了五分钟后，引擎熄火。浓烟进入机舱，控制系统也被毁了。"他打开舱盖，纵身跳了出去。在他正下方，那架"战斧"开始旋转，重重地摔在地面上的尘土中。克里斯特曼则借助降落伞安全着陆。

在另外一处，吉尔·布莱特看到周围有 27 架"九七"式战斗机，他的飞机整流罩上已经留下了"6~8 个"弹孔。飞机引擎随即起火，布莱特急忙降落在一片稻田里，当他打开座舱盖时，已经被熏得满脸焦黑。他爬下飞机，身后的机枪却突然开火，大概是枪膛里的子弹因受热而自动发射了出来。布莱特正惊魂未定，飞机的油箱又瞬间爆炸，将他震飞在地。布莱特好不容易站了起来，蹒跚着走向最近的一栋建筑，那里正好是同古铁路线上的一座车站。他给敏加拉洞的值勤军官打电话，说明了当前的困难状况，希望能有人过来接他。

"那就上火车。"电话那头说。

"但我没有车票啊。"

"老伙计，想办法搞一张，上了车再说。"电话那头接着说。

虽然肯恩·梅里特被认定击落了一架日军战斗机，但在 1 月 4 日的战斗中，第 77 战队没有损失任何飞机。日军击落了三架"战斧"，这是他们第一次对志愿航空队取得明显胜利。但在这次战斗中，志愿航空队也没有损失飞行员，所有人都能再次起飞。这就是主场作战的优势，皇家空军飞行员在不列颠空战中就充分利用了这一点。

* * *

当天晚上，日军的轰炸机再次来袭，第 31 战队的六架"九七"式轻型轰炸机轰炸了敏加拉洞机场。它们在凌晨 2 点 20 分触发了机场的警报。尽管志愿航空队的"战斧"飞机没有排气管罩和夜光仪表，也没有保证夜间安全起降的足够宽大的起落架，但"熊猫"中队的三架战斗机还是借着月光成功起飞了。虽然他们看见了爆炸产生的可怕闪光，就像云层间的闪电那样明显，但他们终究没有截住机场上空的袭击者。地面上的人抱头乱窜，四处寻找掩护。诺埃尔·培根在日记中写道："我跳进一个散兵坑，然后立即伏下身子。当炸弹落下来时，那种感觉真是震撼！每个人都感觉到炸弹马上就要落在自己头上。"九枚炸弹在机场上爆炸，其中一枚引燃了韦维尔将军的那架道格拉斯 DC-2 型客机。

在此之后，空袭又持续了好几个晚上。到1月7日，皇家空军的指挥官终于等到了复仇的机会。在花了两周时间横穿北非、中东和印度之后，皇家空军第113中队的14架双引擎"布伦海姆"轰炸机到达敏加拉洞机场，史蒂文森命令他们当晚就空袭曼谷。为了准备这次来回700英里的空袭，第60中队的地勤人员被留在了敏加拉洞机场，尽管他们中队的战斗机此时正在马来半岛上空作战。九架"布伦海姆"轰炸机在当天半夜起飞，机上仍装备着副油箱和在沙漠地区使用的燃油过滤器。每架轰炸机装载了1,000磅破片炸弹和160磅燃烧弹，载弹量约为大西上校麾下那些"九七"式重型轰炸机的一半。

在泰国的彭世洛，第31战队的六架"九七"式轻型轰炸机也同时起飞前往敏加拉洞。日本空军和英国皇家空军都在想着同一件非常重要的事：在月夜轰炸对方可以使拦截变得困难，日出之后刚好返航，降落就会比较容易。

杰克·纽柯克安排了一架飞机负责晚上的拦截任务。在1月7日至8日的晚上，皮特·莱特（Pete Wright）正在值勤。他和维修员约翰·豪瑟（John Hauser）商量好紧急起飞的信号，就回帐篷中睡觉了。由于韦维尔和布雷特将军的努力，仰光的码头上堆满了各种装备物资，志愿航空队的地勤人员可以随便取用这些宝贝。其中最受欢迎的一样装备，就是美国陆军新近采用的一种小型四驱吉普车。豪瑟利用这些装备把自己武装到牙齿，他计划在拦截作战时把吉普车开到跑道尽头，调转车头，然后打开车灯，引导莱特起飞；当莱特准备降落时，他就在跑道右侧放上白色煤油灯，左侧放上红色煤油灯，以标明跑道位置。

1月8日凌晨3点30分，防空警报响起。莱特从行军床上跳起，穿上飞行服，跑向他的"战斧"飞机。豪瑟在日落后就一直把飞机保持在预热状态。起飞过程相当顺利，莱特关小油门并降低油气混合物浓度，以减少废气排出。他打开座舱盖，这样就能听得和看得更清楚一些。皇家空军的战斗机控制台给了他自相矛盾的信息：日军轰炸机向东飞去；日军轰炸机向北飞去。莱特看见远处巨大的黄色闪光，认为空袭已经结束了，于是决定返回敏加拉洞："我下降到2,000英尺的高度，闪动降落灯，几分钟之后，我看到下方有八点针尖大小的亮光……我进行最后的调整，全神贯注地使飞机和跑道保持在同一直线上。我拉下襟翼手柄，按下手柄上的按钮，降下襟翼。"

莱特突然被一股液压机机油喷了一脸，他只好把挡风眼镜向上推起，探身向外，以避开那些机油。这是因为襟翼控制阀的一个垫圈断裂了，机油喷得到处都是。莱特向下张望，看见豪瑟准备的那些红色煤油灯在他左翼下方消失了："我迟疑了一刹那，然后马上拉起控制杆。着陆时，飞机向左打滑，起落架倾斜失控……飞机的机腹贴地，向前滑行。突然间，飞机和什么东西发生了猛烈碰撞，我的头部一下撞到了挡风玻璃上。"莱特把脸上的鲜血和机油抹掉，看见自己的飞机撞上了一辆雪佛兰轿车，轿车被撕成了两半。车里的人也被撕碎了——肯恩·梅里特在最后时刻开车赶到，他打开车头灯，想帮忙照亮跑道。不幸牺牲的梅里特被埋葬在殉道者爱德华教堂墓地，旁边就是汉克·吉尔伯特的坟墓。

日出后，皇家空军第113中队的轰炸机从曼谷回来，它们在第二天飞赴腊戍，接受从北非来到缅甸以后的第一次检查和大修。其中一架轰炸机在滑行时因碰上弹坑而受损，只能留在敏加拉洞，任由日军摧毁。

1月8日下午，"熊猫"中队再次来到泰国。查理·莫特负责指挥这次行动，随行的有罗伯特·莫斯、吉尔·布莱特和佩尔西·巴特尔特（Percy Bartelt）。他们的目标是美索，一个位于泰缅边境山谷中的城镇，日军正在那里修建一座新机场。布莱特留在6,000英尺的高度负责警戒，查理·莫特和其他人"降低高度去办事"，莫特在多年之后对笔者如是说。在第一次飞越机场上空时，莫特发现有两架飞机隐藏在树林中。他调整机翼，转回来攻击它们，但情况突然急转直下："引擎发出一声巨响，然后就熄火了。飞机离地大约30英尺，利用熄火之前的速度，我赶紧拉升，加大油门，用尽一切手段重启引擎。但飞机已经失速并开始翻滚，当高度为200~300英尺时，我只好跳机逃生。"刚好在落地前张开的降落伞救了他一命，却导致他肋骨骨折，胳膊、腿部和骨盆也受了伤。日军士兵俘虏了他，把他带到内杏，第55师团的总部就在那里，他们正在为入侵缅甸做准备。莫特的痛苦之旅的终点站是曼谷的朱拉隆功大学，日军将那里改造成了战俘营。

那位乔装成杂技演员来到东南亚的矮壮飞行员罗伯特·莫斯，一直在扫射地面上的日本飞机。他在报告中提到："我在敌机停靠的主线路上经过了三次。由于地面上飞机燃烧的火光和冲天的浓烟，我改由主线路的垂直方向攻击。"莫斯一共飞越了六次，离开现场时，他估计有八架敌机在燃烧。

佩尔西·巴特尔特确认了莫斯的数字，他报告称："我的第一次攻击对准了一架侦察机，然后是战斗机队列。"巴特尔特接着对战斗机进行了两次攻击，第四次对准另一架他认为是侦察机的飞机，第五次是机场边界处的一些帐篷。此时，巴特尔特的飞机上只剩下两挺机枪能够开火，于是他停止射击，跟随莫斯向西撤离。他最后总结说："我们离开时，共计有八架飞机在燃烧。"这场战斗的成果由参与攻击的飞行员们分享：吉尔·布莱特有一架，莫斯和巴特尔特分别有两架，失踪的查理·莫特有三架。

日军第 77 战队在这场战斗中确实受到了沉重打击，美索机场上的一架运输机（巴特尔特误认作侦察机）、四架"九七"式和三架其他型号的战斗机被击毁。

第二天下午，四架"战斧"和六架"水牛"起飞执行类似的任务。他们在 10,000 英尺的高度飞向多纳山脉，机队排布得松散而有层次，以提防敌方战斗机。杰克·纽柯克报告说："第一拨（飞机）背对太阳，俯冲攻击达府的飞机场；第二拨从西南方俯冲；第三拨从西北方攻击。我身处第一拨飞机中，在俯冲时，我分不清地面上的目标情况，只看到了机场的大楼。但接近地面时，我看见了四架敌机、一些卡车和地面人员。于是，我在第二次俯冲时攻击了一架停在指挥楼旁边的'九七'式战斗机，它采用银色涂装，机身上面有部分迷彩。我回头看了一眼，确认它燃烧了起来。在这次俯冲中，我还攻击了一辆正好横穿机场的卡车。那辆卡车突然拐了个弯，撞到熊熊燃烧的飞机上。接下来，我飞到机场另一边攻击一架飞机。它掉落了一些零件，然后整个垮塌在地上。在这一过程中，我听到我的机身发出了两声闷响。"

那两声闷响来自两颗步枪子弹。带着一股武士道的不屈精神，日军步枪手在飞机旁边向呼啸而过的"战斧"射击，直到打光所有子弹。约翰·佩塔奇（John Petach）飞越机场时看到了这些枪手："我向一整群地面上的枪手开火。"他将他们"驱散"，并攻击了一些帐篷和卡车。吉尔·布莱特的情况也差不多："我瞄准机场边缘处的一架敌机，向它打了一串长连射。尽管曳光弹都打进去了，但看上去什么也没发生……要把涂了迷彩的飞机和建筑物、卡车等其他物体区分清楚实在不容易。"前一晚因痢疾发作而"痛苦不堪"的诺埃尔·培根击毁了一架战斗机和一辆卡车，他的"战斧"上也留下了两个弹孔。

下午6点30分，他们回到敏加拉洞。利兰·斯托（Leland Stowe）是一名来自《芝加哥每日新闻》的银发记者，他和其他观众一起借着晚上的灯光观看回到机场的"战斧"和"水牛"飞机。斯托记录道："在机场四周，雨伞似的树冠被吹得枝条直竖，隐没在墨一般黑的天幕背景中。伊洛瓦底江谷地的热带强风随着黄昏一起到来，英国和美国的飞机顶着这股强风回到机场。这已十分不容易了，跑道的一端还有连续不断的涡流，吹得尘土飞扬。"斯托写道，一架"水牛"战斗机成功降落，但机翼尖端刚好擦过树顶。接下来就是飞行员之间惯例的相互嘲讽和自我吹嘘，"皮特"（无疑是指约翰·佩塔奇）调笑纽柯克使一辆日军卡车撞到已经被击毁的飞机身上："你真是一个下作的桌球选手。你怎么不让那辆卡车顺带撞上另外一架没有起火的飞机？"皇家空军的一名值勤军官听到这话，拍了一下纽柯克的肩膀，给了他一句最英国式的称赞："表现不错！"

纽柯克的攻击小队一致认为他们摧毁了地面上的四架日军战斗机：纽柯克击毁两架、布莱特一架、培根和鲍勃·莱赫共一架。"水牛"战斗机队的飞行员则声称击毁了两架敌机，而且都是轻型轰炸机。而日军的实际损失为：一架"九七"式战斗机被烧毁，一架战斗机丧失战斗力，还有一辆用于启动飞机引擎的卡车被击毁。对日本的战斗机大队来说，这也算不小的损失。

形势以这种方式持续下去，日军在晚上轰炸敏加拉洞，盟军在白天空袭日军在泰国的机场，但双方对战果的估计都远大于实际造成的损失。

在昆明，查理·莫特的人事卡片上标明他在行动中失踪，卡片的备注中写道："东京方面广播称，有一名美国飞行员被严重烧伤，正在日军医院中接受治疗。有证据表明这名飞行员就是莫特,已知会其妻子。"在陈纳德的安排下,莫特被中华民国空军授予上尉军衔,薪酬汇给了他在阿拉巴马州的妻子。① 同时,陈纳德将所有在战斗中牺牲的飞行员都晋升一级,汉克·吉尔伯特和尼尔·马丁因此获得了中华民国空军上尉军衔。

杰克·纽柯克曾经感到第 2 中队的工作进展顺利。他在电文中向陈纳德报告:"这些人经历越多困难、工作和战斗,士气就越高昂。逆境似乎让他们蓬勃向上。"他的说法可能不无道理,但经历数场战斗之后,"熊猫"中队就像圣诞节战役过后的"地狱天使"中队那样垂头丧气:肯恩·梅里特牺牲,查理·莫特被俘,另外有五人正在接受志愿航空队年轻的外科医生、胖乎乎的萨姆·普雷沃的治疗。四架"战斧"被击落,七架在空袭中受损。纽柯克现在只能派出十架飞机升空,奥尔森在寻求援助时也就只有这么多飞机。

陈纳德决定从昆明派遣八架"战斧"战斗机援助纽柯克。在昆明的志愿航空队驻地里,"亚当和夏娃"中队进行了抽签仪式,以决定谁去仰光。这次飞行由鲍勃·尼尔带队。受逆风、发动机故障和不合适的地图的影响,"亚当和夏娃"中队到达腊戍时天色已晚,他们只能在那里过夜。事实上,他们甚至险些错过了腊戍。鲍勃·尼尔像讲述飞行员传统的那种胡说八道式的故事那样回忆这段往事说:"那都是些中文地图,我看不太懂,地图的比例尺也非常小。缅甸在地形上最明显的特征就是湄公河和萨尔温江……我在无线电里问一个同伴,我们刚才是不是经过了湄公河,他回答说不是,那是萨尔温江……正当我感到有点慌张时,又旧又小的腊戍机场恰好出现在北面大约 10 英里处。"

迪克·罗西倒真是错过了腊戍,他在缅甸掸邦高地的黑河备用机场降落。那里有一名负责看守的英国空军士兵,他在那里架起一些木制的假

---

① 在朱拉隆功大学的战俘营里,莫特接上了自己的断骨,重新下地行走。1942 年 9 月,他被送到劳役队伍中,参与修建通往缅甸的"死亡铁路",这项工程埋葬了 16,000 名盟军战俘和 60,000 名本地劳工。莫特的妻子之后每月都会收到 675 美元的钱款,直到 1942 年 7 月莫特和中央飞机制造厂的合同终止。在此之后,莫特妻子收到的钱款相当于美国陆军上尉级别的薪酬。——作者注

防空炮来吓唬日军。英军士兵为罗西的飞机加满油，并指点这个美国人如何飞去凯多机场。罗西于是到凯多机场过了一晚。

当"亚当和夏娃"中队的这几架飞机在第二天姗姗来迟地抵达敏加拉洞时，他们发现大部分盟军空中部队都已离开机场。皇家空军的维修队和食堂一起搬到了仰光乡村俱乐部。（午饭在乡村俱乐部准备，由卡车送到机场，并在值勤帐篷处充当流动餐车。人们大多数情况下都吃罐头牛肉，配以面包、果脯和加炼乳的茶。）皇家空军的轰炸机机组成员也住在乡村俱乐部。第67中队的地勤人员在永盛兵营驻扎，飞行员则住进当地的英国人家中。维克·巴奇回忆说："在此之前，他们就不会对这一切坐视不理。如果你在路上走着，碰到他们在开车，下一分钟你就来到他们家里了。真是一群好人。"

同样，志愿航空队的地勤人员被分配住进机场北面的一家招待所。他们把它称作"十八英里大农场"，以形容它距离仰光之远。飞行员们则被安排住进私人家庭。

分散的住宿和史蒂文森的疏散制度，使空军部队的一天变得非常漫长。对于一名需要值勤的飞行员来说，早上从5点开始。如果他足够幸运，一名仆人在他醒来时就会端来一壶热茶和丰盛的英式早餐。之后，他要驾驶从码头上"偷"来的吉普车，穿过黎明前冰凉多雾的黑暗，一直到达疏散用的机场——这段长达15英里的碎石小路有时不比田埂更宽。在车灯的映照下，他把飞机拉出来，爬进驾驶舱，预热发动机，当他看得见跑道尽头时，就必须马上起飞。早上7点，他飞到敏加拉洞，地勤人员赶在空袭警报响起前给飞机加油，并进行检查。

晚上的流程则刚好反过来。在日落前，飞行员向北飞至一座新的志愿航空队备用机场，代号"尊尼获加"①。安置好飞机之后，他才能驾车回去，回到驻地时已是晚上8点。晚餐由一名称他为"主人"的男仆端上，用完晚餐后，主人家可能会在阳台上请他喝一杯加了苏打水的威士忌。埃迪·雷克托住在伯马石油公司的住宅区里，主人是巴西尔（Basil）和

---

① "尊尼获加"（Johnnie Walker）为著名苏格兰威士忌品牌。

琼·里格（Joan Rigg）夫妇。雷克托在谈到住宿环境时说："如果你要打仗，最好就这样打。"

但困难还是有的，疲劳、紧张和亚洲地区折磨西方人的各种疾病都令人身心俱疲。鲍勃·尼尔回忆那些在仰光度过的黑暗的热带之夜说："一名仆人给我端上1夸脱①曼德勒啤酒和一些奶酪三明治，那可真是天堂一般的享受。我们去过城里几次，但大多数时候我们都太累或者太烦躁了。我还记得有好几回因为战斗前的神经紧张而感到肚子疼。"

招待飞行员入住的英国家庭会收到款项或者实物形式的"补助"，但对他们而言，这都是最次要的因素。像香港一样沦陷的命运正一步步地从新加坡压迫过来，"战斧"飞机编队是他们对抗这一命运的最大希望。多萝西娅·威尔金斯（Dorothea Wilkins）和其他年轻的英国姑娘一样，对志愿航空队充满了崇拜之情。19岁的多萝西娅是一名殖民地官员的女儿，她从未在没有监护人陪伴的情况下外出过，一般来说，这种事在两年之内也不会发生。多年以后，多萝西娅告诉笔者："噢，我们曾经在朱比利厅②举办过盛大的舞会。每次都是父母带我们去，活动结束之后又把我们带回家。"美国人在仰光上空上演奇迹后，这些传统惯例开始消亡。

有一天，伯特·克里斯特曼和埃迪·雷克托正在寻找女伴，他们敲开了圣心修道院的大门，请求四处看看。修道院院长是一位老实厚道的女士，她让修道院学校的一位女教师充当他们的向导。修女离开后，克里斯特曼立刻询问这位名叫埃斯特蕾·希利（Estre Healey）的女教师，问她愿不愿意和他做朋友，可不可以一同出去吃晚饭。埃斯特蕾立刻给威尔金斯家里打电话："多萝西娅，多萝西娅，这里有两位飞行员，志愿航空队的人在这里！"

多萝西娅问："在哪里？"

"在修道院。"

"什么？！"

---

① 容量单位，美制1夸脱约合0.95升，英制1夸脱约合1.14升。
② "朱比利"（Jubilee）指天主教每25周年或50周年的纪念日，常被用来命名剧院、礼堂等建筑。

"就是修道院,我在用院长书房里的电话和你通话。"埃斯特蕾把晚餐的计划告诉了多萝西娅,多萝西娅告诉了自己的父亲。生了一会儿气之后,多萝西娅的父亲允许她外出参加晚宴。多萝西娅把这个惊人的消息告知埃斯特蕾,请求埃斯特蕾不要透露她还是一个初次参加约会的19岁的女孩子。

多萝西娅回忆说:"埃斯特蕾和两个青年男子在晚上7点来到我家,从她首先把伯特·克里斯特曼介绍给我父母的行动来看,伯特就是她今晚的约会对象了。埃迪·雷克托在他们身后,我不会忘记这个英俊的人怎样走上前来和我握手,他说了一句'见到你真高兴!'我们可从来没有听过这种话。"

当时上流社会的小姐们都有一本签名簿,多萝西娅请两位飞行员在她的签名簿上留言。克里斯特曼在上面画了一幅"战斧"飞机的速写,写上日期——1942年1月18日,并写下赠言:"多萝西娅,愿美国的空中鲨鱼保佑你平安。"

*　　*　　*

由于"亚当和夏娃"中队的增援,杰克·纽柯克手下的部分飞行员派不上用场,新来的人再次进行抽签,这一次是决定谁能留下。约翰·克罗夫特(John Croft)和格雷格·博因顿没有抽到留下的签,只能乘坐中国航空公司的道格拉斯客机回中国。

在缅甸,志愿航空队正在它的创造者从未设想过的前线奋战。昆明原本是志愿航空队最主要的作战基地,现在倒成了大后方。无线电工史密斯(那个勤于思考的观察者)在日记里写道:"从山上往下看,昆明所在的谷地真是风景优美。平整的土地被分成干净利落的小块,上面种满了绿油油的冬小麦和蔬菜。四周松林遍布,掩映着土墙瓦顶的农村建筑。湖泊横跨50英里,湖水深蓝。西山峭壁耸立,山顶高约2,000英尺。昆明的冬天气候宜人,在某些方面比加州或佛罗里达还要好,偶尔也会有雾。中午的太阳总是暖洋洋的,空气洁净而清澈,而且飘荡着一股松树的清香。"

志愿航空队和"地狱天使"的总部设在 1 号楼,位于一座大学生联谊会所里,附近就是昆明城北的翠湖。它的后院是棒球场和网球场,还有一个篮球筐。屋里有娱乐室,摆放了乒乓球桌、手摇式留声机、书籍和吧台。1 号楼还附带理发店,对于在亚洲的白人而言,理发是一项传统的"奢侈"享受。肯恩·耶恩斯泰特告诉笔者:"在一块吉列刀片值 10 美分的时代,我到理发店里剪个头发、刮把脸和洗个头也只要 8 美分。那可真是惬意的生活,你可以让师傅每天都帮你刮脸。"施彼得(Peter Shih)负责教授中文,他是纳什维尔的乔治·皮博迪学院的毕业生。保罗·弗里尔曼负责在餐厅里放映电影。此外,约翰·多诺万在给父母的信里还提到:"最好的事就是有热的自来水。"

不久前,王叔铭上校扮演了一回迟来的圣诞老人,他代表蒋介石向志愿航空队发放圣诞礼物。唐·罗德瓦尔德谈到了当时的圣诞节活动:"我工作了一整天,到了晚上,忽然就有中国人跑来为我们举办圣诞节派对。陈纳德上校收到了蒋委员长送来的一把空军佩剑,他发表了一番鼓舞人心的讲话。所有人都获得了一块丝巾,上面有委员长的印章。中国人确实给我们带来了一流的款待。"

约翰·多诺万是来自阿拉巴马州的前海军飞行员,他经常写信给父母,讲述大后方的生活。信件的主题形形色色,从中国的通货膨胀到陈纳德的支气管炎,他说这些都已经到了令人担忧的地步,而他本人也快谢顶了。林克·劳克林(Link Laughlin)认为,多诺万"粗鲁而沉默寡言,总是迫不及待地要实施行动",但多诺万在信件中却展现了少有的温情一面,蒋委员长的礼物和昆明宜人的气候都使他感到十分惬意:"我感觉浑身通泰,每天都像在过圣诞节。我还在充满期待地等着下一件好事……我们的食物十分精致,做得也很讲究,为此需要每月花费 1,500 元。"当然,那都是中国的法币,黑市价约合 2 美分。

多诺万最大的不满是无法参加战斗巡逻,原因在于他没有单引擎飞机的驾驶经验,而他越是不能驾机巡逻,就越缺乏经验。由于这种悖论式的恶性循环,他只有 15 个小时的"战斧"战斗机驾驶时间。另一个比较小的问题是，他忘了带一套制服到亚洲来。"我们穿着与海军款式差不多的飞行服。但由于没有日常制服，我们穿着各式各样看上去像制服的衣服。我多么想把那套海军制服带来，就像一些来自陆军的家伙那样，在原来的制服上缝上中国的徽章，那可真是时髦。"

多诺万的飞行夹克背袋里有一块丝巾，上面印有国民党的青天白日旗，还有证明他是友军的字句，上面写着，如果他落到了地面，请将他送至最近的兵站。这就是有名的"身份布条"，是当时在华美国航空兵的标志性物件。去年的12月23日，埃里克·希林因被中国山民误认作日本人而遭到恶劣的对待后，中方才开始给志愿航空队的飞行员们派发这种"身份布条"。

然而，昆明田园诗一般的平静生活很快就被打破了。1942年1月的第一周，日军陆航部队大规模地调整了部署。在菲律宾，美国和菲律宾军队正困守在巴丹半岛①，日军高层认为，小畑英良指挥的第5飞行师团无须投入作战，因此将其调至曼谷。除了从菲律宾带来的第5飞行师团，抵达曼谷的小畑还得到了第77、第31和第62战队的指挥权。调至曼谷的第5飞行师团包括：第50战队两个装备"九七"式战斗机的中队，由牧野康夫少校指挥；装备三菱"九七"式和川崎"九九"式轻型轰炸机（这两种轰炸机都是志愿航空队在仰光和昆明遇到的对手）的第8战队，由本田美津雄少校指挥；装备重型轰炸机的第14战队，由广中孙六上校指挥。这三个战队共计有75架飞机奉命飞往广州。

对小畑而言，指挥飞机给老对手蒋介石来一次沉重的打击真是何乐而不为。侦察机报告称，昆明上空云层密布，日军于是将轰炸目标改为蒙自。在第50战队的"九七"式战斗机的护航下，三架"九七"式重型轰炸机起飞执行任务。1月16日，它们先行飞到越南河内，其余的飞机留在中国，准备对南昌的机场发动攻击，那里也是陈纳德曾经落脚的地方。

战争时期总有巧合在不断发生，陈纳德这时也正在计划对日军发动空袭。"地狱天使"中队已从圣诞节的困境中恢复过来，而"亚当和夏娃"中队的大部分飞机仍留在昆明，除了偶尔升空驱赶日军侦察机，他们大多数

---

① 位于菲律宾吕宋岛中部，在首都马尼拉与南海之间，面积约为1,370平方千米。

时候都无所事事。为什么不派他们去攻击越南的日军设施呢？蒙自正好位于他们的攻击路线上，而这个地方对志愿航空队的重要性更是远超美国飞行员的想象。蒙自是"二战"期间美国最主要的钨矿来源地，这些矿产换取的是价值1亿美元的援助，其中包含志愿航空队的薪水。此外，这里还有一座砂石机场（以前被用作中国空军的中级飞行学校），距离越南边境只有75英里。约翰·威廉姆斯在那里架设了一座无线电站，并派理查德·恩斯特（Richard Ernst）、两名中国报务员、一名厨师和一小队负责驱赶盗贼的士兵进行运作。一名地勤人员后来回忆说，电站里还住了一个中国妓女。

陈纳德和小畑都选择在1月17日周六这天发起进攻。志愿航空队的阵容包括乔治·麦克米兰、查克·奥尔德和汤姆·海伍德，他们都是经历过圣诞节仰光空战的老兵。此外还有埃里克·希林，他现在官复原职，担任小队长。

过去的十年里，陈纳德一直坚持自己的观点，即装备了无线电台的监测网络可以引导战斗机拦截入侵的轰炸机编队，在其到达目标上空之前将其摧毁。中国空军从来没有足够的力量证明他的观点，而缅甸的监测部队又只能报告敌人正在入侵，便再也没有其他详细的信息。但在蒙自，陈纳德的设想有了实现的条件。周六早上，恩斯特报告称，在电台附近听到了巨大的引擎轰鸣声。志愿航空队的指挥部掩体位于昆明巫家坝机场附近的墓地处，恩斯特的情报送达后就被清晰地标注在地图上。奥尔加·格林劳在日志里写道："一份报告称，蒙自机场上空传来巨大的响声，同时也有报告称，中越边境的老街①东北方的空中传来噪音……麦克米兰在9点50分起飞。10点05分，有报告称敌机在V-28号无线电站附近。麦克米兰接到命令，前往P-27坐标。10点17分，测绘室收到无线电消息，麦克米兰小队接敌。"

入侵者是日军第14战队的"九七"式重型轰炸机，它们刚刚在河内的嘉林机场度过了一晚。令人难以置信的是，这些轰炸机与护航战斗机的会合地点竟然就选在目标上空，日军这种过了头的淡定大概是因为入侵菲律宾时没有遇到丝毫抵抗。事实上，飞机只需要沿着米其林公司的铁路和

---

① 越南西北部边境城市，为老街省首府。

红河谷一直向西北飞,就能从河内到达中越边境;而中国境内的地形虽然更为复杂,但铁路仍能很好地提供导航。然而,日军的飞机还是没能成功会合。那些护航的"九七"式战斗机迷航了,很可能就是它们的来往逡巡引起了志愿航空队监测网络的密切注意。

乔治·麦克米兰从昆明出发,沿着米其林公司的铁路向南飞。半小时后,"地狱天使"中队的飞机在蒙自以东25英里处的16,000英尺的空中发现了日军轰炸机。埃里克·希林报告说,这些日本飞机涂着"相当浅的伪装",并且排成它们惯用的"V"形阵。但与过去那些一味向前冲的攻击仰光的轰炸机不同,这些飞机看见"战斧"后立刻转身逃走。它们的速度很快,希林追上它们的时候,飞机进气压力表的水银柱已达40英寸。根据美国陆军的规定,在这一高度下的旧式"战斧"飞机的最大空气增压必须低于40英寸水银柱。当然,在紧急情况下,飞行员可以增压到50英寸或更高。(在和平时期,控制飞机油门的地方会设置一根细小的钢丝,阻止它超过起飞所需的最大增压。但在志愿航空队的绝大部分"战斧"飞机上,这根钢丝是不存在的。)

希林用一种试飞员式的平淡而冷静的语调叙述了后面发生的事:"敌机向北飞时,我们向它们冲击了两次。它们调头向南,我又对着它们冲了两次,随后就看到领头的飞机冒出一小股黑烟,但我无法确定是谁击落了它。没过多久,它就燃烧着坠毁了。这时,第二架敌机也开始冒烟了。"希林从日机的后侧下方实施攻击,日机尾翼上的遥控机枪不断向他发射曳光弹,他形容这些子弹"就像从飞机尾部抛下的燃烧的纸片"。

查克·奥尔德报告称,日军轰炸机下面是浅灰色,上面是"发绿的褐色",飞机尾舵上有红白相间的条纹,"就像美国国旗"——这正是日军第14战队的标志性图案。奥尔德说:"在冲击了一两次后,两架敌机开始冒烟。我向领头的一架发起攻击,它当场凌空爆炸……(第二架)向下滑翔到阴云里,时隐时现。第三架此时正拖着黑烟,而我的子弹几乎都打光了,只有一挺点30口径的机枪还剩下少许……两架敌机被击落,一架被驱逐出境。"

查阅志愿航空队的日志可知,战果如下:第一架"九七"式轰炸机坠落到地面时爆炸，机组人员全部死亡；第二架用机腹迫降，至少一名机组人员生还；第三架在当天被中国地面部队发现，飞行员死亡，飞机半埋在土中。因此，这看上去是一场完胜，三架敌机的战绩分别归于麦克米兰（1架）、奥尔德（1.5架）以及海伍德（0.5架）。再加上在仰光的战绩，查克·奥尔德成为志愿航空队第一位官方承认的王牌飞行员。

但奥尔德的战斗报告是正确的——只有两架日军轰炸机在云南上空被击落。第一架是广中中尉（并非战队指挥官广中孙六）的座机，它下坠得如此之快，另一架轰炸机里的幸存者甚至还没意识到正在遭受攻击，它就消失了。第二架被击落的是三木上尉的座机。剩下的那架轰炸机由一位姓藤吉的飞行员驾驶，尽管它遭受了重创，汽油从机身油箱中漏出，两名机组人员受了重伤，但它坚持飞行并跨越边境，最后在法国殖民地空军的一座小机场迫降。藤吉在那里征用了一架法国运输机，把伤员送到河内，其中一名伤员在医院不治身亡。

这场灾难使广中孙六手上只剩下16架轰炸机。他们在第二天轰炸了南昌，随后折向西南，飞过越南碧绿起伏的群山和泰国连绵的雨林，前去增援第62战队。该部队在袭击缅甸的盟军机场时遭受了不小的损耗。

9

直线坠落

　　布雷特将军预计缅甸将在三周内失陷，但仰光的码头仍在源源不断地把租借物资通过滇缅公路这条动脉输往中国。托马斯·赫顿（Thomas Hutton）中将接管了缅甸的指挥权，而第17印度师也到达了泰缅边境，支援前线的作战。更多备用的疏散机场也已准备就绪，在地图上呈现出棒球场状的分布方式：从敏加拉洞出发，先是"一垒"扎亚昆①，"布伦海姆"轰炸机和"水牛"战斗机在那里过夜；"二垒"是"尊尼获加"，是"战斧"飞机的疏散地；"三垒"是皇后高地，由"水牛"战斗机使用；最后就是敏加拉洞这个"本垒"了。1942年1月16日，"诺伊拉利亚号"货轮把最重要的增援力量送到了仰光——三个"飓风"战斗机中队的地勤人员和指挥部职员，而战斗机还在运输途中。另外还有两个中队在路上，他们装备了12架英国威斯特兰航空公司生产的"莱桑德"式飞机，这是一种上单翼、装有固定起落架的多用途飞机。

　　仰光现在看上去已经足够稳固了，但丹那沙林的情况却大不一样，它位于缅甸一小块狭长的领土上，向南深入马来半岛达500英里，每隔150英里就有一座机场。为保护在马来半岛进军的山下奉文的侧翼，日军突击队夺取了最南端的位于维多利亚角的机场，然后向北攻击战略要地土瓦港，拿下此处可以使日军前往毛淡棉的路程缩短三分之二。一名日本军

---

① 缅甸地名，位于仰光以北。

官回忆这趟翻越大山的行军时说："野生大象、豹子和毒蛇在这片浓密的丛林中横行。"日军先遣队靠着预先煮好的米饭、鱼干和腌制的梅子充饥，每天可行进8英里。1月16日晚上，在土瓦港外的一条骡马小道上，日军碰到了两个缅甸步枪连，他们是由年轻的英国人指挥的缅甸地方部队。轻易地打垮缅甸人后，日军在1月19日早上对土瓦港发起进攻。

土瓦港的机场由印度边防警察防御，他们的表现并不比缅甸步枪连好多少。六架"布伦海姆"轰炸机从敏加拉洞赶到，"试图撤走被日军切断联系的30名皇家空军人员"，几架"战斧"和"水牛"战斗机为它们护航。在阴暗的天气下，这些飞机散开了。当"布伦海姆"轰炸机到达土瓦港上空时，它们被七架中岛"九七"式战斗机驱逐。这些战斗机来自日军第77战队，当时正在为轰炸土瓦港的第31战队的轻型轰炸机护航。

因此，当迪克·罗西驾机赶到时，他惊讶地看到土瓦港上空出现了一个奇异的"花环"：一架"布伦海姆"被一架"九七"式追击，"九七"式身后则是一架"水牛"战斗机，而这架"水牛"又被另外一架"九七"式战斗机追赶。驾驶"水牛"战斗机的是泰德·萨德勒（Ted Sadler），他正准备营救"布伦海姆"，自己却被日军战斗机紧咬不放。这名新西兰飞行员最后只能钻进云层逃跑。这是罗西第一次参加战斗，他当即热血上涌，有勇无谋地冲向敌机。据罗西多年后回忆，他正对着敌机冲了四次，才发现自己身后有一架"九七"式在穷追不舍，于是也只好钻进云层逃跑。燃油不足的他沿海岸线飞到毛淡棉机场，再从那里回到敏加拉洞。

弗兰克·劳勒（Frank Lawlor）在罗西离开后到达土瓦港。他看到空中没有盟军的飞机，地面上也没有表明机场还在己方手里的白色十字标记。和日军战斗机追逐了一会儿后，他也调头回去了。（日军秉承了一贯的乐观作风，第77战队宣称击落了三架盟军飞机。）此时，土瓦的守军撤入了雨林地带，把皇家空军的基地丢给日本人占领。

另外四架"战斧"此刻正在袭击日军在泰国的前进基地——美索机场。在第一轮俯冲攻击时，他们没有看到飞机，只能扫射机库。在第二轮进攻时，他们发现一架单引擎飞机正准备降落。吉姆·霍华德、鲍勃·莱赫和约翰·佩塔奇合力干掉了它，但他们的战绩却没被统计到日军的记录里,可能因为这是一架附属于地面部队的三菱 Ki-51 型"九九"式袭击机①。

这三个美国人没看见的是,35,000 名日军正从美索的一侧跋涉翻越群山。一名日本军官回忆说:"战争进程比我们预料的还要顺利得多,大本营决定不等南方战场上的其他战事结束,立刻展开缅甸作战。"也就是不等马来半岛和印度尼西亚的战事结束,日军就开始入侵缅甸。日军第 55 师团在竹内宽将军的指挥下直取毛淡棉,第 33 师团由樱井省三将军指挥,绕过马达班湾进入缅甸腹地。地形造成的困难比日军预想的要大,但比英军预想的要小。虽然机械化装备无法翻越多纳山脉,但竹内宽重新编组了第 55 师团,大量使用驮马,于 1 月 20 日成功跨越边境。

1 月 20 日早上,盟军飞机再次来到泰国上空,六架"战斧"战斗机保护着数量相当的"布伦海姆"轰炸机。杰克·纽柯克负责带领护航编队,队伍中包括莫斯、尼尔、巴特林②、克里斯特曼、格谢布拉赫和他本人。在边境地区多雾的山谷上空,他们遇到了日军第 77 战队的八架"九七"式战斗机。纽柯克击落了两架日机,成为"熊猫"中队的第一位王牌飞行员。"亚当和夏娃"中队的鲍勃·尼尔也冲进敌阵,但一无所获。尼尔花了一会儿工夫才明白过来,这是真刀真枪的残酷战斗。在 1962 年的访谈中,他承认:"我当时非常愤怒。第一次看到有人朝我开枪和第一次挨枪子儿的感觉真是有点怪异……"他的声音逐渐减弱,在事情发生 20 年后,这个高大而文雅的汉子似乎还理解不了日本飞行员是真的想要取他性命。

莫斯也击落了一架"九七"式战斗机,但随后就被另外两架敌机逐走了。他的飞机引擎起了火,但他勉强继续飞行,直到翻越多纳山脉。在距离雨林树冠层 1,500 英尺的高度,莫斯打开座舱门后跳伞。伞降让他摔了个鼻青脸肿,但他成功说服一个驾牛车的缅甸人载他一程。情场得意的伯特·克里斯特曼在战场上就没那么走运了,他的飞机被多次击中。回到敏加拉洞时,飞机的挡风玻璃完全碎裂,机身上留下了 27 个弹孔。

日军在这场遭遇战中的实际损失是一架飞机,驾驶者是铃木茂中尉,

---

① 即对地攻击机,专门用于执行打击地面部队等对地支援的任务。
② 即威廉·巴特林(William Bartling),昵称为比尔·巴特林。

而他们宣称击落了四架"战斧"。与美国人发生空战前,那些"九七"式战斗机刚刚袭击了毛淡棉,日本人在那里打死了两名升空迎敌的"水牛"战斗机飞行员——约翰·芬恩(John Finn)和保罗·布鲁尔(Paul Brewer)。这使毛淡棉的形势看上去像土瓦一样危如累卵。因此,当莫斯在第二天早上生龙活虎地出现在毛淡棉机场,四处询问有没有顺风车载他去仰光时,英联邦的飞行员就像见了鬼一样地看着他。难道莫斯不知道日本人已经越过边境,而他在昨天晚上刚好穿过敌人的战线吗?莫斯慢吞吞地说:"好吧,听到这消息,我当然很惊讶。"说话保守而矜持的英国人似乎对"我当然……"这句话感到很新奇,乐此不疲地重复了一遍又一遍。

　　　　＊　　＊　　＊

　　韦维尔将军现在明白了,他所仰仗的"这个国家的地形"不足以保卫缅甸,而他只能接受中国的地面援军。于是,大批穿着凉鞋的中国步兵在没有坦克和大炮,没有卡车和野战厨房,没有救护车和诸如蚊帐、奎宁等后勤物资的情况下,沿着滇缅公路跋涉上千英里直达同古,以防备日军可能对缅甸南部展开的侧击。对日本人而言,现在没有什么是做不到的;英国人则害怕缅甸会被拦腰切断,这将导致英联邦的军队背水受困。

　　这种危险似乎越来越迫在眉睫了,间谍报告称,1,500名日军已被空运到泰国北部的迈萨良。1月22日,史蒂文森少将派出6架"布伦海姆"轰炸机和11架"战斧"战斗机,去打击这支传说中的入侵部队。另外七架"战斧"则被派去支援第17印度师,他们正取道丛林地区撤往毛淡棉。志愿航空队里的美国人第一次体验了"地空协同",而他们也并不在意。飞机以每小时250英里的速度掠过丛林,实在是没有什么发现地面目标的可能性,反倒有可能被冷枪击中,而实际上,这又能收到什么效果呢?印度人可能把这些"战斧"误认为是攻击自己的日本飞机,因为此时此刻,日军的轻型轰炸机正在毛淡棉和泰缅边境上空四处横行,为支援竹内的第55师团而不停轰炸和扫射。就这种任务而言,三菱Ki-30型"九七"式轻型轰炸机虽然又慢又平庸，只有两挺机枪和600磅的载弹量，却比大马力的"战斧"飞机效率更高。

志愿航空队在第二天重回正轨，这次的任务他们再熟悉不过了。新到达的日军第8战队派出一架川崎Ki-48型"九九"式轻型轰炸机，前来侦察敏加拉洞，获得了4架轰炸机和12架战斗机正停在机场上的情报。身在曼谷总部的小畑英良据此判断，这是一个摧毁盟军空中力量的绝佳机会，值得让重型轰炸机在白天冒险攻击；自去年的圣诞节空战以来，日军就没再进行过这种大规模的日间轰炸。按照计划，在1月23日周五早上，第14战队的六架"九七"式重型轰炸机将同第50战队的"九七"式战斗机在内杏会合。第50战队最近移驻那空沙旺，就在彭世洛以南80英里外的铁路线边上。当天下午，第31战队的"九七"式轻型轰炸机在第77战队的护航下，接力执行轰炸任务。

小畑英良是一个戴着圆形眼镜的矮胖男人，喜欢戴遮阳帽并敞开衬衫的领口，比起着装正式的菅原道夫，他的穿着显得很随便。但他在协调进攻行动时，水平却和菅原一样糟糕。牧野康夫的"九七"式战斗机队飞到内杏补充燃油后，就在空中等待轰炸机队。但轰炸机队却找不到内杏机场的位置，径直调头回曼谷了，牧野的队伍只好独自前往缅甸。因此，当日军战斗机在早上10点经过毛淡棉时，看上去不过是1月4号那次空袭的重演。当天上午驻防敏加拉洞机场的战斗机有三种，大多数"战斧"正护送着"布伦海姆"轰炸机队前往泰国，机场上只剩下少数几架"战斧"和六架"水牛"。9点15分，三架"飓风"战斗机前来增援，它们刚刚用九天时间飞越了4,000英里，从北非赶到缅甸。

由于暴风的缘故，"布伦海姆"编队放弃了任务，返回扎亚昆。护航的"战斧"也回到备用机场加油，"亚当和夏娃"中队的三架战斗机负责空中警戒。正当鲍勃·尼尔执行警戒巡逻时，他的无线电对讲机里传来消息，日军的飞机已越过边境。尼尔立刻和比尔·巴特林、鲍勃·利特尔一起火速向南飞。等他们赶到时，日军的战斗机和敏加拉洞机场同时出现在视野内。这些美国人看着24架日军战斗机集体抛掉副油箱，"就像一把纸屑，"尼尔回忆说。

与此同时，新来的飞行员爬进"飓风"战斗机座舱，升空迎敌，这些飞机的副油箱仍然固定在机翼下方。他们在9,000英尺的高度遭到六架"九七"式战斗机的围攻。中队长邦尼·斯通（Bunny Stone）在战斗报告里说："这真是蠢事。"虽然他成功逃脱，但飞机的尾翼、机身和右翼副油箱全都被子弹打穿，他报告称："带着副油箱什么事都做不了。我一枪都没打，就被跟在尾巴后的小日本混蛋排着队攻击，打得我的飞机上全是弹孔。"这架"飓风"战斗机之后再也没有升空。

三架"水牛"战斗机起飞了，他们击落了一架"九七"式，但不幸失去了科林·平克尼（Colin Pinckney）上尉。23岁的平克尼是伊顿公学和剑桥大学的毕业生，也是少数曾击落过三个轴心国国家飞机的飞行员——两架德国战斗机、一架意大利飞机和一架日本运输机。日本飞机是他九天前在美索机场的地面上击毁的。他在写给父母的信中提到："虽然我们没有得到像美国人那样多的宣传，但中队表现良好。"

五架"战斧"也加入了战斗，他们的表现更好。弗兰克·劳勒从云堤①处杀出，展开攻击。"我会瞄准一架敌机，从上往下俯冲攻击它的尾部，然后爬升回云层中隐蔽，这是因为战场上的敌机数量总是占据优势。每次攻击敌方战斗机时，我都会重复这一过程，也成功抓住了几个毫无防备的对手。我从不觉得摆脱敌机的攻击是难事，这些日本人看上去害怕在云层里飞行。"27岁的劳勒毕业于北卡罗来纳大学，他长相英俊，有北欧人皮肤白皙的特点，因此得到"小白"这一昵称。作为海军的战斗机飞行员，他曾经和鲍勃·尼尔以及另外几位志愿航空队的队员一起在"萨拉托加号"航空母舰上服役，但他却是最后一批到达缅甸的。在这次战斗中，劳勒声称击落了两架"九七"式战斗机。特克斯·希尔也是两架，他头戴吉姆·霍华德的飞行帽（这顶帽子对他来说尺寸太大了），驾驶着霍华德的飞机参战。比尔·巴特林也击落了一架。综上，他们认为日军在周五早上损失了六架飞机。

但牧野少校的实际损失是两架"九七"式战斗机，驾机的是新野实

---

① 呈线性排布的积云，有明显界线，会覆盖相当大一部分接近地平线的天空。

中尉和君冢祯夫中士。他们的中队声称击落了两架"战斧"（很可能包括巴特林的飞机，他因为控制电缆被打断而迫降）、一架"水牛"（平克尼驾驶的那架）、一架"喷火"（无疑是邦尼·斯通的那架）以及一架型号不明的飞机。

《生活》杂志的乔治·罗杰（George Rodger）在那一周里也身处敏加拉洞，他是又一位被志愿航空队的锐气和勇敢吸引到缅甸的记者。美国飞行员降落后，罗杰让他们在一架"战斧"飞机前进行摆拍。于是留下了一幅了不起的、充满感召力的照片，这幅照片推动了"飞虎队"传奇的形成，为他们塑造了快乐活泼而又所向披靡的形象。照片正中是日军第77战队一架"九七"式战斗机的方向舵残片，这架飞机在之前的空袭中被击落。特克斯·希尔和埃迪·雷克托蹲在碎石地上，假装检查这块残片，而汤姆·科尔（Tom Cole）和"小白"劳勒则站在一旁观看。他们都戴着头盔和护目镜，雷克托和劳勒还在95华氏度的高温下穿着皮制的飞行夹克。在他们身后，一架画了鲨鱼脸的"战斧"飞机正在用凶狠的眼睛盯着镜头外面，好像正在为这几个嬉笑打闹、毫无防备的年轻人放哨站岗。

拍照过程被防空警报的尖叫声打断。这一次，九架"战斧"和三架"水牛"升空，而"飓风"战斗机则留在地面上。来袭的是12架"九七"式轻型轰炸机，它们因为内杏上空的暴雨而没能同护航飞机会合。所以，当杰克·纽柯克在10,000英尺的高度发现这些轰炸机时，护航的"九七"式战斗机还远远地落在后面。"我们把轰炸机分割出来，从正面、左侧和右侧三个方向对它们实施攻击。经过几次冲击，我正紧盯着的敌阵左侧的飞机掉队了，它和队伍拉开了75英尺的距离，但又马上回到阵中。敌阵随后转向，其中一架飞机冒出了几大股浓烟和火焰，最终在我们的备用机场附近坠落。"它很可能坠毁在"尊尼获加"，也就是2号疏散机场附近。（美国人和英国人有时会用不同的代号来指代这些机场，而日本人则用最近的村庄来称呼一座机场，所以笔者有时也搞不清楚具体的地点。）纽柯克、吉尔·布莱特和约翰·佩塔奇都宣称在这次战斗中击落了一架"陆军的'九八'式轰炸机"，佩尔西·巴特尔特则是三架。尽管有十架飞机被击伤，但日军实际上只损失了一架轻型轰炸机。

日军轰炸机投弹时，诺埃尔·培根刚好赶到现场。由于害怕会被炸弹砸中（对于战斗机飞行员来说，这可是一种特殊而又令人厌恶的死法），培根来了一个变向，正好发现自己处在吉冈少校的飞行路线上。培根在当天的日记中写道："他们向下扑来，我迎面向前冲。一架飞机着火了，这大大鼓舞了我。我采取了俯冲后爬升的战斗策略，对敌人的轰炸机队从头到尾攻击了一遍。另外三架敌机再次向我发起攻击，天空中好像四处都是敌人。一架敌机向我迎面冲来，我只好向下俯冲，后面还有一架紧追不舍。他12次击中我的飞机，其中一次打在引擎顶部，一次穿过机舱打中我的右脚跟，其余的都打在油箱和机翼上。"

杰克·纽柯克也遇上了第77战队的飞机，他一直被驱赶到3,000英尺的高度。他发现一架"九七"式战斗机落单了，为了追上这架敌机，他加大马力直至达到引擎的极限。纽柯克在战斗报告中称："刚飞过备用机场上空，我就追上他了，只打了几发子弹，他的飞机就因为机翼脱落而坠毁了。在我朝他开火的时候，另外几架敌机也在向我射击。我的引擎因过热而熄火了，飞机失去动力，于是我在备用机场上滑行迫降。由于飞机的襟翼一直无法降低，在当时的状况下也只能如此了。"纽柯克的功劳簿上又记上了一架"九七"式战斗机和一架"九七"式轻型轰炸机。劳勒声称击落了两架战斗机，使他的击落数达到四架。诺埃尔·培根也击落了两架。

一名美国人在战斗中牺牲了，而且是命大的那位——伯特·克里斯特曼。他的"战斧"被打得千疮百孔，于是他像1月4号那天一样，打开座舱门然后跳伞。但他的好运用光了，在他伞降时，一颗子弹打穿了他的颈部。

志愿航空队夸大了他们的击落数，吉冈少校的所有战斗机在当天下午都安全回到基地。日军飞行员宣称击落了八架"战斧"，不过他们也不得不承认："虽然敌人的空战技术不怎么样，但他们的战斗意志很顽强。"这个评价很保守，然而也是高度的赞扬。日军的每支部队和每条战线的军人都深信西方人疲软不堪，更乐于跳舞而不是战斗。太平洋战争爆发七周以来，除了缅甸上空的战斗，没有什么事情能改变日军的这一观念。

美国人宣称在 1 月 23 日的战斗中击落了 17 架日本飞机，但实际上只击落了 3 架。皇家空军第 67 中队的比尔·克里斯蒂安森（Bill Christiansen）中士也分享了击落一架敌机的战绩。数字是逐步被夸大的：《纽约时报》报道称，21 架日军飞机在"仰光上空的两场漂亮胜仗"中被击毁；中方的观察员黄上尉则向重庆发电报称，盟军飞行员至少击落了 32 架敌机。美国军事代表团的弗兰克·梅里尔（Frank Merrill）少校当时正在仰光开设办事处，准备为重庆的马格鲁德将军提供每日报告。梅里尔提出了一个比较清醒的观点，他对日军损失的估计比较保守，而且他先于当时所有人指出，英国人似乎准备放弃缅甸南部了。"日军损失了九架战斗机和三架轰炸机……我们损失了一架'水牛'和一架 P-40 战斗机。政府机关正在撤出仰光，军队物资则在装船，准备运往北方……现在的形势还不算很危急，因为我们仍然握有本地区的制空权。但敌人针对（缅甸）北部的地面进攻以及缅甸为数不多的守卫部队正在经受的日复一日的损耗，才是最大的危险。"

* * *

广中上校的第 14 战队在 1 月 24 日再次出击，这一次的阵容包括本村良介上尉指挥的六架"九七"式重型轰炸机，由第 50 战队护航。"九七"式战斗机先到内杏机场加油，之后再跟上轰炸机队。当他们从内杏机场的泥地跑道起飞时，牧野少校的飞机突然失去动力而坠落，其余 20 架战斗机在坂口不二雄上尉的指挥下继续执行任务。日军机队接近敏加拉洞时，轰炸机飞行员又犯下了常见的致命错误，他们加速向前，把护航的战斗机抛在了后面。

为了拦截他们，杰克·纽柯克的七架"战斧"紧急升空，皇家空军的四架"水牛"和两架"飓风"也起飞作战。英联邦飞行员和特克斯·希尔、埃迪·雷克托、鲍勃·尼尔、雷·赫斯蒂（Ray Hastey）一起攻击日本轰炸机。十架盟军战斗机对六架日本轰炸机发动突袭，这是他们第一次在缅甸上空取得真正意义上的数量优势。战斗成果堪称惊人，正如希尔在报告中描述的："日军在第一次攻击中投下部分炸弹，但都没有击中机场……他们调头再来，我们向这些轰炸机冲去，而敌人的战斗机则向我们冲来。我看见敌方轰炸机一架接一架地坠毁，直到只剩下三架还在空中……我向敌阵右翼的一架飞机开火，它应声爆炸，一部分碎片在气浪的冲击下擦过我的机腹，造成轻微损伤。志愿航空队的其中一架战斗机把剩下的两架轰炸机也干掉了。"片刻之前还布满着一个中队的重型轰炸机的天空，现在变得空空荡荡，希尔准备离开战场，却发现一架"九七"式战斗机朝他冲了过来，于是他给这场战斗来了个收尾。"我朝它射击，它起火坠落了。"

希尔和埃迪·雷克托分别击落了一架轰炸机和一架战斗机，雷·赫斯蒂击落了一架轰炸机，鲍勃·尼尔击落了两架，而且是用他最习惯的方法。"（我）从敌机后侧下方抵近至 100 英尺左右的距离，然后打爆了它的右翼引擎。现在就只剩左边的两架了，我决定先打掉领头的飞机。我不断逼近它，敌人的子弹疯狂地向我泼来。我的飞机似乎没有中弹，于是我一直前进至距它 50 英尺的位置，朝它打了一串连射，那架该死的飞机凌空爆炸，飞来的碎片打坏了我的右翼和副翼。"尼尔的"战斧"当即上蹿下跳，紧接着栽向地面。他努力保持控制，摆正飞机，返回敏加拉洞。一架"九七"式战斗机俯冲向下，经过了尼尔的准星，他立即向敌机开火，但未将其斩获。接着又有两架日军战斗机朝他扑来，却又在刹那间飞走了。它们在尼尔的驾驶舱上留下两个弹孔，还把他的话筒打掉了，战后仍心有余悸的尼尔在日记中写道："见鬼，就差一点儿。"

英联邦的飞行员也宣称歼灭了部分日军轰炸机。邦尼·斯通和托马斯·吉米·埃尔斯登（Thomas Jimmy Elsdon）背对太阳发起第一次进攻。皇家空军第 17 中队的日志中记载："这次攻击过后，一架敌机汽油泄漏，另一架掉落了大型零件。埃尔斯登队长的引擎熄火，但他安全地在基地降落。另一位队长斯通继续进行了两次攻击。敌阵右侧飞机的引擎和机身均出现大规模的零件脱落，右翼引擎发出闪光。随后，它被目击到机背朝下坠落地面。"这道闪光其实是斯通飞机上的燃烧弹，当它们击中目标时会闪光燃烧，这种子弹在目标的命中确认上比曳光弹更可靠。

"水牛"战斗机的飞行员确实攻击了日军轰炸机,他们声称至少击落了四架敌机。无论盟军飞行员之间如何分配击落数,但有一点可以肯定,那就是他们全歼了日军的轰炸机队。经历过上一次的惊魂遭遇后,"老爹"帕克斯顿现在可以如愿以偿地作壁上观了,他回忆起那些巨大的轰炸机怎样从天空中坠落,就像一支支燃烧的箭簇,朝着泰国的方向飞去。他惊叹道:"这些飞机都直线坠落,就像天上有人在向下扔发烟罐。"40名日军航空兵被击毙,本村良介也在其中。第14战队在香港和菲律宾上空战斗了一个月,没有损失一架飞机;就在十天前,它还齐装满员、士气高昂地带着19架"九七"式重型轰炸机离开台湾,现在却只剩下10架轰炸机。它仅仅同志愿航空队和皇家空军打了两仗,损耗率就达到了50%。自此以后,广中上校只能和大西的第62战队一样,在夜幕的掩护下才敢派遣轰炸机袭击敏加拉洞。

吉姆·霍华德、汤姆·科尔和弗兰克·席尔(Frank Schiel)分别获得了击落一架"九七"式战斗机的战绩,佩尔西·巴特尔特则击落了两架。据此,志愿航空队在当天共击毁七架日军战斗机。而日军的实际损失是三架战斗机,包括坂口上尉的座机。日本人这次没有宣称击落了盟军飞机,但实际上他们还是毁掉了一架"飓风"战斗机,即邦尼·斯通的座机。

这一天在日军战斗机和轰炸机的低空扫射中结束。纽柯克报告说,吉冈少校的"九七"式战斗机和第31战队的轻型轰炸机"鬼鬼祟祟地溜过来,对着机场胡乱扫射了一番"。"战斧"飞机当时正在20,000英尺的高空巡逻,因此没有注意到这次偷袭。在空中的还有皇家空军第136中队的德里克·菲尤奇(Derek Fuge),他驾驶着唯一一架还能作战的"飓风"战斗机。在日军空袭的过程中,菲尤奇刚好降落到敏加拉洞机场,但他不仅没有受伤,还吓跑了日军飞行员。尽管日军宣称摧毁了地面上的四架盟军飞机,并击落了一架空中的飞机(无疑是指菲尤奇的座机),但实际上只是在一架丧失作战能力的"布伦海姆"身上留下了六个弹孔。

傍晚时分,伯特·克里斯特曼被埋葬在殉道者爱德华教堂墓地的C-93号墓穴里,紧挨着汉克·吉尔伯特和肯恩·梅里特的坟墓。埃斯特蕾·希利和多萝西娅·威尔金斯一起为克里斯特曼送葬。半个世纪后,多萝西娅告诉笔者："走进教堂墓园，（他的墓穴）就在通道边上的第四排。直到今时今日，我还能领着你走到他的墓前。"据她回忆，克里斯特曼的葬礼被推迟了一会儿，因为英国人正在埋葬一名在敏加拉洞附近摔死的日军飞行员。敌军飞行员获得了最体面的哀荣，一名皇家空军的号手为他吹奏了安息号。

* * *

陈纳德从来没有视察过驻仰光的志愿航空队，对于一位鞠躬尽瘁地率领队伍前进的领导来说，这是非常奇怪的。健康是影响他的其中一个因素：由于骆驼牌香烟和慢性支气管炎加重了流感病情，陈纳德在圣诞节期间只能卧病在床，在冬季余下的日子里，他也一直病怏怏的。关于这段时期的状况，陈纳德写道："我花了短暂的时间在机场办公室里办公，花了很长的时间在（1号楼的）病床上养病，还要不断地在二者之间切换。"

同蒋家打交道也使人心力交瘁。国民政府大体上由官僚机关、军事指挥机关、一名独裁者和一段婚姻关系构成。在这段婚姻关系中，妻子比丈夫要聪明得多。大多数美国人都无力应付这个迷宫一般的政权，陈纳德却显得游刃有余，然而他也没少碰钉子。最近需要他处理的事务就包括应付从成都来的八名中国士官生，中方要求让他们获得驾驶"战斧"飞机的经验，蒋介石还特意说明了他们应该得到的飞行时间——每人两个小时。陈纳德手上仅有48架能用的战斗机，但他要完成保卫中国西南、滇缅公路和仰光的艰巨任务，还要攻击越南的日军。在这种情况下，他需要有足够的信心才会为一名飞行员安排飞行时间。（约翰·布莱克本之前曾在博特纳·卡尼的手下担任云南驿飞行学校的教官，他在1942年1月24日才获得驾驶"战斧"战斗机的资格，之后才被分配到"亚当和夏娃"中队。"地狱天使"中队的约翰·多诺万和"鲶鱼"雷恩之前是水上飞机的机长，现在也获得了一些驾驶"战斧"的飞行时间。）陈纳德尽量婉转地向航空委员会的周至柔将军解释了这个问题，但得到的命令却是：事情照办。最后，他为七名中国士官生安排了飞行时间，结果他们只损坏了一架"战斧"。

蒋介石还会对缅甸的志愿航空队加以干涉。当陈纳德提议把队伍撤回昆明时,蒋介石让他们坚守在缅甸,"直到英国空军抵达"。一周之后,蒋介石命令陈纳德保持18架"战斧"飞机驻守敏加拉洞,并待在那里"直到下周三"。事实上,第二次世界大战中的领导人,包括丘吉尔、罗斯福和斯大林,尤其是希特勒,都会干涉军队事务,但作为4亿人民的领袖,蒋委员长居然要亲自决定一个空军中队的驻防地点和驻守规模。

此外还有改编的问题。1月20日,陈纳德发信给宋美龄,指出如果接受美国陆军的改编,"志愿航空队的作战效率将会在长达几个月的时间内大为损耗"。一周之后,陈纳德加重了语气,指出志愿航空队"如果被改编,大多数人都会中止合同然后回家。这支队伍只会被这样毁掉,改编根本就无从谈起"。他又用比较温和的语气给白宫里的熟人发信,阐明自己的观点。在感谢劳克林·柯里给他送去了30个螺旋桨后,陈纳德谈起了正题,就像谈论一只坏牙一般:"把志愿航空队收编进陆军会带来坏结果。"之后,他才提到了当前所需,包括100个螺线管、200个瞄准器射灯、4,000个火花塞、400个无线电用晶体、20个机油冷却器、25个螺旋桨开关、32条轮胎和3名参谋人员。

马格鲁德将军则发电报到战争部,电文标明需要乔治·马歇尔和亨利·阿诺德"亲启"。马格鲁德在电报中以可敬的坦率精神阐述了现状:"陈纳德是一位极为出色的领队,他证明了自己的价值……他兼备优秀的品质和充足的经验,可能是有效指挥美国和中国空军力量的唯一人选。他担心自己会被一个不熟悉中国情况的人取代,这种担心可能来自他个人的雄心和对蒋委员长的忠诚。为确保成为中国地区的空军总指挥,他曾向我提议,把他擢升为将官……中国政府在华盛顿的影子部门是在多大程度上出于政治考虑而提出这个意见的,我还不得而知。"马格鲁德接下来就提到了他长期以来都在回避的难题,他建议:陈纳德应该以上校身份被召回现役,然后立刻把他晋升为将军。

陈纳德确实像一位将军那样思考问题。在云南驿,卡尼手下的两名教官提交了辞呈,陈纳德命令把他们的名字"从名册上抹掉"。(卡尼手下的另一名教官马里昂·鲍夫在昆明和云南驿之间驾驶瑞安教练机时坠机身亡。）他还在志愿航空队内部推行一系列半军事化的管理规定，命令每个人提交关于自己军事经历的报告。这使昆明的流言蜚语达到高峰，就像丹尼尔·霍伊尔在第 3 中队的日志中记录的那样："队员们因为可能要加入陆军而感到心烦意乱。大多数飞行员和技术人员已经充分表露了他们对前景的厌恶，纷纷提交辞呈，但这些辞呈被大队指挥部拒收。"虽然并非每个人都是这样，但队伍里有开小差想法的人实在是够多的了，陈纳德决心清理门户。在一封写给劳克林·柯里的信中，陈纳德沮丧而又深沉地提到，志愿航空队里仍然存在"一些麻烦制造者和无法与我们并肩战斗的成员"。他补充说，这些害群之马的合同"将在 1 月 20 日之前终止"。

四名飞行员被陈纳德清理出了队伍。里奥·霍尔（Leo Houle）、唐·伯恩斯多夫（Don Bernsdorf）和唐·纳普（Don Knapp）此前就没有跟随所属的中队一起前往仰光，因为陈纳德认为他们还没做好参加战斗的准备。这或许是因为他们令人讨厌，或是因为"飞行经验不足而不被允许驾机，从而导致飞行经验愈发不足"的恶性循环让他们心生去意。第四个被除名的是"地狱天使"中队的拉尔夫·贡沃达尔，这位外号"枪手"的飞行员其实并不缺乏战斗素质，他参加了圣诞节空战并击落了一架日军轰炸机，而且没有证据表明他令人生厌。此外，有五名地勤人员也同意离开。（其中包括两名文职人员，他们是拉里·摩尔和肯尼斯·桑格，两人被认为相爱了，在那个时代和那种职业中，同性恋可不会受到人们的平等对待。奥尔加·格林劳记录下了人们对此的反应："做得好，我们才不想跟这种人待在一起。"）上述被除名的人包括两名飞行教官、四名飞行员和五名地勤人员，都被给予惩戒免职的处分，但这种处分怎样适用于这些"平民"，我们却不得而知。

陈纳德还要花费精力考虑空袭河内的计划。毛邦初将军在 1 月中旬到访昆明，他和陈纳德一起打猎，并同格林劳夫妇分享了猎获物。他们晚餐的头盘是从加尔各答空运过来的牡蛎，驾机的就是比利·麦克唐纳，他现在是中国航空公司的飞行员。牡蛎之后是淋上法国红酒的烤鹅。晚餐之后，陈纳德和毛邦初与飞行员们挤在一起，研究袭击河内的计划。他们计划用"战斧"战斗机护送中国空军的若干架苏制轰炸机。中国人使用的是图波列夫 SB 型轰炸机,这是一种中单翼飞机,搭载两台液冷引擎、可收起式起落架和巨大的尾翼,机首尖端部分使用了树脂玻璃,方便投弹手和机枪手进行观察。它于 1937 年被引进到中国,当时堪称强大的空中武器,如今却只是些保养不良的破烂装备。

1 月 22 日,18 架 SB 型轰炸机飞到蒙自,在那里与"亚当和夏娃"中队的护航飞机会合。加油之后,空袭机队起飞前往河内。他们很固执地按照罗盘的方向飞行,正如桑德尔在报告中所说的:"这些轰炸机一直按照 135 度的航向飞行,没有根据风向和风速进行修正。我向下飞到领头的轰炸机前面,示意机组人员把航向改为 150 度,因为有一股很强的西南风正在影响飞行……我们在厚实的云层上方胡乱飞行了 1 小时 35 分钟,航向在 120 度到 150 度之间变化不定,云层也没有可供观察的缺口。轰炸机队转向至 240 度,飞了几分钟后,它们隔着云层投下炸弹。我估计当时的位置大约在海防①以东 20 英里处,因为我透过云层的空隙瞥见了东京湾②。这个空隙位于一片广阔的河口上空,下面是布满沼泽的海湾地区。"

这些"战斧"战斗机已经快到达最大作战半径了,于是,当轰炸机队调头返航时,桑德尔没有消耗燃料继续护航,而是径直带队飞向蒙自。在空中飞行了 3 小时 5 分钟后,"亚当和夏娃"中队安全降落在机场。一架 SB 型轰炸机就没那么走运了,它被海防的防空炮火击中,在开始返航半小时后,这架轰炸机掉队并失去控制,最后消失在云层中。

两天后,十架"地狱天使"中队的战斗机在奥尔森中队长的带领下执行了相同的任务,结果也与上次差不多,但参加这一次任务的所有轰炸机都安全回到了中国领土。

作为报复,日军陆航部队派出第 21 飞行团的六架"九七"式轻型轰炸机袭击蒙自机场,其行动吸引了巫家坝机场的一小队"战斧"飞机。日军截获了美国人说着英语的无线电通信,他们误以为这是对越南的又一次空袭,急忙派战斗机升空拦截。与此同时,法国的殖民地空军也起飞升

---

① 越南港口城市,位于河内东北 102 千米处。
② 即今北部湾。

空,他们派出三架莫拉纳-索尼埃406型战斗机。从远处看,这种搭载液冷引擎的法国战斗机跟"战斧"飞机几乎一模一样,当日本飞机和法国飞机相遇时,日军毫不犹豫地击落了法国战斗机。倒霉的法国人成了这场战斗中唯一得到确认的伤亡人员。

但陈纳德还是证明了他的观点:即使是中国飞行员驾驶的破旧飞机,也能把战火引向敌人。这就是他力争建立轰炸机队的原因之一,正如他在1月26日发给白宫的电报中提到的:"如果你们能派常规的或志愿的轰炸机大队过来,装备我在1941年6月提到的洛克希德'赫德逊'轰炸机,关键位置配以美国飞行员操控,而且只接受蒋委员长的节制和我的指挥,那么我们就能立即对日本的工业区发动攻击。"劳克林·柯里接报后开始行动,仅仅五天过后,他就向陈纳德报喜:"'赫德逊'轰炸机在2月20日之前就能准备好,可能还会配备好机组人员,但目前还没有最后确定。"

劳克林·柯里确实是一个能制造奇迹的人。陈纳德需要的36架"赫德逊"轰炸机会从美国陆军的库存中调用,至少有一部分飞机还是美军在1941年12月8日从拟建的第二志愿航空队手中强行征用的。这些飞机会被运往相反的方向——从加州出发,经佛罗里达到巴西,穿过大西洋和北非直到埃及,然后是中东、印度和缅甸,最后到达中国。从加州伯班克的洛克希德工厂算起,全程达18,000英里。

10

霍夫曼阵亡

纽柯克的飞机正以令人担忧的速度损耗,于是陈纳德让桑德尔带领12架"战斧"战斗机去增援他。"亚当和夏娃"中队再次在队长的房间里抽签,抽到签的人将在1月25日周日那天飞往缅甸。他们在腊戍加油后,在天黑前赶到敏加拉洞。到达后再次给飞机加油,并疏散到"尊尼获加"备用机场,之后,飞行员们就成群结队地到皇家空军的俱乐部去喝酒了。

桑德尔的脸型瘦长,当时正蓄着英式胡须。他脸上的神情总是显得多疑而拒人于千里之外,当然也有可能只是因为腼腆。(奥尔加·格林劳形容他"温和、亲切而严肃",每次提及这些随时都可能丧命的飞行员时,格林劳总会用充满温情的言语。)美国陆军把他培养成飞行教官,但他在12月20日的昆明空战中表现优异,事实上比纽柯克还要好。然而,这种战绩却没有让他和自己的部下变得亲密起来。

"亚当和夏娃"中队的队员们当然很想知道敏加拉洞机场有什么好东西。皇家空军的俱乐部就是答案之一,这家俱乐部已遭受过好几次空袭扫射。在吧台喝酒的格雷格·博因顿就发现,无论在什么地方,他放下手的时候都要小心,以免弄得满地碎片。英军还增调了六架"飓风"战斗机过来,于是酒吧中就有了一群互相打量对方的新人。皇家空军的一名飞行员提到了和这些美国非正规军相遇时的情景:"我们站在那里,坦诚相望,彼此都感到惺惺相惜,就像黑帮之间友好的聚会那样。"实际上,美国人对英联邦飞行员的辞令和礼仪感到有点抗拒,他们将这些"英国人"视作花花公子。(他们以为这些英联邦的飞行员都是英国人,其实是一个误会。第 67 中队主要由新西兰人构成,第 17 中队里则有爱尔兰人、苏格兰人、南非人、罗德西亚①人、加拿大人和美国人。)"亚当和夏娃"中队的一些队员开车来到仰光市区,在萨伏伊铁路公司吃饭,在明托大厦酒店住宿。博因顿则在皇家空军的俱乐部里吃喝,睡在一座废弃的兵营里。

周一早上,纽柯克和桑德尔将飞机分成四个小分队。"熊猫"中队分成"蓝""绿"两个小队,并被分配到敏加拉洞机场东西向跑道的一端。"亚当和夏娃"中队分成"红""黄"两个小队,被分配到跑道的另一端。皇家空军则使用南北向的跑道,"水牛"战斗机占据一端,"飓风"战斗机占据另一端,和美国人的安排没什么区别。查理·邦德为此感到颇为烦躁:"起飞时完全是一团糟,如果我们在起飞时机上有什么差错,跑道的交会处必定会有一大堆战斗机混乱不堪地堵在一起。"风向的问题被忽略了,当遇到紧急状况时,则根据预先的规定,"战斧"战斗机飞上面,"飓风"战斗机飞下面,以免相撞。一名英军飞行员回忆说:"时间可比金钱重要得多。"缅甸的防空观察团已随着作战部队撤到毛淡棉,雷达站也被撤至敏加拉洞,以防落入敌手,预警时间因此减少到只有 15 分钟。如果一名飞行员比其他人早 30 秒起飞,他在接敌之前就能获得 500 英尺的高度优势。

1 月 26 日早上响起了三次错误的警报。飞行员们每一次都冲向各自的飞机,他们都希望比队友更快地升到空中,所有人都以近乎疯狂的速度争先恐后地起飞。在敏加拉洞地面上的炎热和 20,000 英尺高空的严寒之间不断上上下下,一个人很容易因为鼻炎而涕泗横流。在紧张而混乱的行动间隙,飞行员们试图在帐篷里放松和休息。太阳越升越高,皇家空军的军械师把湿衣服铺在"飓风"飞机的子弹箱上,以防止子弹因过热而爆炸。(正如一名机械师所说的,每天中午你都可以在铝制的机翼蒙皮上煎蛋。)飞行员们闲聊、看书或者玩"么二点儿",这是一种在美国海军中非常受欢迎的双陆棋玩法。上午 10 点 45 分,他们一直等待的警报终于响起,

---

① 即今津巴布韦。

这一次是货真价实的敌袭——日军第 50 战队的 23 架"九七"式战斗机正准备进行一轮低空扫射。

"熊猫"中队有三架战斗机马上升空，分别由杰克·纽柯克、吉尔·布莱特和罗伯特·莫斯驾驶。从敏加拉洞起飞爬升后，纽柯克和四架新调来的"亚当和夏娃"中队的飞机会合。但他的无线电对讲机忽然出现故障，于是他示意领头的飞机进行指挥，接着就飞往北边了。布莱特和莫斯也各自离开，引领拦截的任务就这样落在雷德·普罗布斯特（Red Probst）头上。这个胖胖的年轻人来自马克斯维尔基地，他参加志愿航空队是为了不用跟德国空军对抗。那天正好是普罗布斯特在敏加拉洞的第一天，他从未参加过战斗，而他在志愿航空队的生涯也不过是一场愚蠢的冒险。在"可乐"霍夫曼、格雷格·博因顿和鲍勃·普莱斯考特（Bob Prescott）的跟随下，普罗布斯特迎着日军飞机爬升过去。

博因顿原以为领头的是一名经验丰富的老兵，直到他看见普罗布斯特在敌机下方迎着太阳发起进攻。博因顿的旁边是普莱斯考特，他倒是没有因为这种非正规的动作而立即感到困扰，他在多年以后解释说："当你在阵形当中飞行时，你几乎只会盯着领头的飞机看，不会注意到别的。"当普莱斯考特终于发现头顶上方的日军飞机时，他还误以为那是"水牛"战斗机。"他们在俯冲、翻滚，还像疯子一样乱窜。我在想，这真是一群蠢货……该死，把这帮人送走才能好好打仗。然后我又看了一眼……见鬼，这不是'水牛'，而是日本飞机。它正向我们俯冲过来！当时我正在格雷格的左翼，这架日本飞机从我的左上方压来。按照规矩，我不能脱离阵形，但也没有人禁止我挪动位置。我飞到格雷格的右翼，于是那架日本飞机就先对他下手了。"

雷德·普罗布斯特撤离了战场，他解释说："敌人瞅准我们爬升的时机，朝我们扑过来。当它们进入攻击范围时，我急忙带领小队俯冲。"但他没有告知"可乐"霍夫曼，后者是他的僚机。在志愿航空队的证件照里，皮肤黝黑、愁眉不展的霍夫曼看上去就像一个阿帕奇部落的印第安勇士。去年的 12 月 20 日，他在昆明城外近距离地击落了一架日军轰炸机，还因此获得了赞誉。在敏加拉洞上空同日军战斗机搏斗时，他也表现得十分勇猛。但根据地面观察者的说法，在 26 日的战斗中，霍夫曼不幸与一架"九七"式战斗机相撞。英国记者奥多德·加拉格尔写道："一架飞机旋转着从战斗的旋涡中心坠落……飞机加速撞向地面，它的机翼在半空中脱落了，散落的其他部位也远远地落在后面。它撞到了地面上，扬起一大片烟尘，我看见它又弹了起来。几秒钟之后，断裂的机翼才晃晃悠悠地落下，就像纸片一样，它落在稻田里，起火燃烧，又卷起了一阵烟尘。"霍夫曼的飞机仰面朝天地在铁轨附近坠毁，他的半边残骸被甩出了驾驶舱。44 岁的霍夫曼是一位丈夫和父亲，他在美国海军中度过了半生时光，在获得晋升之前，他默默无闻地度过了整整 13 年。

这时，鲍勃·普莱斯考特已经调整好自己的位置，他回忆说："我挪开之后，格雷格就看到敌机了。他做了一个破 S 动作[①]，嘴里发出'呋'的一声，然后就俯冲下去了。"普莱斯考特跟随着格雷格·博因顿，但他太过兴奋，在完成翻滚之前就向前推操纵杆，结果惯性把他向外拉而不是把他按在椅子上。勒紧的安全带几乎将普莱斯考特切成两段，他回忆说："他们说可以通过俯冲来对付这些日本人，但这话真是一个标点符号都不能信。我四处张望，就发现一架日本飞机还紧紧地跟在我后面……在最后关头，我决定向上拉起飞机，但我一直忘了收油门。等到停下来时我才发现，自己已经回到 13,000 英尺的高空了。我看见附近有一架友机正向下俯冲，一架日本飞机正在攻击它，枪声隆隆作响，我得过去帮助队友。你知道，虽然飞机里的操纵杆用手指就能拨动，但在那个时候，我用尽力气都没办法让飞机转向。"

博因顿此时也回到了高空，他开始和"九七"式战斗机较量变向。实际上，"亚当和夏娃"中队在当天上午做的所有事情，都与陈纳德教授的战斗原则背道而驰。博因顿在上大学时曾练过摔跤，他知道系紧领口有助于防止因脑部缺血而昏迷[②]，他和队友进行"狗斗"训练时就用到了这

[①] 即半滚倒转，在横滚时完成一个反向的下降滚转，再向后拉操纵杆，抬起机首直至水平。这个动作意在通过降低高度来获得速度并改变航向。
[②] 飞机在战术机动时产生的超重现象，会导致飞行员的脑部供血不足，有可能造成昏迷。

个技巧。但在面对灵活而敏捷的日本飞机时，绑紧颈部肌肉这招反而对他不利，这使他看不清自己的燃烧弹在朝哪里飞。博因顿在自传中写道："我感到头晕目眩，因为我一直在忍受超重。我甚至都没有察觉到敌机的曳光弹越来越接近我的飞机，直到我回头看见对方的枪管已近在咫尺。我心想'不管了，去他的'，然后就俯冲跑掉了。"

普莱斯考特也被赶回地面。他认为自己注定成不了战斗机飞行员，而且应该远离战场。于是他在附近隐蔽起来，直到耳机里传来"免费啤酒"（撤退暗号）的呼叫。他飞回敏加拉洞，打算私下里向博因顿道歉，如果分队长能把这次惨败的责任隐瞒下来，他可以退出志愿航空队。普莱斯考特回忆说："于是我坐在无线电广播室里等博因顿，但他一直没回来，我心里想，噢，天呐，那架日本飞机击落了他……感谢上帝，格雷格最后还是回来了。我冲到跑道上，他却在那里打着转，扬起的尘土全落在了我身上……我跳到机翼上打开座舱盖，看见他对我咧嘴大笑，边笑边说：'我们搞掉了他们一架是吧？'"

此时，布莱特和莫斯取得了制高点优势。布莱特在写给家里的信中提到："我和僚机一起俯冲穿过云层，向两架敌机开火。但对方发现了我们，他们拉起飞机，仰面向我们射击。"

莫斯认为当时附近有七架"九七"式战斗机，他对记者说："我正追着一架日本飞机开火，但我的飞机突然失控变向，很可能是因为有人从我看不到的角度打中了我。"他驾驶着"战斧"下降了差不多1英里的高度才准备跳伞，以确保敌机不会飞过来攻击他，当初，保罗·格林和伯特·克里斯特曼就是在伞降时遭到敌机攻击的。莫斯打开座舱盖，解开降落伞的扣子，跳出飞机。令他惊恐万状的是，一架飞机飞了过来，但幸好那是吉尔·布莱特。布莱特一直掩护着莫斯，直到他在一片水塘附近安全降落。莫斯的前额擦破了皮，眼眶被撞黑，牙齿也摔掉了好几颗。一些缅甸人很快赶了过来，他们用水清洗了莫斯头上的血，还在他的口袋里塞了饼干，让他在回敏加拉洞的路上有食物充饥。

鲍勃·尼尔带领"亚当和夏娃"中队的第二小队投入战斗，他在日记中写道："我们遇到了20架日军战斗机，它们就像一群四处乱转的秃鹰。"当"战斧"机队接近时，这些"九七"式战斗机分开行动，其中一队迅速抢占制高点。因此，无论尼尔怎样试图攻击一架日军战斗机，总会有其他敌机飞到他身后，迫使他俯冲离开。尼尔一时无计可施，但在敌机调头飞向马达班湾时，他抓住了机会。这些日本飞机的燃油即将耗尽，它们的飞行员盯着油量计，一心想尽快返航，完全没有留意头顶上方。于是，尼尔以 2,000 英尺的高度优势向下俯冲，他在 100 码的距离外朝最后面的敌机开火。他看着那架"九七"式爆炸起火，坠入水中。来自塞尔弗里奇基地的威廉·麦加里（William McGarry）是一名头发乌黑、眉头紧锁的飞行员，外号"黑老麦"，他也在这场战斗中击落了一架日军战斗机。

护送莫斯降落后，吉尔·布莱特向东追赶日军第 50 战队。他追上了一架"九七"式，朝它不断连射，并看着这架飞机（他认为是同一架）坠毁在沙滩上。这使他成为又一位王牌飞行员。

三架"飓风"战斗机也参加了敏加拉洞上空的战斗，但它们并未在空中停留很久。一名皇家空军飞行员向敌军战斗机打了几发子弹后就逃跑了，因为他发现只有三挺机枪能开火。另一架"飓风"被敌机打中，右侧副翼控制缆被打断，只好降落。

杰克·纽柯克就周一的战斗情况向昆明总部递交报告，报告内容堪称史无前例地简洁："早上 11 点，我军与 20 架敌军战斗机展开战斗。我方击落三架敌机。霍夫曼阵亡。"1 月 26 日这天的胜利应归于日军第 50 战队，他们以实际损失一架"九七"式战斗机的代价，击落了四架盟军战斗机。

*　　*　　*

当天下午，"布伦海姆"轰炸机队起飞轰炸竹内宽的第 55 师团，他们正部署在高加力镇附近。高加力镇位于多纳山脉的缅甸一侧，这意味着除了印度师团，日军和毛淡棉之间已经毫无阻碍了。两架"飓风"和六架"战斧"护送这些轰炸机，顺带进行"一小趟扫射"。在回敏加拉洞的路上，除了邦尼·斯通和吉米·埃尔斯登的"飓风"战斗机，盟军飞机各自分散返回备用机场。拖着一双 O 型腿的斯通来自英国上流社会，全名是塞德里克·亚瑟·卡斯伯特·斯通（Cedric Arthur Cuthbert Stone）。这位中队长被美国人视作花花公子，但他之前在欧洲战场上击落了三架德国飞机，还在1月24日击落了一架"九七"式重型轰炸机。埃尔斯登本人更是一名王牌飞行员，他击落了七架德国战机。作为他们的座机，英国霍克公司的"飓风"战斗机是一种优秀的夜间战斗机，具备良好的驾驶舱视野，装有遮蔽的排气管和宽轮距的起落架。

1月26日晚上，在凸月的映照下，六架日军轰炸机从曼谷长途奔袭而来，把高爆炸弹和燃烧弹倾泻在敏加拉洞机场上。英军的"飓风"战斗机正好停在地面上，其中一架被炸毁，无法修复。第二天晚上，日军再次来袭。这些飞机属于大西上校的部队，因为从菲律宾调来的轰炸机队把他们挤出了廊曼机场，最近两周他们一直在那空沙旺附近寻找可以落脚的基地。为了弥补损失，他们的队伍补充了一批新型的"九七"式重型轰炸机，机组人员还要花上一段时间来熟悉操作。这天晚上，四架新型轰炸机远赴敏加拉洞，这一次，斯通和埃尔斯登升空就位了。

机场上空有一层薄薄的云层，月光和星光都能穿透它，但像《芝加哥每日新闻》的记者利兰·斯托这种地面观察者，就只能靠引擎声来分辨飞机了。隆隆的响声是轰炸机发出的，尖锐的声音则是盟军战斗机发出的。斯托写道："现在，我们站在树冠像墨西哥宽边帽似的可可树底下，不断地向上张望。尽管有数以百万计的星辰的照耀，却依然看不见嗡嗡作响的'飓风'飞机的踪影……我们当时就呼喊起来：那架'飓风'咬住日本人啦……直来直去的几百点红色光芒在空中疯狂地相互追逐……在黑暗的天空下，机枪吐着火舌，标明了飞机的位置。突然间，一大团火球照亮了天空。它在空中短暂盘旋了一下，然后直直地往下坠。它越过一片平地，落在我们北面约1.5英里以外的地方，巨大的爆炸闪光照亮了地平线。"

击落敌机的是邦尼·斯通，他因此成为一名王牌飞行员。那个火球是平林章男中尉驾驶的新型"九七"式重型轰炸机，他本人在仅仅16天前才作为第62战队的补充兵员来到泰国。

日军陆航部队在缅甸上空遇到了顽强抵抗，这与他们在马来半岛、菲律宾、香港和荷属东印度群岛的遭遇完全不同。一名日本军官（可能就是第 14 战队的广中上校）在战斗结束后抱怨道："打击这些敌人就像消灭苍蝇一样难。我们以为……已经一次性地把他们击垮了，但十天之后却发现，敌机的数量和以前一样多。"无论对日本人还是对盟军而言，这种感觉都是同样存在的，他们都不明白，对手惊人的恢复能力其实就来自他们自己夸大了的击落数字。

*　　*　　*

1月28日，周三，"亚当和夏娃"中队把"可乐"霍夫曼埋葬在殉道者爱德华教堂墓地的第97号墓穴里。格雷格·博因顿回忆说，霍夫曼的尸体被放置了两天，抬棺人因为受不了那股味道而作呕。更糟的是，当地的掘墓人把墓坑挖得太小，棺材在放下去的过程中被卡住了。葬礼之后，抬棺的人们开车返回仰光，在"银烤架"餐厅吃奶油草莓，在"库姆"珠宝店买珠宝，还试图勾搭两个年轻的英国姑娘，但最后以失败告终。

当天值勤的飞行员已经紧急升空了一次，现在又要准备迎敌。这一次防空警报预警了一场大规模的战斗机袭击行动——第77战队的27架和第50战队的10架"九七"式战斗机正在飞来。为实施拦截，"熊猫"中队派出七架战斗机升空，"亚当和夏娃"中队派出九架，皇家空军派出两架。这也是中队长桑德尔在仰光的第一场战斗，他报告说："我带领红、黄两个小队，在机场以东20英里处接敌，之后一直转战至机场以西约20英里处。我的第一次攻击使一架敌方战斗机起火燃烧，它从17,000英尺的高空坠向地面，消失在我视野之外时仍在下坠。在两次不成功的迎面攻击后，我又击中了一架敌机，它也开始坠落。大约20分钟后，我在非常近的距离外正面攻击了一架敌机，它掉落了部分零件，带着黑烟翻滚离开，但并未下坠。"桑德尔的功劳簿上就这样增添了两架战斗机。

"亚当和夏娃"中队的三架战斗机也在战斗中有所斩获，它们是在1月的早些时候来到仰光的。根据日本人的说法，比尔·巴特林、迪克·罗西和弗兰克·席尔这三名盟军飞行员当时正在围攻松田光弘上尉的飞机，山本兼吉中尉眼见松田中队长形势危急，试图向下俯冲进行营救。松田的飞机被凌空击落，山本的飞机则受了致命伤。飞机引擎开始燃烧，这位年轻的中尉四处寻找目标，希望能找个敌人和他同归于尽，结果他看到了敏加拉洞机场的白色"A"字形跑道。

此时，桑德尔的"战斧"战斗机亮起了黄色警示灯——飞机的引擎过热。烟雾开始灌入座舱，飞机失去动力，桑德尔只好在敏加拉洞机场滑翔迫降。他不小心弄爆了一条轮胎，但成功地使飞机在没有严重受损的情况下停了下来。桑德尔望向天空，却发现麻烦才刚开始。山本正驾机向敏加拉洞机场发动自杀式俯冲攻击，飞机螺旋桨已经在无力地空转，他看见了停在跑道上的"战斧"，于是朝它一头撞去。桑德尔赶紧冲向战壕躲避，转瞬之间，山本就在"战斧"后面坠毁了，爆炸破坏了"战斧"的方向舵，敌机引擎的一块碎片刚好从桑德尔蜷缩的战壕上方飞过。格雷格·博因顿和其他人一起赶到现场搭救桑德尔，他们对日军飞行员的自杀行为感到震惊，博因顿写道："我能辨认出的最大的一块残骸就是一只左手，肌腱断裂，露在外面。"博因顿猜想，山本在坠毁的瞬间本能地举起手来遮挡。

在飞行学校里，日本学员平时也会练习自杀式俯冲攻击，就像学习射击或者编队飞行一样稀松平常。一名日军飞行员在战后介绍说："这种行为是理所当然的，如果一名飞行员的飞机失去了行动能力，他就会选择武士道的死亡方式……他会冲向敌方舰船或飞机，尽可能让更多的敌人为他陪葬。"这被称为"自爆"。实际上，日本人用于表述战死的词汇非常丰富：一名飞行员可能会变成自爆的飞弹、加入专门求死的自杀式任务、切腹或者变着花样自杀，每一种都有特定的称谓；对于因敌方火力、爆炸或受伤而死的情况，也各有不同的词汇来形容。即使在整整一代人之后，山本的死仍然得到歌颂和赞扬，因为日本虽然放弃了战争，却没有放弃对死去的武士的钟爱。1977年出版的一本日军陆航战斗机部队战史中曾宣称："英国的将军深受触动，他们就在那里厚葬了山本的骨灰。"（节选自该书的英文版）

在1月28日的战斗中，皇家空军没有收获任何战果，志愿航空队则击落了六架敌机：桑德尔两架，罗西、希尔、巴特林和约翰·佩塔奇各一架。日军第77战队的确损失了人员，除了松田和山本，一位姓北坂的准尉也被击毙。他们的两个战斗机战队宣称击落了15架盟军飞机，这明显是一个夸大的数字：除了桑德尔，雷·赫斯蒂也迫降了，而英军第136中队的布朗少尉的飞机右侧副翼则被打掉。

晚饭后，志愿航空队的一些飞行员坐在俱乐部门口的走廊上，观看英军的"布伦海姆"轰炸机起飞。这些轰炸机即将踏上漫长而孤独的旅程，前去轰炸曼谷。正当美国人看着它们起飞时，其中一架轰炸机失去动力，坠毁在跑道末端。此时，杰克·纽柯克正在写一份提交给陈纳德的情况报告，他写道："我们的飞机看上去就像一床临时拼凑起来的被子，上面全是窟窿。引擎的工作负荷过重……地勤人员太少，难以应付任务，他们也没有时间指导从皇家空军挖过来的那些中国人或其他帮手……我手下有四个人需要休假：杰克·琼斯（Jack Jones）正和高烧搏斗；皮特·莱特正从阑尾炎中恢复；莫斯在飞机被击落后跳伞，摔掉了几颗牙齿；亚历克斯·米哈尔科（Alex Mihalko）患上了痔疮。"明显是为了回应改编的传闻，纽柯克颇为轻蔑地说："对于目前的状况，我坚定地相信……除了与陆军或其他组织合作，志愿航空队不需要任何人插手。"

1月29日，日军第77战队派遣20架"九七"式战斗机再度来袭。为了与之对抗，杰克·纽柯克率领"熊猫"中队的五架飞机升空，"亚当和夏娃"中队的三架飞机也和两架"飓风"也一起升空，共计十架盟军战斗机。纽柯克看见敌人在他东边，而且高度占优势，于是他先往西边飞，试图在距离缩短之前取得高度优势。诺埃尔·培根在日记里写道："当日本人向下冲向我们时，纽柯克和一架僚机已经爬升到上方，反过来向敌人俯冲。我们的俯冲迫使日本人……处于我们下方，于是我和我的僚机一起发动攻击。我冲了一趟，飞进云层，然后在云中转向（这是皇家空军的战术，陈纳德在同古将其传授给了队员们）并爬升，准备继续攻击。一架日本飞机向我冲来，我从45度角向它的机首开火。它的螺旋桨立刻开始空转，飞机旋转着下坠。我俯冲穿过云层，在云层下面发现敌机，它还在缓慢地旋转。我跟在它的机尾后面，用全部机枪向它齐射，引燃了它左侧的油箱。我飞过去，发现敌方飞行员已经死亡。我目睹敌机在基地东北10英里处坠毁燃烧后，才去追赶海湾上空的另一个小混蛋。他当时正往泰国方

▲ 脸刮得干干净净的克莱尔·陈纳德上尉。这幅照片大约摄于1930年秋天，当时陈纳德刚被选送到空军战术学院。尽管只有37岁，但他看上去比实际年龄要老10岁。（图片来源：美国航空航天博物馆）

▲ 1935年的"飞行秋千三人组"。他们斜靠着一架波音P-12战斗机,左起依次为比利·麦克唐纳、陈纳德和威廉姆森。被美国陆航部队拒绝聘任后,麦克唐纳和威廉姆森两位中士飞行员选择退伍并前往中国。(图片来源:美国航空航天博物馆)

◀ 在崇山峻岭遍布的中国西部边陲，征召来的劳工凭借手工工具和人力建造了滇缅公路。三年时间里，在仰光和重庆之间长达 2,000 英里的生命线上，滇缅公路成为一条举世闻名的交通线。（图片来源：美国国家档案馆）

▲ 哈维·格林劳和奥尔加·格林劳在昆明城外的巫家坝机场，两人身穿带有肩祥和飞虎队胸针的志愿航空队制服。这幅照片拍摄于 1942 年 4 月，哈维·格林劳时年 44 岁，奥尔加·格林劳比他年轻 10 岁。

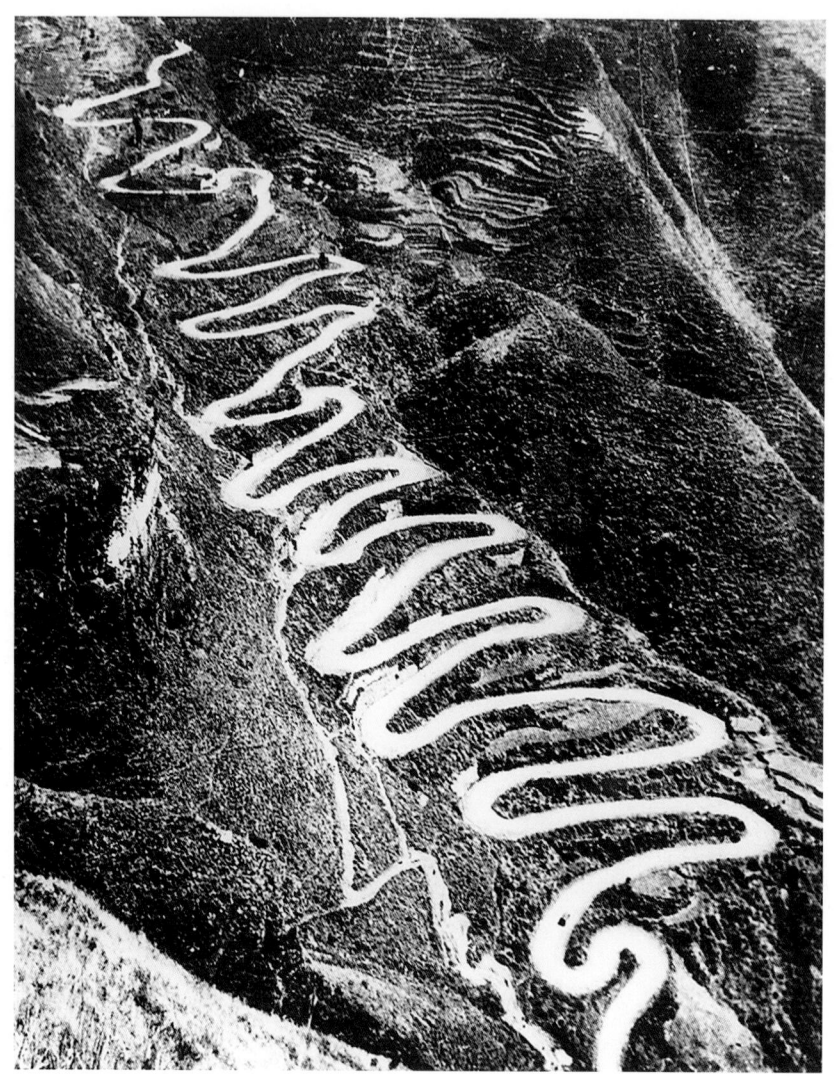

▲"你们将受陈纳德上校指挥,保卫这条直通云南昆明的公路。"在深达1英里的湄公河和怒江峡谷中,这条公路犹如圣诞蜡烛一般蜿蜒曲折,迫使运输卡车来回拐弯前进。(图片来源:美国国家档案馆)

▶ 1942年1月,"地狱天使"中队的三名队员在昆明巫家坝机场上摆出了美国狂野西部的标志性拔枪动作。左起依次为肯恩·耶恩斯泰特、查克·奥尔德和汤姆·海伍德。后面是R. T. 史密斯的77号"战斧"战斗机。(图片来源:R. T. 史密斯拍摄,布拉德·史密斯授权使用)

▲ 1942年4月，三架飞虎队战斗机在中缅边界的保山上空执行战斗巡逻。这幅标志性的照片由一架P-40"战斧"式战斗机的飞行员摄于其驾驶舱内。（图片来源：R.T.史密斯拍摄，布拉德·史密斯授权使用）

▲ 在同古城外的凯多机场，诺埃尔·培根在首飞前和一架"战斧"战斗机合影留念。他是杰克·纽柯克手下的其中一名"水手"——纽柯克的第2中队名为"熊猫"，基本上由前海军飞行员组成。（图片来源：诺埃尔·培根个人收藏）

▲ 第一个牺牲的飞虎队队员是约翰·阿姆斯特朗,他死于1941年9月8日的一场撞机事故。在同古的圣路加教堂墓园中,他的棺木被暂放在木板上,保罗·弗里尔曼(棺材前方穿制服者)正在诵读一份修改过的新教路德宗的葬礼词。(图片来源:美国航空航天博物馆)

▲ 1941年10月,英国皇家空军的康韦·普尔福德(Conway Pulford)少将视察凯多机场。左起依次为哈维·格林劳、普尔福德、陈纳德、桑德尔、奥尔森和奥尔加·格林劳。奥尔加一如既往地成为他们关注的焦点。(图片来源:飞虎队协会)

▲ 在敏加拉洞开箱的第一架"战斧"战斗机是最后一架装配完成的,因此机身上涂有"99th"的字样。被运往缅甸同古后,它被志愿航空队编为P-8101号。为避免金属机身太过烫手,飞机上方建有用来遮阳的草席顶棚。(图片来源:沃尔特·彭特科斯特拍摄,藏于美国航空航天博物馆)

▲"熊猫"中队的合影。前排左起依次为埃迪·雷克托、"老爹"帕克斯顿、皮特·莱特、杰克·纽柯克、特克斯·希尔、吉尔·布莱特和埃德·科南特。后排左起依次为巴斯·基顿、"小白"劳勒、弗里曼·里基茨、鲍勃·莱赫、汉克·格谢布拉赫、汤姆·琼斯和弗兰克·席尔。(图片来源:美国国家档案馆)

◀ 奥尔森中队长在他的"战斧"战斗机座舱里。这张照片展现了柯蒂斯公司安装在机首整流罩上的环形瞄准镜、挡风窗下面由英国人提供的"防弹玻璃"以及缠上胶带的机枪口——这是为了保证枪膛内部的干净和干燥。(图片来源:飞虎队协会)

▲ 巫家坝机场上的抽烟时光。左起依次为哈维·格林劳、约翰·威廉姆斯和陈纳德。他们身穿的制服在样式上是美国陆军的,但徽章和陈纳德胸袋上方的空军标志却是中国的。(图片来源:飞虎队协会)

▶ 1943年8月,英国政府向查理·邦德、特克斯·希尔和埃迪·雷克托颁授空军功勋十字勋章,以表彰他们在保卫缅甸时的杰出表现。而直到53年后,飞虎队才获得了美国政府类似的认可。(图片来源:小查尔斯·R.邦德个人收藏)

▲ 陈纳德正在美国志愿航空队一辆吉普车的引擎盖上下达作战指示,这辆车无疑是从仰光码头"解放"出来的。飞行员们(包括鲍勃·尼尔和乔治·麦克米兰,即头戴皮边船形帽者)的制服上均有中国空军的标志。(图片来源:Wide World 照片,藏于美国国家档案馆)

▲ 垒允机场的警备室。左起依次为赫布·卡凡纳、特克斯·希尔、约翰·佩塔奇（后排面朝右者）、比尔·里德、阿维德·奥尔森、"麋鹿"莫斯、帕克·迪普伊、鲍勃·普莱斯考特和克里夫·格罗。格罗在合影后不久失踪。（图片来源：飞虎队协会）

▲ 中国工人用竹子和帆布制成假飞机，足以以假乱真。在保山机场被放弃几天之后，日军飞行员还在空袭的报告中声称摧毁了机场上的若干架"战斧"飞机。（图片来源：美国航空航天博物馆）

▲ 对战争感到厌倦的特克斯·希尔头戴飞行帽,身穿皮夹克和连衣裤,还有那对标志性的招风耳和嘴中叼着的香烟。希尔在中队长官中是最受欢迎的一个,他以美军少校的身份留在中国,并最终得以在陈纳德手下指挥第23战斗机大队。(图片来源:艾丽西亚·施魏策尔个人收藏)

▲"隼"式战斗机的星型引擎和干净利落的线条，使志愿航空队的飞行员们误以为这就是臭名昭著的"零"式战斗机。它比"零"式战斗机稍长，尾部较为圆滑而不尖利。注意其不可收起的尾轮，这种节省重量的设计是日军战斗机的特色。（图片来源：美国国家档案馆）

▼ 一架涂有美国志愿航空队全部图案的"战斧"战斗机，这幅照片应该是在"地狱天使"中队移驻仰光后拍摄于敏加拉洞机场的，因为图中人员都戴着英国陆军的钢盔。这架飞机的冷却板被全部打开，以增加通过液体散热器的空气流量。（图片来源：美国航空航天博物馆）

▲ 在桂林空战中获胜的"亚当和夏娃"中队。前排左起依次为"讨厌鬼"史密斯、本田圭下士、比尔·巴特林和乔治·布加德。布加德击落了川崎公司的"屠龙"战斗机,本田就在这架飞机上担任机枪手和无线电操作员。后排是乔·罗斯伯特和迪克·罗西,他们蹲在P-40E战斗机的机翼上。(图片来源:飞虎队协会)

▲ 陈纳德在巫家坝机场的办公室里处理公务。他似乎同时戴着美国陆军和中国军队的徽章，左肩上（而且仅在左肩上）有吉米·杜立特赠予的一枚将星。（图片来源：美国航空航天博物馆）

▲ 首日封上有一枚美国邮政署发行的陈纳德肖像邮票，还有一枚来自中国台湾的飞虎队纪念邮票。值得一提的是，上面印的陈纳德出生年份有三年的差错。（图片来源：作者个人收藏）

向逃跑，我太过兴奋，结果跟丢了。"

"亚当和夏娃"中队的查理·邦德跟随纽柯克一起向西机动。他一开始没看到日军战斗机，直到取得高度优势之后才发现它们。他把子弹上膛，打开开关，照亮反射瞄准镜，几乎垂直地向下俯冲。他在日记里写道："我偏离了目标1英里，只好继续俯冲几千英尺，当我拉起飞机时，我已经感到有些晕眩。我才发现我一直全力加油，已经逼近临界值了，引擎开始传来爆燃声。我身后没有人，于是我瞄了一眼速度计，发现时速已超过400英里。我利用这个速度重新爬升到18,000英尺的高度。"邦德的第二趟进攻还是没有奏效，他折回来，朝一架"九七"式战斗机开火，却猛然发现自己正好在另一架敌机的身后。当他开火时，这架飞机冲进了云层。邦德留在云层上方，他相信对方一定会冒出头来。果然，敌机冲出云层，摆开架势朝邦德迎面飞来，邦德写道："距离他大约200~300英尺时，我的六挺机枪同时开火。他没有闪避，可能一切都已见分晓了，我看到曳光弹打进了他的座舱和引擎。眨眼间，我就来到了他面前，我迅速抬起左翼避开他，两机擦肩而过。我看到他的座舱起火，高兴得又叫又笑，这够他受的了。我大叫道：'打中一架！这就是你最想看到的，霍夫曼你个老伙计！'"

格雷格·博因顿也跟在纽柯克的队伍中。据他回忆，他"刚刚"命中第一架日军战斗机，使它起火燃烧，就听到有人通过无线电喊道："这是替'可乐'打的，你这个狗娘养的！"说话的就是查理·邦德，用词虽然不一样，但语调是一致的。

第一次飞越日军机群后，纽柯克看见一架飞机迎面飞来，他认为这是一架装有可收起式起落架的战斗机，但在1942年1月，敏加拉洞地区却没有任何"零"式或者类似的战斗机。他报告说："我一直压着扳机，直到距离敌人300码左右时才开火，子弹打进了对方的引擎。敌机的一个气缸脱落，整架飞机冒着烟往下坠。我从上方和后方给了它三下连射，它落入云层，我跟着一路穿过云层，看见它坠毁在达本①以东的某处。"

与此同时，桑德尔正和一队"九七"式战斗机在云层上方缠斗。他跟着其中一架俯冲穿过云层，不断向其开火，然后转向并目送它坠毁。他接

---

① 缅甸城镇，位于仰光东北。

着爬升到高点，把另一架敌机打到起火，之后又打掉了第三架飞机的引擎。他在报告中写道，第二架敌机很可能被他击落了，第三架则"无疑受到了重创，但当时其他敌机给了我很大压力，所以无法观察到其最终下场"。

日军机队的主力现在调头返航。查理·邦德竭尽全力追赶它们，但每当他瞄准了一架敌机，对方飞行员总会折回来迎面向他反冲。坚持了一会儿之后，邦德意识到云层逐渐变厚，于是决定返航。飞到敏加拉洞机场时，他向塔台请求许可，做出"人生中第一次象征胜利的飞行翻滚"。降落后，邦德看见一群飞行员正待在掩体旁边，这些掩体保护飞机免受爆炸损害。另一名日军飞行员（可能是一位姓永岛的中士）也对敏加拉洞机场发动了自杀式袭击，他试图摧毁一架停在地面上的"布伦海姆"轰炸机。邦德的飞机滑行经过了敌机的残骸，他看见"一名皇家空军的飞行员举着一顶皮制头盔，日本兵的头颅还在里面，喉管血淋淋地露在外面"。"那个飞行员一只手提着日本兵的头，另一只手伸出两根手指指向空中，比划着'V'字形的胜利手势。我回给他一个'V'字形手势，然后滑行而过，但我没法回应他大大的笑容。"

在1月29日的战斗中，盟军飞行员宣称共击落14架敌机。其中三架归功于桑德尔，他成了"亚当和夏娃"中队的第一位王牌飞行员，并因此得到了部下的拥戴。（迪克·罗西回忆说："桑德尔看上去就像换了一个人，在真枪实弹的战斗和胜利之后，他受到了队伍上上下下的欢迎。"）查理·邦德击落了两架，约翰·迪恩（John Dean）、特克斯·希尔、鲍勃·利特尔、杰克·纽柯克、鲍勃·普莱斯考特、诺埃尔·培根和"小白"劳勒各一架。皇家空军中队长弗兰克·凯利（Frank Carey）和杰克·斯托里（Jack Storey）少尉也击落了敌机。日军第77战队在这一天的实际损失只有四架飞机，对他们而言，这也够糟的了。值得一提的是，自从1941年12月8日进入泰国以来，吉冈少校指挥的这支部队已经损失了三分之一的飞行员和一半的飞机。

一名来自通讯社的记者目睹了发生在缅甸南部上空的这场战斗，他写下了一份能让人屏息阅读的新闻稿："今天，敌军的战斗机编队对仰光发动了一场大规模的袭击。但在三位坚毅果敢的得克萨斯人的带领下，所向披靡的美国志愿航空队和它的皇家空军战友们一起,将13架(甚至可能是17架)敌机撕碎在天空中……对于吉卜林笔下这个满布稻田的国家而言,今天堪称'得州日'。来自圣安东尼奥的桑德尔确确实实击落了三架日本飞机,他从中国来到这里后,短短两天时间里就击落了五架敌机;同样来自圣安东尼奥的特克斯·希尔也击落了一架,他的总击落数达到七架;来自圣萨巴的马修·凯肯德尔安全降落,一颗子弹打断了他的供油线路,弄得他浑身上下都是机油,连脑门上的皱纹里都是。'我现在可真要发火了,'他慢吞吞地说。"

1月30日,仰光的防空压力有所缓解,吉姆·霍华德带领汤姆·科尔和埃迪·雷克托前往毛淡棉附近的战场,帮助印度师团缓解面对的压力。霍华德在战斗报告中提到:"到达高加力地区时,我们正处于低空飞行状态。科尔和我盘旋着侦察是否有值得攻击的密集部队。在高加力镇以北2英里处,我看见道路上有一些卡车,于是俯冲下去飞越他们。我来回经过了两次都没有开火,因为我既没看到高价值的目标,也不确定这些卡车是我们的还是敌人的。我爬升上去,准备返航,但回头看见科尔正朝卡车队俯冲,我猜他是要扫射了。然后就是爆炸和高达100英尺的火球,浓烟也滚滚升起。一开始我以为科尔击中了一辆载有弹药的卡车,但当我再度经过目标上空时,我发现他的飞机坠毁了。树林中有一条紧挨着大路的小径,我看到小径上四散分布着飞机的残骸。"

作为PBY巡逻轰炸机的驾驶员,科尔是最早从水上飞机的机长转变为战斗机飞行员的人。在他的志愿航空队证件照里,他显得神情忧郁、体格魁梧,头发几乎全部掉光。他曾击落过一架"九七"式战斗机,吉姆·霍华德则记得他是"熊猫"中队垒球队的中坚队员。他的死对其他飞行员打击很大,诺埃尔·培根就写道:"队里希望我们再去执行两个类似这样的疯狂任务,我告诉他们见鬼去吧。"

霍华德和培根不愿意执行此类袭击运输车队的任务是有道理的,因为日本人在多纳山脉以西根本就没有车队——汤姆·科尔是在攻击友军时丧命的。

竹内宽的第55师团正进入毛淡棉周围的攻击阵地。与土瓦港一样,毛淡棉的机场也由准军事化的边防警察守卫，他们在夜幕降临时撤离了。这已经够糟的了，而印度师团的司令约翰·史密斯（John Smyth）还听到消息，称日本人正"全力"攻向北面的帕安，威胁其撤退的路线。（这里提到的是樱井省三的第33师团，他们正向缅甸内陆挺进。）史密斯向仰光方面请求撤退，赫顿将军批准了。于是，在周六晚上，英联邦军队征用了全部可用的船只，在第二天早上就把部队摆渡到了萨尔温江的北岸。丹那沙林省落入了日军手中，距先遣队在土瓦港打响第一枪仅过了两周。

当史密斯在半夜时分弃守毛淡棉时，三架"九七"式重型轰炸机从曼谷起飞，前去轰炸敏加拉洞。由于找不到目标，他们在仰光城里扔下了炸弹。两个小时后，六架"九九"式轻型轰炸机沿着相同的路线来袭，他们成功地找到了机场，并导致其雷达停止运转。最后，在周日早上的日出之前，四架"九七"式重型轰炸机轰炸了北面的备用机场，击中了一架停在"尊尼获加"的"战斧"。

小畑英良还把凯多机场列为了摧毁目标。2月3日，第31战队的六架"九七"式轻型轰炸机从彭世洛起飞，前往同古轰炸志愿航空队的这座旧基地，第77战队的24架"九七"式战斗机为其护航。罗伯特·基顿（Robert Keeton，外号"破坏者"，以致敬一部喜剧电影）当时正在凯多机场察看维修中的"战斧"飞机。敌机飞过来了，基顿和另外两名地勤人员急忙跳进轿车里，但他们马上就翻车掉进了沟里。基顿在日记里提到了这件事："（翻车时）我坐在车的后排，车门被卡住了，我无法脱身。炸弹呼啸落下，爆炸声震耳欲聋。通过爆炸气浪和掉落到车上的泥土判断，炸弹的落点距离我很近。我甚至能听到弹片'嗖嗖'地乱飞，听上去就像机枪子弹的声音。"据基顿统计，有30枚炸弹击中了跑道，但只有两名缅甸士兵受伤，一名士兵阵亡。

邦尼·斯通和另一位"飓风"战斗机飞行员也躲在战壕里，他们当时正在凯多机场给飞机加油。斯通的"飓风"战斗机受损较为严重，一架第113中队的"布伦海姆"轰炸机被弹片击穿，一架"虎蛾"式双翼飞机头朝下栽倒在地，这是因为它的飞行员着急起飞，没有把防滑块从轮胎下面拿开。维克·巴奇和特德·萨德勒驾驶"水牛"战斗机成功升空，但他们没有带氧气瓶，所以也无法实施拦截。巴奇谈到凯多机场保卫战时就说："我一枪都没打。"

基顿的运气要好一些，他在日记里写道："下午3点30分，警报响起。飞机早已准备就绪，我跳进去就能立刻起飞。当我到达300英尺的高度时，敌机开始投弹。我绕着圈子向上爬升到20,000英尺的高度。"但他也没带氧气罐。"绕了30分钟之后，我开始感到缺氧，头疼得厉害，呼吸也很困难，于是我决定返航着陆。我刚开始向下降，就看见一架双引擎的日本飞机在我右下方1,000英尺处飞行。我打开机枪保险，从它的左侧上方俯冲过去，六挺机枪火力全开。我从它的下方飞过，回头一看，它似乎冒出了黑烟，但我不敢肯定。"这架日本飞机必定是日军第8战队的"九九"式轻型轰炸机，轰炸完缅甸内陆后正在返航的路上，但日方的记录中并未提及这一损失。一名志愿航空队的地勤人员目睹了日机的坠毁，基顿因此获得了战功。

第二天，第62战队的六架"九七"式重型轰炸机再度袭击了凯多机场。陈纳德从去年秋天开始担心的事情变成了现实：凯多机场不仅距离泰国太近，而且除了手拿反光镜的监测者也没有任何预警系统。在这种情况下，同古不可能防住敌人的空袭。基顿报告说，凯多机场的两架"战斧"虽然能升空，但缺乏作战能力，于是诺埃尔·培根和弗兰克·席尔从敏加拉洞机场开车过来，驾驶这两架战斗机飞往昆明。这算得上是"熊猫"中队撤往中国的第一批部队。约翰·亨尼西（John Hennessy）搭乘志愿航空队的一架比奇公司的飞机到达凯多机场，带走了部分地勤人员，其余的人分乘四辆卡车，沿滇缅公路撤走。

* * *

经过一个多月的运输，为数不少的"飓风"战斗机从北非到达缅甸，皇家空军在敏加拉洞就地成立了第135中队，指挥官是弗兰克·凯利。英国人甚至说，要把战斗机借给美国人用，"在他们的增援到来之前，帮助其渡过难关"。杰克·纽柯克也试驾过一架"飓风"，但2月3日发生的一场灾难使这桩逆向的租借行动告吹了。当天下午，18架"飓风"战斗机离开加尔各答的达姆达姆机场，在夜幕降临时飞抵山峦起伏的缅甸掸邦高原。这些战斗机跟丢了在前面领航的"布伦海姆"轰炸机，一架接一架地坠毁了。

12架"莱桑德"式飞机则成功飞抵缅甸。这些上单翼、装有固定起落架的飞机原本被用作火炮观测飞机，但敏加拉洞的新指挥官大队长西顿·布鲁厄尔（Seton Broughall）把它们改为轰炸机。"莱桑德"飞机的每个轮罩上都有一个架子，可装上25磅炸弹，现在则被改装成250磅的载弹量，这导致它每次起飞都要冒着自毁的风险。外号"巨汉"的中队长卡伦·马宗达（Karun Majumdar）却并没有畏缩，他在2月3日驾驶这种飞机，在第67中队的巴奇和萨德勒的护送下轰炸了一座泰国机场。"莱桑德"飞机的飞行员们同样以同古为基地，但在有需要的情况下，他们会在仰光附近的机场执行任务。

仰光附近的机场在那一周的每一天晚上都遭到了轰炸，但是轰炸的收效甚微。2月6日周五清晨，四架"九七"式重型轰炸机袭击了敏加拉洞，但它们的偏差太大，炸弹几乎击中了南面4英里外的伯马石油公司。这些轰炸机的引擎噪声杂乱而不同步，几乎就像炸弹一样令人憎恶。一个地面上的人会认为这些引擎声就像某种不断敲打着的危险信号："咚——啪——梆——啪——咚。"一个小时后，六架重型轰炸机接踵而来。在它们轰炸过后一个小时，又有15架"九七"式轻型轰炸机飞来。皇家空军的夜间战斗机[①]队宣称击落了日军第31战队的两架轻型轰炸机，但日军的实际损失只有一架。

上午10点30分，空袭警报再度响起。六架"战斧"和六架"飓风"起飞拦截敌机，对手是第77战队的25架"九七"式战斗机和第50战队的一个小队。鲍勃·尼尔负责指挥这次拦截作战，他在日记里写道："我们当时处在比较有利的位置，有八架飞机（包括两架'飓风'）位于（敌阵）后方上空约2,000英尺处。"

查理·邦德驾驶着一架"战斧"战斗机，看见敌军一架战斗机"距

---

① 指"飓风"战斗机。

离我500码左右，于是我的机枪火力全开，子弹吞没了他。我错判了自己的速度，当我接近目标时，不得不大幅度地向上拉升，以免撞上敌机。这时，另一架日本飞机从后方逼近我，我只能俯冲躲避。拉平飞机并爬升回去后，我却发现敌方战斗机全都不见了踪影"。邦德决定向东飞，远眺地平线，希望能发现撤退中的敌人。他看见了一架落单的战斗机，于是跟上去，从它的后方俯冲攻击。然而，飞机上只剩下一挺机枪能开火，他只好翻滚离开，重新给机枪上膛。他回忆说："我再次冲上前，可能因为注意力太过集中，没有留意到身后有一架日本飞机向我扑来。但它飞过了头，只能试图通过变向机动回到我的身后，我抓紧机会俯冲逃离。就在这一瞬间，我瞥见一架编号为23的P-40战斗机从我身旁呼啸而过。"

驾驶23号"战斧"飞机的是鲍勃·尼尔，他与邦德合力围攻那架"九七"式战斗机。邦德写道："鲍勃和我一起跟那个小魔鬼缠斗了5~10分钟。对手大概也知道自己在劫难逃，但他却是个勇敢的臭小子。"日军飞行员突然转身与邦德正面对决，邦德写道："当我们的枪口互相指向对方时，我的机枪全力开火。日本飞机向上拉升，我也大着胆子跟上去，就在（快要相撞的）刹那间，我迅速俯冲避开。他用漂亮的动作翻过身来，跟着我向下俯冲……我垂直向下加速俯冲，也没有进行方向舵配平，飞机像疯了似的向下滑去。"

击落这架"九七"式战斗机的功劳最后算到了尼尔头上，他成了"亚当和夏娃"中队的第二位王牌飞行员。格雷格·博因顿和鲍勃·利特尔分别击落了两架战斗机，鲍勃·普莱斯考特和麦加里每人击落了一架。此外，皇家空军第135中队的杰克·斯托里和盖伊·安德伍德（Guy Underwood）也击落了三架战斗机，盟军在当天早上的击落总数达到十架。

根据日方记录，2月6日当天只有一架飞机损失在缅甸南部，阵亡的是第77战队的北村中尉。除此之外，副队长广濑少校在敏加拉洞上空被击中，他驾驶飞机在毛淡棉迫降，并于第二天归队。日军战斗机飞行员则宣称击落了五架"战斧"和"飓风"战斗机，但盟军实际上并无损失。针对这场战斗，英国航空史专家克里斯托弗·肖尔斯评论道："双方都明显被热血冲昏了头。"

11

"离开这个鬼地方"

1942年2月7日周六早上,机场保养组组长哈里·福克斯(Harry Fox)宣布"战斧"11号机已经准备就绪,山本中尉的"自爆"攻击造成的损伤已经修复。桑德尔驾驶飞机进行试飞,他在机场上空做出一个桶滚动作①,但飞机因熄火而旋转着直插地面。坠毁的飞机只剩下一个完整的尾轮和主起落架,弗里茨·沃尔夫回忆说:"小伙子们需要挖开地面,才能把桑德尔刨出来,这可不是什么开心事。"

与"亚当和夏娃"中队里的很多人不同,鲍勃·尼尔喜欢并且尊重桑德尔这位中队长。当陈纳德指名让尼尔接任队长时,尼尔试图让格雷格·博因顿代替自己,理由是博因顿可以"飞赢或打赢"志愿航空队里的任何人。但博因顿拒绝了,尼尔只好接任队长一职。

尼尔有着修长的身材、轮廓分明的五官和鬈曲的头发,他足以代表美国军人的典型形象而登上征兵海报。一名英国飞行员说,尼尔是一个"中等身高、身材匀称的人,经常穿着衬衫和长裤,佩带一把左轮手枪,手枪皮套做工精致、样式前卫。他看上去总是风尘仆仆、疲惫不堪,但他的眼神愉快而友好"。但尼尔的日记里却没有透露出什么愉快的心情:"没有人知道我现在正经历着的焦虑不安。失去一位好友之后,我立刻就要肩

---

① 在保持前进方向不变的基础上,将机身翻滚和垂直方向的上下移动相结合,使飞机在水平方向上呈螺旋式前进,是攻守兼备的战术动作。

负起运作队伍和保障中队安全的重任……陈纳德完全相信我的决定，我只能祈祷自己不辜负他的信任。"杰克·纽柯克看上去很享受在马达班湾上空你来我往的战斗，但尼尔是一位更典型的战士——他战斗只是因为他必须战斗。

让问题变得更复杂的是，尼尔还需要兼顾纽柯克的职责。"熊猫"中队正逐步撤离缅甸南部，他们乘着火车、卡车和破旧的"战斧"飞机离开。约翰·佩塔奇也在飞回昆明的队伍中，到达目的地后，他立刻向"红发"艾玛·福斯特求婚。两人都搭乘"亚格斯方丹号"轮船来到中国，船刚离开金门大桥，他们就已经打得火热。2月17日，他们在昆明的志愿航空队1号楼举办了婚礼。新娘一只眼的眼眶上还带着淤血，她之前和陈纳德掰手腕，不小心打到了自己。

刚上任的尼尔运气也不坏，日军的小畑将军决定把战斗机和轻型轰炸机调往萨尔温江前线，把师老兵疲的第62战队撤回后方休整。现在，针对缅甸南部的日本空军只剩下12架"九七"式重型轰炸机——广中上校指挥的第14战队。他们从距离较远的曼谷移驻到较近的那空沙旺。与1月第一周里的"熊猫"中队一样，"亚当和夏娃"中队也在战斗打响前获得了一小段平静的日子。他们在殉道者爱德华教堂的99号墓穴埋葬了桑德尔。在接下来的一周时间里，中队发给昆明的电文都大同小异，报告着现有飞机的状况、渐次到来的援军和执行的任务："（现有）16架飞机。新到四名飞行员。敌军没有异动。六架'战斧'在帕安进行战斗巡逻，另有六架'战斧'护送轰炸机前往帕安。"

尼尔的花名册上共有22名飞行员，其中有些人没有任何战斗经验，另一些则疲于作战。为了使16架战斗机都处于备战状态，尼尔几乎用上了全部有战斗经验的飞行员，剩下的飞行员则被分配了文职工作：查理·索耶（Charlie Sawyer）担任驻皇家空军联络官，雷·赫斯蒂担任运输官，从凯多机场调来的埃德·戈耶特担任补给和维护官，志愿航空队的牧师保罗·弗里尔曼担任尼尔的全职助手。弗里尔曼被陈纳德从昆明送到缅甸，以经历战争的洗礼。

"亚当和夏娃"中队颇为享受这段闲暇时光。他们在仰光的乡村俱乐部打高尔夫球，每位飞行员还能配备四名球童。他们在高金游泳俱乐部游泳，"就像富家少爷似的"。他们收购蓝宝石，在仰光四处饮酒作乐，还与皇家空军和自己人争吵打闹。这种争斗很有可能演变成流血事件，因为每个人都佩带了武器。有一次，"银烤架"餐厅的经营者想把美国人赶出去，没想到却引发了大乱，美国人用枪把餐厅的吊灯打掉，着实把二楼的妓女和嫖客们吓了一跳。另一次，队员们深夜在滨海酒店的酒吧喝得酩酊大醉（酒店关门后，酒吧仍会继续营业），七名飞行员错过了第二天早上的点名。其中一个迟到的是罗伯特·H. 史密斯，他宿醉未醒，根本无法驾机升空。（罗伯特·H. 史密斯和"地狱天使"中队的 R. T. 史密斯不是一个人。前者身材较矮，人称"讨厌鬼"，这是一个来自漫画角色的绰号。）格雷格·博因顿也在滨海酒店酗酒过度，在报到时仍然醉醺醺的。鲍勃·尼尔和他大吵一架，后来就不再信任他了。

还有一个名叫乔治·雷诺兹（George Reynolds）的地勤维修员，他撞毁了一辆志愿航空队的汽车，并向围观的缅甸人开枪射击，打死一人，打伤两人。英国人当晚把雷诺兹收监，但第二天就将其交给尼尔看管，然后就再无下文了。身处仰光的西方人都有一个共同的想法，就是认为当地人会把任何落单的白人杀死。

在此期间，志愿航空队有一项比较热门的活动，就是借一辆卡车开到海边码头，看到顺眼的东西就让工人们装车拉走。保罗·弗里尔曼写道："我每天都带着能抽空出来的地勤人员，不停地打开箱子和桶，往我们的卡车上装飞机和车辆的零配件、轮胎、工具、无线电装备、枪支和子弹。"这种随意的抢掠也影响到了劳工们，他们中的很多人对于抢掠行为只能羡慕，自己却不得不在枪口的监督下好好干活，这也可以算得上一种双重标准了。仰光城内盗贼蜂起，平均每天有 24 人被枪毙。

抢掠所得很多都被私人占用了。地勤人员（包括那些在 1941 年秋天离队但仍然留在仰光的人员）储备了大量货物，准备走私到中国。飞行员们没有太多这种机会，但他们可以在寄宿的房子里肆意掠夺，由于战争形势急转直下，这些房子的主人已经纷纷弃房而逃了。飞行员乔治·布加德和维修员埃德·麦克卢尔（Ed McClure）的走私货物装了整整一卡车，布加德写道:"这些东西实在是太多了,即便我把它们作为私人物品上报,也根本没有人会相信。"他们希望走私货能在中国卖出 1,500 美元的好价钱,于是把货物委托给撤离的车队,这支车队正准备载着志愿航空队多余的物资和人员前往昆明。多数人认为,雷·赫斯蒂利用运输官的职务之便狠狠地捞了一笔,即使是出了名公道的查理·邦德,也在明知这些东西盗取自中国租借物资的情况下接受了一台短波收音机。

一名身处中缅边境的澳大利亚记者却对美国人带着货物强闯中国海关的行为表示叹服:"卡车的挡风玻璃上涂有'AVG'①这几个巨大的英文字母,它们大摇大摆地闯过海关。车上的每个人都武装到牙齿……特权地位和手上的冲锋枪让他们能毫无阻碍地把货物走私进来。"

在过去的一个月里,飞行员们在私人住宅里享受,地勤人员则仍旧挤在"十八英里大农场"中。唐·罗德瓦尔德讲述了他们每天的生活:"早上 5 点 30 分,哈利·福克斯就会叫醒我们。前陆军食堂炊事员克莱顿·哈珀尔德为我们准备好早饭。早饭一般有鸡蛋、煎饼、果酱、糖浆、咖啡和培根。早饭后,我们立刻前往机场,路上要花费差不多半个小时。我们一到机场,就使所有飞机做好起飞准备,然后各自开展自己的重点工作。上午 8 点,哈珀尔德送来咖啡、面包和果酱;中午时分,他送来饭菜,通常是凉拌卷心菜、土豆沙拉、冻肉面包、果酱和冰茶。我们在机场一直待到下午 6 点 30 分,天黑前急匆匆地回到宿营地洗澡……我们给当地的小孩 1 安那②,让他们抽洗澡水。吃过晚饭后,我们在 9 点上床休息。"

飞行员们现在只能回到空无一人的寄宿房子里,既没有苏打水威士忌,也没有晚饭供应,于是他们开始在"十八英里大农场"吃晚饭。仰光城中的大部分白人妇女都已撤往印度,飞行员们只好追逐那些缅甸或印度女人。要是在从前,这些女人都是被他们不屑一顾地"留给"地勤人员的。英国人却不高兴了,他们告诉美国人:"我们不介意你们和她们乱搞,但看在上帝的份上,不要在酒店和餐厅里拉着她们走来走去。"

---

① 美国志愿航空队(American Volunteer Group)的英文缩写。
② 辅币名,主要流通于印度、缅甸和巴基斯坦,1 卢比等于 16 安那。

* * *

日军开始对仰光西边的勃生①实施轰炸,有流言说,他们的伞兵已经空降在那里了。"亚当和夏娃"中队的人开玩笑说,终有一天,当他们驱车到"尊尼获加"机场时,会发现日本人在"战斧"飞机的座舱里微笑着向他们打招呼。晚上睡在一间空屋里的查理·邦德便经常梦见空战的情形,而白天的现实和晚上的噩梦其实也相差无几。一名英国飞行员回忆说:"小口小口地喝完茶后,我们仰面躺在机翼底下,眼睛盯着天空中每一个可疑的黑点,即使是高飞的鸟儿也不放过。与此同时,我们一直不停地冒汗。"一旦警报响起,他们就爬进座舱,带着沙土和混乱从跑道上起飞,拼命爬升到可能会救他们一命的高度。在一次警报中,他们刚刚爬升到 22,000 英尺的高度,就听到耳机中传来"鲷鱼"的口令——这是撤退的暗号。他们只好飞回敏加拉洞,嘴里咒骂着作战室里的蠢货。这一次是皇家空军第 17 中队里一个美国人的"杰作",他叫约翰·巴里克(John Barrick,又叫特克斯·巴里克)。在北非战场上,"鲷鱼"是敌机来袭的意思,看见疑似的日军战斗机时,巴里克慌慌张张地发出警报和口令,却甚为意外地看到御敌的飞机(包括那些被他误认为是敌机的"水牛"战斗机)纷纷从天空中降落。

英联邦军队此时的处境不妙,他们正守卫着两条大河之间的一片土地。东面的萨尔温江可以为他们提供屏障,但西面的锡唐河宽达 1 英里的河口却拦在了他们的撤退路线上,只有一座铺着木板的铁路桥连接起他们的阵地和缅甸腹地。这个印度师团的指挥官希望撤出这片危险的地区,但上头命令他坚持住,争取尽量多的空间和时间以待援兵到来。

这个师团只有 8,000 人在列,数量大约只够标准师团的一半。在得到充分训练的条件下,这些印度人是世界上最优秀的部队之一,正如过去历次战争所证明的那样,无论是向英国开战还是为英国而战,他们都表现出色。但在萨尔温江前线,刚到缅甸的士兵没有得到足够的训练,之前到达

---

① 缅甸西南部港口城市。

的部队则被丹那沙林的败仗摧毁了士气。除了印度和廓尔喀营，指挥官约翰·史密斯手上还有两个营的英国部队，分别是惠灵顿公爵步兵营和国王属约克郡步兵营，另外还有从缅甸师团借调过来的四个营。（一个营约有500人，是英联邦军队调动时最基本的作战单位。）当有10万人驻守的新加坡要塞在2月15日向人数少得多的日本军队投降时，这支部队的士气也受到了不小的打击。

在印度，高级军官们因为印度部队没有"以良好的状态应对战斗"而感到焦躁不安，所以他们做了一件对远离战场的军官而言最自然不过的事——免去赫顿将军的职务。哈罗德·亚历山大（Harold Alexander）爵士成为缅甸地区新的前线总指挥，也是开战短短几个月以来的第三任指挥官。他在1940年5月主持了英国远征军在敦刻尔克的大撤退，或许上头正是看中了这一点才派他过来的。

2月21日，周六，"亚当和夏娃"中队的闲散日子在比林村① 上空终结了。六架"战斧"战斗机护送一小队"布伦海姆"轰炸机前往萨尔温江前线，他们遇上了日军第77战队的全部阵容。日军战斗机也在执行类似的任务，23架"九七"式战斗机护送第31战队的轻型轰炸机，前去消灭英联邦军队的一个机枪火力点。参战飞行员詹姆斯·克罗斯写道："他们在电光火石之间就到了我们身后，我忽然感觉到漫天都是橙红色的太阳。他们没有队形，就像一群麻雀一样冲了过来。"

乔治·布加德回忆说："我们位于他们下方，我来不及开枪就被迫俯冲飞走了。天空中看上去有100万架日本飞机，我试图凭一己之力把他们都打下来，但经过整整一个小时的奋战后，我只击中了两架。当时的情况十分混乱，日本人的战术毫无节奏和方法可言。约翰·法雷尔（John Farrell）的座舱被一颗子弹打穿，我的机翼也被子弹击穿，起落架的轮胎也被打中。有点儿意思。"布加德想要增大反射瞄准器的亮度，但他兴奋过头，不小心扯掉了变阻器。而他声称击落的两架敌机都得到了承认，法雷尔和"讨厌鬼"史密斯每人击落了一架战斗机。但日军的记录显示，只

---

① 位于马达班湾东岸，是前往仰光的必经之路。

有一架战斗机在战斗中受损,日军飞行员则声称击落了一架"战斧"。

"亚当和夏娃"中队的队员们刚回到敏加拉洞机场,就接到了攻击一支日本车队的命令。该车队正向北面的斋托①前进,大约有300辆车。由于印度师团也在撤往这个村庄,他们有落入日军伏击圈的危险。史蒂文森少将感到欣喜若狂:"自战役打响到现在,敌人第一次为我们提供了令人满意的轰炸目标……仰光防区的所有战斗机以及所有做好升空准备的轰炸机都接到了命令,要在下午16点25分发起攻击。"

接到升空命令时,查理·邦德还在撰写上一场战斗的报告。他在日记里写道:"我心急火燎地希望可以再次碰到(日军战斗机),因为我在上一次战斗中表现不佳。'布伦海姆'轰炸机对目标地区进行了轰炸,接着是鲍勃·尼尔的俯冲攻击,他对日军车队进行了扫射。根据我的计算,有超过50辆卡车正向西北的斋托行进,那里有英军的陆军指挥部。"

但日军车队当时正向南行进,向北移动的是印度师团。六架"布伦海姆"和数量不明的"战斧"和"飓风"战斗机将这个印度师团当成了敌人,使尽浑身解数去摧毁它。鲍勃·尼尔在日记里写道:"(我们)扫射了日军的一支机械化车队,造成了很大的伤亡。"查理·邦德在执行攻击的机队上空警戒了一个小时,然后带领他们返回敏加拉洞。邦德和"讨厌鬼"史密斯此后又被派出去,摧毁一架被防空炮火击落在雨林中的"布伦海姆"轰炸机。他们没有找到轰炸机,邦德决定再去刚才的战场上转一圈。"我向北飞到主干道上空,看见大量卡车横在路上。我降到树冠层的高度,寻找目标。我驾着飞机从车队的一头扫射到另一头,一些卡车之前已经着火,(扫射之后)就爆炸了……我转回来,再飞到车队上空,史密斯紧紧跟在我身后。我在树冠的高度上闪转腾挪,朝着特定的目标开火。"

"讨厌鬼"史密斯的战斗报告也很乐观,他深信这就是从比林到斋托的主干道。他在报告中写道:"我们鱼贯而下,沿着道路来回扫射,直到耗尽弹药。重点攻击了卡车和机动部队。"

实际上,无论是在斋托附近的小路上,还是在比林至斋托的大路上,

---

① 缅甸村落,位于马达班湾东岸。

都没有日军的机械化部队。"布伦海姆"轰炸机轰炸的以及"飓风"与"战斧"战斗机扫射的车队其实是印度师团。英联邦的部队拥有大量车辆,他们只能被绑死在道路上,队伍在斋托附近绵延15英里。但轻装上阵的日军就不同了,他们在雨林和橡胶种植园中向北渗透前进,意图赶在对手之前到达锡唐河大桥。缅甸的白天酷热难耐,红色的尘土呛得在路上行军的人们喘不过气来。他们在上午遭到了日军的骚扰,下午则被皇家空军和志愿航空队袭击。敏加拉洞机场的流言称,这两次空袭误杀了160人,而官方只给出了"众多(死伤)"这一含糊不清的说法。交通工具和补给品的损失无疑让这支长期接受西式训练的部队更加沮丧。车辆遭到轰炸和扫射,冲出了路面,满载伤员的救护车也无法幸免。驮运物资的骡子缰绳松脱,四处乱窜,带着武器、弹药和无线电设备跑进雨林。(第二天,印度人在某种意义上完成了复仇,他们击落了第28中队登斯福特-伍德少尉驾驶的"飓风"战斗机。他们还有可能在2月21日当天击落了两架"布伦海姆"轰炸机。)

这一惨剧只是灾难性的三天中的一个片段。一个边防营和工程连先于日本人到达锡唐河大桥,宪兵队设立了防线,工程连则装好炸药,准备摧毁大桥。夜幕降临时,印度师团的后卫部队仍然在斋托东南,他们距离大桥还有20英里,队伍里满是疲惫不堪、士气低下和深受尘土困扰的士兵。没有在热带地区进行过强行军的人也能想象得到这些人所受的折磨:在熔炉一样的烈日底下连续行军12个小时,而且没有水源补给。夜晚能缓解高温,但解决不了干渴,即使他们找到了水源,也终究是杯水车薪。

2月21日的整个晚上,印度师团都在缓慢地通过铺着木板的铁路桥。破晓时分,日军前锋已经到达桥头堡,但他们没有控制住阵地,双方展开拉锯战。2月22日傍晚,工兵连装好了炸药,但缺乏足够长的引线,无法从西岸引爆。这时跑到桥上的是掉队的士兵,他们信口开河地说日军突击队"伏击、切断和打散"了他们的队伍,缅甸通敌者还用纸制箭头在丛林中标记道路,为日军指引方向。

在大桥上指挥的休·琼斯(Hugh Jones)准将试图联络撤退部队的主力,但由于友军的空袭,他们早已失去了无线电台,休·琼斯因此认定他们已被全歼。凌晨4点30分,一名下级军官通过一条状况甚差的电话线向师团总部报告情况。总部方面的问题是:"约纳"安全过桥了没有?"约纳"指的是另一名也姓琼斯的准将,他当时误以为廓尔喀人的阵地已被日军占领,正想方设法地"打通"前往锡唐河的道路。而身在桥上的这名下级军官以为总部说的是休·琼斯,于是想当然地回答说已经过桥了。"约纳""琼斯"和"休·琼斯"这三个含混不清的名字,将葬送掉半个师团的士兵。相关情况汇报给了师长约翰·史密斯将军,他得出了所有部队均已安全到达西岸的结论。2月23日凌晨5点30分,锡唐河大桥被爆破。师团的第三位准将(终于不是姓琼斯的了)回忆了部队到达河边时的情景,这位伊金准将描述道:"周围全都混乱不堪,数百人卸下武器、装备和衣服,泅水渡河……在我们渡河时,河道里全是上下浮动划水的人。我们忍受着敌军的空袭,东岸也有狙击手在不断地向我们开枪。"

第二天,印度师团只聚集了3,335人,不到原编制的一半。到达西岸的士兵大多赤着脚,很多人甚至连枪都丢弃了。他们现在就是一群乌合之众,被指挥官形容为:"可以拼死保护自己,但无法进行任何正常的军事行动。"

在仰光,总撤退开始了。2月20日,在政府大楼里召开了一场紧急会议,皇家空军的指挥官提议将空军的总部撤往印度,同时在伊洛瓦底江河谷的马圭地区和海滨的阿恰布①地区设立行动小组(这两个地区都位于仰光以北约250英里处)。他的提议获得全票通过。第二天,政府机关外竖起"E"字标记,呼吁非必要人员撤离城市。电话交换机停止运行,工程兵准备拆除沙廉的炼油厂,海军则在河道里布下水雷,并准备凿沉货船。2月22日,美军的约翰·马格鲁德将军从重庆飞抵仰光,他发现警察机关已经撤离,城市里四处起火,街道上野狗乱跑,盗贼们为所欲为。马格鲁德对部下说:"切记在英国人溃败之前实施破坏。"他命令弗兰克·梅里尔把有用的东西统统毁掉。梅里尔少校和下属一起,将通用汽车公司的组装工厂付诸一炬,烧毁了972辆卡车、5,000条轮胎、1,000捆

---

① 即实兑,缅甸西部港口城市,英国统治时期称"阿恰布",缅甸独立后恢复原名。

毛毯以及1吨重的千斤顶、传动链、油漆和其他物资。

仰光城里有两座监狱、一家精神病院和一家麻风病院。随着印度看守们纷纷逃离，这些不幸的人很可能会饿死。于是，一名基层官员命人打开这些地方的大门，把里面的人赶到大街上。他们中的很多人加入了被称作"鳄鱼"的逃难大军，昼夜兼程地穿过敏加拉洞机场逃往北方，其他人则成为强盗、纵火犯或者漫无目的的流浪者。有一天，鲍勃·尼尔正驾车穿越仰光城，一个看上去像是高加索人的女人向他打了一声招呼。尼尔刹住汽车，却发现她"白嫩而有光泽"的皮肤原来是麻风病引起的大面积银屑。

仰光的大金塔有身穿橙色袍子的僧侣守护，但城市的其他地方则全是大火和混乱。最大的起火点位于码头，浓浓的黑烟和红色的烈焰腾空而起，其他地方的火情虽然较轻，但遍布这个垂死的城市的每个角落。人行道上全是窗户和瓶子的玻璃碎片。保罗·弗里尔曼最后一次去码头搜寻物资，他看见街道上散落着打字机、钟表、照相机、衣物和珠宝，盗贼们被荷枪实弹的士兵追赶着，扔下货物窜进了小巷。就在这一刻，弗里尔曼感到把形形色色的货物全都当成军需物资也并无不妥。弗里尔曼一行停在了一家汽车经销商门口，信步走进去，取走了三辆崭新的别克轿车的钥匙，加满油后驾车返回敏加拉洞。

2月22日，海边的轮船开始把皇家空军的地勤人员和重型设备从西海岸摆渡到阿恰布。同一天，一个名为"缅甸之翼"的行动小组在马圭成立。第113中队的六架"布伦海姆"轰炸机撤退到马圭这座砖红色的、尘土飞扬的泥地机场，同行的还有第67中队的四架"水牛"战斗机。第二天，又有四架"飓风"战斗机到达。（新西兰人也试驾过"飓风"，而且驾驶它们执行了几次任务。维克·巴奇在日志里写道："飞起来糟糕透了。"）六架"战斧"也撤至马圭，它们将为乘坐卡车、吉普车和别克轿车离开敏加拉洞的志愿航空队队员提供空中掩护。

"亚当和夏娃"中队发现马圭基地的部队已无心恋战，他们更感兴趣的是撤退而非战斗。缅甸的大部分多引擎飞机，如道格拉斯公司的客机、古老的双翼轰炸机以及从新加坡逃过来的洛克希德"赫德逊"轰炸机，都已马不停蹄地投入运输任务中,它们负责把文职官员和地位较高的平民送到印度。弗里茨·沃尔夫正准备飞回昆明,但他却得不到燃油补充,理由是:撤退行动先于一切。第二天早上8点30分,沃尔夫终于在皇家空军人员的协助下解决了问题。即使是在这种时候,也没有人知道灌进沃尔夫飞机的汽油的辛烷值到底是80还是100。但这些燃料足够他飞到昆明并向陈纳德汇报了,他指出,缅甸的"战斧"飞机"几乎都处于不能飞的状态"。报告中连篇累牍地提到了当前严峻的形势:"飞机轮胎都老化变硬,经常爆裂……蓄电板快要达到使用寿命……需要频繁充电。那里完全没有可供替换的轮胎,也没有氧气瓶……马圭和仰光的尘土令飞机的引擎受到极大的损伤。它们严重堵塞了化油器,增大引擎的吸气量变得非常危险,可能导致引擎熄火……引擎的熄火隐患让空中格斗或扫射地面变成不可能的事,尤其是在低空飞行的情况下。"

沃尔夫也同一名美国记者谈到了行将毁灭的仰光城里发生的各种可怕状况。印度籍的店铺看守员把钥匙交给美国人,告诉他们随便拿,总比落到日军手里强。为了不让这个新闻故事以令人沮丧的调子结尾,记者让沃尔夫坐进飞机,在飞返缅甸之前装模作样地说了一句:"仰光的事很棘手,但这正是其乐趣所在。"

在这个岌岌可危的时刻,英军第7装甲旅从北非抵达仰光,它装备了114辆租借来的M-3"斯图亚特"轻型坦克,上面还带着"沙漠之鼠"的图案。在北方,中国远征军的先头部队已进入掸邦高原。利兰·斯托写道:"整整一天时间里,你都可以看见他们步伐沉重地走在大路和小路上,不断地向前线推进。他们身材瘦小,看上去稚气未脱,穿着破旧褪色的棉布军服。他们戴着棉布遮阳帽,看上去就像挖煤的童工,但他们身上都背着沉重的包袱、枪支和其他装备。"

日军完成了从彭世洛到毛淡棉长达250英里的行军,缓解了锡唐河东岸部队的补给压力,还给他们送去了修桥的材料。日军修好大桥,骑着自行车,就像暑假里的童子军一样一路骑进了缅甸腹地。他们唯一的对手来自空中。2月24日,"亚当和夏娃"中队护送一队"布伦海姆"轰炸机前往臭名昭著的比林-斋托公路,然后在那里袭击了一支日军补给车队,包括载着炮弹的牛车。据新闻报道称，日军士兵密密麻麻地走在路上，"就像蚁群一样"。

飞机扫射是一件可怕的事，没有一名美国飞行员愿意记起当时的情况，反倒是一名英军飞行员谈到了这次行动："路上遍布着马匹和骡子，死亡或负伤的日本人用各种奇怪的姿势横卧在路上，像是被一把巨大的铁铲给铲到那里似的……我看见他们穿着灰绿色的军装，不少活着的人像老鼠一样拼命跑到树下。他们半蹲着身子，弯着罗圈腿……当我飞近时，他们快要跑到树下了，但我瞄准了最后十几个人，开枪朝他们扫射。敌人像是被什么东西猛拉了一下，全身无力地躺倒在地，然后就一动不动了。我之前从没试过这样杀人。"

* * *

盟军的空袭对日军心理的影响要远远高于实际造成的损失。小畑英良决心对敏加拉洞发动一次大规模空袭，以期彻底击垮同盟国空军。这是一场日军占据压倒性空中优势的战斗，就像2月第一周发生在缅甸上空的空战那样。为了更好地指挥作战，小畑将指挥部搬到泰国铁路线终点站附近的南邦，那里距离泰缅边境不远。第77战队也随小畑移到了新驻地。为了弥补与"战斧"和"飓风"战斗机之间的速度差距，小畑需要获得装备可收起式起落架的战斗机。于是，他把第47独立飞行中队也调来增援，这个中队列装的是中岛公司的Ki-44型"钟馗"战斗机，它们没有参加去年圣诞节发生在仰光的空战。但在此时，中队指挥坂川敏郎少校手下只有四架"钟馗"战斗机能升空作战。2月24日，第47独立飞行中队飞至毛淡棉，坂川和部下利用英军遗弃在那里的航空燃油给自己的战斗机加油。中途又有一架第14战队的"九七"式重型轰炸机加入，它因油箱泄漏而只能迫降。

中午时分，"亚当和夏娃"中队对机场发起了突袭。蹊跷的是，鲍勃·尼尔的战斗日志里并未提及这次行动，但志愿航空队的记录显示，尼尔、麦加里、普莱斯考特和"讨厌鬼"史密斯在当天的战斗中击毁了毛淡棉机场上的两架轰炸机，巴特林和布加德则在内杏击落了一架战斗机。让情况变得更复杂的是，四架"飓风"战斗机在"一对P-40战斗机的协助下"，在2月24日下午攻击了毛淡棉，英军飞行员宣称击落了一架运输机，并摧毁了地面上的一架轰炸机和一架战斗机。无论谁才是真正的攻击发起者，2月24日的毛淡棉机场上确实发生了一次空袭，一架"九七"式重型轰炸机和一架"钟馗"战斗机被击毁。

2月25日，日军夺取制空权的战斗开始了，第77战队的23架和第50战队的21架"九七"式战斗机以及第47独立飞行中队剩余的3架"钟馗"战斗机拉开了战斗的序幕。

"亚当和夏娃"中队几乎错过了日军飞机。仰光熊熊燃烧的大火和晨雾混在一起，能见度大约只有"约翰·黑格"备用机场长度的一半。（仰光附近的几座备用机场的分布呈棒球场状，"约翰·黑格"位于投手丘的位置，也就是中心地带。）早上10点30分，防空警报响起，"亚当和夏娃"中队派出六架"战斧"升空，由鲍勃·尼尔和鲍勃·利特尔带领。根据在缅甸战区实行的规则，他们从草皮跑道的两端对冲起飞，飞行员们尽可能地靠向自己的右侧滑行，而且在离地时马上打右舵。格雷格·博因顿回忆说："那天浓雾笼罩，周围充满了幻影。我似乎看见了敌机，但又发现不是。"博因顿、利特尔和查理·邦德追着一队敌机的幻影飞走了，完全错过了战斗。结果只有鲍勃·尼尔的分队在抵抗空袭者，尼尔宣称击落了两架"九七"式战斗机，麦加里和普莱斯考特则分别击落了一架。

"亚当和夏娃"中队的报告中没有提及所谓的"零"式战斗机，但根据日军的黑江康彦中尉的回忆，"钟馗"战斗机在这场战斗中曾和"战斧"有过较量。这些搭载巨大引擎的战斗机沿直线飞行，领头的是坂川少校，他身后是光本中尉，黑江中尉负责殿后。坂川避开从左翼袭来的一架"战斧"，转身追击另一架盟军战斗机。光本追逐着第三架敌机，而他自己则被第四架敌机紧咬，一旁的黑江后来回忆说："这架敌机最危险，因为坂川和光本都在攻击，没有注意身后。这架敌机从战斗空域之外飞进来，在他们两个看不见的情况下悄然发动进攻……我试图跟上敌机，但我的飞机速度不够快。那架敌机……朝光本开火，然后翻转机身，迅速地俯冲离开了。"皇家空军第 17 中队的特克斯·巴里克是同日本飞行员缠斗的其中一人，他说："我击落了一架（'九七'式），然后看到一架'零'式从我的上方压了过来。"他是唯一一名提到日军"钟馗"战斗机的盟军飞行员。

光本中尉虽然在这场战斗中负伤，但他活了下来，并跟随大部队一起飞回毛淡棉。日军飞行员报告称，他们同不少于 20 架盟军战斗机搏斗，并且击落了其中的 16 架。这使得当天早上被击落飞机的总数达到了 21 架，但双方的实际损失均为零。

下午，几架"布伦海姆"轰炸机从马圭起飞，与敏加拉洞的"战斧"会合后，它们飞越马达班湾，轰炸了毛淡棉的码头。轰炸机群返航时在敏加拉洞机场降落，飞行员们犯了一个致命的错误，那就是在下午剩余的时间里按兵不动。（这批轰炸机隶属于皇家空军第 45 中队，它们前来缅甸替换第 113 中队。）

下午 4 点，防空警报再次响起，"战斧"和"飓风"战斗机同时起飞拦截敌机。起飞后不久，埃德·莱博尔特的飞机引擎出现了故障。莱博尔特在 6,000 英尺的高度打开了座舱盖，但我们不清楚他是为了跳伞还是为准备迫降而改善视野。迪克·罗西接替了他的工作，继续带领分队。罗西之后再也没有看到莱博尔特。

鲍勃·尼尔估计敌机阵中有 12 架双引擎轰炸机和多达 30 架战斗机。那些双引擎轰炸机是川崎公司的 Ki-48 型"九九"式轻型轰炸机，负责护航的是当天上午空袭敏加拉洞的"九七"式和"钟馗"战斗机。尼尔在日记中抱怨护航的飞机太多，"该死的敌军轰炸机被保护得太好了"。

但盟军的战斗机还是穿过了护航飞机的防守。在日军的小野寺长次中尉驾驶的轰炸机上有一名战地记者，他记录道："大约有 60 架敌机向我们飞来，它们结成庞大的阵形，凶狠地吐着火舌……我拍摄下了驾驶我军战斗机的朋友们，他们自信十足地将敌机击落……一架敌机向我所乘的飞机扑来，蓝色的火舌不断地从它的八挺机枪中喷出，提醒着我们飞机正处于枪林弹雨当中。幸运的是，敌机的子弹没有击中目标。它试图翻过身来以获得更好的攻击位置，但我们的机枪手开火了。一秒钟之后，这架敌机拖着黑烟坠了下去。"

在下午的这场战斗中，鲍勃·尼尔被认为击落了两架"九七"式战斗机，这使他超越了杰克·纽柯克，成为志愿航空队的首席射手。麦加里、邦德、利特尔、史密斯和布加德每人都击落了三架，其中包括布加德干掉的一架轰炸机。鲍勃·普莱斯考特击落了两架战斗机，迪克·罗西、乔·罗斯伯特和约翰·布莱克本（一位前飞行教官）分别击落了一架。"飓风"战斗机的飞行员也击落了6架，盟军宣称的总击落数达到28架。但事实的真相与这种战场"传说"大相径庭，日军方面只损失了两架飞机，全都是第50战队的战斗机，战果则是击落了一架盟军飞机。盟军的实际损失是一架"飓风"战斗机被击落，埃迪·莱博尔特的"战斧"失踪。

日军造成的损失大多在地面上。约翰·卡特（John Carter）当时正和唐·罗德瓦尔德等人一起维修33号"战斧"飞机，他们的工作地点位于距跑道半英里的一座小山包上。警报响起时，这些地勤人员还在埋头干活。突然间，卡特大喊："快看，敌人有一整队轰炸机！"人们跑向山包的背风面，那里有防空掩体。罗德瓦尔德在日记中写道："我一边径直穿过荆棘丛和其他杂物，一边穿上上衣……就在这时，我们看见12架轰炸机开始投弹……同时落下来的炸弹大约有30~40枚。炸弹快要落到地面上时，你能听见呼啸的风声，然后是地动山摇的爆炸，你只能听天由命。我们躲在10英尺深的掩体里，纷纷站着向外张望，可以听见一些爆炸的碎片掉落在周围。轰炸结束后，我们从掩体中出来，看见机场燃起了大火，那些日本人的炸弹命中目标了。"事实上，日军的轰炸确实收到了成效，一架印度空军的"莱桑德"飞机被摧毁，五架"布伦海姆"受损，一名澳大利亚籍中士飞行员阵亡。

按照计划，"战斧"和"飓风"战斗机队要在26日早上对毛淡棉进行一次联合攻击，但早上8点的一次错误警报让"亚当和夏娃"中队的飞机提早升空了。鲍勃·尼尔说："既然我们都起飞了，干脆直接飞去毛淡棉吧。"他带领着这支仓促上阵的编队飞越马达班湾。他们的第一个目标是木冬的一座机场，位于毛淡棉的南边，以前是皇家空军的备用机场，现在被日军第77战队和第47独立飞行中队用作前进基地。机场上的"九七"式和"钟馗"战斗机刚扫射完扎亚昆回来，正是它们的行动引起了敏加拉洞机场的防空警报。

根据罗斯伯特的说法,机场跑道上只有两架飞机,攻击分队只需要俯冲一次就能将其摧毁。他在多年之后撰文回忆说:"我们击毁那两架飞机后立即向北飞。毛淡棉的东侧是一片山脉,我们在山脉上空背对东升的太阳,直接冲向(毛淡棉的主机场)。当我们从山上冲下来,逐渐逼近机场时,发现形势比较有利。日本人似乎对备用机场被袭并不在乎,他们中的一些人正爬进座舱,另一些正准备滑行起飞。"这是日军的第50战队,他们也刚从扎亚昆回到毛淡棉。

当时的情况应该是这样的:毛淡棉机场在片刻之前遭到了皇家空军第135中队的六架"飓风"战斗机的攻击。英军报告说,他们出其不意地攻击了正准备降落的日军飞机,击落了五架"九七"式战斗机,但盖伊·安德伍德被地面上的防空炮击落。因此,当"战斧"到达时,日军飞机正准备追击那些"飓风"战斗机。防空炮火在周围爆炸,罗斯伯特惊诧地提到,日军的炮手"似乎对己方飞机的安全毫无顾虑"。三架"九七"式战斗机起飞了,第一批"战斧"俯冲转弯,在400英尺的高度与日机迎头相遇。两架敌机死死地跟在尼尔的飞机身后,他们当时离地表水面只有50英尺,因此尼尔无法俯冲逃走。于是,他把身体蜷缩在座椅钢板的保护范围内,并希望怒吼着的艾利森引擎能帮他脱离险境。尼尔最终逃脱了,他在降落之后说:"日本人可没精准到能打中一道谷仓大门的边缘。"军械师保罗·佩里检查飞机的损伤情况后回应说:"他们可能打不中门边,但他们肯定能打中一架P-40。"尼尔的"战斧"上留下了17个弹孔,分布在机身和尾翼上。另外还有一个拳头大小的孔洞,估计是防空炮造成的。

尼尔、罗斯伯特、罗西、普莱斯考特、麦加里、布加德和利特尔这七名美国飞行员瓜分了在木冬机场取得的战绩——在地面上被摧毁的两架"九七"式战斗机。这一次,他们宣称的战绩和实际成果比较接近:日军第77战队报告称,木冬机场有一架飞机被烧毁,一架遭到重创。但在毛淡棉取得的战绩就不那么真实可信了:尼尔和利特尔每人击落了3架"九七"式战斗机,麦加里2架;英军则宣称击毁了13架日军战斗机。但没有任何证据显示日军在毛淡棉机场损失了飞机,尽管第50战队的指挥官牧野少校似乎在空袭中受了伤。（牧野当时正驾驶第77战队的一架战斗机返回基地。）这是他在战争中第二次负伤，只好从指挥官的位置上被替换下来。

当天上午，迪克·罗西和查理·邦德还驾机搜寻了埃德·莱博尔特，他在25日的事故后就音讯全无了。罗西和邦德驾机在机场西面的稻田上空进行了网格式搜寻，但没有看见坠机的残骸，于是返回敏加拉洞。此时，警报声响起，值勤的飞行员已经开始驾机爬升。"亚当和夏娃"中队的飞机赶在敌人出现之前爬升到了18,000英尺的高度。日军的阵容和25日几乎一样，即40架"九七"式战斗机护送12架"九九"式轻型轰炸机。美国人依旧对日军的铁桶阵无计可施，但"讨厌鬼"史密斯和英军第17中队的澳大利亚籍分队长布什·科顿（Bush Cotton）分别击落了一架轰炸机。他们的报告与实际情况比较接近：日方记录显示，一架轰炸机在敏加拉洞上空被击落，还有一架在返航途中坠毁。

至于护航的飞机，"亚当和夏娃"中队宣称击落了七架。迪克·罗西和乔·罗斯伯特各有两架，查理·邦德、约翰·布莱克本和乔治·布加德各有一架。而根据日方的记录，日军在敏加拉洞上空只损失了一架第77战队的"九七"式战斗机。

总而言之，交战双方所宣称的2月25日至26日的击毁数是十分惊人的，而这个数字又被媒体进一步夸大。日军飞行员还是秉持一贯的乐观主义，宣称在为期两天的空中优势作战中击毁了至少43架盟军飞机。

* * *

英国航空史专家克里斯托弗·肖尔斯对2月26日发生在毛淡棉的战斗进行了深入的调查。对于英军和美国人宣称的战果为何会出现重复，他是这样推测的：皇家空军对日军机场实施了打击，他们的飞行员把胜利"卖"给了志愿航空队，两支部队的人就这样在私底下瓜分了中国政府的奖金。《血腥屠场》是肖尔斯研究东南亚地区空战历史的严谨著作，他在书中写道："之后就有很多传言称，美国志愿航空队的飞行员向英军'收买'击落数,因为美国人可以通过击落敌机获取中国政府的丰厚奖金。到底是盟军对日军机场进行了联合打击,还是美国人从皇家空军那里'获取'了击落数?答案可能是不言自明的,因为根据日方的记录,(2月26日)只有一次空袭,而且他们标明了来袭的是'飓风'战斗机。但有没有可能是弗兰克·凯利所在的皇家空军袭击了毛淡棉的主机场,而志愿航空队攻击了木冬的备用机场呢?目前还不得而知。"笔者曾向身处伦敦的肖尔斯去电,询问他是哪些老兵向他提起了这些流言。肖尔斯给出了三个名字,但当我向他们求证时,他们却都不再坚持这种说法,或者称这只是他们在"二战"结束后听到的说法。

差不多就在同一时间,笔者还同英军第67中队的维克·巴奇通了电话,他当时正在新西兰的家中。我们谈到了1942年1月24日发生在仰光上空的战斗,盟军在那场空战里横扫了日军的轰炸机。从记录上看,志愿航空队和皇家空军当天的击落数明显有重复计算的可能。巴奇告诉笔者,他和萨德勒在战斗结束后"走到志愿航空队的人面前,对他们说我们击落了四架敌机,而且知道它们在哪儿。我说,你们可以从中国人那里获得500美元的奖金,我无所谓,你们可以把我的击落数拿走。之后他们就提交了报告,自称击落了那些飞机"。

可能正是由于维克·巴奇的说法,流言才在皇家空军的老兵当中传开,他们乐于接受任何能解释英美空军部队之间击落数差距的说法。但是,巴奇的说法有一个基本错误,他和萨德勒确实有可能走到美国人的营地,甚至讨论了他们击落的重型轰炸机,但他们并未交易击落数,因为巴奇和萨德勒的名下依然记有1月24日击落的敌机。

最后,皇家空军第17中队一位名叫赫德利·埃弗拉德(Hedley Everard)的加拿大飞行员自费出版了一本回忆录。在这本名为《袋中之鼠》(*A Mouse in My Pocket*)的书中,埃弗拉德称自己在1942年春天曾两次击落中岛公司的战斗机,然后"卖给了"两个美国人。与之前提到的巴奇和萨德勒不同,埃弗拉德在缅甸战斗期间没有任何击落数。而根据他的说法,他在马圭把自己击落的"隼"式战斗机给了一位不知其名的飞行员(这名飞行员只能是帕克·迪普伊,尽管埃弗拉德所说的飞机坠落地点和帕克击落的飞机相距甚远），还在垒允卖给过 R. T. 史密斯，并由此获得了 400 美元。钱最后去了哪里呢？据埃弗拉德说，他在撤往印度时把钱弄丢了，而且弄丢了一本可以证实他所言非虚的战斗日志。

值得注意的是，埃弗拉德在缅甸期间唯一得到确认的"胜利"发生在马圭，他在那里击落了一架"深蓝色的……海军'零'式飞机"。但实际上，这架飞机是由肯恩·珀金（Ken Perkin）驾驶的改装成侦察机的"飓风"战斗机。邦尼·斯通当时说了一句："埃弗拉德，今天干得不错。打掉敌人一架，顺道打掉自己人一架！"

埃弗拉德的说法有很多疑点，完全不可靠。尤其需要注意的是，在志愿航空队驻扎仰光期间，这些美国飞行员并不确定战斗奖金能否真的发给他们，因此他们不太可能花钱去"买"毛淡棉战斗中的击落数。其次，即使是在宋美龄确认招募承诺之后，飞行员们也没有立即拿到大把的美钞。与皇家空军的战友相比，尤其是与来自殖民地的飞行员相比，志愿航空队的队员们确实很富裕，但他们在 1942 年 4 月之前并没有拿到任何战斗奖金，这就排除了埃弗拉德所说的在马圭进行"交易"的可能性。而在 4 月之后，奖金也不会以现金的形式经过志愿航空队的出纳帕克斯顿之手发放，而是通过中央飞机制造厂驻纽约办事处，把钱直接转到每个飞行员的账户里。

* * *

在 2 月 26 日的日落时分，"亚当和夏娃"中队把"战斧"飞机全数移到"约翰·黑格"备用机场。在回去的路上，队员们在"十八英里大农场"歇脚，他们一边狼吞虎咽地吃着克莱顿·哈珀尔准备的饭菜，一边听着日军第 14 战队对敏加拉洞连续两晚的狂轰滥炸。当天晚上有传言说，日军已经切断通往卑谬[①]和马圭的道路。如果情况属实，形势就变得十分严峻了，因为这意味着除了空中通道，没有人能逃得出去。

---

① 缅甸西南部城市，位于仰光以北，同古以西。

大部分队员在晚饭后就上床睡觉了，而鲍勃·尼尔则连夜回到机场，同皇家空军的大队长西顿·布鲁厄尔开会议事。会上，尼尔得知英军的雷达已撤至马圭，据说这一点是在会议快结束时被轻描淡写地提及的："尼尔，我跟你说一下，从明天开始，预警时间会变得更短一些。"事实上，自从缅甸的观测部队撤走后，盟军飞行员就没有什么准确的预警可以依靠了。

陈纳德批准尼尔在3月1号周日之后撤出敏加拉洞。周五时，尼尔觉得没有必要愚蠢地冒险多等48个小时。他在半夜时分跑遍了宿营地，叫醒飞行员们。据他回忆，他当时说："伙计们，现在让我们离开这个鬼地方吧。我们现在没有任何空中预警，没有必要再把战斗机停在地面上了。"飞行员们立即找到地勤人员，唐·罗德瓦尔德回忆说："在凌晨2点30分左右，我被叫醒了，然后被告知要马上行动。日本人已经到达对我们威胁巨大的位置了，而英国人又撤走了他们的（雷达）。我卷起铺盖，把它和一个早就准备好了的行李包一起扔到卡车上。15分钟后，我驾车前往机场，把剩余的武器装备全部装车。凌晨5点之前，一切均已准备就绪，（敏加拉洞）开始总撤退……毫无疑问，英国人早在败局确定之前就已经放弃了。"

几架受损的"战斧"被留在了敏加拉洞，一些地勤人员连夜抢修，试图让它们能够重新起飞。拂晓时分，除了两架依旧无法动弹的"战斧"，所有飞机都起飞前往"约翰·黑格"。另外一些飞行员最后一次驾车穿过晨雾，来到备用机场。他们坐进了前一晚就停在那里的"战斧"中，等待起飞的指令。这时，东北方向传来防空炮的吼声，日军第14战队正在轰炸"尊尼获加"，志愿航空队刚刚在一周前弃用了那座机场。

鲍勃·利特尔是第一个撤离的，他带领由六架"战斧"组成的分队先行飞往中国。地勤人员在卑谬公路的49号里程碑处集合，计划在中午出发。查理·邦德和另外三名"亚当和夏娃"中队的飞行员在午餐时吃了罐头牛肉和豆子，然后动身飞往马圭。他们在地勤人员的车队上空掠过以示友好，不料却把车队的人吓得纷纷躲进沟渠里。在这段插曲过后，邦德一行才飞往新基地。布加德和麦加里给飞机加满油后，从新的驻地飞回南边，在车队将要途经的路线上巡逻。下午 5 点，志愿航空队的车队到达卑谬，安全地避开了日军的突然袭击。卑谬距离马圭只有 70 英里，人们原来估计只需两个小时就能走完剩下的路程，但由于沿途都是崎岖不平的小路，他们直到半夜才来到新的基地。当他们询问皇家空军的值勤官何处可供住宿时，值勤官让他们在马球场上露营。

飞行员们也很晚才就寝，他们在仁安羌①的美国人俱乐部里消遣，那里是一处附属于油田的设施，里面有冷饮和游泳池。凌晨时分，他们回到马圭，并且在皇家空军第 67 中队的宿舍里找到了床位。历经了许多个月，"亚当和夏娃"中队的美国人终于高兴地发现大部分"水牛"战斗机的飞行员都来自新西兰而非英国，而且这些英联邦飞行员还愿意甚至是渴望学会玩志愿航空队的"么二点儿"游戏。

鲍勃·尼尔和"讨厌鬼"史密斯紧张不安地在敏加拉洞多留了一晚，怀着埃德·莱博尔特仍会回来的希望，就像过去三个月里很多飞行员那样。他们从尼尔座机的行李舱里把无线电通信器拿出来，想着莱博尔特必要时会通过无线电联系他们。但是莱博尔特终究没有回来，尼尔和史密斯最后也大声说出了心中早已深信不疑的想法——莱博尔特被缅甸游击队杀害了。25 岁的莱博尔特是迈阿密大学的毕业生，和"布隆黑帮"一起来到缅甸之前，他是美军陆航部队的一名轰炸机飞行员。

当天晚些时候，尼尔和史密斯飞往马圭，但在覆盖了整个缅甸南部、弥漫至 15,000 英尺高空的烟雾的干扰下，他们找不到机场的位置。史密斯在距离马圭 100 英里的敏建附近的河床迫降，折弯了螺旋桨叶；尼尔则在辛古的一片花生田上完成了一次完美着陆，那里虽然距离马圭较近，但飞机已经没有燃油可供起飞了。②

当天是 2 月 28 日，周六。在同一天，英国人在仰光发出了"H"信号，城中只留下拆除队，掩护他们的是驻扎在皇后高地机场的六架"飓风"战斗机。其中一名留守飞行员是第 17 中队的 C. E. 维斯洛特（C. E. Wisrodt）中士，3 月 3 日，他在执行一项单人任务时失踪，成为最后一个

---

① 缅甸中西部城市，位于伊洛瓦底江中游地区，出产石油。
② 敏建、辛古均为缅甸中部城市。

为保卫仰光而牺牲的美国人。

3月5日，周四，缅甸地区的新任指挥官终于到达仰光。新任指挥官亚历山大将军叫停了印度师团的撤退行动，同时命令缅甸师团从同古南下增援，但这些措施都为时已晚。在锡唐河的西岸，日军队伍交错前进，第55师团向北攻击同古，第33师团向西切断卑谬公路。与轰炸机队采取的攻击手法一样，日军指挥官樱井省三也打算迂回攻击仰光。

周六，拆除队引爆了仰光城内的最后一批目标。半夜时分，汽艇把拆除队送到在河中待命的轮船上，他们身后的仰光燃起了冲天大火。事实上，河水也在燃烧，因为有数千桶来自中国的桐油被倾倒在了码头并被引燃。

在战争时期，巨大的巧合随时都有可能发生。印度师团发现他们的退路已经被"十八英里大农场"附近的一支日军部队切断，这股日军是樱井省三的第33师团的先头部队。然而，樱井不愿过早地暴露从西北方向攻击仰光的意图，遂下令撤掉沿路的路障和卡哨。英联邦军队就这样轻松通过，虽然感到莫名其妙，但都如释重负。

周日早上，日军第33师团冲进仰光，发现眼前只剩下一座燃烧着的空城。具体时间是1942年3月8日早上10点，缅甸的首都和第一大港口118年以来第一次摆脱了白人的控制。除了爆破行动、大火和抢掠造成的损失，日军在仰光码头上回收了19,000吨援华物资。

第二天，荷兰殖民地军队在爪哇岛投降。除了美军和菲律宾军队仍在坚守的巴丹半岛，南到澳大利亚、西至印度的整个西太平洋沿岸地区都落入了日军之手。

* * *

在2月底撤离仰光的皇家空军部队中，有一支特殊的"拾荒者"分队，他们负责搜索和查验日军飞机的残骸，并搜集日本空军的情报。（其工作成果之一就是让英联邦军队的航空兵分辨清楚中岛"隼"式战斗机和三菱"零"式战斗机的不同。英军飞行员们也因此不会混淆日军陆航部队和海航部队的战斗机,而美国人有时就会分辨不清。)史蒂文森少将在仰光战役后发出的一份公文里总结了"拾荒者"的行动成果:"尽管空战经常发生在森林地区上空,但截止到仰光陷落时,我们已发现了32架坠毁在地面上的敌军战斗机和轰炸机。它们大多都被焚烧或破坏得不成样子,但对残骸的技术检查仍然有助于掌握敌军的飞机制造水平,我们以前对这一点是所知甚少的。"

32架敌机!诚然,日军的部分飞机是在泰国境内或缅甸的日占区被摧毁,还有一些残骸隐藏在热带雨林中和马达班湾的海面以下而未被发现。然而,英军的统计数字和关于志愿航空队击毁数的流行说法之间存在巨大的差异。(在关于志愿航空队的一些传奇故事里,英国人在一次战斗过后就发现了30架以上敌机的残骸。)到仰光陷落为止,驻扎在敏加拉洞的盟军飞行员最多摧毁了50架日军飞机(包括空中和地面上)。其中有很多是轰炸机,因此,在与缅甸南部的同盟国空军的较量中,日军陆航部队可能损失了多达150名飞行员。无论如何,大部分战绩都应归功于志愿航空队。

志愿航空队的损失是五名飞行员:尼尔·马丁、汉克·吉尔伯特、伯特·克里斯特曼、"可乐"霍夫曼和汤姆·科尔。另有两名飞行员失踪:查理·莫特和埃德·莱博尔特。三名飞行员因为意外事故死于敏加拉洞或去往昆明的路上:莱西·曼戈伯格、肯恩·梅里特和罗伯特·桑德尔。约有20架"战斧"被击落或摧毁。即使考虑到皇家空军的贡献,志愿航空队在与日军陆航部队的战斗中也堪称表现出色:飞机损失比约为1∶2,人员损失比约为1∶12。虽然与1941年至1942年间的战斗报告以及此后半个世纪里时不时被放大的数字相比,这个战果显得渺小而寒酸,但这确实是意义重大的胜利。

12
"你们有没有收到预警？"

1942年1月底，实现一项重大协议的所有基本条件均已成熟：陈纳德将被授予美国陆军的准将军衔，统一指挥所有美国驻华空军部队；同时，他会以模糊不清的中国军官身份继续领导美国志愿航空队。到1942年7月，随着志愿航空队被并入美军序列，他的双重身份也合二为一了。

但棘手的问题也随之而来。马歇尔将军一直都不信任陈纳德，当组建美国志愿航空队的计划冲破其阻挠而获得批准后，他就试图将志愿航空队纳入自己的控制范围，于是他的计划现在就拦在了陈纳德面前。马歇尔需要一位人选来指挥驻中国、缅甸和印度的全部美军，他看中了约瑟夫·史迪威（Joseph Stilwell）少将。史迪威曾以上校军衔在北京和重庆担任美国的驻华武官，他像马歇尔一样正直得让人无可挑剔，但与马歇尔不同的是，史迪威不理解政治在战争中扮演的角色。他外号"酸醋乔"，是一名最典型的美国步兵，有着硬朗的体格、狭隘的思维和尖刻的言语。在他眼中，轮椅上的美国总统就是一个"橡胶腿老头"，他的英国盟军是"混蛋伪君子"，蒋介石则是"小人独裁者""小傀儡"和一条"贪婪、顽固、忘恩负义的响尾蛇"，还是一个"固执、愚昧、充满成见、自负、除了我（史迪威）说的话以外就听不到任何真话的暴君"。总体而言，读史迪威的日记一开始会觉得很有趣，但随后就会因为这位美军指挥官的恶毒言语而感到恶心。

另外一个更直接的麻烦是克莱顿·比塞尔上校，他在空军战术学院提出的战斗机战术观点就让陈纳德感到愤怒。劳克林·柯里在一封喜忧参半的电报里，把比塞尔平步青云的消息告诉了陈纳德。没错，陈纳德确实会得到美国驻华战斗机队和轻型轰炸机队的指挥权，但不包括重型轰炸机队。另一名军官会得到这个位置，而"比塞尔凌驾于他们之上"。

陈纳德当然不能接受，他在回电中称："我个人愿意为中国和同盟国的事业做出任何牺牲，但把我从中国战区空军高级指挥官的位置上拿下来，无论对哪一方都毫无好处。新选任的比塞尔的资历比我浅，他还完全不了解中国地区的状况……我对战争部的态度极为失望，而且由于健康状况持续恶化的缘故，我非常愿意辞职退隐。"

2月9日，在华盛顿召开的一次会议上，柯里尽其所能地为陈纳德说话。史迪威在日记中提到："我支持比塞尔，而且坚持让他排在陈纳德之上。"柯里让步了，他答应让陈纳德"专心办好正事"——这是史迪威的常用语，多次出现在他的日记中。史迪威认为，一名好士兵应该遵守命令，办好正事，他抱怨柯里和陈纳德说："他们表现得就像两个小孩，现在必须要让他们听话。"

柯里通过宋子文转发了一封电报给陈纳德，他在电报中委婉地写道："阿诺德认为你是第一流的军人，他对志愿航空队也十分赞赏。但他想让自己的心腹部下走上更大的舞台……比塞尔现在赞同你的战术观点，史迪威也表示你将拥有充分的战术决定权。"柯里还请求约翰·马格鲁德帮忙说服"格罗科"（Groco，陈纳德在电报中的代号）："阿诺德和史迪威坚持任用比塞尔……我通过宋子文转告了格罗科，请求他满足于自由、全权地指挥战斗机队。您可以帮忙解决当前的难题……我们不能失去格罗科。至于比塞尔，他可以得到装备，在实际操作中，他只服从于史迪威和蒋委员长。"

马格鲁德尽力办了这件事，但结果并不令人乐观。2月13日，在经昆明转飞印度时，马格鲁德电告柯里："格罗科私底下跟我说……如果非要他在比塞尔手下工作，他就辞职。"

当然，陈纳德绝不会放弃这支美国志愿航空队，尤其是在它的飞机、零部件和飞行员都在撤回中国的时候。32 个汉密尔顿标准螺旋桨和 14 台艾利森引擎被送至垒允；"银星号"轮船装载着螺线管和轮胎停靠在加尔各答，这很有可能就是去年 12 月送过来的那批货物。为了抓紧完成装卸的工作，陈纳德派接任乔·奥尔索普职务的罗伯特·德沃夫中校前往加尔各答大酒店，设立美国志愿航空队物资供应办公室。德沃夫雇用了休·厄普菲尔担任秘书，她的家原来就在通往敏加拉洞机场的路上，她在形势恶化后逃离了仰光。（她的丈夫留守城中作为殿后部队，但在乘船撤离时不幸落水溺亡。）多年后，厄普菲尔回忆说："我们办事处的业务主要集中在军用装备和飞机零部件方面。办公室里经常挤满了飞虎队的人，他们飞到印度阿萨姆邦①，等着前往美国或者经驼峰航线飞回中国。"

但这些飞虎队队员更有可能是要前往非洲的，劳克林·柯里为志愿航空队申请的第一批替换战斗机已经抵达非洲大陆西岸的阿克拉②。美国陆军的机械师们把飞机组装起来，陈纳德派出的六名飞行员驾驶它们飞回中国。他们先搭乘中国航空公司的飞机到达加尔各答，然后乘英国海外航空公司的飞机到开罗，最后是同美国陆军签约的泛美航空公司的道格拉斯飞机，航程全长 7,500 英里，耗时 12 天。R. T. 史密斯写道："我们的新飞机停在机场上，一切准备就绪，它们看上去好像很不错。"这是新型的 P-40E 战斗机，机首下颚突出，是柯蒂斯公司用以取代"战斧"飞机的产品。皇家空军十分渴望得到这种飞机，不惜把 100 架旧型号的"战斧"让给中国。史密斯接着写道："这些飞机比'战斧'漂亮多了。它们的外号是'小鹰'，飞机的座舱布局得到改进，搭载了六挺点 50 口径机枪，马力更大，速度更快。"在测试飞机时，史密斯和保罗·格林"为泛美航空公司的伙计们小小地表演了一下"。他们向东出发，飞机上依旧带着美军陆航部队的五角星标志。

史密斯一行尚未到达昆明，"地狱天使"中队的另外六名飞行员就出

---

① 印度东北部地区，是连接中印两国的要道。
② 加纳共和国首都。

发前往阿克拉了。为了得到这 12 架新飞机，陈纳德不得不让"地狱天使"中队休整了近一个月。有两名飞行员辞职回家了，其中一人就是"熊猫"中队的诺埃尔·培根，他总共击落了 3.5 架敌机。

* * *

在一名准将、三名上校和一名中尉的陪同下，史迪威坐上泛美航空公司的一架水上飞机，经非洲前往中国。他在沙特阿拉伯遇上了志愿航空队的飞行员们，在加尔各答与亚洲战区的盟军司令会面。史迪威觉得阿奇博尔德·韦维尔爵士因为荷属东印度群岛的败仗而"备受打击、疲惫沮丧"。从那以后，在史迪威的"鄙视辞典"里，这位爵士就被冠名为"结巴佬韦维尔"。刘易斯·布里尔顿（Lewis Brereton）少将也在加尔各答，他被史迪威形容为"拿着小短马鞭拍着屁股，自命不凡地四处跑来跑去"。作为美国第 10 航空队的司令，在这个世界上最大的战区里，布里尔顿手上一共只有七架飞机，他可以命令比塞尔和陈纳德，但命令不了史迪威，后者颇为费神地告诉了布里尔顿这一点。但韦维尔似乎对此并不了解，他和布里尔顿一起去缅甸面见蒋介石，却把史迪威和随从们留在了原地。

蒋介石和宋美龄取道昆明，出国参加同盟国会议，"地狱天使"中队的丹尼尔·霍伊尔在中队日志里记下了夫妇两人到访时的情景："晚上 7 点，蒋介石委员长和夫人到达招待所。我们举办了一场宴会，以欢迎委员长夫妇的到访，并庆贺志愿航空队取得的战绩……席间表演了中国传统戏曲，但台上演员唱的都是中文，我们看得不是很明白。幸好典礼主持人给了我们一份故事大纲，帮助我们理解这出戏。一些从史密斯学院毕业的中国姑娘……为我们献唱了三首歌。蒋委员长、蒋夫人和陈纳德上校是三位主要讲话者。"陈纳德颇有远见地关闭了酒吧，但格雷格·博因顿自有办法，在领导讲话时，他和佩尔西·巴特尔特跑到大堂里大喝起来。两人醉醺醺地返回会场，跌坐在椅子上，夸张地为中国演员鼓掌。

宋美龄把这些美国人称为"我的小伙子们"和"背插双翼或没有双翼的天使"①，这种话大概会让这群粗犷的年轻人发笑，但他们当中的很多人都颇为受用。约翰·多诺万写道："她绝对深得我们的爱戴，我们向她一再欢呼，声震屋瓦。"来自常春藤名校的吉尔·布莱特则持略带疑虑的想法："蒋夫人说得有点多，她觉得飞机实在是很浪漫的事物。新英格兰的一名飞行员说，蒋夫人就是一位对航空事业非常狂热的韦尔斯利老女孩。"

第二天，在"战斧"飞机的护航下，陈纳德陪同蒋介石夫妇飞到腊戍会见韦维尔将军。他们也与史迪威碰了面，但只是略微谈了一下。史迪威感到自己备受冷落，于是乘专机到昆明，在1号楼的陈纳德宿舍里住了一晚。第二天早上，他留下富兰克林·赛伯特（Franklin Sibert）准将监督志愿航空队，自己则到巫家坝机场等陈纳德回来。史迪威写道："（我和陈纳德）谈了一下，他人还不错。还见了一些飞行员，他们看起来很优秀。"见过面后，史迪威轻松了不少，他出发前往重庆，听取美国军事代表团里"马格鲁德的傀儡"的汇报。

蒋介石夫妇回国时也经过了昆明，又参加了一场向他们致敬的庆祝活动。这一次，蒋夫人给予了飞行员们实实在在的、真正值得欢呼的好处——中央飞机制造厂的招募者承诺的每架敌机500美元的战斗奖金如数发放，无论是在空中还是在地面上击毁的敌机都得到承认。哈维·格林劳选派了六名飞行员进行空中表演。队员们表演了低空飞行、翻滚和上下颠倒飞行。殿后的鲍勃·莱赫忽然看不见前面飞机的踪影，在困惑中险些撞到地面上。据说，莱赫飞得太靠近陈纳德和委员长夫妇了，飞机的尾流甩了他们一脸沙粒。

格雷格·博因顿带领着战斗机队护送蒋介石夫妇的"飞翔行宫"直到沾益②。但他的罗盘坏掉了，离开蒋介石的座机之后，他带领着队员们向南而不是向西返航。他们在云南和越南边界用尽了燃油，只能一架接一架地迫降。巴斯·基顿③在日记中轻描淡写地提到："上校为我们举办了

---

① "没有双翼的天使"应是指地勤人员。
② 云南东部县城，隶属于曲靖市。
③ 即罗伯特·基顿。

一场有关（云南）地形的讲座……还讲授了在中国导航的小窍门。"后来，博因顿成功地使两架"战斧"飞回蒙自，但其余几架迫降的飞机都损毁严重，只能拆作零部件。

在重庆，史迪威和蒋介石夫妇进行了第一次正式会晤，显然，一切都进展顺利。3月7日，最后的留守部队也撤离了仰光，史迪威继续向马歇尔提交了一份乐观的形势评估报告："我相信，陈纳德的问题可以得到圆满解决，志愿航空队也能够在合理的时间内接受改编。如果战争部长能发一份简短的通报给陈纳德，作为对其杰出贡献的感谢，将起到很好的作用。"

3月11日，中国政府为四名在当年牺牲于缅甸的美国飞行员追授军衔：罗伯特·桑德尔被授予中校军衔，伯特·克里斯特曼和路易斯·霍夫曼被授予少校军衔，汤姆·科尔被授予上尉军衔。但真正有实际意义的提拔则集中在驻重庆的美国陆军军官身上。整个3月，关于"晋升"这一主题的电文如雪片般飞往美国战争部。毫无疑问，史迪威是第一个得到擢升的，他到达重庆没多久就被授予了中将军衔，也就是三星将军。在他的安排下，富兰克林·赛伯特被擢升为二星少将。史迪威手下的军官都获得了提拔，除了约翰·马格鲁德。马格鲁德被新来的人们轻视，被视作档案管理员一般的神经质军官。

截至升官热潮结束时，美国驻华陆军共有17名士兵和67名军官。3月19日，又有三名上校来到中国，其中包括陈纳德在空军战术学院时的老对头克莱顿·比塞尔。他是一名谨小慎微的军官，来华时一身英式装束——遮阳帽和衬衫式卡其夹克。（美国大使馆的詹姆斯·麦克休少校形容比塞尔是"一个肮脏的小个子，拿着笔记本四处乱跑"。）史迪威立刻亲自上阵，开动了提拔机器："根据我在临行前和阿诺德的谈话，强烈推荐克莱顿·L. 比塞尔上校……临时担任准将职务。关于陈纳德的推荐会在稍后提交。"

"稍后提交"几个字正是奥妙所在。在军队序列中，同一军衔的军官以"授衔时间的先后"为标准划分上下等级。因此，即使仅仅早提拔一天，比塞尔也会凌驾于陈纳德之上。

上校们到来后,史迪威的总部申请继续调入四名少校和四名上尉,还"紧急申请"了四卷打字机色带。一名上校在搭乘中国航空公司的道格拉斯客机时不幸在昆明附近坠机身亡,史迪威总部的第一反应是请求调入更多的人手。比塞尔在向华盛顿汇报时称,这一悲剧使他成为"中国和缅甸战区唯一的空军指挥官"。为了弥补这一空缺,他指名要求得到三名空军同事。

陈纳德对于担任空军指挥也并非完全不感兴趣。但他得不到美军的支持,无法申请调入人员,于是他一碰到合适的人选就任命,多琳·伦堡正是在这时走进了沾益的志愿航空队无线电站。她从湛江跋涉上千英里,一路步行并乘汽车、卡车和火车来到云南。3月17日,她和"达菲"威廉·戴维斯在1号楼举办了婚礼,戴维斯就是陈纳德在香港招募的军官。第二天,多琳到陈纳德在机场的办事处上班,她的第一项任务就是为志愿航空队制定着装规范。自此以后,志愿航空队的飞行员在正式场合必须头戴有中国空军白日标志的船形帽,身穿草绿色的制服夹克外套,佩戴武装带和两条蓝色肩带,里面则是白色的衬衣和黑色的领带,还要穿制服长裤和褐色鞋子。对于需要穿便服和辅助性岗位的人员,则没有这样严格的着装规定。保罗·弗里尔曼也穿上了军装,他必须佩戴一条银色肩带,与随军牧师这种最低级别的文职人员身份相匹配。与之相对,一名在总部任职的飞行员佩戴两条半肩带,代表他比参加一线战斗的飞行员高半级。

*   *   *

马圭的晚上是令人愉悦的。黄昏时分,太阳闪耀着蔷薇色的余晖缓缓下沉,印缅两国边境线上的若开山脉在云雾中若隐若现,仿佛浮游在半空中。落日的美景来自烟尘和光焰,而烟尘和光焰则来自"日不落帝国"将倾的大厦。

"亚当和夏娃"中队驻扎在城外3英里处的一座小型泥地机场,周围环绕着仙人掌、荆棘丛、矮树林和一些粗制滥造的建筑物。机场没有防护墙和疏散掩体,周边的山脉也使守军难以发现敌机。为了增强安全性,皇家空军的工程师在马圭北面通往仁安羌的路上修建了一座备用机场。他们还在别的地方设立了一座流动雷达站。但这台老旧的设备转动的角度只有45度，因此被用来指向东南方，侦察从仰光经伊洛瓦底江河谷飞来或从泰国清迈翻越群山而来的敌机。地面上的侦察人员也是有所侧重的，他们被分配到英联邦军队所在的缅甸南部和中国军队所在的同古，在缅甸的西部和北部则没有部署。

在志愿航空队撤离后，皇家空军第17中队在仰光继续坚守了一周。3月6日，日军第77战队轰炸了皇后高地机场，摧毁了两架"飓风"战斗机。第二天，英军的中队躲藏在敏加拉洞，利用飞机的残骸和假飞机掩护自己。随后，他们撤到了只光①，那里的机场跑道凹凸不平，把"飓风"战斗机的尾轮也磨坏了。然后是卑谬，最后一站抵达马圭。此时，所有"水牛"战斗机均已撤往印度，伊洛瓦底江河谷中的英军战斗机只剩下"飓风"。马圭方面有若干"莱桑德"飞机、12架"布伦海姆"轰炸机和8架"战斧"战斗机。在海滨的阿恰布，英军大队长尼尔·辛格（Neal Singer）指挥着六架"飓风"和若干架洛克希德"赫德逊"轰炸机。综上，缅甸现存的盟军空中力量剩下50架飞机，而大部分都已经远远超出了使用寿命。

举目四望，可以前来增援的只有刘易斯·布里尔顿的第10航空队，它有六架波音公司的B-17轰炸机，还有一架曾载着布里尔顿本人和韦维尔飞出印度的联合公司B-24轰炸机。该航空队以加尔各答的达姆达姆机场为基地，他们本可以从那里起飞，为缅甸的英军提供一些支援。然而，这些大型轰炸机空运了一个470人的皇家恩尼斯基燧发枪营至马圭，同时运走了数量相当的皇家空军职员和地位较高的难民。

数百名欧洲人和混血种平民驾着车一路逃到曼德勒，他们疯狂地寻找一个可供撤离的飞机舱位。印度难民则没有那么高的要求，他们步行离开仰光，一路徒步而行。成千上万的人靠双腿翻越若开山脉，斜阳下美丽的群山在现实中却是残酷的人间炼狱。

鲍勃·尼尔的"战斧"因为久经战斗而破旧不堪，查理·邦德和约

---

① 缅甸地名，位于仰光至卑谬的交通线上。

翰·布莱克本驾驶队里状况最差的两架飞机前往昆明进行更换。他们带回了"地狱天使"中队将会到缅甸接替"亚当和夏娃"中队的消息，队员们为此感到遗憾——他们才刚刚开始享受马圭的生活，尤其是在晚上，他们可以跑到仁安羌的油田，那里的美国人俱乐部是全缅甸唯一还在供应冷饮的地方。邦德和布莱克本还提到了关于落实每架敌机 500 美元奖金的事，这无疑是照亮对日斗争的一束亮光。

在敏加拉洞为志愿航空队喝彩的战地记者们随"亚当和夏娃"中队来到了马圭，"地狱天使"中队飞抵时，他们也在机场迎接。一名记者写道："今天，在缅甸的某座机场上，美国志愿航空队的另一个中队从中国境内呼啸而来。机枪子弹上膛，引擎状态正佳，他们已准备好从兄弟飞行员手中接管缅甸战场。他们的王牌兄弟刚刚粉碎了日本空军对仰光的一次大规模空袭……这座尘土飞扬的机场位于前线以北，并经过精心的伪装。在这里，来自西雅图的高个子卷发飞行员罗伯特·A. 尼尔[①]带着个人摧毁 12 架敌机的惊人战绩，将缅甸的美国志愿航空队指挥权移交给芝加哥和洛杉矶的阿维德·奥尔森……在队里新装备的柯蒂斯 P-40 战斗机上，人们用红彤彤的颜色画了一名带翅膀的裸体少女，这就是他们的队徽。"

奥尔森的"中队"其实只有四架破旧的"战斧"战斗机。由杜克·赫德曼驾驶的第五架飞机在飞行途中引擎起火，不得不调头返航。3 月 10 日，赫德曼和另外四架"地狱天使"中队的飞机重新出发，他们准备在腊戍降落加油时却被地面人员赶走，一次错误的防空警报扰乱了这座机场。没能加上油的他们只好飞回垒允，但在到达中央飞机制造厂的机场之前，飞机已耗尽了燃油。其中两架飞机的外表面在迫降时受了一点轻微的损伤，但有三架则因损毁严重而只能被拆作零件。（它们的仪表和无线电设备被用到 100 号"战斧"上，这是唯一一架在垒允组装的飞机。工人们用卡车把机身从仰光运来，然后装上迫降飞机的机翼。）麦加里从垒允飞来，向受困的飞行员们空投补给，但他本人的飞机也因为燃油耗尽而不得不紧急降落。加上在博因顿带领下返回沾益的那次令人哭笑不得的任务，这一周内

---

① 即鲍勃·尼尔。

共计有 11 架"战斧"坠落，而且没有一架是被敌人击落的。

这场灾难过后的第二天，奥尔森带领另外三架"战斧"进入缅甸，途中损失了一架。奥尔森手下现在有 11 名飞行员驻扎在马圭，他们住在一座废弃的房子里，那里同时也是志愿航空队的联络中心。地勤人员住在另外一处房屋，克莱顿·哈珀尔德继续为他们做饭，这一切跟住在"十八英里大农场"时没有什么不同。丹尼尔·霍伊尔觉得这里的生活比他想象的要好一些："我们在伊洛瓦底江里游泳、洗澡，一些人在那里洗衣服。食物不错，我们早睡早起。下午的气温很高，几乎无法工作。距离机场 30 英里的仁安羌有一家美国人俱乐部，昨天晚上那里举办了舞会，部分队员参加了，但没什么人跳舞，因为没有姑娘作舞伴。"

在马圭的"地狱天使"中队成了四方面角力的棋子——陈纳德想为未来保存实力；英国人想让他们掩护撤退中的英军；蒋介石认为他们应该为同古的中国远征军提供支援；史迪威则认为他们没有什么大用，他告诉美国战争部："志愿航空队的装备已无法负担长期的作战行动。"这位"好士兵"认为，这些"战斧"飞机最多也就能用来侦察敌情。史迪威最终赢得了拉锯战，"地狱天使"中队开始为中国军队传递情报并侦察日军在锡唐河沿岸的部署。这项任务从 3 月 13 日周五开始。

周一，日军第 14 战队用燃烧弹和高爆炸弹轰炸了同古，他们把城镇变成了地狱。用红砖砌成的火车站也遭到破坏，志愿航空队的队员们曾在那里享受草莓和曼德勒啤酒。这场空袭也是广中孙六在缅甸的告别式，他把战队里仅存的六架"九七"式重型轰炸机留在那空沙旺充当运输机，机组人员全部回国休整。时间和飞虎队终于磨走了广中的这支战队。

肯恩·耶恩斯泰特和比尔·里德对中队长说，他们厌倦了像自行车信使那样在锡唐河上飞来飞去。奥尔森批准了这一请求，让他们去毛淡棉看看日军在做什么。周二，耶恩斯泰特和里德飞到被皇家空军放弃的凯多机场，那里现在只有一名看守军官，他给这两名飞行员供应了一顿饭，随后带他们察看了日军轰炸过后的凄惨景象。三人看到了被炸毁的火车站和同古佛塔外堆积如山的罹难者尸体。驾车回到机场后，他们各自就寝。

凯多机场上虽然没有起飞信号灯，但耶恩斯泰特和里德对这块从前的驻地了如指掌。3月18日周三凌晨5点，两名飞行员坐进座舱，将"战斧"的机首指向小北斗星。耶恩斯泰特多年后对笔者说："小北斗星就悬在跑道尽头，我只需要对准它，盯着北极星（向前冲）。当我感到差不多要起飞时，我就拉起飞机。"在讲述往事时，他嘲笑1942年那个年轻又鲁莽的自己，竟敢在漆黑的夜里驾驶一架窄轮距的"战斧"从柏油跑道上起飞，他甚是惊奇地说："这是我唯一一次做这样的事。"

两人在20,000英尺的高空向南飞去，直到看见仰光。这座城市很容易被发现，维多利亚湖位于它的北边，两条河流在城南汇合，烟波浩渺的水面映照着天空中的点点星光。他们转向东边，飞过马达班湾，到达了木冬的备用机场。热带地区的黑夜就像一块被揭开的幕布那样缓缓升起，曙光映照下的战斗机、运输机和轰炸机整整齐齐地停在沙土跑道的两旁，映入两人的眼帘。耶恩斯泰特回忆说："那些该死的敌机翅膀挨着翅膀地停在一起。"两名飞行员分头进攻，一个向北一个向南，变换方向后继续来回扫射。他们前后一共进行了六趟攻击。

然后是毛淡棉，跑道上的日军飞行员和飞机正忙碌地准备着今天的行动。耶恩斯泰特看见一架敌机正要作势起飞，于是马上用机枪给它以迎头痛击，他后来承认："我为那个可怜虫感到难过。"接下来出现在他眼前的是一座机库。"战斧"飞机上有一根投掷照明弹的管道，军械师查克·贝斯登在耶恩斯泰特座机的管道中塞进了三枚英军的燃烧弹。他用胶带连接好这三枚燃烧弹，每一枚落下时都会顺带扯掉旁边那一枚的保险销。耶恩斯泰特用右手拉动了投弹控制杆。这捆炸弹开始下落，一根金属线将它们之间的胶带割开，三枚燃烧弹分散开来，撞击地面时就会爆炸。耶恩斯泰特在战斗报告中写道："我没有命中机库，但击中了停在机库前的一架'九七'式重型轰炸机，它立即起火。"地面上的防空炮开火了，炮弹的黑烟在低空不断爆开，耶恩斯泰特于是决定返航。

耶恩斯泰特和里德宣称合力摧毁了15架敌机。这是个惊人的数字，但并没有把日军的实际损失夸大太多。日军第31战队在木冬机场上有六架轻型轰炸机，其中三架被摧毁，两架遭到重创。一架三菱Ki-51型"九九"式攻击机被击毁，这是一种单引擎、远航程的对地攻击机，在过去几周的和平日子里曾多次侦察凯多机场。毛淡棉的损失也相当严重，两架"九七"式重型轰炸机被烧毁，一架"九九"式轻型轰炸机遭到重创，一架三菱"九七"式司令部侦察机被击毁（耶恩斯泰特将其误认作战斗机）。日军陆航部队当场就损失了10架飞机，但其中有部分飞机可能在修复后回归现役。

霍伊尔在第二天的中队日志里提到了这次进攻，称皇家空军的大队长布鲁厄尔也签字确认了他们的击毁数。霍伊尔写道："得到确认后，这两名飞行员很可能会获得报酬。"这是志愿航空队第一份涉及战斗奖金的文件。这也是陈纳德手下的飞行员执行过的最赚钱的一次任务：比尔·里德拿到了4,000美元，肯恩·耶恩斯泰特获得了3,500美元。

* * *

英国军队在撤往卑谬的路上前后绵延40英里，但他们没有遭遇任何空袭。亚历山大将军应该为这个喘息之机而感谢日军的勇猛突击，尽管日本人的突击正是使英军疲于奔命的原因。日军匆匆忙忙地拿下了大量目标，现在只能原地待命，等候补给和增援部队的跟进。小畑英良的战斗机编队在仰光战役里消耗了全部的副油箱，在新的补给到来之前，他们无法同盟军的空中力量对抗。

在这平静的两周里，日军修复了敏加拉洞机场，小畑和第50战队的指挥部就设在这里。第50战队最近更换了指挥官，石川正少校接替了两次负伤的牧野康夫少校。两个侦察机中队也进驻了敏加拉洞。在西北方15英里外的茂比，已晋升为中校的吉冈弘史指挥第77战队翻修了皇后高地机场。在东北方的莱古，日本人欣喜地看到扎亚昆机场拥有长距离的跑道，英国人还在那里丢弃了800桶航空燃油。日军为新近进入缅甸的第47独立飞行中队和装备"九七"式战斗机的第1和第11战队改建了这座机场。敏加拉洞机场和上述两座主要备用机场现在形成了三角形的防御态势，抵挡着从北方过来的盟军飞机。

此外，小畑还在泰国部署了两个重型轰炸机大队，即驻那空沙旺的第98战队和驻南邦的第12战队。（去年圣诞节，"地狱天使"中队就曾与第12战队在缅甸南部交手。）一个远距离侦察机中队也被调到南邦。为了保护泰国境内的机场，加藤建夫的第64战队移驻到古城清迈，同古就位于其驻地的正西。加藤晋升为中校，战队里早期型号的"隼"式战斗机也被替换成量产型的"隼"式，搭载了口径更大的机枪和马力更强的引擎。他们还带来一架在荷属东印度群岛俘获的"飓风"战斗机，加藤有意将其作为攻击皇家空军机场的奇兵。

最后是马达班湾东岸的毛淡棉机场，这里现在成了第8战队的"九九"式轻型轰炸机和第31战队的"九七"式轻型轰炸机的基地，它们也是"地狱天使"中队的老对手。

三个月以来，盟军飞行员和战地记者一直严重高估了缅甸战区日军飞机的损失，而真正的强敌现在来了。3月20日，在制定缅甸中部的进攻计划时，小畑英良手上就拥有数量巨大的飞机来执行任务，包括115架战斗机、66架重型轰炸机、67架轻型轰炸机和23架侦察机及对地支援飞机。而小畑的对手——马圭的西顿·布鲁厄尔——只有38架飞机去抵挡他，包括15架"飓风"、8架"战斧"、9架"布伦海姆"和6架"莱桑德"。

但布鲁厄尔还是差一点就搞砸了小畑的计划。根据侦察机的报告，数量巨大的日军战机正在仰光地区集结。霍伊尔在中队日志中记录道："我们准备好明天早上或者黎明时分发起进攻。"但在3月21日周六早上先发制人的却是布鲁厄尔，他赶在日军行动之前派遣"布伦海姆"轰炸机执行攻击任务。按照英军飞行员的说法，他们在仰光以北40英里处遭到拦截，只能一路强行突击进去。拦截的敌机被确定为"零"式，但其实是驻防莱古的"钟馗"战斗机。"布伦海姆"轰炸机全部受损，而它们的机枪手击落了两架日军战机。护航的"飓风"战斗机宣称在追逐战中击落了9架"零"式，还摧毁了地面上的16架飞机。史蒂文森总结说："这是一场伟大的空袭行动。"

空袭发生时，日军有60架飞机停在地面上。除了驻敏加拉洞的战斗机和侦察机，还有两个轻型轰炸机战队计划取道这里攻击马圭，而且至少有一队已经到达，即装备三菱"九七"式轻型轰炸机的第31战队。指挥官林润治中校将第 31 战队的两个中队调至敏加拉洞，剩下一个中队留在木冬，结果被耶恩斯泰特和里德打得一片狼藉。根据日军的记录，"布伦海姆"轰炸机队以 13,000 英尺的高度从东北方飞来，摧毁了停在地面上的一架"九七"式战斗机。随后，有几架"战斧"战斗机从南面对机场进行扫射，然后是一群"飓风"战斗机的袭击。共有 4 架飞机被毁，11 架受损，其中大部分是轻型轰炸机。

英军也记录了这次攻击，大致情况与日军的记载一致，只是执行第一波攻击的不是轰炸机，而是"飓风"战斗机。邦尼·斯通回忆说："我们以 400 英里的时速向下俯冲，并没有遇到很密集的防空炮火。机场上全是飞机，大部分是战斗机和侦察机。我攻击了一辆油罐车和几架停在一起的侦察机，然后向机场北边飞去。我回头一看，它们已经起火了。"战斗机的主力攻击完之后，又有两架"飓风"（被日军误认作"战斧"）继续进攻，驾驶它们的是特克斯·巴里克和杰克·吉布森（Jack Gibson），他们都是皇家空军第 17 中队的美籍飞行员。"布伦海姆"轰炸机实施了最后一波攻击。

不管空袭的次序究竟如何，英军确实稍稍挫败了小畑，但不足以让他取消攻击缅甸中部的计划。或者说，这次空袭为小畑提供了一些盟军的情报，综合各种情况，他决心用泰缅两国境内六座机场、九个战队的兵力压向马圭。小畑认为，放手去做比取消进攻要简单得多。

* * *

首先出动的是日军第 98 战队，它的重型轰炸机需要从那空沙旺飞到清迈，然后再到马圭，全程 500 英里，因此需要提早出发。起飞后不久，领头的轰炸机就掉队坠毁了。机上殒命的人当中包括逢坂润治中校，他是第 98 战队入缅作战以来损失的第二名指挥官。在惯常的一阵混乱之后，小段正人①上尉接过了指挥权。这阵混乱也使他们错过了在清迈的会合时间。

---

① 原文为"Kodam Masato"，应为"Kodan Masato"（小段正人）之误。

率先飞临马圭的是一架三菱 Ki-46 型"百"式司令部侦察机，它搭载了两台引擎，速度很快。去年圣诞节空战中那位险些命丧仰光的肥胖将军山本健二，这一次也在侦察机上，他的蛮勇差点又让他付出生命的代价——机载氧气系统出现了故障，飞行员晕厥了，飞机一直降到 7,000 英尺的高度才重新稳住。马圭的驻军听到了它的引擎噪音，两架"飓风"战斗机立即升空，但没能追上敌机。此时，马圭机场的一顶帐篷里正在召开作战会议，"布伦海姆"的机组成员们收到了攻击敏加拉洞的指示。时间是下午 1 点 23 分。

此时，日军的主力机队正绕过马圭，准备从西北方向发动进攻，它们是第 12 战队的 26 架"九七"式重型轰炸机，由加藤建夫的 14 架"隼"式战斗机提供护航。日军向北飞越了中国远征军驻地的观测站，到达英军雷达的侦察盲区。但他们的如意算盘没有完全打成：小段正人为了赶上队伍，率领第 98 战队的轰炸机径直飞到马圭上空。他们被地面人员发现了，盟军作战指挥部立刻收到报告："日寇从东南方接近，位置坐标是天使 15 号点。"六架"飓风"和五架"战斧"升空拦截。

帕克·迪普伊和肯恩·耶恩斯泰特一路穿过云层，爬升到 13,000 英尺的高度，他们看见敌人从西北方而不是东南方接近。数量众多的轰炸机向他们压来，护航的"隼"式战斗机以令人费解的距离远远地跟在后面。日军的阵势看上去就像去年圣诞节的仰光空战时那样庞大。因此，"地狱天使"中队在离开缅甸时深信日本人拥有近乎无限数量的重型轰炸机和所谓的"零"式战斗机，也就不足为奇了。迪普伊和耶恩斯泰特飞到更高的地方，他们从敌军轰炸机队的后方发起进攻。一颗子弹打穿了耶恩斯泰特的座舱罩，树脂玻璃的碎片划伤了他的眼睛，他被迫放弃了战斗。

此时，迪普伊遇到了一个对付"战斧"战斗机的典型陷阱："第三次攻击过后，我发现一架'零'式战斗机在我身后转悠。我调头向它飞去，却看见另外七架'零'式从上方向我压来，我向最近的一架迎面飞去并开火射击。在我们擦肩而过之前，对方的引擎起火，但他的一颗子弹从左侧挡风玻璃的下面打进了我的座舱。我立刻向地面俯冲，后面的六架敌机一直追了几千英尺。我远远看见那架着火的'零'式坠落在丛林里，大约在同古西北30英里处。"迪普伊也在这次交锋中受伤，他的左臂被弹片割破。他击中的那架"隼"式确实在返航的路上坠毁了，不过飞行员活了下来，在大约一天之后回到了清迈。（这是赫德利·埃弗拉德唯一有可能"卖"给志愿航空队的飞机，但它坠毁的地方与埃弗拉德书中提到的地点相距甚远。）

第12战队的重型轰炸机成功抵达目标上空，尽管云层遮住了投弹视野，但日军还是一口气投下了367枚炸弹，它们十分精准地命中了机场。

迎敌的另一支小分队中包括鲍勃·普莱斯考特、弗雷德·霍奇斯和克里夫·格罗（Cliff Groh）。他们向东南方爬升，第一眼看到的是第98战队的"九七"式重型轰炸机。这些日本飞机根据罗盘的导航，从清迈径直飞到这里。普莱斯考特追上一架轰炸机并将其击伤。受损的飞机移进阵形中心，另一架飞机顶替了它的位置，整个机队仍然埋头冲向目标。云层在此时散开，第12战队的轰炸使机场上四处燃起大火，从而为第98战队标明了目标位置。

在差不多同一时间，从扎亚昆赶来的第1和第11战队以及从敏加拉洞总部赶来的战斗机分队的共计31架"九七"式战斗机投入了战斗。皇家空军的"飓风"战斗机也进入了战场，其中一架飞机的驾驶员是肯尼斯·海明威（Kenneth Hemingway）少尉，他在仰光的两个月里没有遇到过任何一次日军的大规模空袭，他在回忆时惊叹地说："无论我看向何处，都能发现一大群'嗡嗡'作响的日军战斗机保护着一队又一队的轰炸机飞来。"针对马圭的第二轮攻击开始时，海明威俯冲飞走了，他说："突然间，我看见一大团烟尘像风暴一般卷起，上千道闪电同时闪耀。黑烟从被引燃的机油和汽油仓库中冲天而起。"一架"九七"式战斗机向他冲来，他后来将其形容为挡风玻璃上的一只苍蝇。海明威向这架战斗机开火，但他的飞机遭到重创，只能在机场附近迫降。此外还有一架"飓风"战斗机在卑谬附近被己方炮火击落。

克里夫·格罗在战斗中也有所斩获。他一直追着敌军的轰炸机编队，几乎飞到了同古。这名前海军飞行员在返航时看见一架落单的"九七"式战斗机在4,000英尺的高度飞行："我在他不留意的情况下飞到其身后，距离近得能看见敌机上的日军标识。我打开保险，一切就位后，我扣动扳机,但没有一挺机枪能开火……我急忙从敌机的下方飞过并转向左侧。给机枪装弹后,我从左侧靠近他,并在他转向这边之前给了他好几串连射……我不停地开火,直到飞过了他。我看见敌机向一边倾斜,但为了保险,我还是俯冲脱离。结束俯冲并转向之后,我看见那架飞机坠落在马圭东南方15~20英里外一处着火的森林中。"格罗击毙的很可能是第11战队的指挥官冈部方少校,他是从马圭返航时被击落的。从1939年的苏日边界冲突开始,冈部就一直在该战队中服役。

日军的战斗机开始集中起来向机场扫射。为执行这一任务,日军飞行员采用了"8"字形的飞行路线——先几乎垂直地向下俯冲,攻击后向上爬升并翻转,然后再次俯冲攻击。"飓风"战斗机飞行员内维尔·布鲁克斯(Neville Brooks)的飞机引擎起火,不得不冒着日军的扫射在机场降落。弗里茨·沃尔夫从一处战壕中看到:"他以很快的速度滑行降落,飞机向外冒着火焰和浓烟……飞行员似乎被困住了。但维修员约翰尼·福特(Johnny Fauth)和亨利·奥尔森(Henry Olson)冲出掩体,一路跑到飞机跟前,破开座舱盖,把飞行员从燃烧的机身里救了出来。"

他们把布鲁克斯抬进一辆吉普车里,奥尔森(他被称作小奥尔森,以便与中队长阿维德·奥尔森区分)驾车驶离了机场。福特的肩膀被一颗子弹击中,他疼得在机场上四处乱跑。弗兰克·斯沃茨(Frank Swartz)是一名志愿来到马圭参加战斗的"熊猫"中队队员,他立刻跳出战壕并跑向福特。沃尔夫回忆说:"一枚大炸弹在离他们不到15英尺的地方爆炸,两人均身受重伤。"他们都被炸飞了部分下颚,福特的胳膊差点被撕掉,斯沃茨的喉部被割伤。地勤人员威尔弗雷德·塞普尔(Wilfred Seiple)也在空袭中受伤。

日军的最后一拨飞机此时到达马圭,包括第8战队的17架"九九"式轻型轰炸机和第31战队剩余的10架"九七"式轻型轰炸机;志愿航空队的老对手第77和第50战队的28架战斗机负责提供掩护。小畑在3月21日这天一共派出151架轰炸机和战斗机攻击马圭。这是东南亚地区自开战以来规模最大的一场空袭,东京的报纸甚至向读者保证说,这在全世界都是史无前例的。

下午 2 点 30 分,日军最后一架轰炸机撤离了战场,但机场上的爆炸仍此起彼伏地持续了一段时间,使得人员和物资的抢救工作难于登天。美国人认为日军向机场投掷了延迟起爆的炸弹,但真正的原因并没有那么复杂:空袭之前,皇家空军第 45 中队正在加油和挂载武器,准备对敏加拉洞实施第二轮打击。日本人的炸弹碎片和燃烧子弹将其引燃,这些"布伦海姆"轰炸机随后就被自己的炸弹送上了天。

经过志愿航空队的机械师们的抢修,四架"战斧"可以重新投入战斗了。傍晚时分,奥尔森和赫德曼驾机从腊戍赶来,有战斗力的"战斧"增加到六架。奥尔森收到一份陈纳德发来的电报,电文只有两句话,但高度概括了陈纳德关于战争的方法论,那就是料敌于先和不要让自己的飞机在地面上被摧毁:"提防明天的空袭。今天的空袭之前,你们有没有收到预警?"

奥尔森回电说,相当不利的情况是,志愿航空队只有一分钟的预警时间。他补充道,来袭的大多数是"零"式战斗机,他们返航时飞向了泰国境内的清迈。

13

不是电影，胜似电影

1942年3月22日凌晨4点30分，约翰尼·福特停止了呼吸，不幸成为第一位为中国抗日事业牺牲的美国志愿航空队地勤人员。福特是一个和蔼可亲的年轻人，有着蓬松的头发，他后来被中国空军追授少尉军衔。

几个小时后，小畑英良的机队返回马圭。雷达站在8点04分发出第一次预警，但机场的无线电通讯失灵了，马圭守军只能依靠耳朵来发现敌人。8点30分，赫德利·埃弗拉德和阿尔·麦克唐纳（Al McDonald）听到了引擎声，他们认为这是敌方的侦察机，于是升空拦截。然而，他们遇到了从敏加拉洞及其附近机场赶来的庞大机队：23架"九七"式和"九九"式轻型轰炸机，还有护航的61架"九七"式战斗机。埃弗拉德和麦克唐纳这两个加拿大人勇敢地上前攻击，他们击伤了两架敌机，但自己的飞机也被击中，幸好并不致命。其余的"飓风"战斗机也起飞了，但他们并未遇到敌人。

上午8点47分，第一架敌机飞抵机场上空。史蒂文森少将在战斗报告中写道："（机场）受损严重，跑道无法使用，通讯中断，包括轰炸机和战斗机在内的许多飞机在地面上被摧毁。"美方人员没有伤亡，他们听到空中传来飞机引擎的噪音，便纷纷驾车逃离机场。后来，奥尔森回到机场，向陈纳德报告了遇袭的坏消息："完全没有预警……一架'战斧'被烧毁，四架遭到重创。队里目前只剩下三架战斗机，现正全力抢修，有两架或许能复飞。"

陈纳德给奥尔森发回一道实际上等于撤退的命令。在组织撤退期间，地勤人员努力修复受损的"战斧"。此外，约翰尼·福特的遗体也需要入土为安。福特被安葬在当地一座天主教堂的墓园里，也有说法称他的葬身之处是英军兵营里的一座集体墓园，安葬时并未举行仪式。午后，一架中国航空公司的道格拉斯客机从腊戍飞至马圭，载上弗兰克·斯沃茨和威尔弗雷德·塞普尔前往印度。军医理查德兹指示，要让他们在印度接受手术。

救护伤员的飞机刚离开，小畑的第二拨飞机就到了，包括从泰国调来的53架重型轰炸机和18架"隼"式战斗机，另外还有从仰光飞来的23架"九七"式战斗机。两架"飓风"战斗机起飞了，但除了使自己免于被毁，没有发挥任何作用。停在地面上的"战斧"再次被敌人逮了个正着。奥尔森发给陈纳德的第二封电报更令人沮丧："所有'战斧'都被击中，大概只有三架还能飞行……现正组织撤往垒允的车队。无线电通讯将持续到今晚10点。"修理工的努力收到了意料之外的成效，他们通宵作业，修复和调整了四架"战斧"，让它们能再次起飞。3月23日周一早上，地勤人员弗兰克·范·蒂默安（Frank Van Timmeran）和乔伊·波舍弗科（Joey Poshefko）在弹坑遍布的跑道上挥别了"战斧"，随后坐上卡车，跟随中队一起撤往曼德勒。

皇家空军也撤出了马圭。八架"飓风"战斗机飞到了阿恰布，被编入第135中队，机械师和总部职员则分乘60辆卡车前往曼德勒。盟军在马圭遗弃了20架损毁的飞机，其中包括志愿航空队的3架"战斧"。

欣喜若狂的日本人大肆夸大了战果。盟军在战后审讯了小畑的部下，其中一人还信誓旦旦地声称，日军在两天的突击作战里摧毁了至少120架盟军飞机，这个异想天开的数字甚至还出现在日本官方关于东南亚地区空战情况的记录中。（日本防卫厅战史室编著的半官方性质的史书采用了比较保守的数字：击毁34架，击伤50架。但这仍然是盟军在马圭的飞机总数的两倍以上。）无论如何，日军陆航部队仍然成功地击溃了在缅甸的同盟国空军力量。小畑的"成功"只有一点为人诟病之处，那就是他在飞机数量上的优势高达7∶1。

* * *

收到来自马圭的第一封电报时，陈纳德正在1号楼的病榻上忍受着支气管炎的折磨。早在战争刚刚开始的时候，他就让同古的战斗机对泰国北部的机场进行侦察。而在最近，英国情报人员报告称南邦地区有大型基地建设的行动，奥尔森的汇报也指出清迈是"零"式战斗机的基地。3月22日周日早上，在不知道日军持续对马圭实施空袭的情况下，陈纳德拖着病体起床研究反击行动。

比起小畑投入缅甸的庞大机队，志愿航空队的反击计划显得微不足道。"亚当和夏娃"中队的五架飞机由鲍勃·尼尔、格雷格·博因顿、查理·邦德、"老麦"麦加里和比尔·巴特林驾驶，飞向清迈并攻击这个"东南亚地区的日本空军总部"。同时，"熊猫"中队的杰克·纽柯克、埃迪·雷克托、"小白"劳勒、汉克·格谢布拉赫和巴斯·基顿则驾机攻击清迈南边的南奔。

事实上，清迈并不是日军的总部，而是一个战斗机战队的前进基地，"南奔"则完全是一个稀里糊涂的错误。西方人在拼写当地地名时十分随意，"熊猫"中队使用的目标地名就有"Lambhun""Lambhan""Lambhung""Lampong"等好几种写法。"Lampong"相对比较接近南邦的正确写法，那里正是小畑的总部和第12战队的重型轰炸机的所在地，陈纳德的本意就是要队员们攻击此处。①

周日下午，"战斧"满载着燃烧子弹从巫家坝机场起飞。两个小时后，它们抵达垒允，在山坡上的机场跑道降落。这里由中国政府出资兴建，却由比尔·波利负责管辖。他事先没有为这次战斗行动做好准备，因此当飞机降落时，现场没有人为它们加油和调整，这两个攻击小分队不得不等到周一早上才出发，进攻时间整整延后了24个小时。这次延误对马圭的惨剧没有影响，它已进入尾声了，反倒是阿恰布的皇家空军大队长尼尔·辛格因此而遭殃。周一，从南邦飞来的"九七"式重型轰炸机和从清

---

① 南奔（Lamphun）和南邦（Lampang）是泰国北部两个相邻的省份，均位于清迈以南。陈纳德的意图应是攻击南邦，但因拼写错误而使目的地变成了南奔。

迈飞来的"隼"式战斗机对辛格所在的阿恰布机场狂轰滥炸，摧毁了至少四架飞机并击伤多架。如果"亚当和夏娃"中队和"熊猫"中队的飞机按照原定计划行事，日军的这次进攻就很有可能被破坏掉。

中央飞机制造厂的厂房距离跑道8英里，那是一小片整洁的区域，几座墙身刷着白漆、顶棚涂了迷彩的房子坐落其中。另外还有一座九洞的高尔夫球场以及一家配备了电灯、抛光地板、壁炉、点唱机、台球桌、电影放映机、冰镇啤酒和平板玻璃窗的俱乐部，从那里可以望见一处美丽的山谷，比尔·波利第四次来到中国时，就在那里组装战机。客房里有厚厚的中式地毯和陶瓷浴缸。一位姓戴维森的厨娘负责准备饭餐，她让飞行员们叫她"老妈"。

保罗·弗里尔曼的车队从仰光撤出后一路长途跋涉，比攻击泰国的飞行员们提前几天到达垒允。哈利·福克斯抓住机会，对制造厂考察了一番。他告诉鲍勃·尼尔，波利在垒允积攒了30架损毁的"战斧"，接近志愿航空队建队时飞机总数的三分之一。福克斯认为，其中18架飞机经修复后可以重新投入战斗，但这家工厂没有做任何实质性的修理工作。

3月23日的拂晓时分，有雾且潮湿。战斗机在接受维护和保养，飞行员们无所事事地逗留了一整天，他们踌躇不前，在天黑前都不愿动身前往下一站——位于掸邦高原的南桑机场。因此，从马圭飞来的四名飞行员降落在垒允时，他们也在现场。从马圭来的飞行员大肆渲染了日军空袭造成的惨状，外号"麋鹿"的罗伯特·莫斯讲述了一个天方夜谭般的故事：空袭发生时，他和弗雷德·霍奇斯一起跳进了一条战壕，"无畏的"霍奇斯生怕战壕不够深，不停地往下挖土，还把挖出来的土堆到他脚下，最后将他"垫"出了战壕。

巴斯·基顿的日记中写道："他们的话吓得我们几乎放弃任务了。在我看来，这本来就是志愿航空队有史以来最危险的一次任务，深入敌境120英里，如果你在中途迫降，即便日本人不来抓你，雨林也会把你吞没。"队员们带着这样的想法飞抵南桑。他们安排了卡车和提灯，以便在凌晨起飞时照亮跑道，然后在食堂草草吃了点东西，在军官宿舍里洗了个澡。

有关战斗的文献通常都会提到预兆，这次攻击清迈的任务也不例外。

多年后,特克斯·希尔回忆说,他在任务开始前走进了纽柯克在 1 号楼的房间,却发现纽柯克情绪非常低落。这位中队长正在写一张留给陈纳德的便条:如果他无法活着回来,就由特克斯接任队长。格雷格·博因顿则回忆说,南桑的英军提醒他们不要使用自来水刷牙,因为水源被污染了,纽柯克却嘲笑他们说:"等过了明天,用不用这自来水都没什么所谓了。"队员们的思绪无疑相当沉重,鲍勃·尼尔在日记里写道:"这真是白费劲。"他还在"白费劲"几个字下面划了两条线。

3 月 24 日凌晨 4 点,兵营里的小杂役把飞行员们叫醒。他们穿衣服时,值勤军官又冲进来大声喊道:"好了,你们这些卷毛脑袋,该出发了!"他们一边通过不停地插科打诨来提振精神,一边狼吞虎咽地吃着早餐,然后各自登机。起飞时间是凌晨 5 点 45 分,此时的缅甸仍然一片漆黑,四周只有卡车的车灯、煤油提灯和"战斧"的整流罩映照出的光线。

出于某种原因,埃迪·雷克托现在也被编入了鲍勃·尼尔的攻击分队。(难道他也感受到了某种征兆?)杰克·纽柯克和其他三架"熊猫"中队的飞机没等后面起飞的战斗机在南桑上空集结列队,就先行飞走了。他们爬升到一定的高度后就能看见东方的曙光了,但地面仍被从仰光飘来的浓烟笼罩,一片漆黑。大约早上 7 点,他们在仪器的导航下飞到了清迈,此时已经可以看清地面上的事物了。纽柯克花了很长时间攻击清迈的火车站,这严重违反了战斗纪律,就像在同伴们到来之前给他们捅了一个马蜂窝。纽柯克带队继续飞至南奔,没有发现作为攻击目标的轰炸机,只看到一些疑似仓库或营房的建筑物。他用燃烧子弹扫射了一圈,就去搜寻附近的备用机场了。攻击完第三座(也是最大的一座)机场的建筑物后,纽柯克向北飞去,明显是要加入"亚当和夏娃"中队袭击清迈的行动。

汉克·格谢布拉赫在战斗报告中提到了接下来的状况:"我们在清迈南边的道路上攻击了两辆汽车。纽柯克先俯冲射击,他通过后,我再攻击。我看见目标以外的地方还有火焰的闪光,于是在攻击后开始寻找纽柯克。我后来才意识到,正是由于他的飞机坠毁才会出现那道闪光,我只好拉起飞机向北返航。"基顿也看见了这次爆炸,但他和格谢布拉赫一样,一开始并没有想到原因,他的报告中写道:"我向右拉起飞机,留意到右侧的地面上有一大团火球炸裂开来，火焰在地上延伸了100~150码。我以为是杰克和格谢布拉赫引爆了一辆油罐车，当时也没有发现其他目标，于是我就跟着劳勒向前飞。"

纽柯克被当时的人们认为是不死的英雄，"斯卡斯代尔的杰克"这一代号曾无数次出现在仰光发出的捷报中，但一个腾空而起的大火球把他的飞机变成了一枚汽油炸弹，并令他丧命。飞机的引擎脱离了机身，直飞到300码开外。劳勒推测纽柯克击中了一辆日军的弹药车，而被飞窜的弹头击落。

与此同时，鲍勃·尼尔的分队抵达了清迈。查理·邦德在去年12月的侦察飞行中记住了附近一座陡峭的山峰，于是他在接近目标时带头领航。如果邦德没记错，机场就在那座山峰东南方向约1英里处。"我稍微向左偏了一下，接着向下方飞去，希望自己没记错。在大约6,000英尺的高度，随着烟雾变淡，我看见了机场和机库的轮廓。我打开机枪保险，继续下降1,000英尺，试射了几发子弹以检查武器，并提醒他们前方就是这次的目标——日本空军在东南亚地区的主力！"

按照计划，埃迪·雷克托和"老麦"麦加里留在高空负责掩护，邦德带领另外三架飞机对机场发起攻击："我在第一轮攻击中把子弹射向了敌军的战斗机，接着在低空向左侧大幅度转向……转过270度之后，我准备好攻击另外一列飞机。这些飞机停放得整整齐齐，基本上是翼尖挨着翼尖。见鬼，我都多少年没见过这么多飞机停在一起了，看上去就像整支日本空军都挤进了这座小机场似的。"邦德顶着四处横飞的曳光弹和各种防空炮火进行了四次攻击。其中一次他飞得极低，甚至以为自己有可能把正要爬进座舱的日军飞行员的脑袋削掉。（日军飞行员对着正在拨动螺旋桨来发动引擎的机械师们大喊"Mawase, mawase！"——意思是"转动"。）在最后一次攻击时，邦德集中火力攻击一架大型飞机，用机枪火力"把它撕成了碎片"。

格雷格·博因顿只进行了两次攻击，他报告说："机场上的飞机基本上排成两列，所有敌机都在发动，飞行员和地面人员在乱跑。"第一次攻击过后，他看见三架运输机在一起熊熊燃烧，火焰直冲上1,000英尺的高空；第二次攻击过后，他数了一下，发现地面上共有十处起火。

鲍勃·尼尔攻击了三次，他估计地面上有40架飞机。当他迎着"这辈子见过的最密集的"防空炮火撤离时，约有一半敌机被击毁。他认为地面上有八九处起火，"其中有两处火势极大"。示意其他人跟上后，尼尔向缅甸边境飞去。

博因顿跟随尼尔撤离，邦德则加入了巴特林、雷克托和麦加里一组。负责在高空掩护的机组承受了最多的防空炮火，麦加里的飞机引擎出现了故障。雷克托的战斗报告中写道："我飞到他身后，试图和他保持并排，但他的速度太慢，我一下子就超过他了……我看见他的引擎间歇性地冒出黑烟，好像还在逐渐下降。这种状态持续了5~10分钟，麦加里的飞机仍在下降，他向左飞到一处山谷上方，将飞机翻转，然后跳伞。他的降落伞立即打开，降落在飞机坠毁处200码开外的地方。"麦加里向他的伙伴招手，从半空中扔下一块糖和一幅标着位置和时间的地图：萨尔温江以南30英里处，1942年3月24日上午7点41分。① 攻击小队返航时在南桑加了油，最后回到垒允。在俱乐部里，戴维森大妈为他们准备了午餐，飞机制造厂的领班则准备好了酒水。查理·邦德在日记里写道："我们很快就到了酒吧，大家都有说有笑。但杰克已经不在了，'黑老麦'也生死未卜。"

* * *

美国的报纸低调地报道了马圭发生的灾难，同时高调称赞了清迈的作战，将其称为重大的胜利。第二天（3月25日）早上，《纽约时报》给了飞虎队一个头条——"缅甸的美国飞行员击碎了40架敌机。"（陈纳德将清迈的战果最终确定为更加合理的15架，成功由负责高空掩护的机组和执行俯冲扫射的4架飞机均分。）《泰晤士报》则对杰克·纽柯克加以特别关注，画像中的他身穿海军制服，旁边配以介绍生平事迹的文字。纽柯克被描述为汤姆·索亚式的青年：他曾用一枚箭头钉住了治安官，使之动

---

① 1991年，麦加里的"战斧"在雨林中被发现，机上的螺旋桨、座舱盖和其他一些部件被送往清迈的空军基地进行展示。——作者注

弹不得；他还曾从南极探险家理查德·伯德（Richard Byrd）手中接过鹰级童子军的徽章。在缅甸，纽柯克的传奇仍在继续，英军追授他金十字英勇勋章，以表彰其摧毁25架敌机的光辉战绩——这比纽柯克实际击落数的两倍还要多一点。

事实上，日军第64战队在3月24日早上只损失了3架"隼"式战斗机，再加上从东印度群岛俘获的那架"飓风"战斗机。尽管有10架"隼"式受损，但日军的地勤人员和他们的美国同行一样勤奋，他们在中午时分就准备好了11架适合作战的飞机，只比第64战队在3月21日那天派往马圭的战斗机少5架。加藤建夫率领这支队伍奔袭350英里，一直到达缅甸西海岸，为53架轰炸阿恰布和"北方一座秘密机场"的重型轰炸机护航。

日军的地面部队也丝毫没有松懈。就在"亚当和夏娃"中队的队员们在俱乐部里喝着苏打水威士忌的同时，日军攻占了他们过去的训练基地——凯多机场。同古方向的战斗持续了整整一周，竹内宽的第55师团和新到达的渡边正夫中将的第56师团正在合力攻击一支人数较少且缺乏重型武器装备的中国部队。在伊洛瓦底江谷地，樱井省三的第33师团一路卷击逃到卑谬的英军。无论西方历史学家如何贬低蒋介石军队低下的战斗意志，日军关于缅甸战役的记录却明白无误地显示，他们认为中国军队是更强硬的对手。

在这动荡的一周里，小畑的攻击机和战斗机一直与陆军配合作战，但他把重型轰炸机分派出去执行另外的任务——为清迈遭受的空袭进行报复。这些重型轰炸机日复一日地对黑河、罗列姆、腊戍、曼德勒和垒允（实际上是另外一座机场）实施空袭。每次空袭过后，都会有一架侦察机对目标地区进行侦察，希望通过抢修机场的盟军工程部队，顺藤摸瓜地发现攻击清迈的机队所驻扎的空军基地。

这种安排是受了麦加里口供的启发。泰国警察逮捕了跳伞逃生的麦加里，将他移送到清迈，交由加藤建夫审问。审问持续了两三天，麦加里有时会被关在一个笼子里，只能爬着进出，看守像投喂动物似的把食物扔给他。加藤的问题先被翻译成泰语，然后翻译成英语讲给麦加里听，他回答时则倒着来一遍。通过这种繁琐的方式，加藤知道了"战斧"的基地位于中国境内，但它们的作战半径太短，只能利用缅甸的前线机场作为中转站（麦加里明显没有说出这些前线机场的所在地）。加藤还了解到美国飞行员的一些心理状况，例如，他们每击毁一架日本飞机，就会在自己的飞机上画一面小小的日本旗。

审问最重要的"成果"是让加藤相信，东南亚地区的"美国空军"不过是过去的一个影子，去年的圣诞节空战使他们损失了大部分飞行员，实力已大不如前。这可能是麦加里的计谋，他也可能说出了志愿航空队的实际损失情况，但在翻译过程中被歪曲了。无论如何，加藤得出结论，认为美国人已不足为惧。加藤把俘虏交回给泰国警察，麦加里幸运地避开了可怕的日本战俘营，他被关进了曼谷的一座监狱，虽然比较孤独，但环境尚可忍受。

*　*　*

陈纳德意识到，他对清迈的攻击让垒允陷入了危险，于是他提醒中央飞机制造厂的戴夫·哈里斯说："建议将修理好的 P-40 迅速转移……建议所有工作都大范围地疏散开来。"（哈里斯就是在皮特·阿特金森坠机身亡后拒绝升空飞行的那名飞行员，他现在以文职人员的身份工作。）陈纳德接着让奥尔森把垒允的机场改造成战斗基地，"地狱天使"中队可以从那里起飞，继续为中国远征军提供侦察和情报传递等方面的支持。他们还要保卫垒允和执行"随传随到的特别任务"——一条预示着不祥的规定。"地狱天使"中队征用了一座用竹子和茅草搭成的小屋作为警备室，门口上方挂了一块牌子，上面写着："奥尔森杀虫公司——24 小时服务。"

为了做到名副其实的"24 小时服务"，奥尔森征召并聚拢那些沿着马圭公路逃散的地勤人员，不管是皇家空军还是志愿航空队的人，他都收归帐下。这些人还没有完全从那场空袭的阴影中走出来，丹尼尔·霍伊尔写道："所有技术人员都对空袭神经过敏，仿佛厄运会如影随形。"

从非洲过来的首批四架"小鹰"战斗机此时到达了昆明。在投入战斗前，它们还需要接受一些改动：美国陆军的标志需要换成12个尖角的白日图案；机首下部需要涂上飞虎队的鲨鱼脸图案；机枪聚焦点调整为300码；飞机的驾驶方式与之前相比则更为灵活。陈纳德又将一些"战斧"送到垒允，使那里的战斗机数量达到12架。

一项"特别任务"要求"地狱天使"中队飞到同古，向前线的中国将士展示机身上涂绘的中国空军的标志。这项任务意在鼓舞中国士兵的士气，他们正同两个日本师团进行着实力悬殊的艰苦战斗，对手一直得到日军陆航部队第8战队的轻型轰炸机和第50战队的战斗机的支持与配合。这是缅甸战役中持续时间最长的一场阵地战，日本人也将其视作征服东南亚的战争中最艰苦的一场战斗。但是，"地狱天使"中队的队员们脑海里还萦绕着杰克·纽柯克之死，他们并不乐意接受这次任务。R. T. 史密斯在日记中写道："我们全都反对这项任务，它看上去很愚蠢，很可能导致全军覆没。虽然任务只需要一天的时间，但成功率实在太低了，上帝啊，实在太低了！"按照计划，他们在3月29日周日早上出发。奥尔森带着八架"战斧"起飞，但不得不半路折回，因为天气状况太差。这是一次幸运的返航，因为按原定计划他们要在黑河机场加油，而日军此时正在猛烈轰炸这座机场，把它从地图上抹掉了。

他们刚飞回垒允，一座监听站就报告称敌军的侦察机正向他们飞来。保罗·格林和查克·奥尔德升空拦截入侵者，奥尔德将其击落——日方记录显示，这是一架轰炸机。

日军越来越靠近他们的基地了。3月31日周二上午9点，"地狱天使"中队起飞拦截一群正要前往垒允的敌机。但他们一无所获，只能调头返航。大部分飞行员降落后都去吃午饭了，只留下奥尔森和莫斯在空中掩护机场。防空警报很快再次响起，R. T. 史密斯带领由四架飞机组成的小分队爬升到28,000英尺的高空，他听到无线电消息说日军正在轰炸南边90英里外的腊戍。接下来的事情梗概，我们可以从史密斯的日记中了解到，还有一些别的情况能够从字里行间琢磨出来，包括驻垒允的飞行员们的对抗情绪："奥尔森看见27架轰炸机和9架战斗机，他孤身一人，所以没有进攻。我们飞到腊戍与他会合，但敌机已经飞走。我们猜测莫斯降落在了腊戍机场，但不太肯定。陈纳德发来的电报仍旧想让我们飞到同古做展示，但遭到全员的反对。我们宁可去攻击日军的机场。"

其他中队的志愿者也到垒允去支援"地狱天使"中队，其中包括"亚当和夏娃"中队的格雷格·博因顿。周二那天，博因顿在起飞时坠机，可能是因为引擎熄火了（博因顿的说法），也有可能是因为他喝得醉醺醺的（"战斧"维修组的一名维修员里奥·施拉姆的回忆）。飞机和飞行员都受了伤，但没什么大碍。

在空袭间隙时，"地狱天使"中队的队员们一起计划对泰国境内的日军实施攻击，但该行动也因为糟糕的天气而被取消了。当天晚上，机场断电了，飞行员们摸黑过了一晚。周四晚上，电力恢复了，人们还举办了一场婚礼。

结婚的新人是弗雷德·霍奇斯和海伦·安德森（Helen Anderson）。安德森大约20岁，是一名欧亚混血的缅甸女人，她有着出众的身材和一张鹅蛋脸，前额和颧骨较高，长长的头发梳向背后。她的笑容似乎经过计算，就像特意为了俘获某个飞行员的心，比如瘦削的"无畏的"弗雷德。飞行员们开了一次会议，把垒允"改成"一座城镇，并选举中央飞机制造厂的职员M. D. 沃尔什（M. D. Walsh）为"镇长"——根据他们的说法，这样就能使沃尔什拥有主持婚礼的合法权力。他们把俱乐部改造成一座小教堂，让杜克·赫德曼弹钢琴。博因顿回忆说，在最后关头，飞行员们找来了一名真正的牧师，把闹剧变成了真正的圣礼。但根据另一个时间更接近的说法，婚礼由一名英军的牧师主持，而且推迟了一两天才举行。无论事情的过程和顺序究竟如何，安德森都深感困惑，她不知道自己到底结婚了没有。之后就是"满满的威士忌"，酩酊大醉的博因顿在黑暗中不慎跌落山崖，撞破了头，膝盖也受了伤。他被飞机送到昆明，在1号楼的一家小医院里疗养。

3月31日和4月1日的防空警报是由加藤建夫引发的，他正在寻找空袭清迈的"战斧"机队。但由于垒允没有雷达站，天空又是如此广阔，因此双方没有相遇。而由于"战斧"全都升空了，当日军第64战队到达机场上空时，地面上并没有飞机，于是加藤从目标名单上将垒允划掉。4月

3日，加藤的座机侦察了曼德勒，又一次引起垒允的警报，但双方还是没有相遇。加藤心满意足地返航了，他深信美国空军已全部撤往中国内地，正如麦加里所说的那样。

与加藤的想法正好相反，中央飞机制造厂的机场开始变得像一座军事基地了。复活节①当天，八架"飓风"战斗机从印度飞来，飞行员隶属于皇家空军第17中队，他们不久前才逃到了马圭。为了不侵犯中国的主权，他们住在缅甸边境线上的南坎。垒允齐全的设施给英军飞行员留下了深刻印象，尤其是"出色的预警系统，由附近山头上的中国监测站组成，站点之间用无线电和有线电话相连"。另有五架"布伦海姆"轰炸机飞抵该机场。皇家空军打算将垒允作为后方，将腊戌作为前进基地，以此支援伊洛瓦底江河谷地区的英军。

4月8日周三上午9点30分，日军一架"百"式司令部侦察机从高空飞过中央飞机制造厂的机场，发现跑道上停有"15架小型飞机"。这基本符合实际情况：当天早上，机场上有九架"战斧"、四架"飓风"和一架"布伦海姆"；另外还有两架隶属于美军陆航部队的P-40E战斗机，它们正准备飞往昆明，驾机的是非军方编制的"平民"渡运飞行员。

按照计划，加藤上校需要在当天早上护送一队轰炸机，但他认为有必要在盟军的空中力量再次隐匿起来之前对其进行打击。他把护航的战斗机缩减至一个中队，其余两个中队和他本人的分队则前往垒允。日军的记录没有明确标明共有多少架"隼"式战斗机参与了这次行动，志愿航空队的战斗报告则显示敌机数量为13架，但实际上应该没有这么多。作战半径较小的"战斧"战斗机来回都要在南桑机场停留加油，而这些"隼"式战斗机则可以依靠外部的副油箱飞行375英里，然后用内部的主油箱支持作战和返航。

然而，日军第64战队这一次处于劣势。它第一次遇到陈纳德完整预警系统保护下的机场，更糟糕的是，加藤手下的一些飞行员还完全没有作战经验。这个问题在日军陆航部队中会变得越来越司空见惯，加藤手下的

---

① 1942年的复活节是4月5日。

三名老兵被调去新组建的战斗机大队担任核心骨干，他们的空缺则由刚从飞行学校毕业的新兵填补。对于一支依赖飞行员的勇气和技巧去击垮对手的空军部队来说，这无论如何都不是小问题。

"隼"式战斗机队在20,000英尺的高空越过中国边境线，首先引发了腊戌机场的警报。与此同时，三架"小鹰"战斗机刚从昆明飞抵腊戌，它们刚刚涂装了志愿航空队的标识图案。中午12点30分，这三架飞机着陆后没多久，用竹子和茅草搭建的警备室便传来警报："大量飞机正在接近此处。""战斧"和"飓风"战斗机升空拦截，三架新来的"小鹰"也随之起飞。"布伦海姆"轰炸机留在原地，准备继续向东进发的美军陆航部队战斗机也留在地面上——其中一架正在维修，而且驾驶它们的平民飞行员此时也离开了机场。

接近垒允机场后，加藤的座机下降到2,000英尺的高度。他指示丸尾晴康上尉保持高度，和上层的分队一起进行警戒，但丸尾抵挡不住攻击地面目标的诱惑。由于"隼"式战斗机没有安装空中无线电通话器，所以加藤不知道自己的后方现在已无人保护。日机向机场俯冲攻击，机首的两挺机枪向地面上的"布伦海姆"和美军陆航部队的两架"小鹰"喷射着燃烧子弹。这种猝不及防的状态似乎证明了志愿航空队毫无还手之力。

敌机进攻的消息被传达给了处于22,000英尺高空的"地狱天使"中队——"日本佬正在扫射机场。"它们调过头来，呼啸着向那些"隼"式战斗机俯冲，后者刚刚结束了一轮扫射，正爬升起来准备第二次攻击。奥尔森驾驶着一架新到的"小鹰"，可能是第一个到达战场的。他向一架爬升到至高点的"隼"式开火，他在战斗报告中写道："对方翻滚着离开了，我接着朝另一架爬升的敌机射击。我越过了它，在3,000英尺的高度朝第三架敌机进行连射。它翻转机身，掉落了一些零件，然后直直地坠向地面并爆炸。"坠毁点位于机场西侧。这位中队长第一次参加战斗，也是第一次击落敌机。

随后进入战场的是"战斧"战斗机。R. T. 史密斯在这场混战中取得了击落两架敌机的战绩，他写道："这是我有生以来最刺激的体验，地面上的人们看见了战斗全程，都在大叫。他们说，这不是电影，胜似电影。哈！"

并不是所有人都如此兴奋若狂。约翰·多诺万的无线电对讲机坏掉了,他跟随弗里茨·沃尔夫飞回基地,而他们此时还以为这不过是一次错误的警报。突然间,有两架敌机朝他飞来,机枪不停地吐着火舌。多诺万在写给妹妹的信中坦白道:"我从未如此恐惧,像一个婴儿似的感到无助。我甚至不敢赌10美分,押自己能够逃脱。"在持续15分钟的战斗中,多诺万击落了自己职业生涯中的第一架敌机。他报告称,日本飞机坠落在机场的北边。

克里夫·格罗和好几架外形修长的敌机缠斗了一会儿,接着就在机场东南方发现了一架毫无防备的敌机。他报告称:"我不断地朝它开火,直到距离它身后不过一二十码。"这架"隼"式头朝下地栽向地面,它短暂地恢复了一下平衡,然后又旋转着坠落了。

弗雷德·霍奇斯遇到了一架向他爬升而来的日本飞机,他在报告中写道:"我迎面向他进攻,所有机枪同时开火。"敌机没有还击,而是冒出黑烟,坠毁在机场西南方。这位新郎也是平生第一次击落敌机。

林克·劳克林在战斗报告中对日军战斗机做了准确的描述,颇为值得注意。他甚至发现,对方的武器是两挺在螺旋桨后方开火的机枪,这条情报应该能让陈纳德知道,敌方并不是装备机炮的三菱"零"式战斗机。(劳克林认为敌机上的两挺机枪都是大口径的,但并不完全正确。与志愿航空队在仰光上空遇到的早期型号的"隼"式战斗机不同,中岛公司将一些战斗机的翼展缩短,并稍微提升了飞机的马力、重量和速度,而且搭载了两台12.7毫米口径的"机炮"——相当于"战斧"顶端的点50口径机枪。但是,这些口径更大的武器因为难以与螺旋桨同步而导致射速较慢,于是一些地勤人员将左侧的武器换成射速更快的7.7毫米口径机枪,与早期入列的"隼"式战斗机搭载的机枪相同。)劳克林将一架咬在"战斧"身后的"隼"式击落在机场南边,又在机场西边把另一架敌机打得起火燃烧,但他并没有亲眼目睹它坠毁。它们分别是劳克林作战生涯中击落的第一架和第二架飞机。

弗里茨·沃尔夫和一架日军战斗机进行了近距离格斗,并且在机场西边将其击落。随后,他又击落了一架跟在"小鹰"战斗机身后的敌机:

"它开始下坠并冒出黑烟……我向它俯冲,对方也没有任何规避反应。"沃尔夫的功劳簿上增添了两架敌机,但他只看到其中一架坠毁。

埃迪·奥弗伦①迟于其他人到达战场。他与四架"隼"式战斗机展开了遭遇战,但并无收获。后来,他在机场东南方追上了一架落单的敌机:"离它150码时,我开始射击,几乎飞到它头顶上时才停火。此时,它开始猛烈翻滚,我看见它的座舱盖和机身的上半部分都被打掉了。"这架"隼"式在地面上坠毁,但没有起火。

鲍勃·利特尔也击落了一架战斗机,意味着"地狱天使"中队总共击落了12架"隼"式战斗机。如果仔细翻看他们的战斗报告,我们不难发现,大部分敌机都坠毁在四个地点:三处在飞机制造厂的机场附近,一处在河流东南方数英里外。这一点是值得注意的,因为人们在机场附近只发现了三处坠毁现场,而且第64战队在当天的战斗中只损失了四架战斗机。

但是,四架飞机的损失已经足够沉重,因为这至少相当于参加行动的飞机总数的三分之一。其中一名被击毙的是阿间胜海上尉,他是加藤手下的中队长,在中国、马来半岛和荷属东印度群岛作战期间共击落12架飞机。阿间也是第二次世界大战中日军陆航部队损失的第一位优秀飞行员。他的座机坠毁在垒允以南2英里外的稻田里,"地狱天使"的四名队员(沃尔夫、奥弗伦、史密斯和格罗)都宣称击落了这架飞机。当天被击毙的另一名老兵是和田春人中士,他在1938年的洛阳上空击落了第一架飞机,那是一架苏联的I-15型双翼飞机。和田坠毁在垒允机场的跑道上,一位名叫黑木忠雄的飞行员也命丧此处,他是一名新入队的替补飞行员。坠毁在机场附近的还有奥村宗之中尉,他时年30岁,战争爆发后才被授予军官职衔。

清迈的日军基地被忧愁的情绪笼罩。第64战队之前从未在一天的战斗中损失如此多的飞行员,桧与平中尉顾不上礼仪,直接开口安慰指挥官,他不假思索地说:"您本来就阻止不了这一切。"但对于加藤而言,他

---

① 即埃德·奥弗伦。

不可能承认情况已不可收拾,他对冒昧发言的桧与平说:"不,我会回到那里,再次进攻。无论多么困难,我们都不能放弃。总会有办法的。"

　　陈纳德对于垒允空战的反应也充分体现了其个性。奥尔森在战斗报告中向陈纳德保证,他们击落了12架"零"式战斗机,代价是地面上的一架"小鹰"被毁,一架"小鹰"和一架"布伦海姆"受了轻微损伤。请注意陈纳德的第一反应,他的原话是:"为什么敌人空袭时地面上还会停着两架P-40E?祝贺你们漂亮地击落了那些'零'式。"

14

飞行员的"叛乱"

    陈纳德指名高个子、大耳朵的特克斯·希尔接替纽柯克的中队长职务。新官上任的希尔想越过边境线，对越南境内的日军机场实施打击。在准备这次攻击的同时，"熊猫"中队的飞行员们还轮流试飞了"小鹰"战斗机，这些新型战机已经到达昆明，而且准备好投入战斗了。飞机的每侧机翼都装备了三挺点 50 口径机枪，如果飞行员只用一侧的武器开火，机体真的会因为后坐力而偏离航向。这种飞机的不足之处在于，加速俯冲时有"撞得粉碎"的倾向——即使把机首拉起，它仍会下降一段距离。

    由华特·迪士尼设计的从"V"字图案上跃起的可爱的老虎徽章，此时也到了昆明。一名职员说："天啊，我们非要佩戴这些东西不可吗？"在斯基普·阿代尔的命令下，巫家坝机场的所有人都要把这枚象征光荣和声誉的徽章别在制服右侧的胸袋上，但人们很快就为之感到自豪。能成为飞虎队的成员，或许也不算什么坏事。热情高涨起来的人们还把这只孟加拉大猫的图案贴到"战斧"和"小鹰"战斗机的两翼上。实际上，这些由中国国防供应公司运来的贴纸包括两部分，大多数飞行员都没有用那个"V"字图案。

    闲来无事的时候，飞虎队的成员总是与当地人甚至自己人发生争执。一名地勤人员袭击了一位法国医生，因为后者不愿意为他那位从仰光一路跟来的女友做流产手术；志愿航空队警官梅尔文·塞德尔（Melvin

Ceder）在搜查宿舍里的走私品时被其他人殴打了一顿，乔治·麦克米兰也在争吵中被打；斯基普·阿代尔被地勤人员指责要为搜查行动负责，结果也被打了。一名当事人回忆说："弗兰克·梅塔萨维奇（Frank Metasavage）……和我刚从机场回来，就发现我们的宿舍被人洗劫了一番。我们问杂役这是谁干的，他说总部来的人在这儿翻箱倒柜地找东西。弗兰克十分愤怒，他跑到总部和阿代尔理论起来……然后一拳打倒了阿代尔。"由于陈纳德到了重庆，哈维·格林劳则在缅甸，阿代尔因此成了志愿航空队的代理长官，而这是一个错误的决定。他把梅塔萨维奇软禁起来，同时被关押的还有袭击塞德尔的嫌犯——地勤人员格伦·亚尔贝里（Glen Yarbery）。

此时，有人闯入康乐室偷酒喝，格雷格·博因顿马上成了头号嫌疑犯。斯基普·阿代尔解释说："嫌疑犯徒手就把门锁拧了下来，队里只有一个人如此强壮，那就是博因顿。"马修·凯肯德尔被罚款100美元，因为"他在下班后喝醉了酒，然后不顾后果地开枪"。子弹经过反弹击中了一名艾利森引擎专家，幸好他没有受重伤。

陈纳德去重庆是为了解决志愿航空队回归美军序列的问题。他向蒋介石和宋美龄展示了飞虎队的新徽章，在同宋美龄单独会谈时，他表示同意接受改编，只要求在正式做出改编决定时能够在场。这在中国传统中不过是一个保存颜面的要求，但在美国战争部眼中，这是陈纳德名誉上的又一个污点。比塞尔在谈到陈纳德的情况时尖刻地说："他对中国和美国的价值已经得到承认，但他在捞取个人政治资本的问题上是撇不清关系的。"对于一名陆军士兵来说，没有比玩弄权术（或者说被发现在玩弄权术，因为他们每个人每时每刻都在干这事）更大的罪孽了。

同一天下午，包括陈纳德和宋美龄在内的有关人员与蒋介石进行了会谈。经过长时间的商讨，他们确定在三个月后的一天进行正式改编，这样就可以让美军陆航部队第23战斗机大队的人员有充足的时间抵达中国并安顿下来。这一天也具有巨大的象征意义——这是美国的独立日，街上全是庆祝的旗帜和焰火。宋美龄发电报告诉了劳克林·柯里这一好消息："与史迪威、比塞尔、格罗科和马格鲁德长时间商议后，我们做出了改编美国志愿航空队的最终决定。正式的改编将于7月4日开始。在此之前，各单位继续履行职责。谢天谢地。请将此消息告知子文。"

如果史迪威也会因此感到高兴，那他肯定是把自己的心情隐藏了起来。他发给战争部的电文不过是公事公办地说明了改编计划的情况，电文总结说："首要的原则就是在改编期间保持志愿航空队的最大效率。请予以批准。"接下来是陈纳德在新体制中的位置问题，史迪威建议："推荐将克莱顿·L. 比塞尔上校，编号O-10474，擢升为美国陆军准将；将克莱尔·L. 陈纳德上校擢升为美国陆军准将，陈纳德军衔的生效日期在比塞尔上校的正式授衔之后一天。"战时的美国陆军是一支庞大的、暂时性的队伍，军官们的军衔比在常备军中任职期间高出一到两个等级。史迪威的建议是让陈纳德和比塞尔在这样一支扩充起来的队伍中担任准将，但在常备军序列中继续保持上校军衔。（事实上，在史迪威发送电报时，陈纳德仍然只是一介平民。）

确保自己的人在新体制中比陈纳德高出一头（即便只是早提拔一天）之后，史迪威便开始插手身处缅甸的中国远征军。他意图把这些部队也划归自己麾下，为了达到目的，他甚至利用蒋介石的空军部队来逼迫其就范。史迪威在日记中写道："我告诉他，我不能用美国的空军去支援一支我对其指挥官毫无信心的部队。"换言之，除非由史迪威亲自指挥，否则在缅甸的中国军队将得不到中国空军序列下的志愿航空队的空中支援。蒋介石服软了，他飞到腊戌并告诉手下的将军们（按照史迪威日记的说法）："我①才是最高指挥官，他们要无条件服从。我负责与英军协调，提拔、解职和处罚中国远征军中的任何一名军官，都必须由我全权决定。（上帝保佑。）"

看着高级军官们如过江之鲫般来来往往，志愿航空队的飞行员们意识到今后的生活将有所改变。巴斯·基顿就在日记里表达了自己的担忧："空气中弥漫着将要发生些什么的味道。"果然，陈纳德把全部飞行员和地勤人员叫到1号楼，严厉斥责了他们争吵斗殴的行为，并告知他们华盛顿

---

① 指史迪威。

颁布了新政策，从现在开始志愿航空队将不接受辞呈。（队员们感到疑惑，这种虚构般的法令到底是罗斯福总统还是国会颁布的。）陈纳德没有提起自己将要回归美军现役的事，但他此时必定已经知道了，因为第二天他就被授予准将军衔。比塞尔向他发了一封有关此事的电报，马格鲁德随后也向他发了两份消息。但由于陈纳德没有回应，他们便请求宋美龄"通过私人渠道"向他传话。

无论如何，陈纳德最终回归了美军现役，志愿航空队被派往缅甸支援史迪威。当时，特克斯·希尔指挥"熊猫"中队的六架战斗机来到蒙自，准备进入越南境内攻击日军机场，他们错过了陈纳德在1号楼的讲话。陈纳德把他们召回巫家坝机场，宣布取消在越南地区的攻击行动。希尔被调往垒允，同行的有七架"小鹰"和三架"战斧"。（基顿焦躁不安地表示："肯定有什么事情要发生。"）希尔的机队以腊戍为前进基地，一天之内三次飞越彬马那①的中国部队前线（位于同古铁路线以北）。史迪威通过这种方式回报了蒋介石。

陈纳德本人和第2中队的地勤人员一起，乘坐中国航空公司的一架道格拉斯客机飞抵垒允。这是太平洋战争爆发四个月以来，他第一次到前线视察队伍。

*　　*　　*

在泰国的清迈，加藤建夫调集飞行员和飞机，准备对垒允实施一次拂晓前的突袭。他手下的机械师们修好了11架"隼"式战斗机，它们可以参加这次往返750英里的作战。但其中三架飞机在黑暗中滑行起飞时撞到了一起，无法升空。因此，在4月10日凌晨3点45分，日军只有八架战斗机成功起飞，而很快又有三架飞机因为引擎问题而返航。剩下的五架"隼"式飞越荒无人烟的掸邦高原进入中国，机翼顶端的信号灯闪烁着光芒，以此在黑暗中保持阵形并看清指挥官发出的命令。6点10分，加藤

---

① 缅甸中部地名，位于仰光以北约400千米处。

摆动了一下机身，关闭信号灯，开始俯冲攻击。

加藤高兴地看到地面上停了很多飞机，整整齐齐地排成数列，简直就像两周前的清迈机场一般。与攻击他们的"亚当和夏娃"中队一样，这些日本人也清楚地看到了机场上跑动的空军士兵。（丹尼尔·霍伊尔记录道："有人大喊轰炸机来了，每个人都跑向附近找得到的最好的掩体。"）这些"隼"式战斗机朝机场扫射了一遍又一遍，但没能使任何盟军战斗机起火。最后，加藤打开他的信号灯，摇晃了一下机身，示意队伍返航。出人意料的是，他突然用机枪打了几下。回到清迈后，桧与平就这一不同寻常的举动请示了他。加藤承认，在空袭期间，他的机枪一直无法开火，大概是因为他在关闭信号灯时不小心碰到并关上了机枪保险，而且在再次开灯之前一直没有发现这个错误。为了确认自己是不是真的犯了这种低级错误，他在返航时试射了几发子弹。

日军相信他们击毁了一整列盟军飞机，尽管这些飞机无一起火，让他们略感疑惑，他们得出的结论是美国人连夜把汽油抽干了。但无论如何，与第 64 战队在清迈遭受的损失相比，垒允遭受的损失可以说是不值一提的。在机场上的全部 23 架战斗机（包括 13 架"战斧"、7 架"小鹰"和 3 架"飓风"）中，只有一半被击中，只有一架因为受损严重而报废。日军的空袭只让他们的日程延误了一个小时，三架"熊猫"中队的飞机很快便升空去执行当天鼓舞中国部队士气的任务。除了向中国士兵展示飞机上的白日徽章，这三架飞机还要对凯多机场进行侦察。

与此同时，清迈的日军机械师们正在努力抢修第 64 战队的"隼"式战斗机，他们赶在下一次攻击开始前准备好了九架飞机。下午 2 点 45 分，垒允机场的警报响起，七架"战斧"升空迎敌，但其中一架由于油箱盖松脱而返航。其余飞机穿过云层爬升至 25,000 英尺的高度，它们巡航了半小时后，地面传来消息称日本人正在机场上空。

第 64 战队又一次处于对手的下方，这是一个潜在的致命错误。当天第二次入侵中国的桧与平看见四架"战斧"从云层里俯冲下来，扑向由远藤武中尉领航的分队。桧与平向这些"战斧"冲去，并朝最近的两架开火。它们向下俯冲飞走，桧与平和三砂爱吉中士紧随其后。驾驶这两架飞机的是 R. T. 史密斯和鲍勃·布洛克。据史密斯回忆，他当时正在攻击几架战斗机，但发现另外两架敌机向自己紧逼过来，于是只能俯冲逃离。接下来，史密斯向其中一架敌机反击，布洛克则紧追另外一架。布洛克写道："我三次飞过敌机，每次都击中了它。第四次攻击时，我迎面击中了它，对方向我左侧偏转，机腹朝天，火焰从它左侧的油箱下方冒出。敌机开始坠落，我在数秒之内和它一起下降了几千英尺，看着它熊熊燃烧。"几乎可以肯定，这架被击落的"隼"式就是三砂爱吉的座机。

此时，史密斯和桧与平展开了对决。据桧与平回忆，他们飞进了云层中，以极低的高度在暗影中穿梭。在某一时刻，桧与平看见云中若隐若现地出现一对机翼，他马上开火，同时发现史密斯也在朝他射击，而且还命中了。桧与平听见子弹钻进了机身，黏稠而温暖的血在他脸上流淌。更糟的是，汽油正从飞机右翼漏出，在高速之下化成了蒸气。史密斯看见了这团白色的烟雾，想当然地认为这是敌机燃烧产生的浓烟："攻击过后，我看见敌机的引擎冒出浓烟，并且开始下坠。"

桧与平以为自己的飞机受损过于严重，无法返航，于是"决定死在群山里"。他飞向最近的一座山峰，身后还跟着紧咬不放的"战斧"。但两架"隼"式战斗机把"战斧"逐走了，桧与平向这两架友机表示感谢和诀别。（史密斯写道："我和两个敌人缠斗了七八分钟，最后只能逃离，因为他们都占据了有利位置。"）又有一架盟军战斗机冲向桧与平，更多子弹击穿了他的飞机。桧与平座机的翼尖被打掉，但对方在最后一刻离开了，他向下一看，发现下面是一条河，那里正是返航的会合点。他不想死了，于是调头飞回清迈，而没有撞向群山自杀。桧与平降落在机场草坪时，油箱已空空如也，这一次他在空中足足飞了九个小时。他的飞机上留下了21个弹孔，还有一颗子弹打在了他的背上，他只能在接下来的几个月里留在陆军医院养伤。

桧与平没有击落对手，但加藤建夫和安田义人中士分别击落了一架"战斧"。安田诱使一架敌机展开"狗斗"，但自己的机枪却卡住了，清理枪管之后，他很快就把子弹打光了。安田的对手向上拉升了一下，然后就坠毁在丛林中。这两架盟军飞机实际上是皇家空军第17中队的"飓风"

战斗机，飞行员是特克斯·巴里克（他因为在缅甸的表现而成为王牌飞行员）和戈登·彼得斯（Gordon Peters，一名南非籍的中尉）。两人在受伤后被送往印度接受治疗。

日军飞机在经过白热化的战斗后撤离，查克·奥尔德和杜克·赫德曼向南飞了20分钟，希望能截住返航的敌机。他们没有发现敌情，正准备返回机场，却看见一架搭载星型引擎的战斗机。他们爬升后对敌机进行了辨认，然后向它的尾部俯冲攻击。奥尔德在1962年回忆说："这家伙发了疯，他飞了一个扁环，然后来到我们头上。我向上望去，可以清楚地看见他坐在上下颠倒的飞机里。"

这名飞行员就是安田义人，他刚刚击落了皇家空军的战斗机。他收到的第一个危险信号就是飞机整流罩上蹦跳的红色火球，这是美国飞机打过来的燃烧子弹。安田的"隼"式颤抖起来，他一时以为自己的机枪也开火了。但他很快明白过来，他是在没有子弹的情况下同两名敌人进行近距离格斗的，于是他疯狂机动，以求活命。他回忆说："我能做的只是不断地变向、变向。白色烟雾状的机油从废气管中排出，洒满了机身和挡风玻璃。"安田打开座舱盖，但机油马上沾满了他的护目镜，他只好把它扔掉。他曾经想过放弃，撞到敌机身上与之同归于尽。

奥尔德在报告中写道："接下来的半小时里，我和赫德曼与对手进行了不断旋转和变向的'狗斗'。我们降低了高度，最后飞在群山上空……后来，我们对敌人进行了高质量的连射，终于看见他直直地坠向一片山坡。他明显失去了控制，身后拖着黑烟。之后我们就不见了敌人的踪影，但盘旋回来后，我发现在他可能坠毁的山坡附近升起了一股黑烟。"

但是安田的飞机仍在空中勉强飞行，他已精疲力竭，眼睛和咽喉被时速300英里的气流吹得火烧火燎。和桧与平一样，他跟跟跄跄地回到了清迈，最后成功迫降。

史密斯也在空中徘徊，试图拦截那些返航的敌方战斗机，他报告说："我向南边望去，发现了三架正在返航的敌机。我开始追赶它们，五分钟后，我追上了最后一架敌机。距离它大约100码时，我开火了。它向下俯冲，我追上去并继续射击。它在山谷南边30~40英里处一块位于半山腰上的稻田里坠毁。"死于这次坠机的是后藤力中士,他在去年12月31日的新加坡空战中击落了两架"飓风"战斗机。

志愿航空队的巴斯·基顿和皇家空军的特克斯·巴里克在这场战斗中也取得了战绩,使盟军宣称的总击落数上升至五架"零"式战斗机,但实际上是两架"隼"式战斗机。夸大的数字并没有改变陈纳德的飞行员无论在任何时候遇到加藤的部下都能占据上风的事实。几乎持续不断地作战四个月后,日军第64战队损失了30名飞行员,当中包括因事故身亡的人员。死于志愿航空队枪下的有八人,而且是在短短三次遭遇战中阵亡的。反观第64战队的飞行员,他们在12月25日击落了埃迪·奥弗伦和帕克·迪普伊的飞机,但两人都活了下来并继续奋战。退一步说,即使把3月24日的杰克·纽柯克之死和麦加里的被俘算到第64战队头上,他们仍然处于下风。参战五年以来,与中国、苏联、英国、荷兰和美国飞行员较量过之后,第64战队第一次不敌对手。

* * *

4月11日周六晚上,垒允的志愿航空队飞行员和地勤人员在俱乐部齐聚,聆听着陈纳德关于改编问题的讲话。比起在昆明1号楼里发表的讲话,陈纳德的态度软化了不少。他保证,如果有人不愿意加入驻华美军部队,那么可以在中央飞机制造厂服役至年底,然后回家。

"熊猫"中队的特克斯·希尔、皮特·莱特和约翰·克罗夫特错过了这番讲话,他们到了腊戍,准备执行第二天的任务。他们在中国航空公司的宿舍里过了一晚,日出后开始在红土跑道上预热他们的"小鹰"战斗机。他们计划沿着公路和铁路向南飞至彬马那,让中国守军观看,然后飞到同古,看看日军陆航部队是否已移驻凯多机场。莱特谈到了展示白日徽章行动的感受:"我们准确无误地到达检查点,接着用一个半小时飞越群山,来到一片种满稻米的绿油油的谷地上空。稻田中间是时而交汇、时而分叉的仰光－曼德勒铁路和滇缅公路,相距最多不超过几百码。我们可以远远地看到前方的彬马那村。飞机平缓地向下俯冲……在村庄附近完成两个急速变向动作,好让(中国士兵)认出我们……然后急速向上爬升,并沿着铁路继续向南飞。爬升到15,000英尺的高度后,我们就可以看到同古机场了。"

就在他们观察时,一架双引擎飞机降落在机场的柏油跑道上并滑行到尽头,这可能是第8战队的一架川崎"九九"式轻型轰炸机,它刚来到这里,以支援彬马那附近的日军。特克斯·希尔通过无线电告诉莱特和克罗夫特保持高度进行掩护,自己则俯冲攻击机场。希尔宣称摧毁了地面上的一架轰炸机,还击落了另一架准备降落的飞机。地面上打来的一颗防空炮弹击中了希尔的"小鹰"战斗机,在机翼上留下一个大洞,还差点把飞机掀翻。希尔小心翼翼地驾机飞回了腊戍。

莱特跟着希尔冲到了机场上空,他回忆说:"我怕得要死,双眼盯着一架刚刚降落的敌机。我以200英尺的高度飞到机场,看见那架敌机停在跑道一端,它的引擎还在转动。我稍稍调整了角度,让敌机进入我的瞄准镜,然后扣下扳机。我极快地飞过了它,接着拉起飞机,大角度地向左上方爬升……巨大的黑色火球(防空炮弹)在我周围爆开。其中一颗在我的机尾下方爆炸,我立刻全速前进,还做了几个大幅度的动作,最后奇迹般地逃脱了。"莱特的账上也增添了两架敌机,一架在机场上,另外一架在同古以北10英里处。但这些数字没有得到日方记录的佐证。

史迪威现在负责指挥缅甸的军事行动,他日复一日地发着指令。4月14日,史迪威向陈纳德发电:"要求你对仰光至同古的公路和铁路进行空中侦察,任务是探查新近抵达仰光的40艘船的日军援兵是否在向中国防线运动。"

作为先行入侵的部队,樱井的第33师团正沿着伊洛瓦底江河谷挺进,他们前面是英联邦军队;与此同时,竹内宽的第55师团正在锡唐河沿岸同中国军队较量,装备了坦克的第56师团由渡边正夫指挥,向东进入掸邦高原。在新加坡俘获的英军卡车和客车载着第56师团的补给,帮助他们一直迂回到中国部队的侧翼,直指腊戍。这就是日本陆军惯用的"钩子"战术,其意图就在于插入敌军后方,诱使敌军回头应对,再从正面给予致命一击。

史迪威的电报中还提到了另外一支部队——牟田口廉也指挥的第18师团。1937年卢沟桥事变爆发时，时任上校的牟田口就在北京指使其部下打响了日本全面侵华的第一枪。① 他的部队主要由煤矿工人组成，他们在马来半岛战役中因残忍成性而臭名昭著。正如史迪威担心的那样，他们正沿着锡唐河河谷移动，增援彬马那的第55师团。换言之，英军要对付的只有一个师，而中国部队则要面对三个师。

陈纳德尽职尽责地派"熊猫"中队的飞机侦察了彬马那以南的锡唐河河谷，第二天又派飞行员深入日占区150英里，直抵勃固②。执行飞往勃固的任务时，约翰·佩塔奇迷航了，他用光了燃油，只能在一处干涸的河床上迫降。中国远征军的一名美国传教士医生戈登·西格雷夫（Gordon Seagrave）少校救了他。与此同时，陈纳德终于回复了重庆方面的电报，接受美国陆军（常备军）的上校军衔。24个小时后，六架道格拉斯运输机从印度空运了补给品给他。这看起来就像陈纳德把志愿航空队卖了，以换得一堆螺旋桨和轮胎以及他个人的军衔。

在垒允，反抗的情绪正在蔓延。丹尼尔·霍伊尔写道："大家相信在昆明已经有10人或者15人……在几天前辞职，并到泛美航空公司担任空运队员。飞行员们十分不认同一些任务的必要性和价值。"

确实有七名地勤人员已经逃到了印度，其中包括格伦·亚尔贝里和弗兰克·梅塔萨维奇，他们此前被软禁了一段时间。从"十八英里大农场"和马圭一路过来的威严的炊事官克莱顿·哈珀尔德也在这时退出了队伍。目前还没有飞行员离开，但乔治·布加德已经计划好在志愿航空队解散后加入泛美航空公司，还有一些人可能想在此之前就换一个雇主。陈纳德自然非常忧虑，他甚至请求比塞尔阻挡这个势头："请求向中央飞机制造厂和泛美航空公司发布命令，禁止雇用前美国志愿航空队的人员，很多队员退出就是为了在这些公司里谋得薪酬更高的工作。同时也请

---

① 1943年，牟田口在缅甸负隅顽抗，试图抵挡英军的攻势。他命令部队："如果你的手不能动了，就用腿战斗；如果你的腿也不能动了，就用牙齿战斗。"30,000名日军士兵在这一命令下丧生，其中包括志村菊次郎，即那位在卢沟桥开小差并拉开了中国八年抗战序幕的士兵。——作者注
② 缅甸南部城市，位于仰光东北80千米处。

发布命令，除了得到特殊批准的情况，禁止美国陆军的空中运输部队搭载志愿航空队的队员。"

4月18日，周六，陈纳德在美国人俱乐部里召开了会议。根据好几份报告的记录，陈纳德一开始就恐吓说："如果想让别人看到你们的白羽毛，你们尽可以全部退出。"这些人都明白这句话的含义："白羽毛"是怯懦的象征，英国妇女在第一次世界大战期间用这个词讽刺那些没有参军的年轻男子。

陈纳德接着开始说服他们。他说，他已经接受了美国陆军的委任，在史迪威的要求下，他别无选择，只能安排他们执行这项提振士气的展示任务。最后，他试图唤起他们的爱国之情："你们要知道，一名美国将军和他的下属正在前线指挥这些中国部队，我们有义务不遗余力地向他提供支援。"

听到陈纳德回归现役的消息后，飞行员们感到震惊，但同时也松了一口气：如果这条令人反感的命令来自史迪威，那就说明陈纳德的判断力还是像往常一样可靠。但不管他们有多么爱戴和尊重他，他们现在更加鄙视这项任务了。帕克斯顿在日记里写道："飞行员们感到痛苦，他们觉得陈纳德很残忍，而且会将志愿航空队牺牲至最后一人……陈纳德不停地告诉我们，最重要的是打败日本人，这一点比包括他自己在内的任何一个人都重要。"

之后是飞行员们的会议，他们投票决定发起罢工，或者说他们决定如此称呼这场后来被定性为"飞行员叛乱"的事件。实际上，他们联名起草的信件更像是一次集体辞职，而非罢工："作为美国志愿航空队的飞行员，我们联名签字，在此提出终止与中央飞机制造厂所签合同，以及不再服务于美国志愿航空队的请求。"

特克斯·希尔并未参与其中，他站了出来，劝这些飞行员不要签名。在所有中队长当中，希尔是最受欢迎的一个，骨瘦如柴、走路慢吞吞的他是一个笑话大王。奇怪的是，作为一个来自美国西南地区的人，他在热带的阳光下没有变黑，反而被晒伤脱皮，直到"他红彤彤的俊脸像个新剥的番茄"。他在垒允的行动主要受爱国热情、对陈纳德的爱戴和士兵们需要不断前行的信念驱使。希尔在多年之后回忆了自己的讲话："你们看,我和你们一样讨厌这些任务……你们要记住,我们是以雇佣兵的身份来到这里的,这一点没有争议……但我们的祖国现在正处于战争状态,如果你是我们国家的一分子,那么无论是否身穿制服,你都身处战争当中。这些任务是老头子(陈纳德)下达给我们的命令,我认为我们需要执行它。只要命令下达,我会准备好在任何时间飞往任何地点。在我看来,我们在他手下得到了很好的领导。"

只有四个人听从了希尔的意见,他们是和希尔属于同一中队的埃迪·雷克托、"亚当和夏娃"中队的弗兰克·席尔以及"地狱天使"中队的杜克·赫德曼和"鲶鱼"雷恩。于是,这份联名信上留下了24个签名。

就在志愿航空队最困难的时候,一队美国陆军航空兵经一条战争爆发后就被切断了的路线来到中国。4月18日一大早,16架内部几乎被拆除一空的B-25"米切尔"轰炸机在吉米·杜立特(Jimmy Doolittle)上校的指挥下,从"大黄蜂号"航母上起飞,他们的从容淡定让船员们颇为吃惊。他们以低空飞行进入日本本州岛。轰炸完毕后,一架B-25飞到了西伯利亚地区,机组人员被苏联人拘留。(虽然苏联在欧洲战场上和美国是同盟,但它在太平洋战场上却颇为讽刺地保持中立,直到战争的最后一周。)剩下的轰炸机在入夜时分飞到中国,而且耗尽燃油,或者栽入海里,或者坠落在日占区。三名飞行员牺牲,八人被俘。其余的人在中国游击队的指引下转移到了安全的地区,但没有一架B-25能够幸存,成为陈纳德之前承诺过的轰炸机大队的核心力量。

志愿航空队的行动在周六这天也没有完全停顿,鲍勃·普莱斯考特和鲍勃·布洛克宣称在垒允附近击落了一架"白色涂装的陆军'九八'式飞机"。但日军方面没有任何关于这架飞机的记录,这有可能是一架三菱Ki-46型"百"式司令部侦察机。

周日早上,叛乱者们把联名信递交给了陈纳德。他从没说过这封信有多棘手,但数字就摆在眼前。在他可以依靠的用来抗击日军的力量当中,有一半人员在垒允,其中大部分人还宣称要离开。叛乱者包括一名中队长(阿维德·奥尔森)和六名王牌飞行员(鲍勃·普莱斯考特、迪克·罗西、

"小白"劳勒、肯恩·耶恩斯泰特、查克·奥尔德和 R. T. 史密斯）。

当天晚上，陈纳德在俱乐部召开会议，他告诉这些飞行员，他不会接受他们的辞呈。他说，如果你们想回家，那就以逃兵的身份回去。对于平民而言，"脱离"和"辞职"（在这种时候辞职，当然也会遭到"不名誉的解雇"）的区别其实很难把握，但这些骄傲的年轻人心里很明白。巴斯·基顿在日记中写道："我们没什么选择，只能留下。我们在这里以寡敌众，而且表现出色，当逃兵的话，会把这一切都毁了。"飞行员们曾说过很多逞强的话，希望能吓倒陈纳德，结果却是他们自己被吓倒了。陈纳德唯一的让步在于装作这次叛乱从未发生。

特克斯·希尔和雷克托、赫德曼、雷恩这三名忠于他的飞行员错过了周日的摊牌会面，他们飞到了腊戌，准备执行周一的提振士气任务。他们于早上 6 点 45 分起飞，在早餐时间赶往彬马那。一个小时后，他们飞到了村子上空，雷克托报告说："我们在 9,000（英尺）的高度盘旋了 20 分钟，我看见一架敌机从南边靠近，高度比我们高 2,000 英尺。我用无线电告诉了希尔，然后一边飞向敌机一边爬升。敌机看见我们后，调头向西全力逃跑……我在它向东直转并朝地面俯冲时，给了它三下短连射和一下长连射。赫德曼也飞越了它，并且给了它致命一击，把它打得起了火。"这是日军第 8 战队的一架"九七"式司令部侦察机，被击毙的是一名飞行员和一位名叫藤森明的中尉侦察官。雷克托和赫德曼分享了这次胜利。

陈纳德向昆明的斯基普·阿代尔通报了这次战斗，另外还加上了一条好消息："今天的状况一切正常，所有人都各司其职。"值得注意的是，执行当天任务的人就是从拒绝叛乱的五名飞行员中挑选的。

* * *

陈纳德派出一支分队到南桑，这座英军控制下的机场距离泰国的边境线不远。他希望与皇家空军联手，从这里对清迈的日军发动持续不断的进攻。小畑英良也重新部署了队伍，他把第 77 和第 31 战队调到马圭，继续保持对英军的压力，同时把两个轰炸机战队调入缅甸：第 12 战队进驻敏加拉洞机场，第98战队进驻凯多机场。这一步比较冒险，因为志愿航空队最近在同古颇为活跃。为了保护这些轰炸机，第64战队也被调入缅甸。

4月21日周二早上，加藤建夫的"隼"式战斗机队起飞升空，其中十架飞到南桑，恰好碰到鲍勃·布洛克正在降落。弗兰克·席尔报告说："它们接近机场后，下降到5,000英尺的高度，其中三架脱离队伍，朝正在降落的布洛克进行扫射。布洛克猝不及防，在第一轮攻击时就被击中，他没等飞机停下就从座舱里跳了出来，第一时间冲进了战壕。日本人来回攻击了四次，直到飞机起火。飞机完全被烧毁了，布洛克的腿上也中了三枪。"

之前营救了约翰·佩塔奇的西格雷夫少校和一名缅甸克伦邦的护士驱车赶到南桑机场，他在皇家空军的兵营里为布洛克做了手术。西格雷夫回忆说："一颗子弹径直穿过了他的大脚趾，另外两颗留在了他的腿上，我还从他身体的其他部位清除了一些飞机的金属碎片。"志愿航空队的比奇客机当天恰好在垒允，它刚刚送来一批"小鹰"战斗机专用的副油箱。约翰·亨尼西和艾纳·迈克森（昵称是"米奇"）驾驶这架破旧的运输机飞到南桑，带走了布洛克。其余的飞行员驾驶自己的飞机返回垒允，志愿航空队的地勤人员则乘卡车撤离南桑。

第二天，也就是4月22日，周二，陈纳德终于实现了自己一生的梦想，正式成为美国陆军的一位准将。得悉克莱顿·比塞尔在24小时之前就获得拔擢后，陈纳德的高兴之情黯淡了不少。另外，他现在回归现役，意味着他收发的所有电报都必须经过重庆的美国军事代表团。因此，在4月22日，比塞尔向美国战争部发送了如下消息："下文引自陈纳德：'强烈请求总统向美国志愿航空队所有成员发出倡议，要求他们坚守岗位，同时承诺尽早增援。队伍现在已师老兵疲，精神和士气都很低落。飞行员们要求离开。'"为陈纳德提出要求的同时，比塞尔还把飞行员们叛乱的消息在华盛顿传播开来："另一份可靠的报告指出：'三名或四名队员拒绝执行既定任务。24名最优秀的飞行员提出终止合同。'"电文最后以尖刻的语气评价说："美国志愿航空队的许多飞行员都狂野而不遵守纪律，目前来说非常不适合担任中队指挥官。他们确实骁勇善战，但可能被高估了。"

比塞尔的电报明确地答复了战争部此前的提议：将陈纳德手下的优秀飞行员送到各个战区担任中队长，把他们的经验和高昂意气在空军中发扬光大。遗憾的是，这个计划并无进展。比塞尔并不愚蠢，他关于陈纳德手下飞行员的看法不无道理，他们虽然狂野、不守纪律、战绩被过分夸大，但确实擅长作战。比塞尔只是从根本上缺乏想象力，认识不到他们当中的许多人（包括格雷格·博因顿这样的狂野之徒）不久之后就会在美军中队长或大队长的岗位上充分证明其价值。

无论如何，他们的队伍正在萎缩。在弗雷德·霍奇斯婚礼上受的伤刚刚有所恢复，博因顿就驾着一架引擎被中央飞机制造厂换掉的"战斧"飞机"磨洋工"。晚上，他喝得烂醉，有时会去勾搭奥尔加·格林劳。（笔者采访过的大多数志愿航空队老兵都深信，格林劳曾经勾搭过博因顿和大部分在她的笔下得到好评的飞行员，但受访者都信誓旦旦地表示自己没有得到过她的青睐。正如那些战斗报告一样，关于奥尔加·格林劳，人们总有许多不切实际的想法。）博因顿的新朋友拉尔夫·贡沃达尔在1月退出，佩尔西·巴特尔特在3月离队。博因顿也决定放弃，他搭乘中国航空公司的一架道格拉斯客机到了加尔各答，然后乘英军的水上飞机到卡拉奇，计划在那里乘飞机回美国。但博因顿被拒绝登机，毫无疑问地成为第一个被陈纳德的要求挡住的志愿航空队退出者——没有陈纳德的命令，他当然不可能登上军机。博因顿最后登上了"巴西号"轮船，据他说，船上有数百名中国空军的士官生，还有一些当初和他一起搭乘"博斯方丹号"轮船来到中国的工作人员。

克里夫·格罗驾机从垒允飞往昆明时迷了路，只好在湄公河中的一处沙洲迫降。当地人像往常一样怀疑他是日本人，将他送到了地方长官的官署，他在那里获许写一张字条，由信差送到附近的电报局。但最重要的信息肯定被遗漏掉了，志愿航空队方面无法得知他的具体位置。等了两周之后，格罗毁掉了自己的"战斧"，骑马前往昆明。

4月24日，弗兰克·斯沃茨在印度去世。查理·邦德不久前才探望过这位伤员，邦德当时正在执行任务，他负责接收劳克林·柯里在1941

年为志愿航空队第 3 大队申请的第一批 P-43 "枪骑兵"战斗机和部分"小鹰"战斗机。他看到斯沃茨的身体和精神状态都不错,斯沃茨失去了大拇指的一部分,正在进行皮肤移植,并准备接受修复嘴部的手术。但术后感染夺去了他的生命,这名 26 岁的年轻人被葬在了浦那[①]的圣墓教堂中。

在 1941 年夏秋之际来到亚洲的 99 名飞行员中,有 17 人死亡或失踪,19 人返回了美国。陈纳德的花名册上现在只剩下 63 名飞行员,其中还有 10 人被分配担任文职军官或非战斗机飞行员,这主要是因为他们不愿意或者无法驾驶战斗机作战。

可能性较大的后备兵源之一是云南驿的飞行学校,博特纳·卡尼手下仍然有六名原陆军飞行教官,他们现在是飞行检查员。他们的工作现在已经完结,那些和博因顿一起登上"巴西号"轮船的士官生大概就是他们培养的毕业生。其中一名教官约翰·布莱克本已经完成了从教官到"战斧"战斗机飞行员的转变。陈纳德邀请其余的人加入他的战斗机队,他们在 4 月底全部加入了。

第七名被选中加入的正是阿贾克斯·鲍姆勒上尉,他曾两次试图加入陈纳德的队伍,但都以失败告终。1941 年 12 月 8 日,他从维克岛死里逃生,之后马上被征召进夏威夷的第 45 战斗机中队。但在 1942 年 2 月,他再次出发前往昆明,这一次他取道里约热内卢和南大西洋航线。到达非洲东海岸的塔科腊迪后,他带领八架 P-40E "小鹰"战斗机飞越波斯湾和印度,于 4 月 20 日到达昆明。他是第一位在志愿航空队中效力的美国陆军现役军官,但距离他第一次参加战斗还有很长时间。相反,陈纳德让他处理各种杂务,包括办公室里的文书工作和将"枪骑兵"战斗机从印度运回来。据说,鲍姆勒也是一个嗜酒之徒。

---

① 印度西部城市。

15

垒允的拍卖会

缅甸战场的焦点现在转移到了腊戌,这座尘土飞扬的城镇是缅甸铁路线的终点,同时也是通往中国的山区公路的起点。1942 年 4 月 16 日,哈维·格林劳相信腊戌仍然处于安全的后方,他把奥尔加·格林劳安置在腊戌的中国航空公司招待所,自己在外面为陈纳德办事。其中一件差事就是把荷马·桑德斯(Homer Sanders)上校"骗"到昆明。这位上校带领三个装备了 P-40 战斗机的中队来到印度,陈纳德希望可以从中得到一个中队,于是半正式地向桑德斯承诺,组建中的第 23 战斗机大队将会交由他指挥。当天的前线在腊戌西南 200 英里外,英军守卫着伊洛瓦底江边上的仁安羌油田,中国远征军则在位于铁路线上的标贝地区设防。

在标贝以东,中国远征军有半个师防卫着掸邦高原,守军报告称,他们遇到了日军的前锋。史迪威认为对手不过是一支营级规模的部队,但那其实是正在迂回包抄的日军第 56 师团,他们装备了坦克、重炮和从新加坡俘获的 400 辆英军车辆。渡边正夫遇到的第一个障碍是切斯特·克莱因率领的缅甸克伦邦游击队,克莱因就是那位每逢周六晚上就在同古招待志愿航空队队员到自己家里吃豆子和闲谈的传教士。日军击溃了他们,然后开始攻击中国部队,残酷而绝望的战斗在一个被日本人称作"曲澄"的地方持续了三天。4 月 18 日晚上,日军突破了中国远征军的防线,他们冒着"敌军密集而持续的火力"前进了 12 英里,终于找到了通往北边的道路。

史迪威在日记中写道:"在垒固①发生的事就是一场灾难。谣传日本人的坦克部队……正攻向腊戍?上帝!这会置我们于死地。"确实如此,日军在战争初期几个月里的疯狂豪赌都收到了很好的效果,渡边就命令部队里的卡车只能用来运送士兵,把食物、燃油和弹药统统留在后方,需要补充物资时就从"丘吉尔商店"索取。他的赌博又成功了:4月22日,日军的坦克部队用尽了最后一滴汽油,但他们在东枝②找到了700桶被中国军队丢弃的汽油。第二天,他们开进了盟军防线以北的罗列姆,史迪威没有选择的余地,只能匆忙后撤。他写道:"全军撤向通往曼德勒的唯一一座桥梁,我希望它仍在我们手里。"

在退往曼德勒的路上,史迪威突然认识到了空军的重要性,因为这是他手中剩下的唯一可以对抗凶悍的渡边师团的武器。4月24日,周五,战斗正式打响。五架"布伦海姆"轰炸机从腊戍飞来,对日军的运输车队进行了轰炸。同时,陈纳德从垒允调派了五架"战斧"和六架"小鹰"前来参战,"小鹰"战斗机的机翼下还挂载了反步兵炸弹。这是志愿航空队第一次真正意义上的轰炸任务,特克斯·希尔飞在队伍后方,负责观测轰炸的成效。他报告称:"我看见炸弹以50英尺的间距沿笔直的路线投放,其中一些命中车队,另外一些落在路旁,有效地杀伤了那些离开车辆寻找掩护的士兵。我跟在投弹的飞机身后,一边在车队上方低飞,一边扫射。这些卡车可能载有汽油,很容易起火,据我观察,共有八辆车被焚毁。"

一架日军飞机闯进了现场,可能是地面部队用来侦察和扫射敌军的一架固定起落架式飞机。希尔报告称:"我们立刻追上了它,并将其击落。"战功由他本人、约翰·佩塔奇、皮特·莱特和埃迪·雷克托分享。

空袭没能阻挡渡边前进的步伐,皇家空军担心那些"布伦海姆"轰炸机会落入敌手,于是把它们转移到了垒允。最后一架离开腊戍的飞机应该是志愿航空队的比奇客机。驾驶飞机的是约翰·亨尼西和米奇·米克尔

---

① 缅甸城镇,位于掸邦高原南部,是通往掸邦地区的重要通道。
② 缅甸东南部城市,掸邦地区首府,位于腊戍西南。

森（Mickey Mickelson），他们在离开前闯进了邮局，拿走了一袋寄给志愿航空队的信件。奥尔加·格林劳回忆这场大撤退时说："也许有人要在腊戌睡最后一觉，但我没有……这座肮脏的小镇正陷入疯狂和喧闹，人们在雨中奔跑叫喊，修理着轮胎和发动机，以疯狂的速度和混乱程度把货物装上卡车和其他车辆。这是最后的逃离机会，再晚几个小时，一切就都完了。"4月25日早上，奥尔加把招待所里的窗帘取下，然后和其他人一起搭乘维修员亨利·奥尔森驾驶的卡车撤离。

此时，"小鹰"和"战斧"正在对日军进行轰炸和扫射，他们刚回到垒允不久，陈纳德就让他们继续执行任务。另有5架"小鹰"从昆明飞至垒允，使此处的分遣队的飞机数量达到17架，这是自去年12月20日以来，志愿航空队前线指挥官拥有过的最大规模的队伍。25日下午3点，战斗机队起飞，他们发现了两架正在侦察的日军飞机，可能是三菱Ki-51型"九九"式袭击机。领头的一架"小鹰"的机翼下还挂着炸弹，它迫不及待地追了上去。飞行员林克·劳克林报告称："距敌机250码时，我击中了它。它在我下方转向，有两三架P-40战斗机继续发起攻击。当它在地面附近缓慢地转向时，我追上了它……敌机尾部的机枪手没有向我开火，我敢肯定他已经被击毙了……我的飞机之前被他击中了八次……我和另外两架P-40来到了敌机身后。领头的P-40打了一串短连射，敌机就从50英尺的低空坠向地面，它翻了一个跟头，然后就爆炸了。飞行员跳出了飞机，但他的降落伞在落地前的一瞬才打开，他显然当场死亡。"

"鲇鱼"雷恩赶到现场时，看见六架"小鹰"正在攻击一架敌机，于是他扑向了另外一架。他报告称："日本飞机炸成了一团火球，我以30英尺的距离飞过了它，看见敌方飞行员好像正要跳伞。敌机起火后，只滑行了约500英尺就坠毁了。"奇怪的是，在志愿航空队的记录里，被击落的敌机变成了三架，雷恩占了一架，另外两架由全部七名飞行员均分。

一名日本战地记者恰好目击了这场战斗，于是就有了一篇刊登在东京报纸上的戏剧性报道。根据这篇报道的说法，这两架日本飞机刚扫射完中国军队，就遇到了盟军战斗机的袭击。飞机尾翼的机枪手中山下士和曾良下士在岗位上殉职，飞行员可能移动到飞机尾部的座舱，替代了死去的机枪手。"丸山上尉和上田军士长决心为牺牲的战友报仇,他们操纵着机枪,向敌人猛烈地开火,击落了好几架飞机。但我军的飞机损坏严重,完全失去了行动能力。飞行员们驾驶飞机撞向地面,英雄般地自杀了。"在日本的出版物里,悲壮的故事开始增多,日渐取代了早期那些轻易获得压倒性胜利的说法。

*　　*　　*

毛邦初提出,可以用他下辖的九架苏制轰炸机支援缅甸的中国远征军,他和陈纳德用了一周的时间通过电报商讨这个问题,头发鬈曲的毛将军还一度飞到垒允进行深入的详谈。但那些图波列夫SB型轰炸机最终还是没有出动,于是蒋介石再次要求陈纳德:"用志愿航空队的一切力量去打击腊戍至南兰地区的敌军车辆、部队等目标。与(中国指挥官)建立紧密联系,并向我报告每天的行动。"几个小时后,他又要求每天报告两次。

陈纳德答复说,垒允现在已变得岌岌可危,他告诉蒋介石"有报告称敌人已出现在腊戍",要求准许志愿航空队离开垒允,在中国更深入的腹地设立新基地。周日早上,陈纳德派"地狱天使"中队去察看日军是否真的打到了腊戍。队员们报告说,腊戍已被放弃,出城的道路上挤满了向北移动的卡车。(这是中国的撤退车队,但"地狱天使"中队的队员们误认为他们是日军。)之后,他们飞到了腊戍西南方若干英里外的昔卜,在8,000英尺的空中盘旋俯瞰,看见城镇燃起了大火,28架双引擎轰炸机正从那里离开。此时,他们遇到了日军第64战队。混战一阵后,日军离开了战场。这些"隼"式战斗机原本要去袭击垒允,但它们在刚才的战斗中丢弃了副油箱,而天气也开始变坏,日本人只好打道回府。从中午开始,乌云和大雨占领了战场,双方空军只能休战。

对于地面部队而言,停战可不是一个选择。4月27日周一的拂晓,史迪威乘一辆破烂的指挥车通过了曼德勒大桥。在这座被炸得焦黑的城市里,他怒气冲冲地和英国人开了一次会。(史迪威写道:"进行侦察了吗?没有。英国佬还是像往常一样一无所知。")陈纳德此时收到了宋美龄的消息:"你在26日发出的紧急信息已经收到。我们直到半夜12点还能收到腊戍方面的无线电报……每天早上的例行轰炸应照常执行。如果明天确认敌人已攻进腊戍,蒋委员长同意你们转移到你们认为合适的机场。"

对陈纳德而言,这已经足够了。他让第3中队的地勤人员开车撤往芒市,这座中国城镇距离边境线有8英里,他们可以在那里为志愿航空队准备一座撤退用的机场。英军也减少了在中缅边境地区的行动,他们将几乎全部"布伦海姆"轰炸机调到印度,只剩下一架留在原地。差不多同一时间,一架美国陆军的运输机降落在垒允,它正要前往昆明,这是美国陆军空运队第一架进入中国的飞机。(美国陆军空运队以印度最东边的汀江机场为基地,机队由美国陆军的C-47型运输机和泛美航空公司的DC-3型客机拼凑起来,由渡运飞行员和杜立特空袭行动中的飞行员驾驶。)搭乘美国陆军的道格拉斯客机抵达中国的有奥尔加·格林劳、小狗露西、厨娘戴维森大妈和两个英印混血女人,这两个女人是罗伯特·莫斯带上飞机的,他把她们交给了在昆明的雷·赫斯蒂。

4月29日,日本天皇将迎来他的41岁生日。1938年,他的将军们选择在这一天对汉口发动大规模的空袭,陈纳德认为这段历史将在中国西南边陲重演。在巫家坝机场,唐·罗德瓦尔德记录下了陈纳德的警告:"我们今天必须尽可能地多做准备,因为明天是日本天皇的生日,他可能会给我们送来问候。他想要庆祝一个愉快的生日,但我们有18架飞机去砸烂他的如意算盘。"罗德瓦尔德还记录道:"约翰·布莱克本于下午4点起飞,之后就杳无音讯了……我们担心会发生最坏的情况。他当时正在为我测试那些新到达的(P-40)E型战斗机的机枪。"布莱克本这位前飞行教官栽进了滇池里,他明显是因为"小鹰"飞机俯冲时难以刹住的缺点而遭了殃。[①]

日军确实打算在天皇生日这一天实施大规模作战行动,但并不是陈纳德设想的那样。他们计划由渡边的第56师团攻击腊戍,伞兵部队加以

[①] 布莱克本的遗骸在大约一个月后被找到。2003年,一支中美联合打捞队在滇池(美方称为"昆明湖")湖底的淤泥中发现了一架飞机,很可能就是布莱克本的P-40E战斗机。然而在本书写作期间,打捞队仍未能将飞机打捞出湖面。——作者注

配合，然后一举拿下。为了保护空降行动，小畑英良希望能压制垒允的美国空军，于是他准备在4月28日周二发动一场空袭，比陈纳德的计算早了一天。攻击部队包括20架"隼"式战斗机和24架"九七"式重型轰炸机。与志愿航空队相似，第64战队也在1942年春天得到了战斗机的补充，其中包括第47独立飞行中队的"钟馗"战斗机。该中队的飞行员于4月底回国，以保护东京免受第二次杜立特式的空袭。

碰巧的是，陈纳德在当天早上派出14架战斗机到腊戍支援中国军队，他们正顶住日军的坦克和大炮，保卫着腊戍。队里没有那么多氧气瓶，大部分"地狱天使"中队的飞机均未配备。于是，奥尔森带领八架"战斧"在10,000英尺的高度活动，两架配备了氧气瓶的飞机在12,000英尺的高度保护他们。在更高的18,000英尺处，特克斯·希尔指挥着四架"小鹰"。

当这个呈三层排列的阵形来到昔卜西南方时，希尔发现日军的机队正向他们飞来。他呼叫奥尔森，但没有收到答复，于是他让另外一架"地狱天使"中队的战斗机继续呼叫，自己则带领"熊猫"中队飞向敌军轰炸机。与此同时，六架"隼"式战斗机抛掉了副油箱，在黑江康彦上尉的带领下迎上前来对付希尔。黑江康彦原是第47独立飞行中队的飞行员，前来顶替在4月8日的垒允空战中被击毙的中队长。据特克斯·希尔回忆，日本人"试图排成某种阵形，但我搞不清楚这是什么阵形。他们明显以三架飞机为一组行动。我向对手打了四次短连射才将其击中，敌机小角度地向下冲去，坠毁在丛林里。之后就是那些'零'式和我们的P-40战斗机之间的激烈较量，双方都想占据对手身后的有利位置。我向第二架'零'式发起一次正面攻击，它仍略占高度优势……双方之间的距离极快地缩短，我甚至要猛烈地减速，好瞄准对手。"

卢·毕肖普（Lew Bishop）击落了跟在希尔身后的一架"隼"式战斗机，他看见日军飞行员跳伞逃生。毕肖普爬升的角度太大，机枪的后坐力导致飞机失速。飞机开始旋转，不过毕肖普成功摆脱，他接着追赶一架似乎要离开战场的"隼"式。根据他的说法，飞机的子弹打断了敌机一侧的机翼并将其引燃。（几乎可以肯定，在这种肾上腺素飙升的时刻，毕肖普把一件事当成了两件：机翼被打断的飞机和飞行员跳出逃生的飞机是同一架。）毕肖普继续寻歼敌人，他看见汤姆·琼斯（Tom Jones）击落了一架"零"式。他自己则扑向另一架日军战斗机，敌机"一侧机翼朝下，开始旋转着坠落"。毕肖普跟着对方下降了3,000英尺，但始终没办法将敌机引燃。

奥尔森因耳机里传来的日语而警醒，他报告称："我在无线电耳机里听到了奇怪的语言，于是更加认真地四处观察。大约两分钟后，我们阵中的一架飞机发现了敌军（轰炸机队），距离我们约20英里，占据高度优势。我改变航向拦截敌机，并指示没有配备氧气瓶的飞机跟着我，其余的飞机由R. T. 史密斯带领。他看见了敌机的位置，而且配备了氧气瓶。"

奥尔森的无线电信号必定是与志愿航空队的频率错开了。他没有收到特克斯·希尔的警报，他发出的指令也没有被"地狱天使"中队的其他人听到，队员们三三两两地上前攻击敌机。肯恩·耶恩斯泰特报告称："我看见奥尔德发出了攻击信号，但我没发现敌人。他稍微改变了航向，还从阵形里向前冲出去。之后我就看见一大群敌机出现在远处，我判断它们是轰炸机。此时，奥尔德已经甩开奥弗伦一段距离……敌军的一些战斗机从奥尔德的后方和下方接近他，奥弗伦向其中三架发起俯冲攻击。它们各自散开，其中一架向上大角度爬升，我瞅准它失速的时机，居高临下地攻击它。我打了两串短连射，敌机起火并向下坠落。"

这是黑江康彦和他的部下的飞机，他们结束了和"熊猫"中队的战斗，刚刚回到主阵中，就遇上了志愿航空队的第二波进攻。据奥弗伦回忆，参加这场战斗的有四架"隼"式，其中两架"爬升飞离"。于是他接近另外两架，在非常近的距离外朝右侧的敌机打了一串长连射。这架"隼"式爆炸起火，先是竖直向上，接着坠向地面。奥弗伦跟着它下降，但又意识到其余的"隼"式正紧跟在他后面。为了摆脱敌机，他把"小鹰"战斗机的表速[①]一直提升至每小时330英里，在此过程中，他没能看到坠落敌机的最终下场。查克·奥尔德则在战斗中击落了两架"隼"式。

[①] 根据飞机测量的空气动压而计算得出的速度值。由于海拔越高，空气越稀薄，飞行时动压越低，因此测量得出的表速不一定能真实反映飞机相对于地表的移动速度，但对于飞机的操纵十分重要。

帕克·迪普伊和汤姆·海伍德正要追上敌方的轰炸机队，一架"隼"式战斗机飞了过来。两人向这架战斗机发起攻击，海伍德在报告中写道："我们大约各自攻击了三次，敌机开始解体失控，坠落在丛林中。"他们继续追击那些轰炸机，终于在抵达垒允时追上了它们。海伍德对着这些轰炸机来回冲击了几次，打光了子弹，但除了在自己的"战斧"身上留下几个弹孔外并无其他收获。

配备了氧气瓶的 R. T. 史密斯和保罗·格林以高于其他"战斧"的飞行位置投入战斗。他们也在追逐那些轰炸机，但在追上目标之前就遇到了敌方的战斗机，它们排成了一个"庞大而松散的阵形"。这是一种鼠笼式的阵形，每位飞行员都能保护前面队友的后方。R. T. 史密斯报告称："我们两人跟在一架敌机的后面进入了敌阵，我们朝它射击，但另一架敌机来袭，格林只能中断攻击……目标笔直地向上爬升，我跟在它后面，狠狠地向其尾部开火，它当即爆炸起火。起火的位置在敌机的引擎附近，它缓慢地旋转坠毁。"

格林摆开架势，要和来袭的敌机一决高下，但对方拒绝了他的挑战。格林报告称："我的速度仍然能够追上它，我朝它打了几串连射，敌机起火了。"这时，日军的轰炸机已经完成了轰炸，"地狱天使"中队的两架战斗机冲了出去，希望能在日军返航时实施拦截。然而他们还是放弃了，因为油箱里的燃油已不足以追击敌机。

在"战斧"和"小鹰"战斗机起飞后和日军轰炸机到来前，有几架道格拉斯运输机从汀江飞来，其中包括一架美国陆军的 C-47 型运输机和泛美航空公司的几架 DC-3 型运输机。陈纳德跑步横穿跑道，要求他们飞走。坐在 C-47 型运输机驾驶舱里的是空运队的加勒·海恩斯（Caleb Haynes）上校和罗伯特·斯科特（Robert Scott）上校，他们为中国空军运来了两架瑞安教练机，为志愿航空队送来了食物和弹药，还有一瓶赠予陈纳德的威士忌。据斯科特回忆，陈纳德当时慢条斯理地说："我们可能要迎击日本人，你们最好驾驶飞机离开。"

斯科特有点落寞地离开了战场，或者说他是这样宣称的。他在战时的回忆录中写道："我愿意交出所有东西，包括我的上校军衔和我为了军衔上的金杠而驾驶的这架'运货车'，来换取一个少尉军衔和一架爆炸力十足的鲨鱼脸战机！但我们只能驾驶这些道格拉斯运输机前往中国……就在我们离开机场向萨尔温江方向爬升时，我听到志愿航空队的飞行员在无线电里喊着'哒嘀'①……我们不时听到队员们朝某个倒霉的日本人叫嚷：'你妈是一只乌龟，你爸是一条蛇。'然后就是点50口径机枪'哒哒'作响的射击声。"一架DC-3型运输机没有及时离开机场，它的尾翼被炸飞了。送给陈纳德的那瓶威士忌也被糟蹋了，为了安全起见，斯科特把酒放到一辆吉普车里，不料却连车带酒都被炸飞了。机场跑道遭到损毁，但仍然能让"熊猫"中队和奥尔森降落。

"地狱天使"中队的其他飞机直接飞回了芒市的新基地，全体人员都安全着陆——除了R. T. 史密斯，他在按照芒市无线电台的指示飞行时耗尽了燃油。（负责通话的操作员把另外一架"战斧"当成了史密斯的飞机。）史密斯放下起落架迫降，结果在一条水沟处损毁了起落架，他搭乘一辆满载中国伤兵的卡车回到了芒市。

* * *

我们从这场大胜中可以了解到什么呢？"熊猫"中队和"地狱天使"中队宣称击落了至少13架日军战斗机：特克斯·希尔、卢·毕肖普和查克·奥尔德各两架；汤姆·琼斯、肯恩·耶恩斯泰特、R. T. 史密斯、保罗·格林、埃迪·奥弗伦和弗兰克·阿德金斯各一架；帕克·迪普伊和汤姆·海伍德分享一架。但是，在参加战斗的20架"隼"式战斗机中，只有两架没有回到同古。第一个被击落的是黑江中队里一位姓平野的下士飞行员，他"被一架P-40击中，然后和另一架追逐过来的P-40相撞"。平野应该是被特克斯·希尔打断了机翼，接着被卢·毕肖普结果了（毕肖普把这架飞机当成了自己击落的第二架）。平野跳伞逃生，他的飞机机翼断落，导致日本人误以为这是一场相撞。最后，他安全降落，一直向南步行

---

① 空战中表示发现目标的口令。

到第 56 师团驻地，并于六天后出现在同古。

第二个被击落的是片冈忠中尉，他脱离了阵形，独自迎击盟军飞机。据黑江康彦回忆，他的中队最后和两架战斗机擦肩而过，他们被片冈的飞机逐走了。这两架战斗机的驾驶员最有可能是帕克·迪普伊和汤姆·海伍德（他们遇见并攻击了一架落单的"隼"式），或者是保罗·格林和 R. T. 史密斯（他们与几架敌机发生了遭遇战，格林中途离开，攻击一架闯入战局的飞机）。

无论如何，志愿航空队以零伤亡的代价击落了两架日本飞机，第 64 战队不得不再次承受人员损失。黑江康彦尤其感到郁闷，因为正是他破坏了队形，从而导致了平野下士的死（他以为平野阵亡了）。加藤建夫并没有安慰部下，他说："我们知道你在和敌人战斗，但我们无法过来帮忙，因为首要任务是保护轰炸机队……忘了那些飞行员吧，你还要为整个团队效力。"

* * *

正当这场史诗般的混战开始时，日本陆军第 1 空降旅乘火车到达了同古。4 月 29 日的破晓之前，440 名伞兵在这座原志愿航空队训练基地登机，他们登上了双引擎的洛克希德"伊莱克特拉"运输机，这是川崎公司战前在美国的许可下生产的飞机。在附近的备用机场，空降部队的补给被装上了第 98 战队的九架"九七"式重型轰炸机。这些飞机在加藤建夫的战斗机和第 8 战队的轻型轰炸机的护航下飞向腊戍。护航队包括 16 架"隼"式战斗机，表明第 64 战队在 28 日的战斗中不但有两架飞机被击落，还有两架被击伤。

日军机队向北飞行时，天气开始变坏。上午 8 点 42 分，距离空降区还有 50 英里，空降旅的指挥官下令返航。日军投入了 100 架飞机参与行动，结果损失了 5 架，其中包括安田义人驾驶的"隼"式。安田在 4 月 10 日的战斗中曾与杜克·赫德曼和查克·奥尔德对决。（其他的损失是在同古起飞时相撞的侦察机和试图在风暴中返航的重型轰炸机。）只有四架

"九七"式轻型轰炸机到达了目标地区,而且是在风暴云底下飞抵的。第56师团在中午时分发起了对腊成的进攻,这些轻型轰炸机恰好及时到位支援他们。从史迪威意识到一支机械化师团正在包抄其侧翼到现在,渡边正夫用九天时间挺进了300英里,使日军在缅甸的突破纵深扩大了一倍。

陈纳德在第二天发电给斯基普·阿代尔称:"缅甸的预警网络已崩溃,频繁的大雨和低矮的云层阻止了行动的展开。(芒市)机场泥泞不堪,若持续降雨将不可使用……我在今天把第2中队调至昆明。"陈纳德给蒋介石发了一份简短而冰冷的报告:"日军于4月29日中午占领腊成,这里的情况十分严峻。"

史迪威身处曼德勒以北60英里外的瑞波,现在他的部队已无法从此处向东撤至中国。但他仍然想知道腊成的情况,他要求陈纳德派一架飞机去侦察那里的"前线"。然而,腊成没有什么前线,有的只是绵延上百英里、沿着滇缅公路逃往中国的难民和士兵。陈纳德回复上司史迪威的电报时肯定在暗自嘲笑他,因为垒允的中国职员早已撤离,而志愿航空队也会很快离开。

海恩斯和斯科特在昆明过了一晚,比塞尔请求他们去营救那些困在缅甸的美国将军——陈纳德、史迪威和富兰克林·赛伯特。除了他们,没有其他人能够执行这项任务。海恩斯就像传言中所说的那样,"看上去像大猩猩,飞起来像天使";斯科特的梦想则是脱离空运队,加入陈纳德的队伍,成为一名战斗机飞行员。(那瓶威士忌就是用来"说服"陈纳德的。)海恩斯说:"(我们)在大约凌晨5点45分起飞,前往垒允。但机场附近有大雨,我无法降落。当我在上空盘旋时,我和陈纳德将军取得了联系。我告诉他,我奉命接走……'双O人'。"他指的是史迪威和陈纳德,在华的美国人都管史迪威叫"老老头"(Old-Old Man),以便与"老头"(Old Man)陈纳德区分开来。海恩斯接着说:"他立刻就明白了,还说这个任务应该小心执行。飞机油量不足了,于是我说现在要去前一天到过的地方(密支那①),之后再回来接走他。"

---

① 缅甸东北部城市,毗邻中缅边境。

陈纳德回复说，他准备在凌晨 2 点搞"一场拍卖会"，意思是撤离垒允，如果海恩斯的飞机无法在此之前返回，那就不用勉强了。海恩斯在密支那加油后向南飞去，他回忆说："日本人刚刚轰炸了密支那，现在这里就是熊熊燃烧的地狱。人们从房子里逃出来，牲畜四处乱跑，大量的人群涌向城外。"他在瑞波降落，径直走到史迪威的总部，美国军官们正在那里焚烧文件。海恩斯写道："我告诉史迪威将军，我已准备好带他们所有人撤离到加尔各答。如果他愿意，也可以飞到中国。他同意了后一条建议，因为这样可以在垒允停歇并接走陈纳德。"海恩斯试图用无线电联系垒允驻军，但那边的无线电台已经停机。于是他载着 29 名军官飞往印度，其中不包括史迪威。史迪威决心留在中国远征军中，这是一个勇敢的决定，但更是一个愚蠢的决定。一旦海恩斯这架满载美国职员的 C-47 型运输机从瑞波的机场起飞，作为亚洲地区最高级别美国军官的史迪威，所说的话就毫无任何影响力了。

5 月 1 日，周五，另一架运输机到垒允接走了陈纳德。哈维·格林劳留下来拆除中央飞机制造厂的厂房和等待维修的 22 架"战斧"。他们差点就要处理更多的飞机：特克斯·希尔和一些"熊猫"中队的队员正准备放弃自己的飞机，乘卡车逃离，幸好大雾适时消散，他们又能够驾机撤离了。格林劳和抢险组在飞行员起飞后沿公路撤退。垒允的弃守使芒市机场暴露在危险之下，陈纳德于是把"地狱天使"中队调回昆明。队员们在当天很晚的时候才到达，他们已经三天没有洗澡剃须了。

为了支援缅甸境内的部队，陈纳德在云南保山建立了一座新基地。该基地位于一片高地上，处于澜沧江和怒江①之间的险峻峡谷中，距离中缅边境 125 英里。陈纳德把它分配给了"亚当和夏娃"中队，鲍勃·尼尔在 5 月 2 日周六这天带领八架"战斧"来到这座湿漉漉的草地机场。还没等飞机的引擎冷却下来，他们就要在暴雨中起飞，为九架飞往腊戍的图波列夫 SB 型轰炸机护航。这是中国空军在缅甸境内的第一次任务，目标是腊戍附近的一座公路桥，但轰炸机队错过了目标，只好轰炸了一座铁路调

---

① 澜沧江和怒江在缅甸境内的河段分别为湄公河和萨尔温江。

车场。完成任务后,轰炸机队返回昆明,"战斧"机队返回保山。

"亚当和夏娃"中队所在的这座古城现在塞满了难民。卡车头尾相连地停在街上,驾驶员睡在车里或者车底。美国人被分配到山上的一座寺庙里,和机场之间隔着整座城市。晚餐开始前是一道汤,队员们等不及洗手,就把汤一口喝下。

* * *

日军此时呈钳形分布:西路的樱井省三派出的一支分遣队沿着缅甸西北部的钦敦江突击,阻止英联邦军队逃往印度;中路的竹内宽和牟田口廉也沿着大路挺进,他们的部队轮流前进,通过这种方式"快速推进";东路的渡边正夫指挥着他的机械化部队,在中国劳工整修夯实过的滇缅公路上快速挺进。(无线电操作员史密斯在日记中写道:"日本人比我们的车队更有效地利用了这条路。")然而,就在第56师团即将打到中国的时候,渡边把主力调往密支那方向,以堵截腊戌难民们的逃跑路线。

据日军估计,15万盟军部队陷入了这个巨大的包围圈中。他们的最高长官是史迪威,他拒绝登上从瑞波离开的最后一架飞机,坚持和部队在一起,但实际上他连一兵一卒都指挥不了。现在这支军队只是一群乌合之众,他们既害怕日军,又害怕即将到来的雨季。史迪威决定向缅甸北部的荒野转移,如果他们走得足够远和足够快,就能绕过樱井的指尖,向西逃至印度。这位美国高级军官(可能也是史上少有的伟大斗士)现在只能拯救自己和身边的一小群人,对局势却完全无能为力。这一小群人包括三名将军(史迪威、赛伯特和一名中国准将)以及在西格雷夫少校医院里供职的克伦邦护士和信仰英国贵格会①的司机。

当时的状况已演变成一场噩梦,史迪威手下的一名职员说:"英国人在漫无目的地游荡,他们憔悴、震惊而恐惧。印度旁遮普的士兵变成了

---

① 基督教教派之一,又名"教友派"。

强盗，从无助的人们和手无寸铁的家庭手中抢夺食物……裹着头巾的黑胡子锡克族人冷漠而愠怒地看着这一切，他们的尊严在拥挤的人群中消磨殆尽。12名缅甸步枪兵因为分赃不均而争吵，他们刚刚抢掠并焚毁了一座房屋，房屋主人凄惨地挤在一旁。为了抢到一辆卡车，穿灰衣服的中国士兵把一名缅甸司机从车里拖了出来，用枪托把他打得头破血流地倒在地上。山地部落的人悄悄地摸索着一具四肢伸开、光着双脚的中国士兵的尸体，他们想在剥光他之前确认他已经死去。"

日军工程兵和在当地动员的劳动力重建了腊戍机场，新近从中国调来的第27战队的"九七"式轻型轰炸机占用了这座红土机场。第71独立飞行中队也以这里为基地，他们隶属于第56师团，主要负责侦察敌情。据推测，这个中队里的一架Ki-51型"九九"式袭击机在5月3日与志愿航空队进行了交战。

周日（5月3日）的云层太厚，无法实施轰炸，陈纳德命令"亚当和夏娃"中队飞到垒允，去察看中央飞机制造厂的设施是否已被破坏。鲍勃·尼尔带领六架飞机组成的小分队飞到边境，他报告说在垒允"没有看到火焰，只是在跑道西端有一处起火"。比尔·巴特林发现了一架日本战机正在云层中飞行，于是紧追上去。尼尔在报告中写道："我以稍有不同的航向跟上去，俯冲穿过云层后，我惊讶地发现自己正好就在一架日军侦察机的后方。"尼尔需要做的只是扣下扳机："第二次连射时，我距离敌机非常近。敌机开始向左下方坠落，然后头尾颠倒地坠毁在一条小河边上，大约在龙陵东北方向10~15英里处。"这是尼尔击落的第15架敌机，他成为美国第一位超级王牌飞行员。

当晚，日军进入垒允，他们发现了"大量储备物资"，包括26架飞机。其中大多数都是"战斧"战斗机，波利兄弟把它们堆放在垒允，却从不修理。东京的一份报纸刊登了这些怪诞飞机的照片，标注的文字为："注意这些破铜烂铁上的奇怪图案，这是露齿的鲨鱼。如果它被画在潜艇上，我们还能理解其象征意义。但画在一架飞机上？只能说无论敌人怎样徒劳地负隅顽抗，无论把什么样的怪物送上前来，我们日本空军的'野鹰'都将统治天空。"哈维·格林劳显然没有做好破坏工作。

第二天，小畑英良从敏加拉洞调来第12战队，从同古调来第98战队，他命令这些重型轰炸机前往北方的中缅交界地区，接着向东攻击保山。像往常一样，第64战队负责护航。马圭的历史重演了一遍，"亚当和夏娃"中队的大部分队员都只能跳进最近的防空壕躲避。查理·邦德则跑向相反的方向，他坐进驾驶舱时才发现自己是唯一一个准备起飞的飞行员。他认定冲上天比退却更安全，于是发动飞机，毫无停顿地一边起飞一边穿上飞行服。这时，日军第12战队已完成了轰炸，至少有一枚炸弹落在了志愿航空队驻扎的寺庙中。非值勤的飞行员本·福希（Ben Foshee）被气浪击中，同时被击中的还有志愿航空队的一名地勤人员、中央飞机制造厂的一名职员和几名在招待所里工作的中国职员。

爬升到18,000英尺高度的查理·邦德发现自己正处于有利位置，可以对第98战队的飞机发起冲击。他看着机枪的曳光弹钻进了一架轰炸机里，但敌机并未起火。相反，附近的两架轰炸机开始散发出蓝灰色的烟雾。邦德认为这些都是诱饵，敌人把机油泵进引擎里就能产生这种效果，于是他紧跟着原来的目标不放。"第三次进攻时，我看见敌机右翼的引擎解体并燃起大火，就像火炬一样。它向下坠落，消失在阴云中。我向位于'V'形阵尾端的另一架轰炸机发起攻击，但机枪突然哑火了……见鬼，我没有子弹了！"尽管如此，他还是多次击中了敌机。第98战队在空袭中损失了一架轰炸机，还有三架受损，而邦德是天空中唯一的盟军飞行员。

就在这时，第64战队放弃保护轰炸机，转而来找志愿航空队算账。"隼"式战斗机呼啸着飞向保山机场，扫射着地面上的七架"战斧"。日军还没打完，邦德就回来了。邦德听到座舱里"嘎吱"作响，还认为液压系统爆裂了，于是向下伸手，试图手动放下起落架，结果却把手伸进了火焰里。他在日记中写道："我扭头观望并看向后方，发现三架'零'式战斗机正在我身后疯狂开火！子弹击中了我座椅背后的装甲板，打得火星四溅……机身的油箱爆炸了，火焰蔓延到座舱的下后方，很快就会烧到我的脚上。"邦德打开座舱盖，解开安全带，让飞机滚向一边。气流把他推了出去，降落伞在落地前的片刻打开。邦德降落到了一座墓园里，他躲在一座坟堆后，直到日军飞机扫射完机场。

邦德的手、躯干和头部都被烧伤，机枪子弹还划开头盔，割破了他的头皮。理查兹医生为他进行急救并打了一针吗啡，队友们把他捆着塞进吉普车，然后赶回驻扎的寺庙。邦德提到了沿路看见的大屠杀惨象："尸体横七竖八地躺在焦黑的瓦砾中，有一些已经被完全肢解，还有一些被烧得面目全非，牙齿都露了出来……有一回，鲍勃·利特尔下车移开一根木头。他刚把它挪开，一个人头就滚过了马路。"

寺庙里的一名中国医生想截掉本·福希的双脚。福希把他赶走，要求理查兹医生过来，但福希不幸在医生赶到前死去。福希以前是一名海军飞行员，参加第一次战斗时被分配到了"亚当和夏娃"中队。

志愿航空队的地勤人员狂热地工作着，努力抢修受损的"战斧"。当天下午，其中四架飞往昆明，经过通宵修理后，又有一架准备就绪了。最后，有两架飞机确认报废，它们的机枪和零部件被卸下并装上美国陆军的运输机。这架道格拉斯运输机是周二早上从昆明调来的。福希的遗体也被运上飞机，同行的还有伤兵、大部分飞行员和一些地勤人员。由于载重过大，飞行员在起飞时不得不让飞机弹跳了几下才能离地。

机上的人们不知不觉地逃过了一场厄运。几个小时前，日军第12战队正在敏加拉洞机场预热飞机引擎，准备再次空袭保山，从印度飞来的B-17轰炸机队袭击了他们。两架"九七"式重型轰炸机起火，其余飞机受损，空袭不得不延后了一段时间。这是志愿航空队在5月5日交的第一次好运，第二次好运是负责保护道格拉斯运输机的六架"小鹰"在云南驿机场延误了。他们在特克斯·希尔的带领下，直到中午时分才来到保山，而日军飞机恰好在这时进入了中国领空。据弗兰克·席尔回忆，无线电操作员拉尔夫·萨瑟（Ralph Sasser）仍坚守在机场，他引导"熊猫"中队进入攻击位置，席尔说："BC-5小组冷静而准确地说明了来敌的方向，我们迅速地发现了敌人。他们有16架（'九七'式战斗机），在大约18,000英尺的高度上盘旋。劳勒带领分队进入攻击位置，并开始了第一轮攻击。劳勒第一次攻击就引燃了敌机……我从敌机后面发起第一次攻击，打了一串高质量的连射。我回头望去，敌机已经起火旋转。"

席尔的描述是准确的，"熊猫"中队的击落总数也比较客观。劳勒击落了两架"九七"式战斗机,特克斯·希尔、弗兰克·席尔、马修·凯肯德尔、弗里曼·里基茨和吉尔·布莱特每人击落了一架,共计击落七架。美国飞行员称,这些日军战斗机的背部是红褐色的,腹部则是浅灰色的。这是第 11 战队的标识,其指挥官在马圭上空被失踪的克里夫·格罗击毙。第 11 战队最近被调至缅甸北部的曼德勒,以支援对保山的空袭。根据日方的记录,第 11 战队在 5 月 5 日的战斗中损失了四架"九七"式战斗机,相当于其飞机总数的四分之一;第 27 战队则损失了两架"九七"式轻型轰炸机,这也被计算在了"熊猫"中队宣称的击落数当中。

16
"去他的比塞尔！"

经过几个月的抵抗，麦克阿瑟将军留在菲律宾的残余部队饥饿难忍，终于在5月7日举起了白旗。这是美军历史上被俘人数最多的一场战役，如同新加坡战役之于英军那样。但在缅甸境内却没有这样顽强的部队，东京的报纸自夸道："勇敢无畏的日军将士正取得压倒性的胜利，残暴的敌人望风披靡，纷纷作鸟兽散，朝各个方向夺路狂奔。"英联邦军队逃到印度，丢弃了412辆坦克、8,254辆汽车和卡车、420门大炮、11,248挺步枪和机枪、14,856枚炮弹以及3,462,302发轻武器子弹，这些战利品都被日本人详细地列了出来。（日军每占领一个东南亚国家，东京的报纸都会列出军队夺取的武器装备和物资原料，就像呈交给股东们的公司报表一样。）中国军队则放弃了44,000吨的租借物资以及30,000名士兵。

为了将败退的中国军队赶尽杀绝，小畑英良将轻型轰炸机和第77战队的"九七"式战斗机留在了缅甸北部的前线。其余的部队撤回后方：重型轰炸机返回越南，一个战斗机大队返回日本，其余的战斗机派驻马圭和仰光。

在这场胜利中，日军陆航部队的将军们没有什么值得庆祝的理由。小畑英良和菅原道夫在缅甸损失了117架飞机，相当于战区飞机总量的四分之一，远远高于其他战役的损失。盟军当然认为日军飞机的损失数远远超过117架，史蒂文森少将估计日军在缅甸战役期间损失了291架飞机，美国人击落了其中的217架，而中央飞机制造厂则为缅甸、泰国和中缅边境的战斗支付了268架敌机的奖金（史蒂文森应该没有考虑到垒允的几次战斗）。尽管有明显的夸大，但盟军的统计数字至少没有超出敌人投入战场的飞机总数。日军方面则另当别论，他们声称在攻取缅甸期间至少击落了554架盟军飞机！

　　日军陆航部队在缅甸遭遇的困难被媒体掩盖了。可能不时会有关于飞行员英勇牺牲的报道，介绍战斗损失时也有合理的准确度，但总体而言，缅甸战役还是被描述成日本空军的又一次完美胜利。英国皇家空军又一次被击败了，失败的还有美国人的队伍，他们的队名却因为太过"凶恶"而被禁止刊登。一家报纸这样报道："去年秋天，自称'飞行军队'（原文如此）的美国航空兵到达昆明，他们的夸夸其谈暂时缓解了中国人的恐惧。但不久之后，日本空军用高效而迅猛的行动证明了这些美国人不过是'飞猫队'。"由于"飞虎队"一词未能通过审查，对于不知道他们的读者来说，这个嘲讽显得不知所云。

* * *

　　小畑在缅甸北部的飞机同时在为一支突入云南境内的机械化部队提供支援，那是坂口静雄少将指挥的一个团。在有关志愿航空队的传说中，坂口的这支部队被称为"精英红龙师"，但实际上它既不是一个师，也没有这样浮夸的名字。坂口分队只是第56师团旗下三个团中的一个，它的任务是"追击敌人到怒江，如有可能则给予其致命一击"。这也不过是缅甸战役后肃清残敌的行动。但陈纳德不知道这些，在他看来，坂口分队就是一支刺向昆明的长矛。如果昆明沦陷，那么中国就可以出局了。中国航空公司和美国空运队那些飞越驼峰的道格拉斯运输机能够从汀江飞到昆明，但重庆则超出了它们的最大航程。

　　陈纳德于是命令志愿航空队和中国空军行动起来，阻击坂口的分队。战斗在5月6日周三打响，六架图波列夫SB型轰炸机对开往怒江的日军车队实施了轰炸。此时，在壁立千仞的怒江峡谷，日军正顶着中国陆军第

36师的防御火力强行渡河。周四早上,特克斯·希尔率领志愿航空队进行了第一次攻击,同行的有埃迪·雷克托、汤姆·琼斯和"小白"劳勒。他们的任务是"通过轰炸诱发山崩,或使道路的抢修变得困难,从而摧毁滇缅公路"。军械师改装了"小鹰"战斗机中部一只挂载油箱的钩子,用它挂载一枚重550磅的苏制爆破弹。至少有一架战斗机(希尔的座机)在5月7日接受了这种改装,其他的"小鹰"挂载的有可能是爆破弹,也有可能是重35磅的"除草机"反步兵炸弹,"熊猫"中队之前就在缅甸使用过这种武器。无论如何,传说中的志愿航空队引发了山崩,造成了"红龙师"的大混乱,他们仓皇逃往缅甸。

事实上,坂口分队仍然留在怒江边上。5月8日,汤姆·琼斯和"熊猫"中队的三架飞机回到峡谷上空,他们装备了反步兵炸弹,另外八架"战斧"负责护航。他们看见日军的卡车仍在西岸聚集,工程兵正在建造浮桥,以代替被中国军队炸掉的桥梁。为了实施攻击,志愿航空队的飞机需要排成一列,从峡谷两边高耸的峭壁中穿过,这是一条丝毫不能偏离的直线。这种时刻让人手心冒汗,卢·毕肖普在报告中写道:"以50度角、300英里的时速开始第一轮攻击。投掷(破片)炸弹的飞机前后间距100英尺,呈直线飞行。在峡谷中俯冲飞行后,爬升调头,回来继续进攻。可以看到四枚炸弹在卡车队伍中爆炸,另有两枚略微偏离,但足以使破片造成杀伤。之后是三轮扫射飞行……第三次和第四次飞越时遭遇部署在道路附近的防空火力点的攻击。完成扫射后,我注意到车队里有一处燃起了大火,另外还有两处较小的起火点。"他估计"熊猫"中队摧毁了50辆卡车,造成了200人伤亡。

以海军航空兵的标准来看,毕肖普提到的角度和速度并不惊人,但他的飞机不是为了俯冲轰炸而设计的。"小鹰"战斗机的重量集中在机首,而且没有俯冲刹车,因此在俯冲时有无限制加速的倾向。毕肖普使引擎降至空转状态,让气流带动飞机巨大的三叶螺旋桨转动,螺旋桨再带动引擎。这是一种相当有效的制动方法,但会造成飞机的内嵌式方向舵向右扯动机身。为了保持沿直线飞行,毕肖普只能用全身力量"站"在左方向舵的踏板上。接着还要应付"小鹰"战斗机一头撞个粉碎的倾向,他向后拉动控制杆，抬起机首，心中祈祷着不要像4月28日的布莱克本那样栽进水里。

周六，降雨打断了俯冲轰炸的行动，但中国的第36师在日军桥头堡以北成功渡河，直接威胁到坂口的补给线，迫使其补给车队向缅甸方向撤退。因此可以说，阻止了日军进攻的是中国的地面部队，而非志愿航空队。

此时，巫家坝机场的预警网络发出了敌情警报，"亚当和夏娃"中队紧急升空。比尔·巴特林在滇池上空18,000英尺的高度攻击了一架日军双引擎侦察机。鲍勃·尼尔报告称："他（巴特林）的第一次连射就打爆了敌机后部的座舱，敌机缓慢地旋转下降。"另外两架"战斧"也加入了战斗，尼尔写道："我在作战区域盘旋，看着16,000英尺高度上的三架P-40分别发起进攻，战斗持续了五分钟……敌机旋转着坠落，最后在南湖西南方向约60英里外坠毁。"功劳记在了巴特林的账上，对方是日军第18独立飞行中队的一架三菱"百"式司令部侦察机，该中队在中国进行了四年侦察活动，未曾损失过一架飞机。但在坠毁前，飞行员竹内秀晴上尉成功地向汉口的日军发送了报告，称他在巫家坝机场看到了27架敌机。

周日的天气转好，陈纳德让"熊猫"中队回到怒江继续执行任务。埃迪·雷克托负责引领全队，但在到达峡谷之前，他从无线电耳机里听到消息说中国军队已成功渡河。于是他径直飞到芒市，"地狱天使"中队在离开垒允前最后的日子里一直使用这座浸水的机场。雷克托看见一架日军侦察机停在地面上，但他继续向西飞，直到发现值得攻击的车队。"这些卡车如此分散，我只能让队员们各自攻击。我向下俯冲，在离地300英尺时拉平飞机……朝停在一个小村子里的三辆卡车投下炸弹。炸弹偏离了20码，击中了村庄。之后，我们按原路返回芒市机场，我扫射了那架日军侦察机，并引燃了它。"

两架配备副油箱的"小鹰"战斗机飞到了边境线上空。飞行员弗兰克·席尔和哈利·博尔斯特（Harry Bolster，加入志愿航空队的一名飞行教官）发现并扫射了另一支日军车队。席尔报告说："两三辆（卡车）起火，表明车上装载着汽油。几分钟后，我们看到了车队的排头，就在一段直路上……我和博尔斯特分别攻击了两趟，扫过了整支车队，把其中一些车辆打得起了火。"在缅甸的时候,对地攻击这项脏活曾把志愿航空队推向了反叛的边缘,而如今他们都习以为常了。

5月11日,周一,蒋介石的第2预备师也渡过了怒江。缅甸战役似乎重演了一次,只是角色调换了。轻装的中国军队对日军发起了迂回进攻,坂口分队因为装备了大量车辆和坦克,只能被束缚在公路上。在混乱中,志愿航空队的一名维修员盖尔·麦卡利斯特（Gale McAllister）从战俘营中逃跑了。怒江大桥被炸毁后,麦卡利斯特因困在西岸而被日军俘虏。他利用中国军队的攻势,逆流而上并渡过怒江,搭顺风车回到昆明,成为最后一名撤离垒允地区的志愿航空队地勤人员。

汤姆·琼斯是一名非常典型的美国青年,有着卷发、大眼睛和开朗的性格。在海军服役时,他是"约克城号"航空母舰上的一名俯冲轰炸机飞行员。他和罗伯特·莫斯一起猎虎时感染了疟疾,因此错过了"熊猫"中队的仰光之旅。4月驻扎在垒允时,琼斯又因眩晕症而备受折磨,但他瞒过了特克斯·希尔和理查兹医生。自认为已经完全恢复的琼斯,现在是志愿航空队中最热情高涨的飞行员之一。5月12日,陈纳德派他带领六架"小鹰"到河内投放宣传单,然后轰炸和扫射嘉林机场。林克·劳克林回忆了巫家坝机场作战准备室里的那次会议："陈纳德简要地说明了这次行动,就像橄榄球赛的赛前部署一样,只用事实说话……16点30分从蒙自机场起飞,以14,000英尺的高度巡航,大约在17点40分到达河内上空。行动时间只有20分钟,先在市区上空下降到1,000英尺的高度,投放宣传单……接着攻击机场,从北边300英尺左右的高度接近,飞机间距保持在200码。第一轮攻击兼有轰炸和扫射,如果地面火力不强,就继续执行第二轮扫射。"

然而,计划赶不上变化。攻击分队刚越过边境线,劳克林的飞机引擎就开始发出异响。（劳克林说他的引擎"总是在进入敌占区时出问题"。）一名飞行员返回了蒙自,云层又迫使其他飞机下降到3,000英尺的高度,致使他们被日军的一座备用机场发现。"九七"式战斗机追上了他们,一直追到河内。美国飞行员们后有追兵,前面又遇上了暴风雨般的防空炮火。尽管如此,他们还是打开座舱盖,从飞机的一侧投放了宣传单。（宣传单的抬头是"印度支那的法国人民",呼吁该地区的白人起来反抗日本人。)其后,"小鹰"机队排成单一直线,背对太阳,朝着嘉林机场呼啸而下,一边扫射一边投下破片炸弹。

劳克林驾驶着第四架飞机。"我跟着弗兰克·席尔,在机场上空下降到300英尺的高度。汤姆·琼斯和约翰·多诺万贴地飞过跑道,一边用机枪扫射,一边投掷'除草机'炸弹,那架势就像扔掉要淘汰的旧物件。炸弹在机场上四处开花,如同世界末日一般。多诺万中弹了!他直直地撞向跑道,飞机变成了一个巨大的火球,滚动着冲向尽头……我整个人缩在座舱里,尽量把自己隐藏起来。我弯腰伏在腿上,头颈缩在双腿之间。"

负责殿后的卢·毕肖普看见劳克林向"一架类似DC-3型运输机的飞机"倾泻子弹。他还看见停在一起的八架战斗机中有四架起火,同时发现其他地方也有密集停放的飞机。于是他转向它们,以300英尺的高度飞过并投下六枚炸弹。毕肖普拉起飞机,瞥见劳克林攻击的"运输机"燃起了大火,而自己的炸弹也在停放着的战斗机群里炸开。他估计有15架飞机被摧毁,30架受损。毕肖普的报告称:"防空火力一直保持着很高的强度,而我注意到有四架('九七'式战斗机)飞在我们的队伍里。一架敌机跟着席尔,我正要驱赶它,却发现琼斯从上方对其发起了攻击。敌机转向飞走,机动到了琼斯身后,然后飞越了他。"劳克林也看见了这架日军战斗机,他回忆说,敌机就像"天然气井"那样爆炸了。

完成攻击后,"熊猫"中队经河内北边的航线撤退,他们遇到了猛烈的雷暴,只能依靠仪表导航。之后,他们沿着米其林铁路飞到中越边境的老街市,再顺着绿油油的山谷飞回蒙自。下午6点43分,"熊猫"中队降落在机场。毕肖普刚落到跑道上,飞机上的油量警示灯就亮了起来。一颗子弹打穿了劳克林座机的右翼油箱,他也耗尽了燃油。

清迈的空袭行动仿佛重演了一次,唯一让日军战斗机队感到欣慰的是他们击落了一架美国飞机,美国媒体也报道了此事。但日军在嘉林机场上所受的损失被盟军方面严重夸大了,这与第64战队虚高的战绩如出一辙。当时停驻在嘉林机场的是一个中队的轻型轰炸机和一个中队的战斗机。战斗机大多是"九七"式,但长野中队(即第81独立飞行中队)从川崎公司接收了九架 Ki-45 型飞机。Ki-45"屠龙"飞机是一种双引擎战斗机，起飞重量是"隼"式战斗机的两倍，劳克林引燃的"运输机"很有可能就是这种飞机。日军方面只提到了一架"九七"式战斗机被击落，地面上有"三四架飞机"（未注明型号）被燃烧子弹和破片炸弹击毁。

重庆方面的估计则更为乐观。宋美龄欣喜若狂地说："如果我们能每天击毁 15 架日军飞机，他们很快就会无机可用。"蒋介石擢升琼斯、席尔和毕肖普为中队副队长，劳克林为分队长。奇怪的是，晋升仪式上没有提到约翰·多诺万，这与追授阵亡将士的传统不符。

传统的说法还认为，飞行员能提前感知到人生的最后一次任务。反过来说，如果我们确能预感到死亡的征兆，若它不出现，就意味着我们能一直活下去。这种安慰人心的说法在多诺万的遗物中得到了印证，"熊猫"中队发现了一封多诺万写给住在阿拉巴马州的父母的家书："亲爱的爸妈，你们不要因为我的死而太过伤心。虽然我在战争中的角色非常渺小，而且让我付出了生命的代价，但我坦然接受。对我来说，生命有重要的意义，但在离别时，我不会感到过于忧伤，我希望你们也不要这样。对于将来，我计划得不多，其中最重要的就是获得一座好房子。如果妈妈能住进一座更舒适一点的房子，周围有很多鲜花和树木，那我会很高兴。我很幸福，希望她也一定要幸福，爱你们。小约翰。"队员们用电报把这封家书发了出去，没有附带其他说明。电文先于多诺万的上一封家书到达阿拉巴马州蒙哥马利市。在上一封信里，多诺万考虑了 7 月 4 日之后的去向，并请母亲探询如果他回到美国现役部队会得到什么军衔。他提醒说："如果海军认为我还会接受一个少尉军衔，尤其是在这里经历过那么多次战斗之后，那他们一定是疯了。"

* * *

除了逐渐补充进来的 P-40E"小鹰"战斗机，陈纳德还要接收共和飞机公司的 P-43"枪骑兵"战斗机，这些飞机由卡拉奇机场的美国陆军机械师和志愿航空队地勤人员共同组装。陈纳德只能从战斗人员中抽调人手去把飞机开回来，而且它们还是分配给中国空军的。这样的任务至少有三次。参加第一次任务的是乔治·布加德、詹姆斯·克罗斯、迪克·罗西和12名中国飞行员，他们在卡拉奇花了两周进行机种转换训练。其中一名为他们做检定的飞行员是埃尔温·吉本（Elwyn Gibbon），他曾在1938年驾驶一架伏尔提轰炸机随中国空军第14中队参加了汉口空战。接收飞机的人员又用了两周时间，驾驶"枪骑兵"战斗机飞回中国。在飞行途中，中国飞行员一死四伤，六架P-43坠毁，布加德带领剩下的飞机于5月23日抵达巫家坝机场。

在印度汀江机场，中国飞行员放弃了两架"枪骑兵"，它们马上被空运队的加勒·海恩斯上校征用了。海恩斯利用这两架战斗机为他的运输机护航，并侦察缅甸境内的日军机场。由于成效显著，当查理·索耶和鲍勃·莱赫来到汀江接收"小鹰"战斗机时，海恩斯还征用了他们两人的飞机。他本来还想要更多飞机，但陈纳德提出抗议，他需要这些战斗机来到中国："十分感谢你送给我的1夸脱辛雷威士忌（原文如此），它让我深深地想起了故乡……我非常抱歉，无法给你多送去六架P-40。我们每个中队平均只有大约八架P-40，而我们还要和那些黄褐色皮肤的小朋友们进行激烈的较量。"陈纳德还借此机会申请更多的补给品，其中就包括香烟。海恩斯尽力地提高运量，从4月中旬到6月中旬，空运队将2吨香烟运到昆明，还有698吨燃料、军火和各种物资。返程时，运输机上载着中国的锡、钨矿石和猪鬃。猪鬃是美国海军用于制造漆刷的重要物资。

陈纳德把哈维·格林劳送到印度，"监督补给品的分配，并担任第10航空队及美国空运队的联络官"。格林劳取代的是罗伯特·德沃夫，后者原是美国海军的一名中校，在志愿航空队驻加尔各答办事处负责物资分配和联络事务，现在要回重庆继续担任美国军事代表团中的职务。从仰光逃离的休·厄普菲尔在加尔各答为德沃夫办事，她回忆了格林劳到达时的情形，格林劳告诉她："我们要关闭这个办事处并搬到德里。我和奥尔加明天就出发，去那里安排工作。"厄普菲尔则搭乘过夜的火车，护送志愿航空队的文件和小狗露西。她拒绝了看护小狗的工作，奥尔加·格林劳那双绿眼睛向她投来了"憎恨的目光"。

在德里，"屈服于五月炎威"的格林劳夫妇搬进了比尔·波利在塞西尔酒店保留的套间。但哈维·格林劳没有住在那里的正当理由。作为联络官，他既不靠近空运队驻扎和活动的汀江机场，又不靠近第10航空队的轰炸机驻地加尔各答。至于物资的分配和运输工作，德沃夫中校原先在加尔各答就处理得很好，帕克斯顿也在印度花了很多时间做好这些事情。志愿航空队的老兵们后来推测，哈维曾经申请过美国陆军中的职位，但遭到了拒绝，所以他才收拾行李准备回家。无论如何，他和奥尔加之后再也没回过昆明，而塞西尔酒店也成了前来办事的志愿航空队飞行员的休闲胜地。厄普菲尔回忆说，杜克·赫德曼"总会在音乐室里弹奏那架大钢琴"。

* * *

宋美龄命令志愿航空队支援被困在缅甸的30,000名中国士兵，她认为每天出动18架次应该就可以了。陈纳德把任务分配给了"亚当和夏娃"中队，但经过他和鲍勃·尼尔的"过滤"后，任务变成了一天一次，每次出动两架"小鹰"战斗机。在辽阔的缅甸北部，"亚当和夏娃"中队的队员们很少发现日本军队，更别说中国士兵了。陈纳德向宋美龄写了一封言辞谨慎的长信，解释说由于航程太远、天气太坏和飞机情况太差，队伍无法执行她的命令。为蒋家效力五年以来，这是陈纳德最接近抗命的一次。

此时，"熊猫"中队继续骚扰越南境内的日军。5月15日，周五，吉尔·布莱特带领四架"小鹰"飞到老街，试图"炸毁每天从南方开来的火车"。他们错过了周五的火车，但在周六那天成功发现了它。林克·劳克林回忆说："锅炉蒸汽从火车的烟囱中滚滚冒出，工程兵把它开进了一条山岭隧道中。毕肖普喊道：'好家伙！我们从另一头抓住它吧。'但火车司机有求生意识，他们躲在隧道里不出来，那里比较安全。毕肖普还是飞到了山头另一边，他盘旋了十分钟，等着日本兵把车开出来送死。"

回到昆明后，他们得知了汤姆·琼斯的死讯。琼斯和吉姆·霍华德当时正用装有白色粉末的假炸弹在靶场上练习，那里是距离巫家坝机场1英里左右的一小块高地。琼斯的第二次俯冲直接撞到了地面上，可能是由于他的眩晕症突然发作，也可能是"小鹰"飞机俯冲时难以刹住的缺点害了他。琼斯被葬在巫家坝附近的中国空军墓园里，他的墓穴在约翰·布莱克本和本·福希之间。①

5月17日，周日，"熊猫"中队回到老街。根据安排，巴斯·基顿需要参加这次行动，但空运队的罗伯特·斯科特请求加入，基顿于是把自己的"小鹰"战斗机让给他，为推进美国陆军和志愿航空队的融合进程贡献了一份力量。对于哈维·格林劳从印度请来荷马·桑德斯出任第23战斗机大队指挥官一事，飞行员们投了反对票。斯科特上校希望自己能得到这个职位。

卢·毕肖普带领"熊猫"中队的两架"小鹰"和34岁的斯科特进入越南，"地狱天使"中队的两架飞机为他们提供高空掩护。进入越南50英里后，R. T. 史密斯发现那列神出鬼没的火车正向北驶来。他用无线电通知了毕肖普，毕肖普让他扫射火车，"熊猫"中队的飞机则负责攻击火车站。"小鹰"战斗机背朝太阳向老街发起了俯冲攻击，皮特·莱特回忆说："我们从南向北接近货运车场，毕肖普笔直地俯冲，在500英尺的高度投下炸弹。我在他身后几百码开外，就在我投弹时，我看见他笔直地爬升并转向左边，他的机尾拖着4英尺长的火焰。我在无线电里叫他跳伞，他背对飞机跳了出来，降落伞立即张开，飞机则滑行了一会儿才坠毁爆炸。毕肖普被风吹往东边……他几乎就降落在市中心，他在树林中消失时肯定还活着。"

三天后，毕肖普被日军俘虏。根据东京一份报纸的报道，他公开表示了对中国人的蔑视和对缅甸地区日军飞行员的钦佩。至于志愿航空队，这篇报道称毕肖普是如此报告的："大东亚战争开始时，（中国）空军里大约有300名美国志愿飞行员和地勤人员。然而，当我被击落时，只剩下大约50名美国飞行员和100名地勤人员，飞机则只剩45架柯蒂斯P-40。"

---

① 在中国牺牲的飞虎队队员的遗体最终大多都被送回美国，例如本·福希就被葬在阿拉巴马州雷德莱弗尔的一处教堂墓地。福希的墓碑偶尔会被污损，因为上面刻着一面中国国旗和他曾为中国效力的信息。讽刺的是，部分人就因此而将他视为叛国者而非国家的英雄。——作者注

毕肖普成为志愿航空队在不到两周时间里损失的第四名飞行员，对于招募人员加入新成立的第23战斗机大队一事，这可不是什么好兆头。队员们濒临崩溃，很多人都因为战斗、战斗前后挥之不去的噩梦和异国的气候与食物而身心俱疲。痢疾如影随形，还有击倒过大多数人的登革热和疟疾。贾斯佩尔·哈林顿（Jasper Harrington）谈到这些热带疾病时说："连我的眼睫毛都感到疼痛。"去年8月来到缅甸时，鲍勃·尼尔的体重是170磅，现在他只有138磅。一般来说，经历过越多战斗的人就越想回家，或者想调到一个不会强迫自己面对日本人枪林弹雨的岗位上。乔治·布加德在日记里谈到了詹姆斯·克罗斯："他一直在这里飞行，但现在没有什么能改变他的想法，他明显很害怕，而我们全都如此。"让克罗斯崩溃的大概是接收P-43"枪骑兵"战斗机时那段可怕的经历。

陈纳德十分理解他们的恐惧。他之前曾将六名失去勇气的队员安排到非战斗岗位上，现在又为克罗斯和汉克·格谢布拉赫调整了岗位，他们两人拒绝参加最近空袭老街的任务。

在队员们的日记和家书里，关心的更多的是俗务琐事：担心自己的健康，担心妻子、情人和父母，对陆军把他们安排进预备役而非常备军的做法表示怨恨。5月18日，陈纳德和鲍勃·尼尔进行了私下的谈话，陈纳德要尼尔以中校军衔担任第23战斗机大队的副队长，尼尔应允说："可以，但要给我永久性的任命。"

5月21日，周四，克莱顿·比塞尔飞抵昆明，他在1号楼的礼堂召开了会议。志愿航空队的飞行员和地勤人员第一次见到这位美国陆军驻华航空部队的最高指挥官，但对他没什么好感。在队员们眼里，这位新上任的准将看上去就是一个柔弱而死板地执行纪律的人，就像那些在新加坡、仰光和马圭遇到的英国军官一样，比塞尔就喜欢模仿他们的仪态和着装。

会议一开始，陈纳德说明了酬劳方面的问题。对于要回家的人，他们和中央飞机制造厂签的合同将于7月4日解除，可以拿到包含假期工资在内的酬劳和500美元的旅费。对于接受军队改编并继续效力的人，他们可以拿到和离开的人一样的酬劳，外加军队薪水与为飞机制造厂效力一整年应得报酬之间的差额。即使在7月之后,很多队员还差好几个月才为志愿航空队效力满一年,所以每个人都觉得这个方案是公平的。

接下来,比塞尔主持讨论重点问题——队员们的军衔。所有留在中国的地勤人员都将获得技术中士军衔,戴四条纹的肩章。唐·罗德瓦尔德深受打击,他原本希望成为一名军官,这种失望情绪广泛地蔓延开来。罗德瓦尔德厌恶地写道:"他们没有给(地勤人员)哪怕一点点东西,大部分人宁愿回国面对征兵局。"

愿意接受改编的飞行员将成为美国陆军的预备役军官,军衔可能是少校。他们也感到失望,但这种任命在战时很正常,即使是陈纳德和比塞尔两位准将,也不过是常备军里的上校。为了理解飞行员们的不满,我们需要记得,他们在20世纪30年代是以预备役士兵的身份参军的,在加入志愿航空队之前,他们的四年兵役即将到头,而之后的失业似乎无法避免。在1941年,常备军的任命对他们来说是极为宝贵的,这一点直到1942年也没有改变。从经济大萧条中走过来的他们,对于一个凭借申请就能获得工作的世界毫无概念。

巴斯·基顿站起来强调,他要一个常备军的任命。比塞尔发起火来,他说规定就是规定,如果基顿或者其他人想通过中国航空公司或者泛美航空公司的工作绕过规定,那他最好死心,没有这种门路。据称,比塞尔当时总结说:"对于你们当中任何不想参军的人,我可以保证,你的脚从轮船踏板踏上美国国土那一刻,征兵局就会来收拾你。"

他们当然知道这些。这都是一些经验丰富的20多岁的年轻人,他们真的会认为自己可以在大战中袖手旁观吗?或许有些人是这么想的,但大部分人只是想回家几周,再到陆军、海军或者陆战队中服役。但比塞尔提到的征兵局最让他们感到被冒犯,基顿在日记中写道:"他不是在挽留我们,而是在不断地改变想法。有三四名飞行员可能会留下。"随着事情的发展,这个预测可以说非常准确。

比塞尔表现拙劣,而陈纳德则袖手旁观(或者他是有意为之,好让比塞尔出丑),真可谓是一场悲剧;队员们也怒气冲冲,不可能在军衔问题上妥协。实际上,史迪威有权将"上校及以下"军衔授予任何他想留在中国的人,即便这样会导致部队架构头重脚轻。比塞尔清楚地知道这个事实,因为在史迪威转战缅甸期间,就由比塞尔负责处理所有往来电文。就算是常备军的任命,也是可以协商的,之后发生的事就证明了这一点。但比塞尔和陈纳德还是紧紧地把军衔攥在手里,就像要他们自己掏钱似的,各啬地把中士和少校军衔抛给地勤人员、飞行员和文职军官。

事实上,在虚张声势背后,比塞尔对志愿航空队开始变得更加尊敬。在发往华盛顿的电文中,比塞尔不再针对陈纳德和他的部下,反而赞扬起他们,使用的还是陈纳德常用的词句。在 5 月的早些时候,比塞尔给战争部发电报说:"美国志愿航空队在过去十天里状态正佳,只要给予充足的飞机和零部件供应,他们就能做好工作。"按照陈纳德的请求,马歇尔将罗斯福总统对志愿航空队的贺电发给了比塞尔,比塞尔实质上拔高了贺词。按照标准程序,当时所有电文都要在原文基础上进行重述,防止敌军特务拿着原文和收到的电文符号进行比对以破解密码。比塞尔的重述似乎在有意地褒扬志愿航空队。以下是罗斯福原文的第一句:"美国志愿航空队的将士们表现出了令人瞩目的勇气、胆量和非同凡响的效率,在美国国内激起了巨大的自豪感。"而比塞尔版本的第一句是:"美国志愿航空队的**杰出勇气和惊人胆量**,以及他们那**几乎令人难以置信的效率**,在**整个美国国内**激起了巨大的自豪感。"登上公告板并进入飞虎队历史的正是经比塞尔重写的版本,而非罗斯福简洁的电文。

即使是在 1 号楼那场不欢而散的会议之后,比塞尔也继续为志愿航空队说话。他在 5 月底给马歇尔发电报说:"陈纳德和其他人用很少的东西就创造出了奇迹,但他们做不到不可能的事。总统和(战争部)承诺提供帮助的积极影响正在消失,因为我们没有为志愿航空队长期的战斗损失补充过哪怕一个人。"

陈纳德肩上的将星甚至还是比塞尔提供的,尽管后者可能并不知情。5 月上旬,吉米·杜立特经昆明回国,他在 1 号楼同陈纳德共进午餐,发现陈纳德依然佩戴着代表上校军衔的银鹰。杜立特最近也被擢升为准将,比塞尔在重庆尽地主之谊,拿出自己的私人供给,亲自为这位崭露头角的美国英雄颁授将星。(颁授用到的将星可能是比塞尔带到中国来的,也可能是随打字机色带和其他物品一起空运过来的。）杜立特拿下了自己的一颗星，把它交给了陈纳德，但没有提到这是谁颁授的。

* * *

5月22日，周五，坂口分队的余部仍盘踞在怒江西岸，志愿航空队奉命回到峡谷将其驱逐。陈纳德把此次任务交给了"亚当和夏娃"中队，他们刚接收了最近一批从非洲运来的"小鹰"战斗机，这也是他们第一次执行轰炸任务。队员们起飞时天气晴朗，但在他们接近怒江时，天气开始变坏。攻击分队也难以发现西岸上的帐篷群，日军的火炮估计就藏在那些帐篷里。鲍勃·利特尔带领四架"小鹰"组成一个攻击梯队，他的僚机是"讨厌鬼"罗伯特·史密斯。史密斯报告说："盘旋几圈后，利特尔冲了出去，我在后面跟着他，看见他向目标俯冲。下降到大约1,000英尺的高度时，利特尔还没拉起飞机，我就听见一声爆炸。我看见他的飞机的左翼中部冒出火焰和黑烟。利特尔的飞机立刻急速旋转起来，左翼的一半都不见了。利特尔没有尝试跳伞或者控制住飞机，飞机冒着火撞到地面上，然后爆炸。"利特尔是来自米切尔基地第8驱逐机大队的P-40老兵飞行员，他用稳健而非惊人的方式累积击落数，到牺牲时，他已经有10.5架敌机进账。

5月24日，周日，陈纳德让"熊猫"中队暂停攻击越南，改去怒江，目标是一座被中国军队第38师围困的城镇，镇里有300名日军士兵。"熊猫"中队的队员们抱怨脏活都给他们干了，巴斯·基顿说"我们的两名中队长立功心切"，他指的是特克斯·希尔和埃迪·雷克托。事实上，希尔当时正和杜克·赫德曼、奥尔加·格林劳及霍奇斯夫妇一起在德里的塞西尔酒店的游泳池里享受。接受任务的是雷克托，他本人也亲自带领弗兰克·席尔和约翰·佩塔奇执行攻击任务。雷克托根据手下20名飞行员和8架"小鹰"战斗机的阵容安排轮换，博特纳·卡尼手下的那些飞行教官一个接一个地手上染血：周一是阿诺德·香布林（Arnold Shamblin），周四是范·夏帕德（Van Shapard），周五是莱斯特·霍尔（Lester Hall）。第一次参加战斗的还有埃德温·科南特，这位前 PBY 型巡逻轰炸机机长在凯多机场撞毁了三架"战斧"战斗机。

中国空军也派出 SB 型轰炸机和 I-15 型双翼战斗机参加这次作战，这些飞机都可以追溯到抗日战争刚开始的时候。坏天气使行动几乎无法开展，机队只能在厚厚的云层和密不透风的大雨中翻越高达 12,000 英尺的山峰。在通常情况下，他们都会返航。5 月 28 日，周四，弗兰克·阿德金斯成功飞抵目标上空，并向日军投下了六枚"除草机"炸弹。他报告说："天气情况很糟，多云且下着大雨。我发现了目标，但云层和目标之间只有 1,200 英尺的高度，我俯冲至 800 英尺处并投下炸弹。我看见六枚炸弹全部命中城镇中心，间距为 50 英尺，对城镇中的木制建筑造成了颇大的破坏。"第二天，志愿航空队的大部队穿云而至，八架"小鹰"战斗机挂载了破片炸弹，"战斧"则负责提供高空掩护。他们找到了这座带有城墙的城镇，以两架飞机为一组发起进攻。巴斯·基顿在日记中写道："我们经历了很差的天气状况。雷克托和我在城镇中心投下了全部炸弹，并引起了大火。"在空中支援下，中国军队收复了这座城镇，这是志愿航空队在怒江战役中的最后一次战斗。

5 月 30 日，周六，志愿航空队的战斗机再次来到越南。吉尔·布莱特带领"小鹰"机队先飞到蒙自，然后沿着米其林铁路飞行 70 英里进入敌占区。这次行动似乎又是一次让缺乏经验的飞行员们接受锻炼的机会。布莱特的分队中包括莱斯特·霍尔和埃德温·科南特，他们都是第二次参加战斗。此外还有柯特·史密斯，自从在去年的圣诞节空战中不光彩地临阵脱逃后，他第一次身临险境地参加战斗。

* * *

八名飞行员参加了决定其是否适合在美国陆军中效力的考试，尽管其中多数人都不符合参加考试的条件：四年大学学历，不超过 26 岁以及从陆军的飞行学校毕业，此外还有别的要求。6 月 4 日，他们在重庆接受了比塞尔的面试，然后参加了一系列笔试和身体测试。

比塞尔批准了其中六个人的申请。他之前声称"规定就是规定",却在幕后通融了:他推荐"鲶鱼"雷恩加入陆军,而雷恩此前只是一名海军飞行员,并未进入过陆军的飞行学校;未通过听力测试的查理·索耶也获得了推荐;乔治·布加德和查理·邦德虽然超龄,但也通过了,他们名字旁边的备注中写着"不应对其年龄做要求";弗兰克·席尔和外号"巴士"的前云南驿飞行教官欧内斯特·隆恩(Ernest Loane)也通过了考试。改编委员会认为这六名飞行员"完全具备资格,故推荐委任"。他们将获得常备军中的少尉军衔,同时在预备役中晋升为上尉或少校。

令人难以置信的是,比塞尔并没有把自己的支持态度告诉他们。队员们回到昆明,自认为军队拒绝了他们,从听力缺陷到性病,"拒绝"的理由五花八门。他们觉得这又是一次侮辱,来自比塞尔这个从总部过来的混蛋军官,他代表着那群在任何组织中都最不受欢迎的生物。过去一年里积聚的所有沮丧、痛苦、幻灭、疲惫和厌战情绪现在集中爆发,而队员们竭尽全力也不过是想为美国陆军和志愿航空队继续奋战罢了(至少他们是这么认为的)。据说,陈纳德的部下还是完成了复仇,他们教巫家坝机场上的加油工人说:"去他的比塞尔!"同时施以微笑和鞠躬。飞行员们说这是美国式的问候,于是这名工人就对每个从飞机里走出来的乘客都愉快地来上这么一句。

17

比已知的情况更加不妙

突入越南 48 个小时后,柯特·史密斯就被任命为第 23 战斗机大队的指挥官——一位平民被中国空军任命为美国部队的指挥官!6 月 1 日,史密斯手下的第一批飞行员就位,被分配到志愿航空队的各个中队接受训练。这批飞行员虽然刚从飞行学校毕业,接受机种转换训练的时间也不长,但他们拥有飞虎队队员们所不具备的素质。在试飞"战斧"时,他们最差的情况也不过是在地面上打转,丹尼尔·霍伊尔在第 3 中队的日志中写道:"我们补充了两名来自陆航部队的飞行员,分别是小伦纳德·M. 布奇(Leonard M. Butsch, Jr)少尉和李·N. 迈纳(Lee N. Minor)少尉,他们一起被分配到中队里。今天下午,他们试飞了 P-40 战斗机,表现十分出色。似乎陆军真的很快就要接管这支队伍了。"

一支更加强大的空中力量也正在赶来:六架北美公司的 B-25 "米切尔"双引擎轰炸机取道印度进入中国,它们是陈纳德承诺组建的轰炸机大队的第一批飞机。即使在最佳状况下,这支队伍进入中国的航线也是危险重重的,但有人还命令飞行员们绕道去轰炸腊戍(志愿航空队当然认为这是比塞尔的责任,但似乎更有可能是加尔各答的布里尔顿将军)。6 月 3 日周三上午,满载着行军床、宿营用具、航空炸弹和子弹夹的"米切尔"轰炸机队从汀江机场起飞。为了轰炸腊戍,它们需要飞行 700 英里,而不是直接沿着长 400 英里的驼峰航线飞往中国。前半段航程一切顺利，轰炸破坏了腊戍的红土机场和一架"百"式司令部侦察机。不幸的是，两架"九七"式战斗机成功起飞并向轰炸机队发起了进攻。四架轰炸机加大油门，全速逃往中国，但它们在到达昆明前就因为燃油耗尽而坠毁在群山之中。

其他飞行员勇敢地保持着巡航速度。日军飞机攻击了这两架"米切尔"轰炸机，无线电操作员威尔默·佐伊斯克（Wilmer Zeuske）阵亡，但幸存的轰炸机成功抵达巫家坝机场，六架来华的飞机最终以损失四架收场。陈纳德一如既往地相信，如果能好好把握行动细节，这场灾难本可避免。他电告身在汀江的加勒·海恩斯："请转告（布里尔顿将军）：'请求为所有 B-25 轰炸机装上副油箱，使它们在飞往中国时具备至少一个小时的富余航程。另外还需要更好的投弹瞄准器，数量至少可供各分队长使用。'感谢。另请知会将要来华的轰炸机机组成员关于志愿航空队使用的无线电线路、频率、识别符号等事宜。我们还需要获得经常性的天气预报……佐伊斯克中士在 6 月 3 日的行动中阵亡，紧急要求替补人员。"

* * *

此时，在东方数千英里外的大洋深处，两支舰队正在搜寻对方，一场可能成为太平洋战争转折点的战役即将打响，这就是中途岛之战。吉米·杜立特对日本本土的轰炸触发了关于这场战役的构想：一些在中国被俘的杜立特航空队队员声称，他们是从"中途岛以西 500 千米处的一个岛屿"起飞的。这个岛屿是虚构的，但这种威胁却是真实的。四引擎轰炸机组成的机队确实可以从太平洋中部起飞，轰炸日本本土后飞到中国或者西伯利亚降落。于是，日军出手争夺中途岛。美日双方的损失都很大，但美国的俯冲轰炸机成功击沉了 4 艘日本航空母舰，摧毁了 261 架舰载飞机。这是日本开战以来遭受的最惨重的损失。

出于和海军相同的动机，日本陆军在中国发起攻势，向内陆进发以"摧毁可能用于对日本本土实施空袭的敌军机场"。日军投入了近 20 万兵力，以实施"浙赣作战"。6月6日，日军攻陷浙江衢州[①]，发现了一座有两条碎石跑道的机场和一座足以容纳40~50架轰炸机的"地下机库"。这项工程令人印象深刻，日军认为这是美国工程师的杰作。日本人在衢州和另外两座被攻占的机场的跑道上挖掘壕堑，还屠杀了上万名中国农民，不管他们有没有帮助过杜立特航空队的飞行员。然而，与1938年以来在中国东部地区爆发的多场大战一样，浙赣战役又一次被美国媒体忽视了，毕竟它只是一场黄种人对付黄种人的战役而已。

按照计划，"熊猫"中队被调往重庆市郊的白市驿机场，以保护国民政府的陪都免遭日军的夏季轰炸。然而，浙赣战役使陈纳德觉得有必要在中国东部部署一个中队，他把这一任务交给了"亚当和夏娃"中队。就在这些队员离开昆明之前，王叔铭上校在巫家坝的主机库召集了全部美国队员，向其中33名飞行员和3名地勤人员颁授了国民政府的云麾勋章，以表彰他们"勇敢和杰出的战斗表现"。接受勋章的"亚当和夏娃"中队队员共有15人：比尔·巴特林、约翰·布莱克本（已故）、查理·邦德、乔治·布加德、约翰·迪恩、约翰·法雷尔、"可乐"路易斯·霍夫曼（已故）、鲍勃·利特尔（已故）、鲍勃·尼尔、鲍勃·普莱斯考特、乔·罗斯伯特、迪克·罗西、罗伯特·桑德尔、"讨厌鬼"罗伯特·史密斯和弗里茨·沃尔夫。"熊猫"中队有9人获勋：诺埃尔·培根、吉尔·布莱特、汤姆·科尔（已故）、特克斯·希尔、吉姆·霍华德、肯恩·梅里特（已故）、"麋鹿"罗伯特·莫斯、杰克·纽柯克（已故）和约翰·佩塔奇。"地狱天使"中队同样有9人获勋：帕克·迪普伊、汤姆·海伍德、杜克·赫德曼、肯恩·耶恩斯泰特、乔治·麦克米兰、查克·奥尔德、埃迪·奥弗伦、比利·里德和R. T. 史密斯。获勋的地勤人员有飞机保养组的哈利·福克斯、无线电操作员亚历克斯·米哈尔科和军械师赫布·皮斯托尔（Herb Pistole）。

王叔铭接着向王牌和双料王牌飞行员颁发五星和十星星序奖章。中国仪仗队出场，一支乐队在现场演奏军乐。

---

① 原文为"Zhuzhou"（株洲），但据沦陷时间和日军作战记录判断，应为"衢州"之误。

授勋仪式结束后,"亚当和夏娃"中队与"熊猫"中队飞往重庆。"地狱天使"中队负责驻守昆明,它拥有8架"战斧"和14名飞行员,包括美国陆军派来的中尉和克里夫·格罗。格罗在授勋当天回到了基地,在马背和火车上度过了历时四周的旅程。霍伊尔若有所思地说:"我们第3中队和中国空军一起留在这里,他们的P-43战斗机无法投入战斗。"相较于中国空军,"地狱天使"中队也好不到哪里去,如果日军轰炸怒江沿岸,仰光和马圭空战中的英雄们会像从前那样驾驶"战斧"升空,但他们现在只能为机场提供保护,磨损严重的引擎只能为他们做这么多了。在这段时间里,时不时会有陆军的飞行员从印度过来,"地狱天使"中队让这些新人驾驶"战斧"进行试飞。没有好的娱乐活动时,他们就看着中国空军的飞行员撞坏那些P-43战斗机,这种事情每周都会发生一两次。

陈纳德手中的部队现在空前分散,呈三角形分布,每条边长达400英里。中国航空公司的一架道格拉斯客机载着第一中队的地勤人员来到了桂林。这座城市的机场被一圈圆锥形的山峰包围,就像一群高800英尺的塔楼矗立在稻田中。山峰彼此紧靠,飞行员无法按正常的航线起降,只能从山峰之间穿过。机场的跑道长达1英里,表面铺有碎石,此外还有足够隐蔽一架波音B-17轰炸机的掩体。(衢州和桂林的机场于1940年秋天开建,这是陈纳德和摩根索利用中国机场轰炸日本这一战略设想唯一成形的结果。)驻守人员住在5英里外的宿舍里,宿舍隐藏在群山之中,以砖石为基,以樟木盖顶,唐·罗德瓦尔德赞叹它就像"北方森林里的宿营小屋"。宿舍里有淋浴间、食堂、带桌球台的俱乐部和防空洞。

6月10日,周三,地勤人员吃过早饭后走到外面,看见一架中岛"九七"式战斗机在机场上空盘旋。罗德瓦尔德记录道:"我们可以透过镜头清楚地看见它。"罗德瓦尔德和军械师罗伯特·尼尔(并非那位中队长尼尔)、维修员罗伯特·拉斯姆森(Robert Rasmussen)一起驱车来到机场,他们在拉尔夫·萨瑟负责操作的无线电站停下车来。罗德瓦尔德写道:"他把发射器放到一个大山洞中,把接收器放在一个小山洞中。我们在那里听说有轰炸机正在接近,于是前往机场,尼尔、拉斯姆森和我坐到一处山崖的岩架上,准备好迎接战斗。敌机很快到来,(防空机枪)'哒哒'作响，向敌机喷着火舌，我们则开动了手中的摄像机。有三架敌机飞过我们上空，扔下炸弹后就离开了。"

空袭的敌机从沿海的广州起飞，它们是川崎"九九"式轻型轰炸机、中岛"九七"式战斗机和无人认出的川崎 Ki-45 型"屠龙"双引擎战斗机。日军的轰炸没有造成什么损失，就像陈纳德在很久之前指出的那样，不停放飞机的机场没有攻击价值，尤其是用本地建材建造和由廉价劳动力维护的机场。

中国航空公司的飞机当晚载着陈纳德来到桂林，飞行员们于周四到达。两架战斗机因为引擎故障而延误，一架在途中坠毁，其余11架"战斧"和"小鹰"在入夜前飞抵新基地。陈纳德预料敌人会跟踪而至，于是他安排了早上3点的起床号。"亚当和夏娃"中队起床两个小时后，果然有敌机前来进行"日常侦察"，正在打着克里比奇纸牌的飞行员们立刻冲向自己的飞机。他们起飞后按照陈纳德布置的阵形各就各位：乔治·布加德分队的高度为21,000英尺，鲍勃·尼尔分队为18,000英尺，查理·邦德分队为15,000英尺。机队在桂林以西盘旋，就像一群蓄势待发的老鹰。当时的时间是6月12日周五早上将近6点。

实际上，来袭的是从广州起飞的日军机队，包括五架第90战队的"九九"式轻型轰炸机、第54战队的八架"九七"式战斗机和长野中队（也就是在河内上空与志愿航空队对抗的第81独立飞行中队）的五架"屠龙"战斗机。这些"屠龙"由家入次郎带到广州，意在支援日军的攻势。一个月以来，他们保护着"九九"式轻型轰炸机袭击了柳州、桂林和华东地区的机场，中国空军没有实施过一次拦截。因此，家入次郎将"屠龙"的机载武器改为对地攻击的类型，机翼下挂载110磅炸弹，机首的20毫米口径机炮换装爆炸弹。

日军飞机以16,500英尺的高度从东南方接近，轰炸机在早上5点58分完成轰炸后返航。按照计划，"九七"式战斗机应保护轰炸机，而"屠龙"战斗机则负责对付盟军飞机。但正如以前经常发生的那样，即便是在美国人马上要发起突袭的时候，日军的中队仍然互相远离。

位于最高处的乔治·布加德看见了四架"九七"式。他驾驶"战斧"

呼啸着俯冲而下，在数秒内下降了 9,000 英尺。他报告说："我在一个很好的位置上打出了几串连射，但没看到效果，因为另外一架敌机正向我射击，它的子弹虽然射偏了，但也迫使我大角度地机动以夺回高度优势。混战持续了几分钟，我向数架日本飞机射击了好几次。"他看见了另一架"九七"式战斗机，这架敌机正追赶着一架引擎冒烟的志愿航空队战机。驾驶着冒烟飞机的是原供职于中国空军飞行学校的阿伦·莱特（Allen Wright），他的飞机引擎被一架"九九"式轰炸机的机枪手打中，但他仍在继续攻击三架"轻型轰炸机"。幸运的是，一架"九七"式战斗机逐走了莱特，不然他会发现自己追赶的其实是三架装备了机炮的战斗机。

布加德攻击了莱特身后的"九七"式，他在很远的距离外开火，直到日军飞行员飞离。他护送着莱特返回机场，莱特用机腹着地的方式紧急降落，不慎扭伤了背部，飞机也撞毁了。布加德之后飞到桂林南面巡逻，罗姆尼·马斯特斯（Romney Masters）少尉与他同行，这可能就是第23战斗机大队的第一次战斗行动。布加德发现了一架"九七"式和一架"屠龙"，他率先冲向"九七"式战斗机，把看上去比较容易对付的"轻型轰炸机"留给了马斯特斯这位年轻的陆军飞行员。然而，"九七"式避开了战斗，布加德转而攻击那架"轰炸机"，他在报告中写道："这架轰炸机轻盈、快速并且异常灵活。它直直地向地面俯冲，而且大角度地变向。""九七"式又飞回来了，并打穿了布加德座机的左侧副翼，然后俯冲逃离，布加德紧追不舍。

布加德报告称："（'九七'式战斗机）急剧地滑行，向一侧坠落下去。我刹住了俯冲，看见敌机撞到一处笔直的山崖上爆炸。"这时，马斯特斯早已不知去向，布加德决定解决掉那架双引擎飞机。但是，机首的机枪哑火了，而对手的行动也难以捉摸。布加德写道："我回到高点后，发现敌方轰炸机正在陡峭的山峰之间低空飞行。每次我从后方接近它时，它都会钻进群山中溜走……它躲藏了五六次后，终于在一片谷地里被我抓住，我正好就在它身后，但它立刻90度转向，并在一座圆锥形山包附近开始360度垂直旋转……我们距离地面一直不超过150英尺。有一次，我从敌机上方掠过，用右侧机枪朝它射击，片刻间就引燃了它的左侧引擎……我放缓速度并继续射击,敌机的机翼几乎被打断,只剩下一点连接部位,它拖着破损的机翼坠毁了。"这是负责指挥的那架"屠龙",家入次郎就在此次战斗中阵亡。但负责操纵机枪的士兵却爬了出来,并被中国人俘虏。

乔·罗斯伯特驾驶一架"小鹰"战斗机活跃在较低的空域,他也把一架"屠龙"当成普通轰炸机来攻击。这架敌机向上翻滚,然后朝相反的方向逃跑了。罗斯伯特利用俯冲的速度重新获得高度优势,准备再次攻击。这一次,正如他在回忆时所说的:"六挺点50口径机枪打掉了敌人的部分机翼,日本飞机旋转着撞向下面一座尖削的山峰。"

查理·邦德也运用了相同的战术,但"屠龙"战斗机的尾翼机枪打出的子弹破坏了"小鹰"的冷却系统。黄色的过热警示灯亮了起来,黑烟从操控板上冒出。两架"九七"式战斗机也在此时扑向他,邦德加速俯冲,并缩在座椅钢板可以保护的范围内,犹豫着究竟是跳伞还是紧急迫降。日军飞行员认为邦德要坠毁了,因此脱离了战斗,邦德这才成功降落在一片稻田里。他撞在瞄准器上,晕厥了一两分钟,然后才爬出飞机。他收拾了一下装备,走到有电话的地方。邦德的降落点位于桂林西南25英里外的铁路线附近,一位传教士将他接到了永福县。他在日记中写道:"牧师告诉我,这是村民们最感到光荣的时刻,飞虎队是他们的英雄,现在他们能亲眼见到一名飞虎队队员了。"为了表示庆贺,村民们夹道燃放鞭炮,致使邦德在上个月的保山空战后再度被烧伤。

鲍勃·尼尔在这个早上也不好过。这位中队长数次击中日军轰炸机,却发现一架"屠龙"紧咬在自己身后。他写道:"我认为这是一架梅塞施米特110式战斗机,它逼得我狼狈不堪地逃走了。"尼尔提到了德国的一款战斗机,"屠龙"的设计灵感正来源于此。

在这一天的战斗中,"亚当和夏娃"中队宣称共击落了九架日本飞机。乔治·布加德、比尔·巴特林、约翰·迪恩和迪克·罗西每人击落了一架"九七"式战斗机,但日军实际上只损失了一架"九七"式。另一方面,那些双引擎飞机所受的损伤却比志愿航空队估计的要严重。志愿航空队的记录显示,巴特林、布加德和迪恩每人击落了一架双引擎飞机,乔·罗斯伯特击落了两架。而实际情况是:一架"九九"式轻型轰炸机和两架"屠龙"战斗机在桂林上空被击落；一架"屠龙"在返航途中坠毁；两架"九九"式严重受损，回到基地后因为无法修复而被弃用。

对日军来说更糟糕的是，虽然有两架"屠龙"在战斗中幸存，但它们引起了内部的波澜，人们觉得这种飞机不适合用于高重力值的战术机动，而这种机动方式却是日军飞行员的偏好。日军陆航部队评估了此次惨重的损失，决定暂停攻击桂林，"屠龙"战斗机改为执行对地攻击任务，直到其机身得到有效强化。

日本媒体关于此次战斗的报道颇为值得注意。在中途岛战役之前，东京的报纸还算准确地报道了损失数，但这种时光已经一去不返了。《日本时报》如此报道桂林空战："日本空军在一场激烈的战斗中击落了美国人的九架柯蒂斯 – 霍克系列 P-40 战斗机。在惊心动魄的对决中，日本空军只损失了两架飞机。"

* * *

"亚当和夏娃"中队正在庆祝胜利，中国人把"屠龙"战斗机上幸存的机枪手带了过来。这名俘虏自称本田圭下士，在 2 月加入长野中队。本田并不是一名有献身精神的武士。美国人通过翻译问他："你为何而战？"

他回答说："我不知道。"

"你认为日本会赢得这场战争吗？"

"我没有想过这些。"

"你在参军前是干什么的？"

"养鸡的。"

本田告诉了美国人广州和汉口的防御情况，他把自己的那架战斗机称为"45 型"，这是志愿航空队第一次知道日军陆航部队飞机的机体编号。本田还告诉他们"屠龙"战斗机上安装了机炮，所有炮弹都是爆炸弹。这些情报让"亚当和夏娃"中队的队员们清楚地认识到，他们面对的不是轰炸机而是战斗机，而且对手还装备了机炮。鲍勃·尼尔发誓说："我再也不搞正面攻击了。"

队员们将乔治·布加德介绍给本田，称布加德就是击落其飞机的人。他们和本田在一架鲨鱼脸战斗机前合影，本田的小平头差一点到不了他们的肩膀。他们用咖啡和奶油松饼款待本田，然后把他交还给中国人。日本战俘通常会被囚禁在竹制的笼子里，挨村挨户地游街示众，农民们破口大骂并向他投掷石块，因此本田下士可能活不了多久。

*　　*　　*

陈纳德在 6 月 14 日飞到重庆参加会议，以决定美国驻华空军的未来。史迪威回到了城中，他带领部下翻越若开山脉到达印度，接着乘飞机回到中国。史迪威患上了黄疸和蠕虫病，于是布里尔顿便从德里乘坐联合公司的 B-24 飞机前来主持会议。布里尔顿称，美国陆军只允许每个战区拥有一支统一指挥的空军，这意味着陈纳德的队伍只能成为驻印度第 10 航空队的下辖部队。另外，按照布里尔顿的设想，陈纳德指挥的美国空军驻华特遣队应只包含战斗机中队。美国陆军空运队的加勒·海恩斯将被擢升为准将，负责指挥轰炸机编队，这意味着陈纳德的权限在志愿航空队解散后将大为缩减。

关于这次会议，布里尔顿写道："耳聋的陈纳德如同一根柱子，开会时他就像雪茄店里的印度伙计那样无所事事。但他其实能很好地读懂唇语，他的思维十分敏捷，滴水不漏。"那些更加了解陈纳德的人认为，他能听到所有他想听到的事，并以耳聋为借口忽略掉其他事。在会议上，他只听到了美国空军驻华特遣队的事，却听不到把轰炸机编队独立出来分开指挥的事。这次会议在一定程度上解决了如何说服志愿航空队的飞行员和地勤人员加入美军的问题。为此，他们成立了包括陈纳德、海恩斯、荷马·桑德斯（陈纳德仍旧觊觎着他那些驻扎在印度的 P-40 战斗机）在内的改编委员会。此外还有一名海军官员，负责审核从海军加入志愿航空队的人员。

周六晚上，桂林当地政府在志愿航空队的驻地举办了一场"犒劳派对"。逃难过来的技工格哈德·诺依曼对这次派对有着充满感情的回忆："一群说英语的漂亮苗条的姑娘穿着丝绸旗袍，向后梳的头发上别着花朵……她们挽着我们每个人的胳膊，陪着我们鱼贯进入巨大的宴会厅，迎面而来的是东道主们的掌声。"美国人享受了雪茄，还获赠了绣花挂毯（上面绣着一群攻击旭日的苍鹰），现场有演讲、祝酒和用汉语表演的滑稽剧，还有席次牌和祝贺飞行员们取得优秀战绩的宣传单，上面写着：

> 致天空之守护者、英雄的美国飞虎和中国神鹰：
>
> 长久以来，吾人翘首盼望；时至今日，吾人欢欣若狂。6月12日，你们在桂林上空歼灭了八只日本秃鹰，实为开战以来在桂林取得之最大胜利。你们消灭了空中的敌人，再次创造了伟大的荣光……
>
> 今天，我们30万桂林百姓向你们致以最衷心的祝贺和满怀敬意的慰问。希望你们发扬无穷之气概与弥天之大勇，取得更伟大丰厚的战果。
>
> 让我们高呼：
>
> 美国飞虎万岁！
>
> 中国神鹰万岁！
>
> 中美合作万岁！

* * *

6月21日，周日，飞行帽压得极低的加勒·海恩斯和改编委员会一起飞抵桂林。这一天或许不适宜开展招募，唐·罗德瓦尔德记录道："大家还有很多派对要参加。"罗德瓦尔德在周一清早找到了改编委员会，要求得到中尉军衔。他写道："委员会不喜欢这个主意，但（陈纳德）推荐了我，因此其他人也无话可说。"飞机保养员贾斯佩尔·哈林顿也提出了相同的要求，他回忆说，桑德斯上校最为反对授予军士们尉官军衔，而陈纳德指出如果不这样做，军士们就会以平民身份去为中国人效力。哈林顿说："陈纳德才是决定军衔高低的关键，委员会不过是走走过场。"

查理·邦德提出，如果他能获得常备军的任命，便愿意留在中国，而委员会只同意给他一个预备役的任命。邦德拒绝了，布加德也不接受这一待遇。鲍勃·尼尔则感到深受打击,他现在只想回去看望妻子。尽管如此,他离开会议室时还是觉得自己让陈纳德失望了,他在日记中写道:"这是我做过的最艰难的一件事。"尼尔以为自己得了登革热,但后来的诊断表明他是神经衰弱。

招募继续进行。身在桂林的六名地勤人员愿意留在中国效力,但没有飞行员答应留队。

桂林东北方向200英里外就是衡阳,1938年日军轰炸这里时,陈纳德曾爬到花园墙头上研究日军轰炸机的战术。在桂林吃了败仗的日军陆航部队将矛头指向了衡阳这座没有防卫力量的机场,于是陈纳德从重庆调来了"熊猫"中队。队员们在这里发现了又一个中国基地建设的成果——一栋两层的宿舍楼。这栋宿舍楼之前是一所女子学校,上层用作寝室,下层用作餐饮和娱乐场所。这栋楼选址不错,就建在一条洪波滚滚的长江支流附近。

6月22日周一早上,在特克斯·希尔前往印度期间代理中队长职务的埃迪·雷克托带领"熊猫"中队从衡阳起飞,他们扫射了长江江面上的一艘日军炮艇和三艘小型船只。飞机子弹击毙了10名水手,包括炮艇指挥官墨田上尉。

当天下午,日军陆航部队就进行了还击,第54战队的两个"九七"式战斗机中队分别从汉口和南京起飞。他们在长江的"U"形拐弯处向南飞去,在下午1点20分被中国的预警网络发现。雷克托带领六架"小鹰"战斗机和来自不同中队的飞行员进行拦截,其中有"亚当和夏娃"中队的查理·索耶、"地狱天使"中队的"鲶鱼"雷恩和第23战斗机大队的阿贾克斯·鲍姆勒上尉。自西班牙内战结束以来,鲍姆勒这是第一次参加作战任务。他们爬升到20,000英尺的高度,在衡阳上空盘旋。查理·索耶报告说:"我们发现下方8000英尺处有14架('九七'式战斗机),于是开始进攻。我首先正面冲向一架敌机,经过一轮高质量的射击后,对手的引擎冒出一大股黑烟……我接着从后方攻击另一架敌机,它的引擎也冒出了黑烟……最后,我从一架敌机的正后方和稍低一点的高度发起进攻。我在大约500码的距离外开火,一直接近至250码,敌机拖着黑烟,零件四散飞落。它向左90度转向，我在非常近的位置上开火，目标似乎爆炸并解体了。"

这是索耶第一次击落敌机。鲍姆勒上尉也击落了一架，这是美国陆军飞行员第一次在中国取得战果。雷恩和弗兰克·席尔也各自击落了一架，总击落数达到四架，但实际上只有一架"九七"式战斗机在衡阳上空被击落（还有一架严重受损，可能在返航途中坠毁）。队员们在仰光曾两次遭遇的事情也在衡阳发生了，被击中的"九七"式战斗机向衡阳机场发起自杀式攻击，试图摧毁地面上的一架"小鹰"战斗机。

第54战队的指挥官岛田康成少校因为桂林和衡阳空军的"欢迎"而感到气馁。日军陆航部队的一名军官在战后撰文称："突然袭击变得非常困难，（因为）敌军有精准的防空监测网络。""九七"式战斗机在速度上无法与美国战斗机抗衡，而其灵活性优势又因对手使用的"打了就跑"战术而被抵消。因此，岛田康成建议第54战队回国，重新装备"隼"式战斗机。6月24日，日军陆航部队在南京开会，决定只在夜间对同盟国机场实施攻击，由小规模的轰炸机编队执行。这个主意可能来自志愿航空队的老对手第62战队的大西浩史上校，他最近被调到了中国。

* * *

在北非，纳粹德军正在叩响开罗的大门，严峻的形势迫使布里尔顿把第10航空队的大部分兵力调往北非以支援英军。从缅甸前线调走的飞机包括劳克林·柯里为陈纳德争取的"赫德逊"轰炸机——它们来得不是时候，在它们飞越中东时，德军的坦克就开始滚滚前进了。因此，中国战区只剩下昆明的六架B-25"米切尔"轰炸机，其中两架是之前空袭腊戍行动的幸存者，其余四架是之后抵达的。6月23日，陈纳德命令这些双引擎轰炸机前往桂林，一举解决了到底是他还是海恩斯控制轰炸机队的问题。（这是其中一个动机，另一个动机是为了防止它们被送往北非。）在同一天，他还派出"亚当和夏娃"中队的七架战斗机去增援衡阳的"熊猫"中队。

改编委员会随后也到了衡阳，他们的运气比在桂林时好了许多。据吉姆·霍华德回忆，他得到了委员会的热情问候，委员会赞扬了他作为战斗机飞行员和管理者所奉献的服务，并提出由他担任战斗机中队的队长，军衔为少校（当然是预备役军衔，比塞尔不会在这一点上妥协）。霍华德由于患了登革热而整天病怏怏的，无法飞行，于是拒绝了招募。但他的室友弗兰克·席尔接受了，埃迪·雷克托也同意了，他们获得了象征少校的金叶子和中队的指挥权！吉尔·布莱特愿意以少校军衔接受改编，大器晚成的"熊猫"中队队员查理·索耶同意以上尉军衔留在中国。

另外还有特克斯·希尔，他正带领一队 P-43 战斗机从印度返回，随身带着弗雷德·霍奇斯交给他的一只行李箱，里面装满了走私货。希尔去印度之前必定和陈纳德谈过话，他也愿意以少校军衔担任中队长职务。几乎可以肯定，改编委员会之所以能在衡阳进展顺利，是因为希尔做了工作，他在飞行员叛乱时就是忠诚派队员的领袖。

改编委员会离开衡阳，到昆明与"地狱天使"中队的队员面谈。他们在那里也碰了钉子，虽然收获了一批地勤人员，但没有飞行员愿意留下。

陈纳德很理解队员们，他在当时为他们担保，而且在回忆录中提到了此事：队员们身心俱疲，比塞尔对待他们的方式非常愚蠢，他们理应得到休息。如果陈纳德说的是真心话，那么这就是他人生中罕有的时刻——他发自内心地原谅了那些让他失望的人。另一方面，史迪威收到了一封电报："根据目前的观察，我认为有必要将志愿航空队的改编进程推迟至 10 月 1 日，并让他们当前的合同继续生效，否则我们的行动将陷入巨大的危险之中。"（在电报上署名的虽然是加勒·海恩斯，但战斗日志中将其记录为陈纳德的电文，这种可能性似乎更大。）史迪威之前就已经考虑过这种可能性，但他没有提出让志愿航空队在中国多留三个月的建议。

18 名无线电操作员、维修员和文职人员同意接受美国陆军的少尉军衔，并留在中国服役，埃德·麦克卢尔则以相同的条件加入了美国海军。另有九人愿意以士兵身份参加陆军，其中包括格哈德·诺依曼和三名美籍华裔机械师，他们曾在仰光和垒允为比尔·波利干活，现在跟随志愿航空队到了昆明。文职军官也响应号召，斯基普·阿代尔以少校军衔回归现役，军医托马斯·金特里和萨姆·普雷沃也是如此。约翰·威廉姆斯和罗伊·霍夫曼（Roy Hoffman）获得了上尉军衔，从香港过来的英裔爱尔兰推销员威廉·戴维斯则成为中尉。

但地勤人员和文职人员打不了仗，仅仅依靠接受改编的五名飞虎队队员、鲍姆勒上尉和几十名陆军尉官也赢不了战争。打破僵局需要富有想象力的办法，改编委员会的智囊荷马·桑德斯站了出来。6月27日，桑德斯上校飞到印度，他从自己的第51战斗机大队里抽调出一个中队。当天下午，桑德斯带领八架"小鹰"战斗机飞越驼峰，为了搞清楚究竟向北飞还是向南飞才能找到巫家坝机场，他和志愿航空队的无线电操作员罗伯特·金（Robert King）争论得不可开交。金最后说："该死，到底是我迷航还是你迷航？"争论过后，桑德斯一行终于成功抵达了昆明。第16战斗机中队就这样在昆明安顿下来，指挥官是约翰·艾利森（John Alison）少校。

在6月，陈纳德还要处理其他两项事务。曾是志愿航空队职员的拉里·摩尔和肯尼斯·桑格（两人因为被怀疑是同性恋而遭到开除）被共和电影制作室雇用了，他们建议由约翰·韦恩①（John Wayne）主演一部反映志愿航空队冒险故事的电影。陈纳德闻讯后立即写信给相关人士以干预此事，共和电影制作室迫于压力，只好将摩尔和桑格解雇。事实上，陈纳德不加以阻挠的话会比较好。这部名为《飞虎娇娃》的电影在广大观众心中留下了一个关于志愿航空队的错误印象，影片讲述了一群前运输机飞行员在太平洋战争爆发前如何在中国战斗的故事。事实上，当电影中的约翰·韦恩和他的伙伴们听到珍珠港事件的消息时，全片就结束了。

此外还有陈纳德的"妓院"问题。当时的治疗手段非常有限，基本就是卧床、磺胺类药物和阿司匹林，性病是志愿航空队中最严重的医疗问题，最多时曾有七人同时住院。（磺胺类药物还是特克斯·希尔在不知就里的情况下从印度走私回来的。）陈纳德解释说："小伙子们得病是必然的，他们还是把病清理干净比较好。"他要求空运队搭载12名印度妓女经驼峰航线到昆明。听闻此事的史迪威向德里方面发电报严令："不许把女人

---

① 美国著名演员，以西部片和战争片中的硬汉角色而闻名。

送入中国。"但妓女们还是通过另一种途径到了昆明。桂林方面招募了13名女子，经陆军军医检查后，她们被美国陆军的一架C-47型运输机运至昆明。史迪威可能是唯一会感谢陈纳德所付出的巨大努力的人，但他写信给马歇尔说："恐怕陈纳德没有认识到志愿航空队和美国陆军之间的区别！"

几天后，史迪威发电报回国，对志愿航空队改编为第23战斗机大队的过程做了一番充满恶意的评价："建议在这一时期内不要对以下方面做任何公开宣传，即美国军队正用缺乏战斗经验的人员取代久经沙场的美国志愿航空队……事实上，正是志愿航空队的队员在战火蔓延、形势危急的情况下纷纷离队回国。他们把个人利益置于国家利益之上，这不能得到宣传。"

* * *

衡阳距离汉口只有260英里，陈纳德有机会攻击这个长江口岸，它在1938年曾充当国民政府的临时首都。6月29日，陈纳德调动B-25轰炸机队到衡阳，他本人则在第二天搭乘中国航空公司的客机到达。他趁着这次旅途与鲍勃·尼尔进行了私下谈话，尼尔回忆说："他收到消息，日本人准备在7月4日志愿航空队解散后对守军发起致命一击。"陈纳德称，为避免这种灾难，蒋委员长授权他将队员们的服役时间延长两周。他询问尼尔是否愿意留下，是否愿意传话给"亚当和夏娃"中队的队员们。尼尔的状态恢复了一些，他不愿意让陈纳德再度失望，于是同意留下，而且在日记里不带感情色彩地记录了此事。

而查理·邦德的日记里就没有这么多戒备了："与陈纳德见面后，鲍勃·尼尔走进值班室并召集了中队里的所有人，我立刻预感到有事情要发生。鲍勃问，你们当中有谁愿意在7月4日以后多留两周，好让（美国陆军的飞行员）到这里来并整编成形以替代我们？就是这件事，我就知道会是这样！好几个飞行员和机械师说：'见鬼去吧，不干！'我也快气疯了，但我出于良心只能答应下来。"邦德确实说到做到，大部分飞行员和地勤人员也在衡阳多留了两周。这可能是他们加入志愿航空队以来最有英雄气概的一次行动。

7月1日，B-25轰炸机队成为第11轰炸机中队，立即出发执行第一次空袭任务。一架轰炸机因为液压管损毁而被弃用，另一架则陷进了跑道末端的烂泥中，因此只有四架轰炸机前去攻击汉口。埃迪·雷克托带领五架"小鹰"战斗机为它们护航。轰炸机编队两次迷航，但都在雷克托的引领之下回归航道。最后，它们只能把炸弹投在长江边上的一座村庄里。第二天，轰炸机队改善了导航，成功发现并轰炸了汉口的码头。

7月3日，周五，美国志愿航空队的最后一天。凌晨2点30分，队员们再熟悉不过的、杂乱而不同步的三菱飞机的引擎声在衡阳上空响起，日军飞机投下的炸弹偏离跑道几百码。日出时，唐·罗德瓦尔德和帮手们（包括两名随志愿航空队撤回中国的皇家空军军械师）一起，把炸弹装进还能作战的轰炸机里。中午时分，轰炸机队起飞轰炸位于南昌的日军机场。五架"米切尔"轰炸机和四架"小鹰"战斗机组成的编队飞在两个云层之间，它们即将到达南昌时，下方的云层消散了。B-25轰炸机在2,500英尺的高度完成了轰炸，然后返航。

此时，一群"九七"式战斗机从高空俯冲而下，扑向它们。"鲶鱼"雷恩报告说："我迎头攻击了一架敌机，但它翻滚离开，我不知道有没有击中它。我接着从后面接近一架正追逐着B-25轰炸机的敌机，在相当远的距离外向它打了一串长连射。它翻滚闪避，拖着黑烟向下俯冲。敌机随后大角度地倾向一侧，飞行员跳出了座舱。其他日本飞机向我俯冲扑来，我只能躲进云层里并返航。"

哈利·博尔斯特也在护航编队里。轰炸机投弹后，这位前飞行教官开始扫射地面。他破坏了地面上的一架"九七"式战斗机，之后开始追赶轰炸机编队，三架日本飞机正在攻击它们："我朝其中一架敌机开火，看到它开始旋转。我俯冲脱离，一颗子弹在我的座舱里爆开，我看见身后有一架'零'式正在紧追不舍。我成功摆脱了它，但座舱里已全是机油，飞机随时都会起火。飞离敌占区后，我就跳伞逃生了。"博尔斯特击落了两架敌机，都是"九七"式战斗机。雷恩也击落了一架"九七"式。

博尔斯特提到的"零"式战斗机可能是中国战场上出现的第一架中

岛 Ki-43 型"隼"式战斗机，它隶属于高槻满少校指挥的第 10 独立飞行中队。由于"屠龙"和"九七"式战斗机在桂林空战中的拙劣表现，这个中队被紧急调往中国。可以肯定，当天下午袭击衡阳的正是高槻满中队。志愿航空队的飞行员们以为要拦截的是一架从北边的高空靠近的飞机，但来袭的实际上是七架在低空飞行的"隼"式战斗机。正当美国飞行员在云层里搜索时，日军飞机开始扫射机场，罗德瓦尔德回忆说："正在扫射的敌人看见了普雷沃（医生）、莫顿·本特（Morton Bent）和我，他的子弹扑向了我们。子弹落在我们躲藏的坑洞周围，我真希望没有靠近这里。敌人击毁了早已报销的 22 号'战斧'飞机和我们唯一一辆还能用的卡车。"

与此同时，蒋介石在重庆向志愿航空队指挥官陈纳德下达了最后一道命令："你应根据我之前批准的计划，遣散美国志愿航空队并解雇队里的人员。"陈纳德坐下来撰写了志愿航空队的告别信，这封信是写给劳克林·柯里的，实际上是想通过他转交罗斯福总统。告别信的开头是陈纳德惯用的辞职信语调，只不过更委婉，这一招是他的惯用手段，对宋美龄尤其有效，其内容如下：

在去年的 12 月 16 日至 24 日期间，我和布雷特将军在此处进行了谈话。谈话过后，我明白了美国志愿航空队注定要走向终结，我们筹划、开展并为之努力奋斗的整个项目也会迎来结束……我在今年 4 月初接受召唤回到现役，希望以此获得更好的合作和更多的支持。我现在为这一举动感到后悔，我应该回到美国，向公众讲述在中国发生的一切。

我认为这里的情况……比你知道或者想象到的更加不妙。我相信总统不知道其中的种种失误和过错，并且相信美国人民也不了解内情。我在华盛顿告诉你的关于这支雇佣空军的一切都是真相，年轻的飞行员和优秀的装备在白白牺牲。我们还极大地伤害了中国人民对我们的信任和钦佩之情，我曾为了保持住这两样东西而不懈努力……

同美国志愿航空队一起奋斗的经历是我生命中最精彩的部分，

因为很少有人可以一边做着自己喜欢的事情,一边服务于伟大的事业……直到3月,我的健康状况一直很差,但我每天都坚持长时间地工作,而且没有假期。现在我恢复了健康,但在精神上却感到疲不堪言。

陈纳德还给宋子文写了一封内容相似但语气更为克制的信,然后就上床休息了。

1942年7月4日是一个周六。衡阳和零陵的机场上很早就开始了焰火表演,大西浩史手下的重型轰炸机也送来了一大堆炸弹作为"贺礼"。天亮时,预警网络报告敌机正在扑来,晚上在零陵过夜的鲍勃·尼尔和另一名飞行员马上飞至衡阳助战。他们以13,000英尺的高度飞到衡阳上空,发现了12架日军战斗机,尼尔报告说:"我取得高度优势后……俯冲攻击敌机。我瞄准并击中了一架战斗机,但没看见它下坠。第二次攻击时,目标冒着黑烟坠落,我还是没看到最终结果。我跟着敌阵向北飞,攻击了下方5,000英尺处一架落单的战斗机。我先从敌机的后方俯冲攻击,然后爬升飞走,第二次攻击则击中了它的前部,黑烟窜了出来,它开始向下坠落。"尼尔还没来得及确认敌机是否坠毁,就被两架"九七"式战斗机逐走。他俯冲脱离,又发现了四架"九七"式,他追逐着它们,一直向北飞了100英里才放弃。

"九七"式战斗机飞来时,"熊猫"中队正在18,000英尺的高度巡逻。埃迪·雷克托报告称:"我们立刻发起攻击,可以看见敌机的轮廓隐隐出现在7,000英尺处的云层中。我小角度地俯冲转向,并朝着(一架'九七'式)射击了四秒,敌机化作一团火焰,碎片四散,跌入云层中。我拉起飞机,跳出外圈,又发起了好几次攻击……一架'九七'式迫使我俯冲脱离,而我正好迎面攻击了两架以紧密队形冲向我的敌机。飞越他们之前的一瞬间,我瞥见敌人僚机的引擎冒出了一大股黑烟。"

雷克托、吉姆·霍华德、查理·索耶和范·夏帕德(前飞行教官)分别击落了一架Ki-27型"九七"式战斗机,使7月3日和4日的总击落数达到七架。根据日方记录,第54战队在这几次战斗中实际损失了四架飞机，这是他们回国休整前参加的最后一次战斗。

陈纳德在重庆市郊的白市驿机场度过了 7 月 4 日，忙着处理各种文件。当晚，宋美龄为志愿航空队举办了一场晚会，这原本是一次烧烤野餐，但由于下起了雨，他们最后只能在室内活动。客人们喝着不含酒精的潘趣酒，宋美龄带领大家玩抢凳子游戏，陈纳德则获赠了他本人和蒋委员长夫妇的肖像画。晚上 11 点，如释重负的美国人驱车穿过雨幕和烂泥地，回到了他们在机场的驻地。

18

载入史册

关于 1942 年 7 月 4 日这天，陈纳德写道："半夜时分，美国志愿航空队正式被载入史册。"但飞虎队并未立即卸下重任，7 月 5 日，陈纳德的非正规军仍然是空战的主力。即使是愿意接受改编的人员，现在也还是平民身份，包括当天下午带领九架"小鹰"战斗机从白市驿飞到桂林的特克斯·希尔。（把 P-43 战斗机送到昆明后，希尔准备好翻开职业生涯的新篇章，他向 R. T. 史密斯购买了一整套卡其军装，因为队里只有史密斯的裤子适合希尔的长腿。）7 月 6 日，周一，陈纳德也来到了桂林，他让鲍勃·尼尔负责指挥第 23 战斗机大队。原定的指挥官、来自空运队的罗伯特·斯科特上校此时正在昆明，他正忙于组建自己的大队指挥部，还要把"地狱天使"改编为一支正规的中队。

已婚的约翰·佩塔奇是跟随希尔来到桂林的其中一名"熊猫"中队队员。他是一名发挥稳定但表现普通的飞行员，希尔在周一下午带着他前去空袭广州。五架"米切尔"轰炸机袭击了一家炼油厂，随后开始返航。刚踏上返程的路没有几分钟，一架轰炸机的飞行员在无线电里说他正遭到攻击，佩塔奇报告说："我扔掉了副油箱，用力地扭头观察，四处寻觅敌人，但什么也没看见。"他很快发现有三架"九七"式战斗机在自己下方，便向特克斯·希尔打了一声招呼，晃动机翼，然后俯冲攻击敌人。他在报告中写道："它们肯定也看见我了，因为最后一架敌机打了几发子弹后，三架飞机全都向我扑来。我在 500 码的距离外开火，但子弹飞到了最后一个敌人的身后，于是我把机首直指一架敌机，并朝它射击了一秒。敌机刚好飞进了机枪的瞄准范围内，在它经过时，子弹打中了它……我脱离了战斗，看见另外两架（'九七'式）在北面 3 英里外。我向它们飞去，它们转身逃跑，飞向一座山峰。第一架敌机绕着山峰飞行，我追上了第二架敌机，并射击了一秒，它燃起了大火。这时，希尔召回所有正在战斗的飞机，于是我就回去了。"

佩塔奇的账户上又增添了一架"九七"式战斗机，使他的奖金总数达到 1991.67 美元。对于身在白市驿的佩塔奇太太而言，这笔钱无疑是一份很好的送礼会礼物，因为她正怀着自己的第一个孩子。特克斯·希尔也击落了一架敌机，他在空战中总共击落了 10.25 架敌机，还摧毁了地面上的一架敌机。排在希尔前面的只有鲍勃·尼尔，截至当时，他是拥有最多击落数的美军王牌飞行员。但根据日方的记录，这场战斗没有造成任何损失。

周二，鲍勃·尼尔派新到的"小鹰"战斗机到衡阳，特克斯·希尔在那里继续指挥"熊猫"中队，陆军飞行员则称他们为"第 75 战斗机中队"。

此时，日军侦察机正加紧对中国机场进行侦察，试图刺探美国驻华空军的现状。（虽然史迪威下令对改编一事实行报道管制，但飞虎队即将解散已是公开的秘密。）7 月 9 日，周四，皮特·莱特和莱斯特·霍尔从衡阳起飞，追击一架"侦察轰炸机"，这可能是从广州飞来的第 90 战队的一架"九九"式轻型轰炸机。经过长时间的寻找，莱特发现了敌机，他开始爬升攻击。"我在敌机身后大约 150 码外开火，第一次连射就打掉了它的部分尾翼，其左侧引擎也起火了。我又打出两串连射，敌机翻滚着下坠。我没能看见它坠毁，因为它引擎里漏出的机油覆盖了我的挡风玻璃。"莱特将其击落，这也是志愿航空队击落的最后一架敌机。莱特的击落数达到了 3.65 架，而整个志愿航空队的总击落数又是多少呢？

在这里，笔者需要直面一个棘手的问题：美国志愿航空队到底摧毁了多少架空中和地面上的敌机？不同的文献提供了不同的数据，经过整理，我们发现中国方面总共向队员们支付了击毁 296 架飞机的奖金，包括在官方宣布解散（7月4日）后击落的4架。但这个数字只是宣称的击落数，出于各种原因，第二次世界大战中所有国家和战区的飞行员都毫无例外地会高估自己的击落数。这种过高的估计在志愿航空队的作战环境里尤为显著，因为队员们需要在水面、雨林和敌占区上空作战，还要经常同数倍于己的敌机进行混战。在这种情况下，笔者可以比较确凿地证明某个宣称的击落数实际上并不客观，但由于各种因素的影响，得出一个非常精确的数据是很困难的。

首先，日军陆航部队不会大力褒奖飞行员个人的战功。在战斗结束后，幸存的飞行员会集中到大队或中队总部接受询问，部队据此综合得出损失数和击落数，并由书记官记录下来。一名中士飞行员可能会把自己击落的敌机归功于上级军官，以此表达对他领导队伍的努力的感激之情。这种机制和西方飞行员沉迷于追求个人战绩的观念和行为无疑大不相同，而且在高估战绩的同时还会减少承认的损失数。例如，日军的作战记录中很少会列出被俘飞行员的姓名，对于战斗后的"迫降"也一笔带过（笔者将这种迫降行为都归因于盟军的战斗行动）。附属于地面部队的陆航中队也经常被忽略，似乎负责支援地面的飞行员不是真正的空战人员，他们的损失也相应地并不重要。

另外，在日军溃败的1944年至1945年间，军方记录大量散佚或被毁。志愿航空队在缅甸南部的老对手吉冈弘史指挥的第77战队就在新几内亚被击溃，飞行员和机械师要么和步兵一样投入地面战斗，要么在陆上行军直至饿死，没有人会在这种情况下考虑如何保存队伍的作战记录。至于保存在战区或总指挥部中的资料，其下场正如1945年8月在东京流行的讽刺笑话所说的那样，军队和官僚机构焚烧文件的黑烟与美军空袭的硝烟混在一起，根本无法分清。

然而，即便是第77战队这种极端的情况，仍有部分记录留存了下来，并由盟军的翻译机构在20世纪50年代进行分类处理。退伍的日军军官也要接受美军的审问，他们的回忆录以油印本的形式出版。随着时光流逝，日军陆航部队的老兵也撰写了回忆录（涉及第64战队的书籍销量尤其好）。日本防卫厅在20世纪80年代还出版了一批高质量的战史。

总体而言，日军和盟军的记录有两个相同点，即战绩方面的荒谬乐观和损失方面的基本可信。除此之外，也没有其他可能了。一名士兵失踪或死亡，其他人必然会知道：他们的战友没有归队；他们要写好寄给家属的信，并处理死者的遗物；兵营里的床铺空了出来；食堂里的座位也空了出来……因此，我们确定无误地知道，在1941年12月23日，盟军方面有且只有尼尔·马丁和汉克·吉尔伯特两人阵亡，而非日军飞行员和机枪手宣称的那些夸张的数字。同样，我们知道日军第64战队在圣诞节空战中只损失了奥山中尉和若山中士。每一位飞行员的折损都是一个事实，它烙印在每个曾与他一起服役、为他伤心和提起他的人的记忆中。

日军陆航部队的数据必然没有志愿航空队的那样精准。日本毕竟输掉了战争，很多人带着对阵亡者的回忆赴死。但是，一支部队即便全军覆没，它的历史仍然留存在曾为其效力的飞行员心中，留存在曾和它一起作战的友军部队的记录中。当然，缺漏总是存在的，但总体而言，日军关于阵亡者的数据经得起推敲。这些数据表明：在缅甸、泰国和中国地区的作战中，志愿航空队击毁了约115架日本陆军航空队的飞机，上下浮动5架。

日军人员的损失数要远高于飞机。作为入侵者，日本航空兵经常要在对手的地盘上空作战，他们被击落后几乎没有归队的机会。部分型号的飞机可以搭载多名乘员（"九七"式轻型轰炸机可搭载2人，"九七"式重型轰炸机可搭载6~7人），而战斗机飞行员有时还不带降落伞，他们宁愿"自爆"也不愿被俘。因此，日军陆航部队在同志愿航空队的较量中损失了约400人，其中包括四名大队指挥官，相当于损失了四个陈纳德。

为什么在其他盟军部队节节败退的时候，飞虎队却取得了成功？要解释这一点并不容易。诚然，他们的飞机更加坚固，防护更好，但日军飞行员却在珍珠港和马尼拉上空轻易击败了同样驾驶P-40战斗机的美军飞行员。陈纳德的战术确实很有针对性，但志愿航空队的战斗报告却表明，飞行员们很少遵循他那套所谓的"双机作战组合"守则。即使是队员们经常使用的"打了就跑"战术，也不是他们独有的，援华的苏联飞行员和缅甸的英军飞行员也会使用。同样，陈纳德倡导的地面观察预警网络虽然在中国战场上发挥了作用，但志愿航空队大多数时候都在缅甸作战，而那里经常缺乏有效的预警。

笔者认为，起到重要作用的正是不可捉摸的士气和热忱。从1941年到1942年，盟军空军部队苦苦抵挡日军的强大攻势，这一时期的飞虎队可以说有着三重的志愿者身份：他们在和平时期志愿参加美军；他们在1941年志愿为中国作战；在将近一年的时间里，他们不顾形势险恶，也不顾人员、飞机和土地的持续损失，志愿在缅甸和中国坚持作战。在敌我力量悬殊时仍能坚持战斗殊为不易，但飞虎队还是漂亮地完成了任务，很大程度上就是因为它是一个志愿组织，想要退出的人确实可以退出，而留下的人都有着坚定的战斗意志。

这无疑是一个令人愉悦的讽刺。日本在发动战争时知道对手比自己更庞大和富有，但它自认为能够获胜，并让本国士兵和飞行员相信自己将成为胜利者，因为一个人的精神和意志比他的武器更重要。然而，日本空军的第一次大败就是输给了这些充分体现了精神力量的美国飞行员。

* * *

志愿航空队的损失还没有到头。1942年7月10日，也就是"亚格斯方丹号"驶离金门大桥整整一周年后，特克斯·希尔命令四名飞行员从衡阳起飞，前往攻击东北方的临川（今属抚州）。约翰·佩塔奇负责带队，驾驶僚机的是小伦纳德·M. 布奇中尉。阿贾克斯·鲍姆勒上尉在第二梯队，驾驶僚机的是前飞行教官阿诺德·香布林。佩塔奇沿着68度的航向飞行，飞越了南昌城南宽阔的长江支流（赣江），到达检查点时是上午11点45分，距离他们起飞已过去一个小时。佩塔奇转向西南方，并让其他人跟在自己身后。这支呈直线飞行的机队于12点03分到达临川。

鲍姆勒的战斗报告比其他队员的要正式得多，他写道："细致的空中侦察表明附近没有跟踪的敌机，我们按照队形从6,500英尺的高度开始俯冲。佩塔奇先生的飞机刚到达2,300英尺处的俯冲终点就爆炸起火了，起火点位于座舱和主油箱周围。他的飞机开始剧烈地翻滚、旋转，完全失去控制，左侧机翼部分脱离机身。飞机燃烧着坠毁在河畔，地点是东北方的城墙外。飞行员没有跳伞，我推测他的飞机在投弹后被若干发20毫米口径防空炮直接命中。"与"熊猫"中队的大部分飞行员一样，佩塔奇也来自海军，他在1939年毕业于纽约大学，专业是航空工程学。他本来将在五天后庆祝自己的24岁生日。

鲍姆勒立刻撤至河流上空，并沿着弯弯曲曲的河道飞行，直到安全逃离了防空炮的射程。小布奇也经河流撤离。两人在衡阳会合，却猛然发现香布林也失踪了。一头红发的阿诺德·香布林来自俄克拉荷马州，曾担任陆军的飞行教官。他的飞机在临川上空被防空炮击中，他跳伞着陆，几个小时之后就被日军士兵俘虏了。东京的一份报纸报道了这件事，但香布林之后便再无音讯，他可能被当场杀害，也有可能死在战俘营里。事实上，落入日军手中的英美战俘的死亡率高达27%。

截至此时，志愿航空队共有22名飞行员在战斗中阵亡、被俘或失踪。从绝对数量上来看，志愿航空队的损失并不大，他们和日军陆航部队的伤亡比可能低至1∶28。但与战争开始时相比，他们的损失比例变得非常高，几乎达到25%。

装备方面的损失也很大。据笔者估计，志愿航空队在历时七个月的战争中共接收了116架"战斧"和"小鹰"战斗机。因战斗、事故和遗弃而损失了86架飞机，其中包括比尔·波利放置在垒允，后来被日军缴获的20架"战斧"。

* * *

在7月10日这天，约翰·艾利森少校和第16战斗机中队队员驾驶八架"小鹰"战斗机飞抵桂林。这些飞机正是陈纳德从桑德斯上校部署在印度的第51战斗机大队那里"借"来的。鲍勃·尼尔把他们调往零陵的备用机场。7月12日，周日，两架B-25"米切尔"轰炸机到达桂林。第二天，陈纳德搭乘一架道格拉斯运输机，带着"小鹰"战斗机的机腹副油箱、食品和寄给队员们的邮件抵达。同行的有加勒·海恩斯上校，他负责指挥第11轰炸机中队。陈纳德想在剩下的队员们回家前再发起一次攻势，但降雨导致轰炸机队只能停在地面上，直到周四。

7月16日周四这天也在下雨，但海恩斯成功地让轰炸机起飞，他们的目标是汉口的码头，护航编队中兼有陆军和志愿航空队的飞行员。艾利森少校报告称："这次飞行很平淡，炸弹命中了码头，我们没有看到敌方战斗机。随后全队返回（衡阳）。"降落后不久，他们的飞机引擎还在作响，金属因为冷却而收缩，控制塔就报告说有机队从北方接近机场。飞行员们拼命行动，试图以最快的速度把飞机带到安全地带。艾利森回忆说："机场上的大部分P-40战斗机成功升空，B-25轰炸机也全部起飞，但我们像一群争先恐后的鹅那样起飞，少不了碰撞和剐蹭。"

弗里曼·里基茨当时正驾驶着一架"小鹰"战斗机。几个月前，里基茨带着900小时的飞行时间到达缅甸，但这位前陆军飞行员却很少遇上战斗。如今他还是在机场上空漫无目的地飞行，控制塔告诉他"强盗们"从衡阳北边飞来，接着又告诉他是南边，最后干脆让他降落。这是一次误报，控制塔收到的其实是己方机队从汉口返航的报告，正是报告的延误造成了这场混乱。

然而，里基茨并不知道这些。在接近机场跑道时，他发现西边有一架双引擎飞机。里基茨转向这架飞机，对方也开始调头，于是他立刻追上前去。他报告说："我从正后方稍偏下的位置追上了它，在大约350~400码的距离外开火。我的机枪很快卡住了，于是我飞向左侧并重新装弹。对方摆脱了我，但我的第一次射击明显命中且拖慢了这架飞机，因为我非常容易地再次追了上去，并对它进行了第二次射击。"但里基茨看见了对方机翼上美国陆军的白星标志，他明白了这是一架"米切尔"轰炸机，它刚才为躲避空袭而紧急升空。里基茨写道："我观察了这架B-25一段时间，看看它能否坚持飞行。飞了大约一两英里后，五顶降落伞在空中打开。但飞机并未失控，我最后看到它飞往了衡阳方向。"这架"米切尔"轰炸机最后坠落在零陵附近，飞行员在第二天通过电话向衡阳方面报告说，他被"两架'零'式战斗机"击落，但仍然活着。他的机组成员和里基茨也活了下来，当然，后者没能逃过陈纳德安排的审讯。

就在当天下午，美军的一架道格拉斯飞机在桂林降落，机上是配属第 23 战斗机大队的十名飞行员和四名机械师。另外两架运输机于周五抵达，罗伯特·斯科特上校就在飞机上，但鲍勃·尼尔的日记中没有提到他是否和这位继任者碰了面，之后他也记不起来是否进行过会面（斯科特则记得，他曾隔着飞机舷窗向尼尔招手）。这些运输机在周五和周六两天载着志愿航空队剩下的人员到了重庆。尼尔在日记中写道："喝上了冰茶，真是难得。"为了感谢他们在战区多留驻了两周，陈纳德为他们写好信件，请求返回美国的军用航班优先为他们安排位置。

在奇峰环绕、高温潮湿的桂林，唐·罗德瓦尔德在日记中写道："剩下的伙计们全都在今天离开了，这就是美国志愿航空队的结局。看着他们回家，我感到很难过。有时我都会怀疑，自己是不是做了错误的决定。我在这里只有两名军械师和两个英国帮手，真希望（美军）人员快点到来。"事实上，皇家空军为陈纳德的部队提供了重要的帮助，但这种帮助却没有被记录下来。除了罗德瓦尔德提到的英国帮手，至少还有两名皇家空军的无线电技师跟随志愿航空队撤至中国，他们是韦尔夫·杰普森（Wilf Jepson）和杰拉尔德·琼斯（Gerald Jones），他们为美国人工作了超过一年。陈纳德从未把他们编入中队名册，但他断然拒绝了皇家空军把他们调回去的要求。直到 1943 年 8 月，陈纳德才在上级的命令下放走了他们。

随着援兵的不断调入，加上同意留下的志愿航空队队员和从皇家空军"绑架"过来的帮手，手里有人的陈纳德继续坚持着，就像没有人离开过一样。他甚至把新来的人称作"飞虎队"，从而引起了志愿航空队老兵们的不满。

7 月 19 日，周日，又有三架"米切尔"轰炸机来到桂林，按罗德瓦尔德的说法，它们出去"狠狠地轰炸了一座城镇"。就在这一天，罗德瓦尔德和其他队员被正式编入美军序列。入役过程没有举行典礼。贾斯佩尔·哈林顿当时正向食堂走去，一名军官叫住了他。哈林顿对笔者回忆说："那是在日落之后，天色刚刚暗了下来。那名军官问：'你叫哈林顿吗？'我说：'是的。''贾斯佩尔·J. 哈林顿？'我说：'是的，如假包换。'他说：'举手行礼。'我举起手，他帮我完成了宣誓，然后一边和我握手一边说：'现在你就是陆航部队的中尉了。'这是我唯——次见到这个人……这并没有改变我的工作性质，我仍然是一个带着工具箱干活的飞机维修员。"

特克斯·希尔的宣誓仪式在一顶"闷热的帐篷"里举行，改编委员会也在现场。一名中士交给希尔一支笔和一张表，上面印着效忠誓言。希尔读了誓言，签了字，把表交了回去。桑德斯上校对他说："祝贺你！你现在是希尔少校了，第75战斗机中队的指挥官。"除了美军派来的飞行员，吉尔·布莱特少校也留下来帮助希尔执行"熊猫"中队的各项规定。与之相似，埃迪·雷克托少校负责指挥驻桂林的第76战斗机中队，查理·索耶上尉留在那里辅助他。这两个中队拥有24架战斗机，大部分是"小鹰"。在昆明，弗兰克·席尔少校成为第74战斗机中队的指挥官，整支"地狱天使"中队也被重组了，包括那10架破烂不堪的"战斧"。

此外，约翰·艾利森的第16战斗机中队拥有8架"小鹰"，加勒·海恩斯手下有7架"米切尔"轰炸机。综上，美国空军驻华特遣队在投入战斗时共有49架飞机，这与陈纳德同意把志愿航空队编入美军时得到的承诺相比颇有差距。事实上，特遣队的飞机数量甚至少于刚刚投入战争时的志愿航空队。

为了补偿从志愿航空队征用的飞机，美国为中国增加了350万美元的租借额。这是十分慷慨的，当初中国为100架"战斧"支付了930万美元（还是由美国先行垫付的），而没有为"小鹰"支付一分钱。经核算，中国在志愿航空队计划上的净成本是580万美元的飞机费用加上300万美元的薪水和战斗奖金，意味着每击落一架日本飞机大约需要75,000美元。进攻武器花费的成本低于被摧毁目标的成本，这在现代战争中是十分罕见的。

* * *

最后一批离开中国的志愿航空队人员是鲍勃·尼尔、查理·邦德和已怀孕的佩塔奇遗孀。在印度耽搁一周后，他们凭借陈纳德的信坐上了去往北非喀土穆地区的飞机。在这座沙漠基地里，他们看到了数量巨大的飞机，包括原本要出售给英国的洛克希德"赫德逊"轰炸机，劳克林·柯里曾两次为中国争取到这些飞机，但都被美国陆军征用回去。8月7日上午11点30分，尼尔一行三人在迈阿密机场降落。他们是最后一批离开中国的队员，却是第一批回到美国的。

尼尔一行是比较幸运的。志愿航空队的大部分飞行员、文职人员和地勤人员只有两个选择，要么是1,200美元一张的泛美航空公司机票，要么是稍微便宜一点的海路运输。巴斯·基顿在7月11日的日记中写道："军队理应来接我们。"一周之后，基顿的怒气更加明显："这里的机场上停着至少15架军用运输机，但他们不会载上我们，这群混蛋！"又过了一周，基顿听说了陈纳德的放行信，他转而憎恨起"老头子"来："我以前对他可能还有一点尊敬，但这种想法现在已经荡然无存了。"

然而，志愿航空队的老兵们大多把狼狈不堪的回国之路怪罪到刘易斯·布里尔顿或克莱顿·比塞尔（他们钟爱的出气包）头上。笔者曾查阅美国军事代表团的文件档案，试图找出他们这种念头的来由，但只发现了陈纳德在春天发往印度的阻止队员们离队的电文，也许美军的运输官认为陈纳德的禁令仍然有效。可能性更大的原因是，军官们没有权限受理这些人的请求，因为他们既不穿制服，也没有旅行证件；除了曾在外国空军中效力一年而现在想要回国的情况，他们无法说明自己此时为何身处印度。

多数队员搭乘"蝴蝶百合号"轮船回国，这艘意大利客轮被美军俘获并改为运兵船。甲板下方铺位的票价为150美元，军官舱则为800美元。（格林劳夫妇应该购买了比较昂贵的船票，他们需要空间来放置小狗露西、一只克伦邦大鼓、八张波斯地毯以及用四年时间积攒下来的亚洲纪念品。）8月7日，"蝴蝶百合号"在孟买起航。与当初把飞虎队带到亚洲的爪哇太平洋航运公司的轮船一样，"蝴蝶百合号"上也有很多传教士。据说，当飞虎队老兵在船的一头打牌时，传教士们正在另一头进行祷告。9月6日，轮船抵达纽约。老兵们惊喜地发现自己受到了英雄般的迎接，飞行员们更是高兴地获悉战斗奖金全部如数发放了。在俄勒冈州胡德里弗市，肯恩·耶恩斯泰特的银行经理告诉他："我就知道你一直进展顺利，因为不断有钱打进账户。"

格林劳夫妇和大部分飞行员留在海军队长酒店，希望从中招募人才的航空公司和飞机制造公司招待了他们。有着一肚子战争经验的耶恩斯泰特和他的朋友帕克·迪普伊一起加入了共和飞机公司，成为平民试飞员。这并非个例，鲍勃·尼尔、乔治·布加德和皮特·莱特也加入了航空公司，负责驾驶军方的包机。包括数名前飞行教官在内的 20 名飞行员与中国航空公司签约，或直接回到中国入职，他们驾驶道格拉斯运输机飞越驼峰，每月领取 800 美元的薪水，外加每小时 20 美元的加班补贴。讽刺的是，对他们中的大部分人来说，转变为运输机飞行员最困难的地方在于无法凭借 P-40 战斗机那长长的鼻子来保持正确的航向，而正是这种头重脚轻的设计让他们在凯多机场吃尽了苦头。

* * *

陈纳德在中国逗留至 1945 年 8 月，经历了抗日战争的全过程。他继续发挥着即兴的天才去创造奇迹，在赢得部下爱戴的同时，又不断地惹怒重庆、德里和华盛顿的高官。他得到了志愿航空队很多老兵的大力支持，其中最重要的就是特克斯·希尔。加入美军后，希尔在中国又击落了五架日本飞机，众望所归地成为第 23 战斗机大队的指挥官，而且成为美国空军的传奇人物。一名刚刚来到中国战区的年轻飞行员回忆了希尔在桂林的第一次作战指示，他以为一切都会像《今夜的目标》①那样，大家说着笑话，参考着天气报告，在黑板上研究作战计划。但他只看见一名皮肤被晒伤的高个子男人摇摇晃晃地走进简报室，这个男人就说了三个字："跟我上！"

这群忠心耿耿的战士也承受了和志愿航空队一样高的伤亡率：弗兰克·席尔少校于 1943 年殉职，他的 P-38 战斗机在一次侦察行动中不幸坠毁；在志愿航空队中兼任军械师和文职人员的罗伊·霍夫曼上尉成为 B-24 轰炸机的机组人员，在一次行动中阵亡；乔治·麦克米兰重新加入军队后回到了中国，在 1944 年阵亡；比尔·里德和麦克米兰一起参军并回到中国，他击落了七架敌机，但也在 1944 年阵亡。另外三名留下来担

---

① 华纳兄弟公司于 1941 年摄制的纪录片，讲述了英国皇家空军飞行员驾机突袭德军的故事。

任中国航空公司飞行员的老兵因坠机而遇难：约翰·迪恩死于1942年，阿伦·莱特死于1943年，米奇·米克尔森死于1944年。

埃迪·雷克托升任上校后又回到了中国，负责指挥第23战斗机大队。陈纳德手下的文职人员继续以平民身份为其工作，包括汤姆·特朗布尔、多琳·伦堡和一位名叫埃洛伊斯·惠特维尔（Eloise Whitwer）的仰光难民。被日军遣返回国的乔·奥尔索普回到中国担任租借物资的监察官，他又通过各种手段调到陈纳德的总部，继续为"老头子"办事。此外还有保罗·弗里尔曼，在志愿航空队里服务了一年后，他极为渴望能过上虔诚的生活。他加入了美国陆军，成为一名情报官，并回到中国。陈纳德带着过去那种一贯正确的神气迎接弗里尔曼，对他说："你好，弗里尔曼，我就知道你会回来的。"一名失踪的飞行员也回来了。1945年，卢·毕肖普被火车送往新的战俘营，但他从车上逃脱并回到了昆明。

克莱顿·比塞尔被调往印度，担任第10航空队的司令，他因在中国期间"卓有成效"地组建了第23战斗机大队而获得了勋章。（陈纳德也获得了勋章，但一如既往地排在比塞尔之后。）比塞尔虽然已远在1,800英里之外，但他仍然能让陈纳德十分不痛快，有时他到巫家坝机场视察，陈纳德甚至会因此病倒。这种窘境于1943年3月终结，美国空军驻华特遣队升级为第14航空队，陈纳德继续担任指挥官。部队升级为他增添了一枚将星，他现在成了克莱尔·李·陈纳德少将，美军历史上最富传奇色彩、最具争议也是最受欢迎的指挥官之一。

陈纳德和史迪威之间的矛盾仍在继续，但与他和比塞尔之间游击战一般的争斗相比，他们的矛盾是光明正大的。争论的焦点集中于怎样才能最有效地打击日本人，史迪威强调："战争是由战壕里的士兵打赢的。"陈纳德则回应道："该死的，史迪威，战壕里已经没有人了。"他们说的都不无道理。史迪威警告陈纳德，如果那些"空军小子"真的能威胁到日军，那么敌人只需要把机场毁掉就行了。事实也的确如此，日军在1944年春天发动了"一号作战"[①]。另一方面，陈纳德曾预言远程轰炸机能够摧毁日

[①] 即豫湘桂会战，日军发动的旨在夺取桂林、柳州等地的盟军机场和打通大陆交通线的战役。

本本土，1944年夏天开始实施的"马特霍恩计划"①就是一个开端。（但陈纳德并无指挥 B-29 远程轰炸机的权力，而亨利·阿诺德在太平洋上找到了更好的前进基地，即关岛、天宁岛和塞班岛的机场。）陈纳德和史迪威争执不下，直到1944年10月美国政府在蒋介石的强烈要求下召回史迪威，两人方才罢休。

然而，乔治·马歇尔和亨利·阿诺德不能容忍一位在中国取得成功的冒险家战胜他们的老伙计。当美军准备反攻日本本土时，他们便开始谋划除掉陈纳德。由于陈纳德公开支持一些行为不端的同事，这场斗争的形势变得明朗起来。博特纳·卡尼打牌时头脑发昏，射杀了一名陆军中士；"中国通"哈利·萨特因为在印度和中国之间走私黄金、药物和其他物资而被重点调查。除了这两个丑闻，有流言称，莫罗斯（卡尼的妻子或女友）和凯西·萨特（Kasey Sutter）与陈纳德有不正当关系。甚至有流言称，陈纳德和莫罗斯生了一个孩子。（莫罗斯的儿子就叫乔·陈纳德，现居旧金山湾区。）

总而言之，美军调查组汇集了300宗走私案件，牵涉到美国志愿航空队、中国航空公司、美国空军驻华特遣队和第14航空队的现役队员和前队员。陈纳德极力支持他的朋友们，不惜污损自己的声誉，同时也为华盛顿的大人物们提供了一个除掉他的理由。在停职四个月后，陈纳德接受了阿诺德的建议，"享受因为身有残疾且不能履行职务而退休的权利"。陈纳德于1945年8月1日离开了中国。两周后，日本宣布无条件投降，80座日本城市被美军的战略轰炸夷为平地，已经不再适合人类居住。

*　　*　　*

根据"老爹"帕克斯顿在1945年的计算，志愿航空队解散时共有220名成员，其中187人（占85%）回到了现役美军的序列中。其余大部分人都参加了与战争相关的组织，例如中国航空公司。有一人还加入了英国军队。

---

① 美军的战略轰炸行动，美国轰炸机队以中国机场为基地，对日占区和日本本土实施轰炸。由于损耗过大和收效甚微等问题，该行动于1945年1月终止。

志愿航空队的老兵们在各条战线上各尽其能，有相当一部分人回到了亚洲。阿维德·奥尔森和R.T.史密斯为盟军的空中突击队效力，他们参与了收复缅甸的行动。1944年，驾机往返于驼峰航线上的迪克·罗西在印度东北部的一座机场上遇到了R.T.史密斯，史密斯当时正负责驾驶一架外号叫"芭比三世"的B-25轰炸机。其中一名机枪手就是查克·贝斯登，前志愿航空队的军械师。作为老朋友，他们带上罗西去看了一下缅甸境内的日军机场，还让罗西坐在机首位置，透过树脂挡风玻璃欣赏景色。返航时，R.T.史密斯轰炸了一座铁路调车场，贝斯登试射了他的机枪，还因此震落了一些树脂玻璃。当R.T.史密斯说有一枚炸弹还悬挂在机舱里的时候，罗西都惊呆了。罗西还没缓过神来，史密斯就开始蹑手蹑脚地放下炸弹，虽然他已经尽可能地小心翼翼，但炸弹还是松脱出来，在地上滚了一圈，最终落入一个坑里。罗西感谢史密斯带他度过了惊险刺激的一天，然后回到平淡的岗位上，继续驾驶道格拉斯飞机翻越喜马拉雅山。

结束了在中国的旅程后，吉尔·布莱特去了北非，他成了为数不多的曾击落过三个轴心国国家飞机的盟军飞行员。（如果算上西班牙内战时的战绩，阿贾克斯·鲍姆勒也算一个。）吉姆·霍华德在欧洲战场上指挥第354战斗机大队，并因瓦解了一次针对美军轰炸机队的攻势而获得了美国最高军事奖章——荣誉勋章。面对战地记者的采访，他淡然说道："我只是看到并履行了职责而已。"

格雷格·博因顿重新加入了海军陆战队，他组建了VMF214中队，也就是"黑羊"中队。这支名动天下的队伍与志愿航空队有许多相似之处，外号"老爹"的博因顿就是他们的陈纳德。1944年，博因顿被日军击落，而他在此前的多次战斗中摧毁了22架日军飞机。他也获得了荣誉勋章，但令海军陆战队懊恼的是，1945年他从战俘营里活着回来时，嗜酒如命的他在宣传巡游中喝得酩酊大醉，令军队蒙羞（据博因顿自称）。博因顿认为志愿航空队对他很刻薄，并以一部名为《汤娅》的喜剧小说报复了他们，"汤娅"这个角色身上就有着奥尔加·格林劳的影子。

事故大王、前水上飞机飞行员埃德温·科南特回到美国海军，成为一名杰出的战斗机飞行员,并因此获得银星勋章。1945 年 3 月,科南特在日本黑江湾上空击落了三架日军飞机。战后,他成为海军第一批直升机飞行员,用的仍是"科南特"这个假名。多年后,人们才发现他的另一个身份,也就是约翰·佩里。一名观察力敏锐的公务人员看到有两个同年同月出生、在同一个城镇而且同名同姓的人恰好都在申请换领驾照①,这才发现了个中蹊跷。

* * *

综上,在 1941 年夏、秋两季,共有 109 名飞行员和飞行教官乘船来到亚洲,其中 36 人在"二战"结束前牺牲或被俘,占比将近三分之一。雷德·普罗布斯特当初说加入志愿航空队有益于身心健康,这个谬论只能到此为止了。

有十名地勤人员在飞虎队解散后到飞行学校接受培训,并成为飞行员。埃德·麦克卢尔接受了美军的改编并留在中国,接受飞行训练后,他成长为美国海军的王牌飞行员,在日本本土的作战中击落了五架飞机。(麦克卢尔在"列克星敦号"航母上服役,指挥该中队的正是从志愿航空队走出来的"小白"弗兰克·劳勒少校。)亨利·奥尔森则在明尼苏达州竞选众议员。离开飞虎队后,他投身欧洲战场,驾驶 P-47 战斗机英勇作战,获得了杰出服役十字勋章。被敌军两次击落并受伤后,他荣归故里,成为一名真正的英雄。唐·罗德瓦尔德在加入美军后受训当上了飞行员,他回到第 23 战斗机大队,驾驶的是 P-51"野马"战斗机。这些半路出家的飞行员的伤亡率和他们曾经支援过的飞虎队差不多:比尔·赛克斯(Bill Sykes)在飞行学校毕业典礼前一天死于坠机;罗伯特·拉斯姆森在北非阵亡;卡尔森·罗伯茨(Carson Roberts)同样死于北非;杰西·克鲁克香克斯(Jesse Crookshanks)在德国上空被击落,历经 18 个月的战俘营生活后,他的体重降到了 120 磅。

---

① 此处应是指科南特盗用了另一个人的身份。

无论这些人后来有怎样的表现，他们为志愿航空队战斗的经历都没有得到官方的承认。查理·莫特在1945年逃离了日军战俘营，加入了一个抵抗组织，还在泰国的偏远地区协助建造了一条飞机跑道。第一架降落在那里的飞机为他们带来了战争已经结束的消息。莫特于是赶到印度，但与1942年回国的那些飞虎队队员一样，他被当作平民，无法登上军用交通工具。事实上，这是所有飞虎队队员都会遇到的问题：他们在志愿航空队期间取得的战果得不到陆军、海军和陆战队的承认，无法凭此成为王牌飞行员；这一年的经历也不能作为决定升迁、退伍待遇或战后出路的参考资历。

但有一个人是例外。美军因为临川任务而追授约翰·佩塔奇优异飞行十字勋章，理由是佩塔奇阵亡前正为第75战斗机中队效力，但他当时并未获得表彰。40多年后，美国空军终于弥补了错误。1984年，佩塔奇的遗腹女琼·佩塔奇·兰德尔斯（Joan Petach Randles）参加了在麦圭尔空军基地举行的授勋仪式。

* * *

战争结束后，陈纳德继续为蒋家服务，他和怀迪·威劳尔以及自称美国志愿航空队"华盛顿中队"的人们一起创建了民航空运队。民航空运队一开始服务于民间慈善事业，但随着国共内战的加剧，它逐步转变为半军事化组织，直到蒋介石被中国共产党驱逐至台湾。陈纳德甚至还试图在中国成立一支新的美国志愿航空队，但这个计划被他的宿敌乔治·马歇尔否决了。马歇尔时任杜鲁门政府的国务卿一职，可谓位高权重。

和蒋介石政权一起被驱逐到台湾后，民航空运队承接了美国政府的合约，为朝鲜战场上的美军和越南的法国殖民地军队提供支持。"地狱天使"中队的埃里克·希林以及从文职人员转变为海军飞行员的兰德尔·理查德森就是空运队中的两名飞行员。1954年春天，希林和理查德森负责在越南奠边府地区投放物资，他们在这个堪称"小型地狱"的死亡谷地里执行了45次任务，越南人的炮火就在他们身边炸开。陈纳德谋划着成立一支F-84"雷电喷气"战斗轰炸机大队,以应对越南的局势,但这个计划被艾森豪威尔政府束之高阁。

在美国加州,鲍勃·普莱斯考特带领志愿航空队的老兵们成立了另一家航空公司——飞虎航空,它一度成为美国最大的空中货运商(最终被并入联邦快递的庞大帝国)。飞虎航空公司雇用了一位名叫约翰·莱博尔特的飞机师,他正是1942年2月在仰光失踪的埃德·莱博尔特的儿子。

因为与蒋家之间的紧密联系,陈纳德意料之中地在20世纪50年代美国的反共高潮中备受指责。他倒是有一个用处不大的盟友——比尔·波利。波利在中国和印度大发战争财,摇身变为百万富翁的他曾担任美国驻秘鲁和巴西大使,并动用自己的家财参与冷战。他资助了对古巴的袭击,也是美国国会中的常客。另一方面,劳克林·柯里被指控与南森·格里高利间谍案有关。他只好离开美国,定居哥伦比亚。1954年,由于被怀疑是苏联间谍,柯里的美国国籍被注销。很多"中国通"(例如保罗·弗里尔曼)都因为在中国的经历而被指控与中国共产党之间有联系。

1958年7月27日,克莱尔·陈纳德中将因肺癌病逝(他在去世前不久被晋升为中将)。宋美龄在陈纳德临终前探望了他。随着"老头子"的病故,他的航空公司被改组为美国航空公司,由中央情报局直接控制。这家公司的飞机无论是民用的还是军用的都是灰色的,且都没有国籍标志。在整个越南战争期间,这些飞机执行了中央情报局的空中任务。由此可见,陈纳德在1940年提出的空中秘密作战终于成了美国对外政策的一个组成部分。在东南亚还有其他支持游击战的航空公司,像伯德和索恩公司就专注于老挝和柬埔寨的行动,该公司在1962年至1966年间的首席飞行员正是埃里克·希林。从空中秘密作战的意义上来说,希林可以被称作最后一名飞虎队队员。

陈纳德被安葬在阿灵顿国家公墓。在路易斯安那州的查尔斯湖畔,一片空军基地以他的名字命名,以纪念这位将军。在中国台湾的台北市,数百位市民在晨光中聚集到一个公园里,"中华民国"政府为陈纳德竖起了一座雕像,他也是唯一获此荣誉的西方人。1987年,陈纳德的传记出版,在"二战"的主要人物中,他的传记是最晚发行的,后来又增加了一部。(这正如陈纳德矛盾人生的写照,关于他的出生年份,其中一部传记的说法是1890年,而另一部则是1893年。)整整一代的陈纳德仰慕者都认为,有没有纪念邮票是其历史地位的试金石,这一点也在1990年9月6日实现了。在这个被误认为是他百年诞辰的日子里,路易斯安那州的门罗市举行了首日封发行仪式。陈纳德纪念邮票的面额是40美分,可以说是一个适合他的独特数值。

* * *

自20世纪50年代以来,志愿航空队的老兵们每隔一两年都会重聚,时间一般是在7月4日,地点则大多选在南加州。(鲍勃·普莱斯考特一直用飞虎航空公司的飞机为他们提供免费接送,直到联邦航空管理局将其叫停。)在笔者开始撰写本书初稿的1989年,大约有100位一直服务至飞虎队解散当天的飞行员、文职人员和地勤人员健在。他们中的半数参加了当年在加州奥哈伊市举行的聚会,同行的有他们的妻子儿孙,甚至还有旧情人。埃迪·雷克托手挽着多萝西娅·登斯莫尔(原姓威尔金斯)一起出现,多萝西娅依旧丰满漂亮,她的嗓音就像英国的夜莺那样甜美。自1942年1月在仰光初见,阔别47年后,他们终于再次相会。保罗·格林依旧一头卷发,脾气古怪的他有一幅照片,上面是他个人计划的目标——仿制一架P-51"野马"战斗机。帕克·迪普伊拄着拐杖出现,实在令人难以想象他当年的手眼协调是如此精准,甚至可以在失去部分机翼的情况下驾驶战斗机以142英里的时速降落。和蔼可亲的查理·莫特拿着一只公文包,他打算用里面的文件说服美国海军承认他在战时的战俘身份。到场的还有R. T. 史密斯和鲍勃·尼尔……有些人坐着轮椅,例如唐·罗德瓦尔德,他在驾驶空军的一架教练机时发生意外,导致双腿残废。但他没有被大地束缚,他改装了一架小型飞机,可以手动完成所有操作。罗德瓦尔德驾着小飞机环游了世界,遗憾的是缅甸当局不允许他在敏加拉洞机场降落。

1992年7月,在志愿航空队的第55次聚会上,美国国防部确认:每一位从美国志愿航空队"光荣离职"的成员都是"二战"老兵,他(她)们在 1941 年 12 月至 1942 年 7 月期间的服务获得了官方的认可。同时,志愿航空队还被授予了总统部队奖——这是对他们在中缅战场上代表美国展现的"卓越的英雄主义"的认可。1996 年,志愿航空队的所有非飞行员老兵都获得了铜星勋章,所有飞行员都获得了优异飞行十字勋章,此次奖励对他们来说可能最有意义,对那些在队伍解散后也没有回到军队的人而言更是意义重大。

自此以后,志愿航空队的聚会每年都会举行,地点也在更广阔的范围内变更。参加 1989 年聚会的大部分人都已经离世,包括雷克托、格林、迪普伊、莫特、史密斯、尼尔和罗德瓦尔德,他们牺牲在一场死亡率远高于缅甸战役的斗争中。在写作本章时,只有 6 名志愿航空队的战斗机飞行员仍然健在,地勤人员和文职人员中则有 30 人健在(29 男 1 女)。

在一些队员看来,聚会是他们一年当中最享受的时刻,志愿航空队的经历深深地影响了他们的人生原则。有些聚会还把他们带回中国和泰国,他们甚至造访了当年与之苦战但一直素未谋面的日本。(日军陆航部队第 24 战队的老兵们款待了他们,然而这也是一场误会,因为第 24 战队的主要对手是美军第 14 航空队,而不是志愿航空队。)由于聚会的频繁和岁月的久远,队员们相聚的时刻甚至比当年还要多。现在,他们只会向局外人讲述战争故事,一名第一次出席聚会的飞行员就惊叹道:"五分钟里就有五个谎言。"但再也没有人知道哪些故事是真实的,哪些故事是想象出来的,哪些故事只是人们希望发生的。

当有人问及时,队员们会重复讲述那些在 1941 年至 1942 年冬春之际就已经被宣传过的故事:飞虎队击落了 300 架(或者 600 架甚至 1,000 架)日本飞机;他们遇到并击败了"零"式战斗机;他们在怒江峡谷和中国东部地区阻止了日军的攻势。(这些说法都是不真实的,但最后一个有些许根据。志愿航空队到达桂林之后,日军的攻势确实停滞了下来。)队员们没有说的是,在 60 多年前的一段岁月里,青春热血的他们在一个空前绝后地需要英雄的国度里化身成了英雄。

* * *

是的,他们经历了波澜壮阔的战斗,尽管他们相信自己拿下了超出实际数字的战绩,但这一点并不会减损他们取得的成就。

他们曾在战场上翱翔。他们曾是雇佣兵、赌徒、无罪之人、黑市商贩、浪漫主义者和战争狂,在日不落帝国日薄西山、美利坚合众国人心惶惶的时刻,他们站了出来。一名记者在采访R. T. 史密斯时问道:"你后悔过加入美国志愿航空队吗?"史密斯斜眼看向一旁,戏谑地说:"只有当敌人的子弹向我飞来时,我才感到后悔。"正是如此,他们就是一群害怕得战战兢兢的人,他们坐在不可靠的飞机里,和另外一群同样深感恐惧的人斗了个你死我活。愿荣耀归于美国志愿航空队。

附录 1
日军飞机辨识

与日本其他军用装备相同，日军飞机在编入陆军或海军序列时会获得一个数字编号，而这个编号依据的是"神武纪年"。根据神话传说，日本的第一任君主神武天皇在公元前 660 年登基，该年即"神武元年"。因此，1940 年就是神武纪年 2600 年，当年正式入编的"零"式战斗机就由此获得其军用编号。同样，日军陆航部队大量装备的中岛 Ki-27 型战斗机于 1937 年入编，当年是神武纪年 2597 年，这种战斗机获得的编号就是"九七"式。

日本海军的飞机则另有一个编号系统，与美国海军类似。以 G3M 飞机的编号为例："G"代表轰炸机，"3"代表日本海军采用的第三款轰炸机，"M"代表三菱公司制造。同时，它又可以被称作"九六"式陆上攻击机。根据这个编号系统，"零"式战斗机就是 A6M 飞机，改进的型号会在尾字母后再加上数字来标明。

日本陆军自身的编号系统则又有所不同。飞机在设计时会获得一个机体号，这个编号是不标明机型的。例如，"九七"式战斗机的机体号是 Ki-27，"一"式战斗机是 Ki-43，其中"Ki"指代的就是机体（kitai）。从 Ki-43 型战斗机开始，日本陆军效仿西方空军为飞机编制了代号，例如"隼"式战斗机。

西方飞行员根本分不清这些编号。陈纳德曾猜测这些号码是连续的，因此他将日本海军的"九六"式战斗机称为 I-96,"I"代表的是"拦截机"(interceptor),日本陆军的"九七"式战斗机被他称为 I-97。当"零"式战斗机出现时,陈纳德在报告中提到了神秘的 I-98。在太平洋战争期间,盟军飞行员干脆用取外号的办法来避免混乱,他们为战斗机取男性的名字,为其他类型的飞机取女性的名字。例如,Ki-27 型"九七"式战斗机的盟军代号为"内特"(Nate),Ki-21 型"九七"式重型轰炸机的代号为"莎莉"(Sally)。本书在提及日军飞机时主要使用盟军代号,除非其本身就有日本军方代号,如"隼"或"屠龙"战斗机。①

---

① 由于使用盟军代号不便于读者对应飞机型号,为方便阅读和理解,翻译时主要用神武纪年编号加机型的方式来标明日军飞机,如"九七"式战斗机、"九九"式轻型轰炸机等。

附录 2
中缅战场上的参战飞机

以下是本书中经常出现的飞机的简介,采用的数据均为极值:重量使用的是战斗全重,最大航程只根据主油箱容量计算,最高时速不考虑高度因素。

布鲁斯特"水牛"战斗机 美军编号 F2A,这是美国海军采用的第一种单翼战斗机,很快就被格鲁曼公司的 F4F"野猫"战斗机取代。"水牛"战斗机的机枪、无线电设备、起落架和引擎阀门持续不断地出现问题,而且没有保护飞行员的装甲板。性能参数:搭载莱特公司"旋风"气冷式星型引擎,最大功率 1,100 马力;战斗全重 6,500 磅;最大航程 650 英里;最高时速 325 英里;武器为四挺点 50 口径机枪和 400 磅炸弹。

柯蒂斯 H-75 型战斗机 该型战斗机易于操作且极为耐用,但与欧洲先进战斗机相比无疑是落伍的。其美军编号为 P-36,柯蒂斯公司向法国、英国(英军称之为"莫霍克")和荷兰空军出售了数百架。其他国家购买的则是引擎功率较小、装备固定起落架的廉价版本,例如比尔·波利在中国组装的"M"型飞机。性能参数:搭载莱特公司"旋风"气冷式星型引擎,最大功率 875 马力;战斗全重 5,300 磅;最大航程 900 英里;最高时速 280 英里;武器为一挺点 50 口径机枪和三挺点 30 口径机枪。

柯蒂斯 P-40B 型战斗机("战斧") 只要在 H-75 的机身上安装一台液冷引擎,它就变成了一种强大得多的战斗机。在较低的空域,P-40 和梅塞施米特 109 式战斗机、三菱"零"式战斗机相比毫不逊色，只要飞行员不去与日本飞机较量变向。柯蒂斯公司为美军制造了 524 架早期型号的 P-40，为皇家空军制造了 1,180 架，其中 100 架被转交给美国志愿航空队。除了涂装、防弹的挡风玻璃和机翼的机枪口径有所差异，志愿航空队的"战斧"战斗机和美军的 P-40B 基本相同。性能参数：搭载艾利森液冷式直列引擎，最大功率 1,040 马力；战斗全重 8,000 磅；最大航程 700 英里；最高时速 340 英里；武器为两挺点 50 口径机枪和四挺 7.92 毫米（点303）口径机枪。

柯蒂斯 P-40E 型战斗机（"小鹰"） 与早期"下颚"较小的 P-40 战斗机相比，这种晚期型号的战斗机拥有功率更大的引擎、更大的进气口、更短的机首和位置更高的螺旋桨轴，这都使它的"下颚"显得非常巨大。新增的炸弹挂架和大口径机翼机枪使它在支援地面的任务中十分高效。柯蒂斯公司共制造了超过 12,000 架 P-40E 战斗机，无论是在缅甸的热带雨林和北非的滚滚沙漠，还是在滴水成冰的阿拉斯加和苏联战场，这些飞机都发挥了很大的作用。它的美军代号为"战鹰"，英军则称之为"小鹰"，志愿航空队采用了后者。性能参数：搭载艾利森液冷式直列引擎，最大功率 1,150 马力；战斗全重 8,840 磅；最大航程 700 英里；最高时速 350 英里；武器为六挺点 50 口径机枪、210 磅反步兵炸弹或 550 磅爆破弹。

道格拉斯 DC-3 型运输机 作为最早的一批全金属飞机，这种双引擎运输机可能是有史以来最好的机型。美国军方从 1942 年开始采购 DC-3，道格拉斯公司在此之前制造了大约 500 架，到"二战"结束时，总产量已达到 32,000 架。其美军编号为 C-47，皇家空军代号为"达科他"，很多国家的空军中都有它的身影，如日本海军就使用了中岛公司制造的版本。DC-3 额定载员 21 人，但在盟军撤离缅甸期间，其载员一度多达每架次 70 人。作为民航客机的 DC-3 额定载重 2,500 磅，但在驼峰航线上，这种飞机经常一个架次就要运载 7,000 磅物资进入中国。（早期的 DC-2 机身较窄，运载能力较差。）性能参数：搭载两台普拉特－惠特尼公司气冷式星型引擎，最大功率 1,200 马力；机组成员两人或以上；最大航程 2,125 英里；最高时速 230 英里。

霍克"飓风"战斗机 "二战"爆发时,这种飞机是皇家空军的中流砥柱。相较于其他西方国家的一线战斗机,"飓风"速度较慢,但它灵活、坚固、容错率高,而且适合夜间作战,因为它装备了排气管罩和稳定性高的起落架。然而,它在东南亚战场上的表现却很差。缅甸地区共有 120 架"飓风"战斗机投入战场,因事故、战斗和日军的轰炸而损失了 109 架。性能参数:搭载劳斯莱斯公司液冷式直列引擎;战斗全重 8,000 磅;最大航程 470 英里;最高时速 340 英里;武器为八挺点 303 口径机枪,可挂载 500 磅炸弹。

川崎 Ki-45 型"屠龙"战斗机 获悉西方国家研发了可进行长距离护航的双引擎战斗机后,日军陆航部队决定制造一种与之相似的飞机。川崎公司的样机获得了青睐,它的机头细长,两台星型引擎被干净漂亮地封闭起来[①],还能搭载一名朝后方射击的机枪手。1942 年初,该型战斗机投入量产,进入陆军后成为"二"式双座战斗机,外号"屠龙"。1942 年 6 月 12 日的桂林空战应该是其第一次投入实战,但它的拙劣表现令日军陆航部队大失所望,之后改为执行对地攻击和袭击盟军船只的任务。性能参数:搭载两台中岛公司气冷式星型引擎,最大功率 950 马力;机组成员两人;战斗全重 11,600 磅;最大航程 1,400 英里;最高时速 340 英里;武器为一挺 20 毫米口径机炮、两挺 12.7 毫米口径机枪和一挺 7.92 毫米口径机枪,可挂载 1,100 磅炸弹[②]。

川崎 Ki-48 型"九九"式轻型轰炸机(盟军代号"莉莉") 1937 年秋天,日军遇到了苏联援华的轰炸机,其速度令日军指挥官大为吃惊,他们要求得到类似的飞机,于是 Ki-48 应运而生。其尾翼细长,为面朝后方的机枪手(或领航员)提供了空间。作战时,一个平台从机身后方降下,机枪手就趴在平台上射击。与在机腹舷窗后射击的方式相比,这种设计无疑使机枪手有了更广的射界。1939 年(神武纪年 2599 年),Ki-48 开始服役,军方编号为"九九"式轻型轰炸机。性能参数:搭载两台中岛公司气冷式星型引擎,最大功率 950 马力;机组成员四人;战斗全重 13,000 磅;

---

① 川崎公司在样机的引擎舱上加装了导流罩,因此其星型引擎在外观上是封闭的。
② 原文如此,但"屠龙"战斗机的实际载弹量应为 550 磅左右。

最大航程 1,500 英里；最高时速 300 英里；武器为三挺 7.7 毫米口径机枪，可挂载 880 磅炸弹。

三菱 Ki-21 型"九七"式重型轰炸机（盟军代号"莎莉"） 作为日本陆军的重型轰炸机，Ki-21 于 1937 年列装部队，并参加了对汉口、重庆和滇缅公路的轰炸。飞机的机翼正好位于机身的中点，并有较大的反角①，整架飞机看起来就像一只想要起飞的笨重老鹰。它还有着硕大的方向舵。太平洋战争爆发时，日军大部分轰炸机大队均已列装 Ki-21-II（"萨莉 –2"）型轰炸机。性能参数：搭载两台三菱公司气冷式星型引擎，最大功率 1,500 马力；机组成员七人；战斗全重 16,500 磅；最大航程 1,500 英里；最高时速 300 英里；武器为一挺 12.7 毫米口径机枪和四挺 7.7 毫米口径机枪，可挂载 2,200 磅炸弹。

三菱 Ki-30 型"九七"式轻型轰炸机（盟军代号"安"） 该型飞机于 1937 年列装日军部队，1938 年 10 月首次在中国战场上出现，1939 年夏天参加了对苏作战。Ki-30 拥有内置弹仓，但固定起落架、小口径机枪和长长的玻璃座舱盖令其显得老旧而落伍。该型飞机于 1940 年停产，缅甸战役是其参加过的最重要的一次行动。性能参数：搭载三菱公司气冷式星型引擎，最大功率 950 马力；机组成员两人；战斗全重 7,320 磅；最大航程 1,000 英里；最高时速 260 英里；武器为两挺 7.7 毫米口径机枪（一挺为固定式，一挺可移动），可挂载 900 磅炸弹。

中岛 Ki-27 型"九七"式战斗机（盟军代号"内特"） 这种昆虫一般的飞机是日军陆航部队的第一种单翼战斗机。为满足军队的要求，中岛公司制造了一种装备固定式起落架，而没有引擎点火器、尾轮、飞行员防护装甲和自封闭油箱的脆弱飞机，这就是 Ki-27 型战斗机。它也在 1937 年列装部队，因此被称作"九七"式战斗机。陈纳德曾向美国政府发出警告，称这种飞机"爬升时像火箭一样快，又灵活得像松鼠"。它是志愿航空队在中缅战场上交手次数最多的对手。性能参数：搭载中岛公司气冷式星型引擎，最大功率 650 马力；战斗全重 4,000 磅；最大航程 500 英里；最高时速 290 英里；武器为两挺 7.7 毫米口径机枪，可挂载 220 磅炸弹。

---

① 机翼与水平面之间的夹角。

中岛 Ki-43 型"隼"式战斗机　日军陆航部队的第一种装有可收起式起落架的战斗机，这种脆弱的飞机同样没有飞行员防护装甲、自封闭油箱和内置点火器。但它的蝶式机动襟翼增加了机翼的面积，甚至使这种本来很迟钝的战斗机优于"零"式。1941 年 7 月，该型飞机列装部队，日军陆航部队当时正为飞机取动物外号，以便于那些难以通过号码或功能来辨认飞机的记者撰写报道，官方代号为"一"式战斗机的 Ki-43 因此被命名为"隼"式。性能参数：搭载中岛公司气冷式星型引擎，最大功率 1,050 马力；最大航程 750 英里；最高时速 305 英里；战斗全重 5,000 磅；武器为一挺 12.7 毫米口径机枪和一挺 7.7 毫米口径机枪，可挂载 132 磅炸弹。

附录 3
美国志愿航空队飞行员战绩

美国志愿航空队的飞行员每击落一架日本飞机，即可获得500美元的奖金，相当于今天的10,000美元。与大部分国家的空军不同的是，在志愿航空队的战绩和奖金统计中，在地面上被击毁的飞机和在空战中被击落的飞机权重相同。另外，参加战斗的志愿航空队飞行员经常集体均分击落数，从而导致具体的击落数字更加模糊不清。（在有飞行员损失的情况下，分享击落数的行为尤其频繁。）1986年，航空史专家弗兰克·奥里尼克（Frank Olynyk）梳理了志愿航空队的交战记录。根据当时的战斗报告和其他相关文献，奥里尼克将空战击落数和地面击毁数区分开来，并厘清了每位飞行员的空战战绩。

姓 名①	击落数（以奖金为依据）	奥里尼克统计的空战击落数
弗兰克·阿德金斯	1.00	1.00
诺埃尔·培根	3.50	3.00
佩尔西·巴特尔特	7.00	5.00
威廉（比尔）·巴特林	7.27	5.00
刘易斯（卢）·毕肖普*	5.20	2.20
约翰·布莱克本*	2.00	2.00

① 括号中标注的是本书正文中频繁出现的昵称，以便读者对应。

续表

哈利·博尔斯特	2.00	1.00
查尔斯（查理）·邦德	8.77	7.00
格雷戈里（格雷格）·博因顿	3.50	2.00
约翰·吉尔平（吉尔）·布莱特	6.00	3.00
罗伯特（鲍勃）·布洛克	3.50	3.50
卡尔·布朗	0.27	—
乔治·布加德	10.79	10.00
托马斯（汤姆）·科尔*	1.00	1.00
詹姆斯·克罗斯	0.27	—
约翰·迪恩	3.27	3.00
约翰·多诺万*	4.00	1.00
帕克·迪普伊	3.50	3.50
约翰·法雷尔	1.00	1.00
亨利·格谢布拉赫	1.50	—
保罗·格林	2.00	2.00
克里夫德（克里夫）·格罗	2.00	2.00
拉尔夫·贡沃达尔	1.00	1.00
雷蒙德（雷）·赫斯蒂	1.00	1.00
托马斯（汤姆）·海伍德	5.08	4.00
罗伯特（杜克）·赫德曼	4.83	6.00
大卫（特克斯）·李·希尔	11.25	10.25
弗雷德·霍奇斯	1.00	1.00
路易斯·霍夫曼*	0.27	—
詹姆斯（吉姆）·霍华德	6.33	2.33
肯尼斯（肯恩）·耶恩斯泰特	10.50	3.00
托马斯（汤姆）·琼斯*	4.00	1.00
罗伯特（巴斯）·基顿	2.50	2.00
马修·凯肯德尔	1.00	1.00
昌西·H.劳克林	5.20	2.20
弗兰克·劳勒	8.50	7.00
罗伯特（鲍勃）·莱赫	0.83	0.33
爱德华（埃德）·莱博尔特*	0.27	—

续表

罗伯特（鲍勃）·利特尔*	10.55	10.00
威廉·麦加里*	10.29	8.00
乔治·麦克米兰	4.08	4.50
肯尼斯（肯恩）·梅里特*	1.00	1.00
艾纳（米奇）·米克尔森	0.27	1.00
罗伯特·莫斯	4.00	2.00
查尔斯（查理）·莫特*	2.00	—
罗伯特（鲍勃）·尼尔	15.55	13.00
杰克·纽柯克*	10.50	7.00
查尔斯（查克）·奥尔德	10.08	10.00
阿维德·奥尔森	1.00	1.00
埃德蒙（埃德）·奥弗伦	5.83	5.00
约翰·佩塔奇*	3.98	3.98
罗伯特（鲍勃）·普莱斯考特	5.29	5.50
罗伯特·雷恩	3.20	3.20
爱德华（埃迪）·雷克托	6.52	4.75
威廉（比尔）·里德	10.50	3.00
弗里曼·里基茨	1.20	1.20
C.约瑟夫（乔）·罗斯伯特	4.55	6.00
J.理查德（迪克）·罗西	6.29	6.00
罗伯特·桑德尔*	5.27	5.00
查尔斯（查理）·索耶	2.27	2.00
弗兰克·席尔	7.00	4.00
范·夏帕德	1.00	1.00
埃里克森（埃里克）·希林	0.75	—
罗伯特·H.史密斯	5.50	5.00
罗伯特·T.史密斯	8.73	8.90
弗里茨·沃尔夫	2.27	4.00
皮特·莱特	3.65	2.65
合计	296.00	229.00

* 星号表示飞行员在作战行动中阵亡、被俘或失踪。

上表中的击落数根据中央飞机制造厂支付奖金的清单得出，基本可以确定是最终战绩，但也有记录显示，希尔和博因顿的击落数比实际支付数多一架。笔者在处理数字时精确到小数点后两位，因此，飞行员个人击落数的算术总和与合计数并不相等。

参考文献

以下对正文中援引的文献资料进行说明，参考书目和详细注释可登录网站 www.flyingtigersbook.com 进行查阅。本书参考的绝大部分日文书籍均由美雪·罗杰斯（Miyuki Rogers）和我本人一同翻译，她审读了这些书籍的内容，进行了口头总结，并对重要语句进行逐字翻译。只有梅本弘的《缅甸航空战》一书是个例外，该书的合作译者是张迪飞（音）。我在美国航空航天博物馆和圣迭戈航空航天博物馆中阅读了大量档案资料，这些资料的所有权后来归飞虎队老兵团体所有。尽管这是在不同地方查阅的资料，我仍将它们的出处标记为美国志愿航空队档案（AVG Archives）。

1 "陈纳德上校"

陈纳德曾出版过一本自传《战士之路》（*Way of a Fighter*，Putnam，1949），该书由罗伯特·霍茨（Robert Hotz）执笔，陈纳德提供材料，但他本人并没有进行过仔细审读。玛莎·伯德撰写的传记《陈纳德与飞虎队》（*Chennault: Giving Wings to the Tiger*，University of Alabama Press，1987）则可靠得多。其他参考书籍包括陈香梅的《一千个春天》（*A Thousand Springs*，Eriksson，1962）、罗伯特·霍茨的《与陈纳德在一起》（*With General Chennault*，Coward McCann，1943）及杰克·萨姆森（Jack Samson）的《陈纳德传》（*Chennault*，Doubleday，1987）。陈纳德的战术理念体现在他的《防御性驱逐的作用》（*The Role of Defensive Pursuit*）

一书中，于1933年至1934年间在《海岸炮兵杂志》（Coast Artillery Journal）上连载。关于陈纳德在中国的经历，我大量使用了他未出版的日记，日记文本由杰克·萨姆森提供，所有未标注的陈纳德原话均来自这些日记。

我通过面谈、电话和信件的方式进行了大量采访，相关的访谈录音带保存在佛罗里达州彭萨科拉的海军航空博物馆。在本章中，受访者包括约瑟夫·奥尔索普、陈香梅、南茜·艾利森·莱特（Nancy Allison Wright）、A. L. 帕特森、约翰·威廉姆斯、沙阿·孔辛（Shah Konsin）、傅瑞源、李成元和王叔铭。我还从空军历史研究署、阿拉巴马州的马克斯维尔空军基地和哥伦比亚大学口述史项目的资料中找到了一些当事人的说法。哥伦比亚大学所藏的相关资料现在已不可查阅，但部分副本保存在志愿航空队档案中。

关于在中国开展的空中作战行动，参考价值较高的研究著作有雷·瓦格纳的《珍珠港序曲》（Prelude to Pearl Harbor，San Diego Aerospace Museum，1991）和威廉·利瑞（William Leary）的《巨龙之翼》（The Dragon's Wings，University of Georgia Press，1976）。美国外交档案在1937年之前的部分以及保存在纽约海德公园罗斯福图书馆的摩根索日记，都提供了大量关于陈纳德和中国的信息。日本方面的参考书籍包括：Hata Ikuhiko，The China Quagmire（Columbia University Press，1983）；Hata Ikuhiko & Izawa Yasuho，Japanese Naval Aces and Fighter Units（Naval Institute Press，1989）。驻日美军在20世纪50年代刊印了Hisazuma Tadeo的论文"Air Operations in the China Incident"，这是一篇非常有价值的研究文章。其他参考书籍包括：Paul Frillmann，China: The Remem-bered Life（Houghton-Mifflin，1968）；Royal Leonard，I Flew for China（Doubleday，1942）；Olga Greenlaw，The Lady and the Tigers（Dutton，1943）；Theodore White，In Search of History（Harper，1978）；Theodore White & Anna Jacoby，Thunder out of China（Sloane，1946）。威廉·利瑞和戴夫·邓拉普提供了麦克休文件的副本，原件藏于康奈尔大学。

2 特别空军部队

有关美国志愿航空队创立过程的内容,我大量引用了费正清(John King Fairbank)在1942年写给劳克林·柯里的"Air Program"一文,文本由威廉·利瑞提供。托马斯·科克伦撰写了回忆录《太平洋战争》(*Pacific Wars*),谈及了他在中国国防供应公司中所起的作用,陈香梅向我提供了这本书的打印稿。有关柯蒂斯战斗机的内容,我主要依赖下列著作:Daniel Whitney, *Vee's for Victory*(Schiffer, 1998);Francis Dean, *America's Hundred Thousand*(Schiffer, 1997);Terrill Clements, *American Volunteer Group Colours and Markings*(Osprey, 2001);Chuck Baisden, *Flying Tiger to Air Commando*(Schiffer, 1999)。我要感谢科里·乔丹和埃里克·希林,他们的信件、电子邮件和网络文章中都谈到了当年那些被送往缅甸的飞机。关于飞机在仰光的组装过程,可参看《航空》(*Aviation*)杂志对拜伦·格洛弗的报道(1942年12月),以及《美国航空史协会会刊》(*American Aviation Historical Society Journal*)关于沃尔特·彭特科斯特的文章(1970年夏季刊)。

斯坦福大学保存的陈纳德文件提供了大量关于志愿航空队的珍贵信息,我在国会图书馆利用缩微胶卷阅读了这些文件的副本。我还参考了詹姆斯·麦克休一篇保存于康奈尔大学图书馆的文章,题为"The History and Status of the First American Volunteer Group(1941)",以及亚瑟·扬的 *China and the Helping Hand*(Harvard University Press, 1963)一书,此外还有很多之前提到过的文献资料。

军械师查克·贝斯登回忆说,志愿航空队战斗机装备的大多是美制点30口径机枪,另有少量使用7.92毫米口径子弹的机枪,现存资料也证实了这一说法。

3 好事难成真

这一章主要使用了我通过对当事人进行访谈所得的材料,受访者包括斯基普·阿代尔、阿伦·弗里茨克、艾玛·简·汉克斯（原姓福斯特）、保罗·佩里、埃迪·雷克托、多琳·雷诺兹（原姓伦堡）、卢·理查兹和奥尔加·格林劳的妹妹艾丽西亚·施魏策尔。此外还有哥伦比亚大学的访谈材料，受访者包括特克斯·希尔、乔·乔丹、马修·凯肯德尔、鲍勃·莱赫、鲍勃·尼尔和汤姆·特朗布尔。我还利用了存放在志愿航空队档案中的查理·莫特的日记。我参考的已出版的回忆录包括：Gregory Boyington, *Baa Baa Black Sheep*（Putnam, 1958）；Charles Bond & Terry Andersonh, *A Flying Tiger's Diary*（Texas A&M University Press, 1984）；David Hill & Reagan Schaupp, *Tex Hill: Flying Tiger*（Honoribus Press, 2003）；James Howard, *Roar of the Tiger*（Orion, 1991）；Frank Losonsky & Terry Losonsky, *Flying Tiger: A Crew Chief's Story*（Schiffer, 1996）；Robert M. Smith, *With Chennault in China*（TAB Books, 1984）。R. T. 史密斯的日记（*Tale of a Tiger*，私人印刷，1986年）更有着无法估量的价值。希尔的回忆录是以第三人称写作的，书中赞美陈纳德的言论到底是他本人的想法还是合著者的想法，我们不得而知。就算这是他本人的想法，我们也不知道战场上的胜利应该归功于陈纳德，还是归功于他自身丰富的作战经验。至少，这部回忆录中的观点与我们所知的陈纳德是一致的。

关于英国皇家空军对志愿航空队的态度，可参考罗伯特·布鲁克-波帕姆在"二战"结束后发表在《伦敦公报副刊》（*Supplement to the London Gazette*）上的一份公文（1948年1月22日）。其他出版物包括：Wanda Cornelius & Thayne Short, *Ding Hao*（Pelican, 1980）；William Pawley, *Americans Valiant and Glorious*（私人印刷，1945年）；Michael Schaller, *The U.S. Crusade in China*（Columbia University Press, 1979）；Duane Schultz, *The Maverick War*（St. Martin's Press, 1987）。关于约翰·佩里使用假身份"埃德温·科南特"的故事，我援引了约瑟夫·布朗（Joseph Brown）发表在《商船》（*Argosy*）上的文章（1963年9月）；关于查克·贝斯登参军的故事，我引用了托马斯·克利弗（Thomas Cleaver）发表在《航空杂志》（*Flight Journal*）上的文章（2004年6月）；关于鲍姆勒的护照问题，参见劳克林·柯里附于费正清文章后的信件；关于成

都的"零"式战斗机,可参看威廉·利瑞在《航空史学家》(Aerospace Historian)上的文章(1987年冬季刊)。

后来有历史学家指出,美国志愿航空队的存在和建立第二志愿航空队的计划刺激了日本人,甚至给了他们攻击珍珠港的理由;也有人认为,如果当时美国政府能迅速地在亚洲部署轰炸机队,珍珠港事件本可避免。在珍珠港事件50年后的1991年12月,美国广播公司电视台播放的一部纪录片支持了第一种观点;第二种观点由艾伦·阿姆斯特朗在 Preemptive Strike: The Secret Plan That Would Have Prevented the Attack on Pearl Harbor(Lyons Press,2006)一书中提出。阿姆斯特朗的著作一字不差地引用了很多有关志愿航空队创建过程的档案。

4　凶残至极

关于在同古开展的训练计划,未出版的资料包括阿维德·奥尔森的备忘录(A Story of the American Volunteer Group)和训练笔记、威尔弗雷德·沙佩尔(Wilfred Schaper)的日记、埃里克·希林的备忘录(Origin of Shark Teeth,全文收录于志愿航空队档案)、唐·罗德瓦尔德的哥伦比亚大学访谈录,以及我本人与诺埃尔·培根、肯恩·耶恩斯泰特、哈罗德·克莱因(Harold Klein,传教士切斯特·克莱因之子)和查理·莫特的访谈和通信。我查阅了陈纳德文件中的英军和日军小册子,还在马里兰州休特兰的美国国家档案馆分馆查阅了美国驻华军事代表团的往来电文。

吉尔·布莱特写给父母的信刊登在《大西洋》(Atlantic)杂志上(1942年10月)。本章参考的其他出版物包括:Neil Frances, Ketchil: A New Zealand Pilot's War in Asia and the Pacific(Wairarapa,2005); Ikari Yoshio, Shinshitei(Sankei Shuppan,1981); Erik Shilling, Destiny: A Flying Tiger's Rendezvous with Fate(私人印刷,1997年);美国第79届国会珍珠港遇袭事件联合调查委员会《听证报告》(GPO,1946); Muriel Sue Upfill, An American in Burma, 1930 to 1942(亚利桑那州立大学东南

亚研究项目，1999 年); Richard Ward, *Sharkmouth, 1916–1945*（Arco，1979）及《印度插图周刊》（1941 年 11 月 2 日）。

5 燃烧殆尽

关于日军在缅甸的行动，本章援引了以下文献：Izawa Yasuho & Hata Ikuhiko, *Nihon rikugun sentokitai*（Kantosha, 1977）；日本防卫厅出版的优秀战史，*Nanpo shinko rikugun koku sakusen*（Asagumo Shimbunsha, 1970）; Kasuya Toshio, *Yamamoto jubakugetai no eiko*（Futami Shobo, 1970）Umemoto Hiroshi, *Burma Air War*（Dai Nippon Kiaga, 2003）。比较重要的英文文献是《日本时报》(*Japan Times & Advertiser*)，这是一份战时在东京发行的报纸，在加藤建夫死后刊登了他的日记（1942 年 7 月 25 日）。其他英文参考文献有：伊泽保穗发表在 *Aero Album* 上的文章（1970 年夏季刊，1971 年秋季刊）；秦郁彦与他人合著的 *Japanese Army Air Force Fighter Units and Their Aces, 1931–1945*（Grub Street, 2002）；富冈定俊的 "Political Strategy Prior to Outbreak of War" 和山口史郎的 "Malaya Invasion Naval Operations"，两篇文章都被收入 "日本研究"（Japanese Monograph）论丛；铃木五一在 1992 年接受了电视访谈，文字稿由弗兰克·克里斯托弗（Frank Christopher）提供。

从 1941 年 12 月至 1942 年 3 月，志愿航空队的日志由奥尔加·格林劳记录并保管，她在离开中国时带走了日志的副本，她所持有的副本现存于美国空军历史研究署和美国志愿航空队档案中。日志的相关工作后来由多琳·伦堡接手，她重新打印了格林劳记录的日志，两个版本间稍有出入。伦堡记录的日志由陈纳德保管，现存于陈纳德文件中。我援引了这两个版本的日志，还引用了 1941 年 12 月 31 日的一份汇报文件（题为 "Activities of Third Pursuit Squadron"）以及第 3 中队的日志（记录者是丹尼尔·霍伊尔）和罗伯特·基顿的日记，这三份文件都保存在志愿航空队档案中。

关于英联邦空军在缅甸地区的行动，我引用了以下文献：Christopher

Shores, Brian Cull, Izawa Yasuho, *The Drift to War to the Fall of Singapore*（Grub Street，1992）；英国总参谋部，*ABDACOM*（Government of India，1942）；詹姆斯·克罗斯在 *Mechanix Illustrated* 上的文章（1942年12月）；Larry Moore 和 Ken Sanger 在 *Cosmopolitan* 上的文章（1942年8月—9月）；Gerhard Neumann，*Herman the German*（Morrow，1984）；C. Joseph Rosbert，*Flying Tiger Joe*（私人印刷，1985年）；美国战略轰炸调查组，*Japanese Air Power*（GPO，1946）；Don Whelpley 在 *Ex-CBI Roundup* 上的文章（1989年5月）；弗里茨·沃尔夫和道格拉斯·英格尔斯（Douglas Ingells）在 *Air Trails Pictorial* 上的文章（1942年10月）。另外，我还查阅了保存在伦敦档案局的皇家空军第67中队的日志。

关于飞虎队的得名，我援引了《时代周刊》的文章（1941年12月29日）、前文提到的科克伦的回忆录和陈纳德文件，还有我对琼·科克伦的访谈材料。

6 耀眼的红色

每次任务结束后，志愿航空队的飞行员都要提交战斗报告，这些都是珍贵的史料。我在美国航空航天博物馆查阅了其中一部分（现存于美国志愿航空队档案中），还有一部分报告保存在陈纳德文件中。另外，大队作战日志也经常会摘录一些报告，陈纳德文件中也保存了一些作战报告和分队长的总结。弗兰克·奥里尼克在"AVG & USAAF（China-Burma-India Theater）Credits for the Destruction of Enemy Aircraft in Air-to-Air Combat"（私人印刷，1986年）这篇文章中计算了飞行员的个人空战战绩，我在全书中都引用了他的数据。

辻政信[①]在 *Singapore: The Japanese Version*（Constable，1962）一书中介绍了日军的战术，其中包括他本人在入侵马来半岛时分发给部下的手册。石川真等人合著的 *Southwest Area Air Operations Record* 从宏观

[①] 辻政信（1902—1968），日军重要参谋人员，参与了入侵菲律宾、新加坡和马来半岛的作战。

上描述了缅甸战役。其他日文文献包括：Hasegawa Naoyoshi, *Rikuwashi nanpo sakusen*（Nihon Gunyo Tosho Kabushi Kigaisha, 1943）；Hayashi Iwao, *Shichi jusan butai kaisoki*（Reimeisha, 1980）；Izawa Yasuho, *Nihon rikugun jubakutai*（Gendaishi Shuppankai, 1982）。有关日军第77战队的内容，可参看理查德·邓恩（Richard Dunn）的网络文章（见www.warbirdforum.com/lucky.htm）。本章中的一些日本人名，例如真岩正（Shingansho）中尉的名字，只是近似的罗马音翻译。

关于盟军的作战行动，我参考了以下论著：H. R. Dean, *The Royal New Zealand Air Force in South-East Asia 1941–1942*（War History Branch, 1952）；Emile Fucar, *I Lived in Burma*（Dennis Dobson, 1956）；O'Dowd Gallagher, *Action in the East*（Doubleday, 1942）；M. I. Omar 在 *Rangoon Guardian* 上的文章（1960年12月）；Archibald Wavell 发表在《伦敦公报副刊》上的文章（1948年5月5日）；以及之前援引的其他文献。

本章新增的访谈材料包括：我对帕克·迪普伊、保罗·格林、杜克·赫德曼、查克·奥尔德和 R. T. 史密斯的采访；查克·奥尔德的哥伦比亚大学访谈录；保存在志愿航空队档案中的阿维德·奥尔森呈递 D. F. 史蒂文森的报告（1942年）；一盘未标明日期的埃里克·希林的访谈录音带，提供者是玛莎·伯德。

7　旋转坠落的敌人

日军第64战队的老兵桧与平把他在缅甸服役时的经历写成了两本回忆录：《隼战斗队长加藤建夫》（光人社，1987年）和《翼的血战》（光人社，1984年）。他和历史学家秦郁彦通过信件的方式向我提供了额外的信息。在哥伦比亚大学的访谈中，唐·罗德瓦尔德和威尔弗雷德·沙佩尔讲述了志愿航空队的队员们是如何指责奥尔森的。乔·奥尔索普向《星期六晚邮报》（*Saturday Evening Post*）讲述了自己被俘的经过（1943年1月9日）。本章引述的美国战争部的往来电文来自海德公园罗斯福图书馆保存的档案。

8 "向前倾"

唐纳德·史蒂文森的公文援引自《伦敦公报副刊》(1948年3月11日)。有关志愿航空队的情况,我引用了杰克·纽柯克的"Report on Activities of This Squadron"(1942年1月13日),这份报告保存在陈纳德文件中,另外还有空军历史研究署保存的美军陆航部队的一份报告,题为"Informal Report on A. V. G Activities"(1942)。公开出版的回忆文章包括:Noel Bacon,*N. Y. Sunday News*(1942年8月2日);C. H. Laughlin,*Foundation*(1983年春季刊);Peter Wright,*Flying*(1944年5月)。Tanaka Masa 在"Burma Air Operations Record"中描述了日军的地面行动,这篇论文被收入"日本研究"论丛。本章参考的日文书籍包括:Kubo Yoshiaki,*Kyunana jubakutai kusanki*(Kojinsha,1984);日本防卫厅,*Chugoku homen rikugun koku sakusen*(Asagumo Shimbunsa,1974),书中记载了日本侵略中国时的空中作战情况。

在本章中,我还引用了以下文献:保存在伦敦档案局的皇家空军第113中队的日志;保存在美国国家档案馆的佐藤昭一访谈录(1949年);我对迪克·罗西和多萝西娅·登斯莫尔(原姓威尔金斯)的采访记录;我与查理·莫特的往来信件;保存在志愿航空队档案中的约翰·多诺万的信件;弗兰克·洛松斯基的回忆录,该书曾在2006年上传至志愿航空队的老兵网络论坛。

9 直线坠落

皇家空军第17中队有几名飞行员出版了回忆录,包括:M. C. Cotton,*Hurricanes over Burma*(Titania,1988);Hedley Everard,*A Mouse in My Pocket: Memoirs of a Fighter Pilot*(私人印刷,1988年);Kenneth Hemingway,*Wings over Burma*(Quality,1944)。科林·平克尼的家书由 Roger Cooke 和 Ann Gresham Cooke 结集出版,书名是 *Your Uncles*(私人印刷,1950年)。此外还有 John Rawlings,*Fighter Squadrons of* the RAF（Macdonald & Jane，1976）。在"日本研究"论丛中，Terakura Shore 等人合著的"Burma Operations Record"和 Hattori Takushiro 等人合著的"History of Imperial General Headquarters"两篇文章提供了日军地面进攻的战略和战术细节。乔治·罗杰的照片刊登在《生活》(*Life*)杂志上（1942年3月30日）。

10　霍夫曼阵亡

乔治·布加德的日记保存在美国志愿航空队档案中；关于罗伯特·普莱斯考特的奇妙故事，可参看他在哥伦比亚大学的访谈资料；关于桑德尔状态的变化，可参看 J. Richard Rossi 在 *Foundation* 上的文章（1995年春季刊）。关于英联邦军队的撤退情况，可参看托马斯·赫顿公布在《伦敦公报副刊》上的公函（1948年5月5日）。罗伯特·基顿的故事援引自他的日记和我对他本人的采访。关于皇家空军在缅甸战役后期的作战行动，我参考了克里斯托弗·肖尔斯《血腥屠场》一书的第2卷（*The Defence of Sumatra to the Fall of Burma*，Grub Street，1993）。另外还有 Wilfred Burchette 的 *Trek Back from Burma*（Kitabistan，1943）。

关于山本中尉和"自爆"的故事，我引用了以下文献：Tagata Takeo，*Hien tai Guramen*（Konnichi no Wadaisha，1973）；Kuwahara Yasuo & Gordon Allred，*Kamikaze*（Ballantine，1957）；秦郁彦和伊泽保穗合著的 *Japanese Naval Aces* 一书中的译注，译者是 Don Cyril Gorham；伊泽和秦合著的 *Nihon rikugun sentokitai* 的日文版。我还援引了伊泽博士一篇未出版的英文论文，题为"Japanese Fighter Units and Aces"，供稿者是约翰·弗雷德里克森（John Fredriksen）。

11　"离开这个鬼地方"

除了之前提到的参考文献，本章还援引了以下资料：S. W. Kirby 关于缅甸战役的著作，*India's Most Dangerous Hour*（His Majesty's

Stationery Office, 1958); Thomas Hughes, *The Burma Campaign*（私人印刷，1943年）；东宝株式会社制作的纪录片 *Biruma*（1942），提供者是约翰·弗雷德里克森；Kuroe Yasuhiko, *Aa Hayabusa sentotai*（Kojinsha, 1969）；还有我和迪克·罗西的往来信件。

克里斯托弗·肖尔斯在《血腥屠场》第2卷的第279至282页中提出了毛淡棉扫射行动中存在争议的问题；赫德利·埃弗拉德关于交易击落数的令人难以信服的说法，出现在 *A Mouse in My Pocket* 一书的第170和第183页；我对维克·巴奇的访谈材料则上传至 www.flyingtigersbook.com。

12 "你们有没有收到预警？"

关于史迪威所取的外号和他的日记，可参看《史迪威日记》（*The Stilwell Papers*, Sloan, 1948）。本章还参考了以下资料：藏于空军历史研究署的第10航空队年表；Frank Dorn, *Walkout*（Crowell, 1971）；Philip Moyes, *Bomber Squadrons of the RAF*（Macdonald & Jane, 1974）；A. J. Young & D. W. Warne, *Sixty Squadron*（Eurasia, 未标明日期）；英国空军部，*Wings of the Phoenix*（HMSO, 1949）；还有之前提到的其他材料，尤其是美国驻华军事代表团的电文。关于美军战史的部分，参考了 Charles Romanus & Riley Sunderland, *Stilwell's Mission to China*（GPO, 1953）。《史迪威私人文件》（*Stilwell's Personal File*, Scholarly Resources, 1976）也提供了部分信息。

13 不是电影，胜似电影

本章新增的参考资料包括：Bruce Gamble, *Black Sheep One*（Presidio, 2000），这是格雷格·博因顿的传记；Sekigawa Eiichiro, *Pictorial History of Japanese Military Aviation*（Allan, 1974）；Yasuda Yoshito, *Eiko Hayabusa sentai*（Konnichi no Wadaisha, 1978）中的相关章节；Robert Mikesh, *Japanese Aircraft Equipment 1940–1945*（Schiffer, 2004）；以及

对时任志愿航空队档案管理员罗伯特·安德雷德（Robert Andrade）的访谈。

14 飞行员的"叛乱"

有关同古空袭的内容，可参看皮特·莱特在 *Sportsman Pilot* 杂志上的讲述（1943年5月）。其他参考文献包括：Hata Ikuhiko，*The China Quagmire* 的相关章节；戈登·西格雷夫，*Burma Surgeon*（Norton，1943）；格雷格·博因顿在1981年写给美国海军陆战队历史学家罗伯特·谢罗德（Robert Sherrod）的信，原件藏于志愿航空队档案中；1942年10月20日的美国陆军名录；柯克·塞策的文章（见www.warbirdforum.com/baumler.htm）；以及战斗报告、当事人日记、回忆录和美国驻华军事代表团的往来电文。桧与平在《翼的血战》一书的附录中列出了日军第64战队全部死者的名单。我在陈纳德文件中发现了飞行员们的辞职信，特克斯·希尔的演说则引自他和自己的外孙里根·绍普（Reagan Schaupp）合著的回忆录。在陈纳德的美军人事档案中，没有任何文件涉及他的改编和晋升。美国驻华军事代表团的一些电文显示，改编的日期是4月8日，但本书采用的是1942年7月17日史迪威发给美国战争部电文中的说法。

15 垒允的拍卖会

加勒·海恩斯在1943年写给美军历史学家查尔斯·罗曼努斯（Charles Romanus）和赖利·桑德兰（Riley Sunderland）的信中，谈到了用飞机营救缅甸地区部队的情形，信件文本由玛莎·伯德提供。其他参考文献包括：Robert Scott，*God Is My Co-Pilot*（Ballantine，1956）；Jack Belden，*Retreat with Stilwell*（Knopf，1943）；*Ex-CBI Roundup* 杂志上的一篇未署名文章（1989年7月）；我对约翰·亨尼西的访谈记录。

16 "去他的比塞尔！"

关于日军横扫缅甸的内容，我参考了"日本研究"论丛中的未署名文章"Southern Area Air Operations"。关于日军陆航部队的战损情况，可参看英国军事情报局的报告（"Japanese Air Losses"，Tokyo，1953），现藏于伦敦的帝国战争博物馆。关于"红龙师"的内容，可参看希尔和绍普合著的 Tex Hill: Flying Tiger 第 158 至 160 页，以及 James Howard 的 Roar of the Tiger 一书的第 146 页。这个虚构的故事似乎来自罗伯特·霍茨，可参看《与陈纳德在一起》一书的第 224 页。

志愿航空队第 3 中队的日志中提及了麦卡利斯特的冒险；关于嘉林机场的扫射行动，可参看 C. H. 劳克林在 Foundation 杂志上的说法（1983 年春季刊）。多诺万的电报和家书保存在志愿航空队档案中。关于"枪骑兵"战斗机的故事，本章援引了我对贾斯佩尔·哈林顿的访谈记录和 Ex-CBI Roundup 上的一篇未署名文章（1989 年 11 月）。陈纳德写给加勒·海恩斯的信件文本由玛莎·伯德提供；肯恩·耶恩斯泰特讲述了哈维·格林劳对军队职务的追求；利特尔的死见于志愿航空队档案中保存的报告（"Statement of Peter Wright"）；乔治·布加德在 1942 年 5 月 10 日的日记中提到了克罗斯拒绝接受战斗任务的事；加油工人的故事援引自玛莎·伯德撰写的陈纳德传记。

17 比已知的情况更加不妙

关于日军对中国东部机场的清除行动，我引用了以下文献：Kori Katsu, Nihon no koku gojunen（Kantosha，1960）；魏汝霖等人合著的 History of the Sino-Japanese War（U.S. Army Military Assistance Advisory Group，Taiwan，1967）；Shiba Takejiro，"Air Operations in the China Area"，收入"日本研究"论丛；Carroll Glines, Doolittle's Tokyo Raiders（Van Nostrand Reinhold，1964）。关于川崎公司"屠龙"战斗机的介绍，我参考了 Watanabe Yoji 的 Toryu（Sankei Shuppan，1983）。关于日军对

桂林空战的反应，可参考野中氏（名字不详）的论文"Southwest Area Air Operations Record"（收入"日本研究"论丛）。本田下士的供述保存在陈纳德文件中。

刘易斯·布里尔顿在自己的日记（*The Brereton Diaries*，Morrow，1946）中讲述了美国空军驻华特遣队的创建过程。关于志愿航空队的改编，我援引了美国驻华军事代表团的报告（"American Volunteer Group"，1942），现存于空军历史研究署，另外也参考了志愿航空队相关人员的日记、访谈和回忆录。陈纳德的"妓院"问题见于以下文献：Theodore White，*In Search of History*；杰克·萨姆森的《陈纳德传》以及美国驻华军事代表团的相关电报。

18 载入史册

1942年7月18日的《日本时报》报道了香布林的被俘。美国驻华军事代表团1942年7月2日的一份电报统计了志愿航空队的飞机损失数；我在这份电报统计出的损失82架飞机的基础上增加了2架，它们是在7月10日被击落的。战争开始时，志愿航空队共有62架"战斧"战斗机投入作战，之后有6架无法升空的飞机在同古被修复，1架在垒允组装，还有47架P-40E"小鹰"战斗机在1942年春季运抵，全队飞机总数是116架。

杰弗里·埃利斯（Geoffrey Ellis）记录了为志愿航空队服务的皇家空军无线电技师的事迹。加入中国航空公司的飞虎队成员有：弗兰克·阿德金斯、比尔·巴特林、卡尔·布朗、约翰·迪恩、克里夫·格罗、莱斯特·霍尔、杜克·赫德曼、弗雷德·霍奇斯、林克·劳克林、欧内斯特·隆恩、米奇·米克尔森、罗伯特·莫斯、鲍勃·普莱斯考特、罗伯特·雷恩、乔·罗斯伯特、迪克·罗西、范·夏帕德、埃里克·希林、阿伦·莱特和逃离战俘营的卢·毕肖普。理查兹医生和四名地勤人员也加入了中国航空公司。关于特克斯·希尔的领导方式，我采访了唐纳德·洛佩兹（Donald Lopez），他曾在希尔的第23战斗机大队中服役。关于陈纳德和比塞尔之间的宿怨，可参看 Robert Scott，*The Day I Owned the Sky*（Bantam，1988），以及玛莎·伯德和杰克·萨姆森撰写的陈纳德传记。博特纳·卡尼的谋杀事件援引自我对卡尔·布朗的采访。杰克·萨姆森撰写的《陈纳德传》中提到了莫罗斯儿子的故事（第 289 至 290 页），我在 2005 年和乔·陈纳德本人通了信。柯克·塞策在网上的一篇文章中谈到了埃德·麦克卢尔在海军中的服役经历（见 www.warbirdforum.com/mcclure.htm）。

在飞虎航空公司的 *Bill of Rights Requesting Veteran Recognition by Congress*（私人印刷，1945 年）中，帕克斯顿总结了志愿航空队的战时表现。《生活》杂志刊登了亨利·奥尔森争取国会认可一事（1942 年 8 月 24 日），奥尔森的战斗经历可见 www.368thfightergroup.com。关于美国空军驻华特遣队的内容，我引用了威廉·利瑞的 *Perilous Missions*（University of Alabama Press，1984）一书。关于埃里克·希林参加越南战争的经历，我引用了 Sterling Seagrave 的 *Soldiers of Fortune*（Time-Life Books，1981）一书以及我对希林的访谈记录。R. T. 史密斯的结束语来自录像带 *The Flying Tigers and 14th Air Force Story*（Army Air Forces Museum，1985）。

附　录

关于日军飞机的数据，我引用了以下文献：Baba Kazuo，*Nihon gunyoki no zembo*（Kantosha，1956）；Ogawa Toshihiko，*Nihon hikoki daizukan*（Kodansha，1980）；以及前文提及的 Sekigawa，*Pictorial History of Japanese Military Aviation*。中央飞机制造厂的奖金账目援引自陈纳德文件中的相关文档；弗兰克·奥里尼克的数据援引自他的论文 "AVG & USAAF (China-Burma-India Theater) Credits for the Destruction of Enemy Aircraft in Air-to-Air Combat"。

出版后记

飞虎队，正式名称为"美国志愿航空队"，由美军飞行教官陈纳德创建。在第二次世界大战期间，这支空军部队于美日两国开战前夕成立，由以个人身份接受聘请的美国飞行员组成。在不到一年的短暂时间里，飞虎队在中国、缅甸等地抗击日军，取得了辉煌的战果。

本书作者丹尼尔·福特是一名美国陆军的退伍老兵，曾在越战期间担任战地记者。作为一名作家和军事史学者，他深深地被飞虎队的传奇色彩所吸引，试图以客观、严谨的研究，全景式地展现飞虎队的历史面貌。为此，作者广泛参考了美、日两国的历史档案，并采用了大量当事人的回忆录和访谈材料，拨开环绕在飞虎队周围的层层历史迷雾，力求还原真实的历史场景和历史人物的本来面目。

本书初版于1991年面世，同年便荣获美国航空作家协会杰出著作奖。为了使这部著作与时俱进，作者又根据美国、英国和日本学者的最新研究成果进行了全面修订，使本书呈现的历史面貌更加丰满。本书中文版据2007年的修订版译成，相信能够使读者在了解最新相关研究成果的同时，也可以领略这段历史的独特魅力。

由于编者水平所限，错漏之处在所难免，敬请广大读者批评指正。

服务热线：133-6631-2326　188-1142-1266
读者信箱：reader@hinabook.com

后浪出版公司
2017年6月

图书在版编目（CIP）数据

飞虎队：陈纳德和他的美国志愿者，1941—1942 /（美）丹尼尔·福特著；叶蔚然译 . -- 北京：北京联合出版公司，2017.6（2023.5 重印）

ISBN 978-7-5596-0572-6

Ⅰ . ①飞… Ⅱ . ①丹… ②叶… Ⅲ . ①中美关系—抗日战争—史料—1941-1942 Ⅳ . ① K265.06 ② D829.712

中国版本图书馆 CIP 数据核字 (2017) 第 122756 号

FLYING TIGERS: Claire Chennault and His American Volunteers, 1941-1942
Copyright © 1991, 2007 by Daniel Ford. All rights reserved
Published by arrangement with Harper Perennial, an imprint of HarperCollins Publishers.
Simplified Chinese edition published by 2017 Ginkgo (Beijing) Book Co., Ltd
简体中文版由银杏树下（北京）图书有限责任公司出版

Permission to reprint copyrighted material granted by Charles R. Bond Jr. and Terry Anderson for *A Flying Tiger's Diary* © 1984; Kojinsha for *Hayabusa sentotai cho Kato* © 1987; Konnichi no Wadaisha for *Hien tai Guramen* © 1973; Brad Smith for photographs from the R.T. Smith collection; Robert T. Smith for *Tale of a Tiger* © 1986; and Tab Books for *With Chennault in China: A Flying Tiger's Diary* © 1984

Permission to quote from unpublished documents granted by Helen Burgard, Anna Chennault, James Donovan, David Lee Hill, James Howard, Robert Keeton, Robert Layher, Charles Mott, Robert Neale, Charles Older, Anne Marie Prescott, Donald Rodewald, Wilfred Schaper, Eriksen Shilling, and Thomas Trumble

飞虎队

著　　者：[美] 丹尼尔·福特　　　　译　　者：叶蔚然
出 品 人：赵红仕　　　　　　　　　选题策划：后浪出版公司
出版统筹：吴兴元　　　　　　　　　特约编辑：陈顺先
责任编辑：谢晗曦　　夏应鹏　　　　营销推广：ONEBOOK
装帧制造：墨白空间·陈威伸

北京联合出版公司出版
（北京市西城区德外大街 83 号楼 9 层 100088）
北京盛通印刷股份有限公司印刷　新华书店经销
字数 360 千字　655 毫米 × 1000 毫米　1/16　23.5 印张
2017 年 8 月第 1 版　2023 年 5 月第 4 次印刷
ISBN 978-7-5596-0572-6
定价：80.00 元

后浪出版咨询(北京)有限责任公司　版权所有，侵权必究
投诉信箱：copyright@hinabook.com　　fawu@hinabook.com
未经许可，不得以任何方式复制或抄袭本书部分或全部内容
本书若有印、装质量问题，请与本公司联系调换，电话：010-64072833